Kohlhammer

Medienpsychologie
Konzepte – Methoden – Praxis

Herausgegeben von
Dagmar Unz
Nicole C. Krämer
Monika Suckfüll
Stephan Schwan

Nicole C. Krämer

Soziale Wirkungen virtueller Helfer

Gestaltung und Evaluation von Mensch-Computer-Interaktion

Verlag W. Kohlhammer

1. Auflage 2008

Umschlag: Gestaltungskonzept Peter Horlacher
Gesamtherstellung:
W. Kohlhammer Druckerei GmbH + Co. KG, Stuttgart
Printed in Germany

ISBN 978-3-17-019542-4

Inhalt

Vorwort

Die Entstehung des vorliegenden Buches ist natürlich undenkbar ohne einerseits institutionelle Förderung und auf der anderen Seite Unterstützung durch zahlreiche Personen. Ein Großteil der geschilderten Untersuchungen entstand im Rahmen des Projektes EMBASSI (Elektronische Multimodale Bedien- und Serviceassistenz), das in den Jahren 1999 bis 2003 im Leitprojekt Mensch-Technik-Interaktion des Bundesministeriums für Bildung und Forschung (BMBF) gefördert wurde. Im Verlauf dieses Projektes sowie bei der Erstellung des vorliegenden Buches haben mich zahlreiche Personen unterstützt, denen ich an dieser Stelle nochmals danken möchte.

Größten Dank schulde ich meinem Lehrer Prof. Dr. Gary Bente, der mich in jeder erdenklichen Hinsicht über Jahre unterstützt hat. Ich danke ihm für zahlreiche erhellende Diskussionen sowie für kontinuierliche Unterstützung bei der Lösung methodischer Probleme. Ein herzlicher Dank gilt ferner allen Angehörigen der Abteilung Sozialpsychologie und Medienpsychologie der Universität zu Köln, die mich seit 2001 begleitet und unterstützt haben. Vorrangig sind hier Dr. Sabine Rüggenberg und Dipl.-Psych. Heike Blens zu nennen, die sich im Rahmen des Forschungsprojektes EMBASSI als studentische Hilfskräfte über Gebühr engagiert haben und mit ihren jeweils hervorragenden Diplomarbeiten zum Forschungsprogramm beigetragen haben. Unmittelbar beteiligt an den Studien waren des Weiteren Dipl.-Psych. Antonia Grossner, Dipl.-Psych. David Will, Dipl.-Psych. Jeannette Eschweiler, Dipl.-Psych. Verena Lissy, Dipl.-Psych. Ingrid Ziegert, Dipl.-Psych. Sibylle Pennig und Dipl.-Medienwiss. Nina Haferkamp, denen ich für ihr Engagement danken möchte. Allen übrigen Mitgliedern der Abteilung und insbesondere Monika Wegener gilt mein Dank für die engagierte Mitarbeit und die stete Bereitschaft, mich zu unterstützen. Des Weiteren möchte ich den Kollegen des EMBASSI Gesamtteams danken: Dr. Julia Nitschke (ehemals HUB Berlin), Dipl.-Wirt.-Ing. Jens Piesk (Laboratory for Mixed Realities, Köln), Dipl.-Inform. Ido Iurgel (ZDGV, Darmstadt) und Dipl.-Psych. Christoph Meyer zu Kniendorf (ehemals HUB Berlin). Dr. Bettina Fromm danke ich herzlich für die Durchsicht von Teilen des Manuskripts sowie für ihre konstruktiven und kompetenten Hinweise zur Überarbeitung. Ebenfalls danken möchte ich Dr. Stefan Kopp (Universität Bielefeld), der mich nicht nur mit Literatur und anregenden Diskussionen versorgt hat, sondern auch Teile des Manuskriptes kritisch durchgesehen hat. Meiner Familie und Freunden, allen voran meinen Eltern und meinem Mann, Roland Mertens, möchte ich für die nie geringer werdende Unterstützung danken.

1 Einleitung

„Wie kann ich Ihnen behilflich sein?“, fragt die freundliche dunkelhaarige Frau am Bankschalter und lächelt.

„Ich möchte eine Überweisung tätigen.“

„Dann geben Sie doch bitte zunächst hier Ihre Kontonummer ein“, erläutert sie und deutet auf ein Feld, in das sich die Nummernfolge eintippen lässt.

So oder so ähnlich kann sich bereits heute die Konversation eines Menschen mit einem Interface-Agenten abspielen. Obgleich die Zukunftsvision, dass virtuelle Personen uns in verschiedensten Alltagssituationen als hilfreiche Assistenten begleiten werden, bislang noch nicht eingetroffen ist, sind diese anthropomorphen Figuren zumindest im Rahmen des World Wide Web zahlreich vertreten. Gleichwohl ist die Idee, einen menschenähnlichen Assistenten zu schaffen, der dem Menschen bei der Erledigung von Aufgaben zur Seite steht, nicht neu. Bis in das Altertum lässt sich die Faszination der Entwicklung künstlicher Menschen, die der Menschheit zu Diensten sind, zurückverfolgen. Aktuelle Entwicklungen in unserer zunehmend technisierten Welt liefern den Visionen neuen Nährboden: Seit die Verfügbarkeit von Computern so gestiegen ist, dass auch technische Laien mit diesen interagieren wollen und müssen, wird der intelligente, menschenähnliche Helfer als Schnittstelle der Zukunft propagiert. Sein wesentlicher Vorteil gegenüber herkömmlichen Benutzeroberflächen wird in der Möglichkeit zur natürlichsprachigen Interaktion gesehen, darin, mit ihm zu kommunizieren wie mit dem Servicepersonal im Elektroladen, in der Bank oder an der Kinokasse. Entsprechende Visionen wurden bereits früh etwa von Videoproduktionen genährt. Apple beispielsweise stellt in dem Video „Knowledge Navigator“ (Sculley, 1989; vgl. Catrambone, Stasko & Xiao, 2004) den virtuellen Agenten Phil vor. Negroponte prognostizierte entsprechend bereits 1989, dass „the emphasis in user interfaces will shift from the direct manipulation of objects on a virtual desktop to the delegation of tasks to three dimensional, intelligent agents“ ... „these agents will be rendered holographically, and we will communicate with them using many channels, including speech and non-speech audio, gesture, and facial expression“ (zitiert nach Kopp, 2003, S. 1).

Trotz der Tatsache, dass momentan verfügbare Agenten lediglich vereinfachte Vorformen der angestrebten intelligenten Begleiter darstellen, lassen sie dennoch sowohl Funktion als auch Effekte späterer Agenten erahnen. Wie bei vielen Innovationen – insbesondere im Bereich der Medien – mischen sich in der öffentlichen Reaktion begeisterte und warnende Kommentare. Gleichwohl werden in der Öffentlichkeit bislang kaum die auf Forschungsebene angestrebten intelligenten und interaktiv sowie natürlichsprachig mit dem Menschen kommunizierenden Agenten diskutiert, wie sie etwa für pädagogische Programme, als Bedienungshilfe für die Heimelektronik, als virtuelle Bankberater oder Immobilienhändler entwickelt werden. Stattdessen werden in den Medien publikumswirksam eher die Miss-Wahlen digitaler Schönheiten präsentiert (www.spiegel.de/netzwelt/netzkultur/0,1518,330775,00.html) oder Kuriositäten im Zusammenhang mit Artefakten, wie ein Fliegen fressender Roboter (www.spiegel.de/wissenschaft/mensch/0,1518,317195,00.html).

Tatsächlich werden im Forschungsbereich mehr und mehr Prototypen entwickelt, die zum großen Teil noch keiner breiteren Öffentlichkeit vorgestellt oder zur Verfügung gestellt wurden. Dabei sind Anwendungsbereiche und Entwicklungen bereits so vielfältig, dass sich die Frage, ob die Helfer eines Tages auf breiter Front in unser Leben Einzug halten werden, gar nicht mehr zu stellen scheint. Fraglich ist somit weniger, ob diese Entwicklung fortschreiten wird, sondern nur noch, wie deren Ergebnis im Einzelnen aussehen wird. So formulieren etwa auch Elliott und Brzezinski (1998): „Designing software as a social interface is not something we can avoid because it happens whether we plan for it or not; we have no choice in doing it but only in doing it right" (S. 12). Nicht nur die unmittelbar gestaltenden Disziplinen wie etwa Informatik und Künstliche Intelligenz, sondern mehr und mehr auch die Psychologie sind hiervon betroffen. Dies äußert sich etwa auch darin, dass die Forschung zu Interface-Agenten zu den wenigen Bereichen der Mensch-Technik-Interaktion gehört, die bereits von Beginn der Entwicklungen an stets Evaluationen mit einbezogen haben. Sogar ein systematischer Beitrag der Psychologie wurde schon früh vonseiten der Entwickler eingefordert.

Aber nicht nur im Bereich der Evaluation kann die psychologische Forschung entscheidende Beiträge leisten, auch bei der Gestaltung spielen psychologische Erkenntnisse eine nicht unwesentliche Rolle. Da erklärtes Ziel der Anwendungen die möglichst natürliche und intuitive Kommunikation mit den künstlichen Figuren ist, müssen die Agenten in ihrem Kommunikationsverhalten dem von Menschen möglichst nahekommen. Um dies zu ermöglichen, muss nicht nur das verbale Verhalten mithilfe von Linguisten und Computerlinguisten in Dialogmodulen nachgebildet werden. Darüber hinaus muss auch ein möglichst detailliertes Wissen über mikroskopische Aspekte der menschlichen (nonverbalen) Kommunikation und Interaktion vorhanden sein, das traditionell am ehesten in der Psychologie zu finden ist bzw. durch psychologische Forschung gewonnen werden kann. Ferner wird propagiert, dass die Agenten, um konsistent handeln zu können und glaubwürdig zu sein, sowohl über eine Persönlichkeit als auch über emotionale Zustände verfügen müssen. Auch in diesem Zusammenhang wird psychologische Expertise gesucht bzw. werden publizierte Theorien und Modelle rezipiert und implementiert. Inwieweit das Vorgehen der Implementierung von künstlichen Emotionen allerdings sinnvoll ist, um das angestrebte Ziel der effektiven positiven Beeinflussung des Nutzers zu erreichen, wird bislang zu wenig hinterfragt (vgl. Kap. 3.1.1.2).

Im Rahmen dieses Buches sollen – neben der Diskussion solch grundsätzlicher Fragen – insbesondere Untersuchungen zur Wirkung der virtuellen Agenten eine Rolle spielen. Auf Basis der Ableitung von Designempfehlungen aus empirischen Ergebnissen soll ein Beitrag zur zukünftigen Gestaltung von Interface-Agenten geleistet werden. Die entsprechende Forschung orientiert sich zwangsläufig an der klassischen Evaluationsforschung sowie an Methoden der Usability-Forschung aus dem Bereich der Mensch-Computer-Interaktion und deren klassischen Evaluationskriterien Effizienz, Effektivität und Akzeptanz. In Ergänzung dieser Aspekte sollen hier vor allem die – verglichen mit herkömmlichen Schnittstellen – neuartigen *sozialen* Wirkungen der Interface-Agenten im Vordergrund stehen. Bereits frühe Untersuchungen im Bereich von virtuellen Helfern zeigten das erstaunliche Ergebnis, dass die Nutzer im Umgang mit den künstlichen Agenten automatisch ähnliche soziale Verhaltenweisen zeigten, wie in der Interaktion mit anderen Menschen zu beobachten. Nachgewiesen wurde dies bereits für soziale Erleichterung, Kooperation, sozial erwünschtes Verhalten und anderes mehr (Rickenberg & Reeves, 2000; Sproull, Subramani, Kiesler, Walker & Waters, 1996; Parise, Kiesler, Sproull & Waters, 1999; Walker, Sproull & Subramani, 1994). Die Diskussion, ob dieses Phänomen letztlich eine oberflächliche Anpassung an die gegebene Menschenähnlichkeit darstellt oder durch die tief verwurzelte soziale Natur des Menschen unwillkürlich gespeist wird, gehört zu den spannendsten Kontroversen im Bereich der Erforschung anthropomorpher Schnittstellen. Entsprechende Ergebnisse und unterschiedliche Beiträge zu dieser Diskussion sollen daher einen weiteren Schwerpunkt ausmachen.

Insbesondere wird diskutiert, inwieweit diese Phänomene Rückschlüsse auf die soziale Natur des Menschen erlauben. In diesem Zusammenhang stellt sich weiterhin die Frage, woher das Interesse an der Gestaltung künstlicher Menschen überhaupt rührt und ob dies tatsächlich lediglich durch den Wunsch motiviert ist, möglichst natürliche Schnittstellen zu schaffen oder etwa auch auf den Wunsch nach Soziabilität oder Ähnliches zurückzuführen ist. Somit werden im Rahmen der Darstellungen an verschiedenen Stellen immer wieder Fragen aufgeworfen und bearbeitet, die letztlich den Menschen und seine soziale Natur fokussieren. Damit gehen die Fragestellungen des Forschungsbereiches deutlich über die normalerweise getätigten Betrachtungen im Rahmen der Mensch-Computer-Interaktion hinaus. Es werden nicht nur die üblichen allgemein- bzw. kognitionspsychologischen Aspekte thematisiert, sondern vermehrt auch soziale Zusammenhänge. Neben klassischen Themen der Ingenieur-Psychologie (Usability, Mensch-Computer-Interaktion) werden somit auch medienpsychologische und sozialpsychologische Theorien und Erkenntnisse eine Rolle spielen.

Im Sinne einer Lesehilfe wird nun der Aufbau des Buches geschildert: Im zweiten Kapitel folgen zunächst ausführliche Darstellungen zum Gegenstand und seiner historischen Entwicklung. Nach einer Begriffsbestimmung wird eine Übersicht über die verschiedenen relevanten Entwicklungslinien wie die Entwicklung von Mensch-Computer-Schnittstellen und Versuche zur Schaffung künstlicher Menschen gegeben. Abgeschlossen wird das Kapitel durch eine Präsentation des momentanen Entwicklungsstandes. Hier werden die aktuell von verschiedenen Forschergruppen präsentierten Interface-Agenten vorgestellt. Im Rahmen des dritten Kapitels werden die beiden erwähnten Beteiligungsfelder psychologischer Forschung behandelt: Sowohl die Möglichkeiten der Mitarbeit bei der Gestaltung – unter besonderer Berücksichtigung der Diskussion, ob Agenten Persönlichkeit und Emotionen benötigen – als auch die Vorgehensweisen bei der Evaluationsforschung werden vorgestellt und diskutiert. Im umfangreichsten vierten Kapitel schließlich werden die empirischen Ergebnisse zur Wirkung virtueller Helfer vorgestellt. Dazu wird die mittlerweile recht umfangreiche internationale Literatur aufgearbeitet und mit eigenen Ergebnissen ergänzt. Letztere wurden im Wesentlichen in sechs experimentellen Untersuchungen gewonnen, die im Rahmen des EMBASSI-Projektes durchgeführt wurden. Das Akronym EMBASSI steht für Elektronische Multimodale Bedien- und Service Assistenz. Das Projekt wurde in den Jahren 1999–2003 als eines der Leitprojekte Mensch-Technik-Interaktion vom Bundesministerium für Bildung und Forschung (BMBF) gefördert. Neben 18 weiteren Partnern aus Industrie und Forschung, die Assistenz- und Dialogmodule sowie graphische Benutzerschnittstellen entwickelten, war die Abteilung Differentielle Psychologie und Kommunikationsforschung der Universität zu Köln (unter Leitung von Prof. Dr. Gary Bente) in Zusammenarbeit mit der Kölner Kunsthochschule für Medien (Laboratory for Mixed Realities) mit der „Entwicklung und Evaluation von anthropomorphen Interface-Agenten" betraut. Hinsichtlich Akzeptanz, Effizienz, sozialen Wirkungen und moderierenden Aspekten werden die gewonnenen eigenen Erkenntnisse in Bezug zum internationalen Forschungsstand gesetzt. Zum Abschluss werden in Kapitel 5 zusammenfassende Schlussfolgerungen gezogen sowie Ausblicke auf mögliche Weiterentwicklungen gegeben.

2 Der Gegenstand: Agenten und ihre historischen Vorläufer

Um den Gegenstandsbereich einzugrenzen und gleichzeitig näher zu bestimmen, werden in diesem Kapitel Definitionen, Entwicklungslinien und aktueller Entwicklungsstand verfügbarer Systeme geschildert.

2.1 Von Agenten und Avataren – Begriffsbestimmung in der Welt virtueller Helfer

Zur Bezeichnung virtueller Charaktere wird inzwischen eine Vielzahl von Begriffen weitgehend synonym verwendet (vgl. auch Krämer & Bente, 2002). Die Rede ist von Avataren, anthropomorphen Schnittstellen, autonomen Agenten, „Interface Agents“, „Embodied Conversational Agents“, virtuellen Assistenten oder gar „Virtual Friends“. Einige der Begriffe sind aufgrund ihrer Herkunft allerdings irreführend im Zusammenhang mit dem hier zu fokussierenden Gegenstand. Dies gilt etwa für den Begriff „Avatar“, der ursprünglich aus der indischen Mythologie stammt und dort die körperliche Repräsentation eines Gottes auf Erden bezeichnet. Laut Bath (2001) verwendeten Programmierer den Begriff Anfang der 1980er Jahre erstmals für virtuelle Stellvertreter von Personen in militärisch inspirierten Simulationsspielen. Der Begriff wurde im Weiteren für jegliche Repräsentation eines Menschen auf dem Bildschirm verwendet – z. B. für die Darstellung eines von einem anderen Ort auf die gleiche Applikation zugreifenden Gesprächs- oder Spielpartners im Chat oder MUD. Obwohl dieser Terminus somit nur auf Umwegen als für die Mensch-Computer-Interaktion treffend bezeichnet werden kann – versteht man nämlich die anthropomorphe Abbildung als „Verkörperung“ und Repräsentation des Rechners –, erfreut er sich auch in diesem Zusammenhang inzwischen größter Beliebtheit. Insbesondere die im WWW auftretenden virtuellen Figuren werden mittlerweile vorzugsweise als „Avatare“ bezeichnet (z.B. Kyoto Date oder E-Cyas), auch wenn von einer direkten menschlichen Steuerung keine Rede sein kann. Die auf diesem Wege entstandene Begriffsverschmelzung schreitet weiter fort, wird aber immer wieder durch explizite Abgrenzung bekämpft (s. Bailenson, Beall, Blascovich, Raimundo & Weisbuch, 2001; Bailenson & Blascovich, 2004). In der Tat lassen sich aber auch Mischformen von Avataren und Agenten beobachten, die dann meist als Avatar bezeichnet werden: „An avatar can be and often is a hybrid of an embodied agent and an avatar: the human controls the symbolically meaningful verbal and nonverbal gestures and an agent controls the more mundane automatic behaviors“ (Bailenson & Blascovich, 2004, S. 68).

Der Begriff „Agent“ bedeutet zunächst einmal, dass es sich um eine (selbstständig) handelnde Entität mit verschiedenen Eigenschaften handelt. Eine allgemeine Definition geben Balakrishnan und Honavar (2001): „In very simplistic terms, an agent may be defined as an entity that *perceives* its environment through *sensors* and *acts* upon it through *effectors* ... However, for the agent to be useful, they must also be capable of interpreting *perceptions*, *reasoning*, and choosing actions *autonomously* and in ways suited to achieving their intended *goals*. Since the agents are often expected to operate reliably in unknown, partially known, and dynamic environments, they must also posess mechanisms to *learn* and *adapt* their behaviors through their interactions with their environments. In addition, in some cases, we may also reqiure the agents to be *mobile* and move or access different places or parts of their operating environments. Finally, we may expect the agents to be *persistent*, *rational*, etc., and to work in groups, which requires them to *collaborate* and *communicate* ...“ (S. 1). Solche Agenten sind also notwendigerweise mit Anteilen künstlicher Intelligenz versehen, die eine direkte Steuerung durch menschliche Agenten überflüssig machen. Unterformen sind etwa *robots*, die mit physikalischen Sensoren ausgestattet sind, und *softbots*, die über virtuelle Sensoren verfügen und als kleine intelligente Programme etwa den E-Mail-Verkehr erleichtern oder Chat-Rooms kontrollieren. Die hier fokussierten Interface-Agenten sind somit im Prinzip *Softbots*, die zusätzlich durch ein menschenähnliches Äußeres repräsentiert werden. Einschränkend muss allerdings bemerkt werden, dass noch nicht alle Figuren, die heute im Bereich der Embodied Conversational Agents entwickelt und evaluiert werden, den Namen Agent oder *Softbot* im oben definierten Sinne wirklich verdienen. Auch Erickson (1997) weist auf potentielle Verwechslungen hin und unterscheidet zwei Formen von Agenten. Er will autonome oder semi-autonome Computerprogramme, die Intelligenz, Adaptivität oder Responsivität enthalten, als „adaptive functionality“ bezeichnet wissen. Den Aspekt dessen, was dem Nutzer präsentiert wird (Stimme, Gesicht), bezeichnet Erickson (1997) dagegen als „agent metaphor“ und warnt davor, beide Aspekte als zwangsläufig verbunden zu sehen: „It is important to recognize that the metaphor and functionality can be decoupled. The adaptive functionality that allows the ‚agent to perform its task need not be portrayed as a talking head or animated character“ (S. 2). Andererseits müssen die virtuellen Figuren nicht in jedem Fall mit dahinter liegender Funktionalität verbunden sein: Im besten Fall werden Interface-Agenten vor allem auf den Dialog mit dem Benutzer hin optimiert, während die Möglichkeit zum Lernen, zur Adaption sowie die intelligente Assistenz eher im Hintergrund stehen. Um auf diesen spezifischen Aspekt zu verweisen und Missverständnisse zu vermeiden, empfiehlt sich somit die Bezeichnung „Embodied Conversational Agents“, der momentan im englischen Sprachraum wahrscheinlich gebräuchlichste Terminus. Cassell,

Sullivan, Prevost und Churchill (2000a) formulieren den Begriff folgendermaßen: „Embodied conversational agents are computer-generated cartoon-like characters that demonstrate many of the same properties as humans in face-to-face conversation, including the ability to produce and respond to verbal and nonverbal communication. ... With an embodied conversational agent, the visual dimension of interacting with an animated character on a screen plays an intrinsic role. Not just pretty pictures, the graphics display visual features of conversation in the same way that the face and hands do in face-to-face conversation among humans“ (Klappentext). Konversationelle Agenten verfügen also per definitionem über verbale und nonverbale Interaktionskompetenzen und ausgeprägte Dialogfähigkeiten. Die hier gewählte Bezeichnung lässt allerdings die Frage offen, ob es sich bei der Verkörperung des technischen Systems um eine beliebige visuelle Repräsentation (etwa auch eine Comicfigur, ein Tier oder auch eine Pflanze) handelt oder um eine möglichst realistisch dargestellte menschliche Figur. Für letztgenannten Spezialfall wird in der Literatur zumeist der Begriff „anthropomorpher Interface-Agent“ verwendet. Je nach Anwendungsbereich werden die Begriffe ferner weiter differenziert: Besonderer Beliebtheit erfreut sich so auch etwa der Begriff „pedagogical agents“.

Für die weiteren Ausführungen werden vor diesem Hintergrund ausschließlich Begriffe genutzt, die dadurch gekennzeichnet sein sollen, dass sie ein möglichst geringes Potential an Missverständnissen bergen, wie dies etwa auf anthropomorphe Interfaces, Embodied Conversational Agents, virtuelle Helfer, anthropomorphe Interface-Agenten oder den Spezialfall der pädagogischen Agenten zutrifft.

Festzuhalten bleibt, dass das wichtigste Bestimmungsmerkmal für die hier zu behandelnden Agenten eine verkörperte Interaktion mit dem Benutzer darstellt. Insbesondere die Verkörperung respektive das *Embodiment* nimmt dabei eine zentrale Rolle ein. Allerdings finden sich auch wiederum recht unterschiedliche Definitionen des Begriffs Embodiment. Während Pelachaud, Carofiglio, De Carolis, de Rosis und Poggi (2002) Verkörperung pragmatisch als die Gegebenheit von menschenähnlichen „physischen“ Elementen sehen, die nonverbale Kommunikation ermöglichen, präsentieren Dautenhahn, Ogden und Quick (2002) eine wesentlich sophistiziertere Analyse. Ihre Minimaldefinition von Embodiment, die vom Tier bis hin zu Artefakten gültig sein soll, geht über bisherige Definitionen hinaus, die einfach alles berücksichtigen, was über einen Körper verfügt (Pfeifer & Scheier, 1999). Ihrer Meinung nach handelt es sich bei Verkörperung um einen quantifizierbaren Aspekt, der sich auf die spezifische Beziehung, die zwischen einem verkörperten System und der Umgebung besteht, bezieht. Dieser Aspekt, der auch als „social embeddedness“ bezeichnet wird, geht letztlich zurück auf Maturana und Varela (1980), die von strukturell gekoppelten Systemen sprechen. Embodiment sei somit: „That which establishes a basis for structural coupling by creating the potential for mutual pertubatation between system and environment. Embodiment is in that sense not solely a feature of a system in an environment, but it is grounded in the relationship between the two“ (S. 400). Als Konsequenz lässt sich somit feststellen, dass beispielsweise ein Roboter umso eher als verkörpert gelten kann, je mehr er in der Lage ist, selbst die Umwelt zu beeinflussen (respektive zu „verstören") oder von ihr beeinflusst zu werden: „All robots are embodied but some are more embodied than others" (S. 405). Die stärker verkörperten Systeme hätten vor diesem Hintergrund – und im Sinne der modernen Form der Künstlichen-Intelligenz-Forschung – auch mehr Möglichkeiten, kognitive Fähigkeiten auszubilden. Die Definition sei gleichzeitig aber auch befreit von materiellen Gegebenheiten – auch eine Software könne in diesem Sinne verkörpert oder gar „socially embedded" sein. Barsalou, Niedenthal, Barbey und Ruppert (2003) legen eine von diesen Ansichten divergierende Definition von Embodiment vor, die wiederum die Wichtigkeit der physischen Repräsentation betont. In einem inspirierenden Artikel mit dem Titel „Social embodiment" beleuchten sie aus sozialpsychologischer Sicht, inwiefern soziale Aspekte und Körperlichkeit eng miteinander verbunden sind. Sie unterscheiden vier Typen von Verkörperungs-Effekten:

1. Soziale Stimuli beeinflussen nicht nur kognitive, sondern auch körperliche Zustände (vgl. die bekannten Experimente zum Priming mit Altersstereotypen durch Bargh, Chen & Burrows, 1996).
2. Die Wahrnehmung körperlicher Zustände bei anderen ruft Mimikry hervor (vgl. Bernieri & Rosenthal, 1991; Bavelas, Black, Lemery & Mullett, 1986; Diskussion zu Spiegelneuronen nach Rizolatti, Fadiga, Fogassi & Gallese, 2002).
3. Körperliche Zustände rufen affektive Zustände hervor (Cacioppo, Priester & Bernston, 1993; vgl. *facial feedback* Theorie, Strack, Martin & Stepper, 1988).
4. Die Passung von körperlichen und kognitiven Zuständen moduliert die Performanz (vgl. Chen & Bargh, 1999).

Vor dem Hintergrund dieser Zusammenhänge entwickeln die Autoren eine „Theory of social embodiment" und argumentieren, dass Körperlichkeit äußerst zentral für sämtliche menschlichen Funktionen ist: „The body is involved extensively in human activity. For this reason alone, it should not be surprising that bodily states have a central presence in human knowledge. ... Given the fundamental importance of action for effective intelligence, it should not be surprising that embodiment is central to cognition in both social and nonsocial domains" (S. 84). So unterschiedlich die verschiedenen Definitionen somit sind, lassen sie dennoch alle nur den Schluss zu, dass Verkörperung tatsächlich ein wichtiger Aspekt ist, um Agenten zu hilfreichen autonomen Entitäten zu machen.

Alleine mit einem Körper beziehungsweise der Kopplung mit der Umgebung ist man allerdings noch nicht am Ziel. Abschießend soll daher nochmals auf die Definitionskriterien für Embodied Agents verwiesen werden: Cassell, Bickmore, Campbell, Vilhjálmsson und Yan (2000b) formulieren ein sehr anspruchsvolles Anforderungsprofil für Embodied Conversational Agents. Zu den wichtigsten

Leistungsmerkmalen gehören neben der Fähigkeit, Sprache und Gestik des Nutzers zu verstehen, die Generierung eigener verbaler und nonverbaler Reaktionen, die Dialogsteuerung, die Erkennung und Bewertung der Diskursentwicklung und gegebenenfalls die kreative Einführung neuer Gesprächsinhalte. Wie im Weiteren zu sehen sein wird, erreichen aber nur wenige der aktuellen Systeme bereits diese Anforderungen (vgl. Kap. 2.2.3).

2.2 Entwicklungslinien

Im Folgenden werden zwei sehr unterschiedliche Entwicklungslinien beschrieben, die zum heutigen Entwicklungsstand bei virtuellen humanoiden Charakteren beitragen. Zunächst wird die Entwicklung der Mensch-Computer-Interaktion vorgestellt, die durch ihr aktuelles Ziel der intuitiven und natürlichen Benutzbarkeit mittlerweile fast zwangsläufig bei der Implementierung von menschenähnlichen Kommunikationsformen angelangt ist. Auf der anderen Seite wird gezeigt, dass die Erstellung künstlicher Personen die Menschheit schon seit jeher fasziniert hat. Entsprechende Beispiele aus Historie und Fiktion werden geschildert, um im Anschluss zu diskutieren, ob möglicherweise neben dem Wunsch nach intuitiver Bedienbarkeit noch weitere Motive dazu führen, dass technischen Helfern nicht nur mit menschlichem Aussehen, sondern auch mit menschlichen Eigenschaften und Emotionen versehen werden. Zum Abschluss des Kapitels wird der aktuelle Forschungsstand präsentiert: Es wird diskutiert, inwieweit die Bemühungen verschiedener Forschergruppen auf ihrem Weg zum humanoiden Berater bereits erfolgreich waren.

2.2.1 Geschichte der Mensch-Computer-Interaktion

Bereits seit Beginn der Verfügbarkeit von Großrechnersystemen existieren Bestrebungen, die Interaktion zwischen menschlichem Benutzer und technischem System zu verbessern. Die Notwendigkeit dazu resultiert aus der Tatsache, dass die Maschinensprache, die Computer verarbeiten können, nicht eben zu den geläufigen Kommunikationssystemen des Menschen gehört. Im Folgenden sollen die über die Jahre stark veränderten Interaktionsformen chronologisch aufgeführt werden. Diese können jeweils mit einer Leitmetapher beschrieben werden (vgl. **Tab. 2.1**; s. Krämer, 2004; vgl. zur Geschichte der Interface-Metaphern auch Preece, 1994). Das Verständigungsproblem wurde zu Beginn zunächst einmal gar nicht gelöst: Die menschlichen Nutzer lernten die Maschinensprache. Sie waren gezwungen, Zahlenreihen einzugeben, die lediglich auf elementarer Ebene zu symbolischen Befehlen zusammengefasst wurden. Zu Beginn der 1970er Jahre wurde dann eine dialogorientierte Kommandosprache eingeführt, die erstmals eine tatsächliche Interaktion ermöglichte, vor allem da der Rechner nach relativ kurzer Zeit Hilfs-, Warn- oder Fehlermeldungen ausgab (vgl. Turk, 2001). Bereits Ende der 1970er Jahre starteten zusätzlich Versuche, statt der oft undurchsichtigen und schwer erlernbaren Kommandosprache die natürliche Sprache einzusetzen, um dem Nutzer die Möglichkeit der Kommunikation auf Grundlage eines ihm vertrauten Vokabulars zu bieten. In dieser Zeit mehrten sich Forderungen nach Orientierung hin zum menschlichen Benutzer; tatsächlich aber wurde bis in die 1980er Jahre hinein wenig erreicht, das diesem Ziel gerecht würde. Draper und Norman (1986) führen dies auf die Tatsache zurück, dass sich der menschliche Benutzer als beliebig anpassbar erwiesen hatte: Aufgrund der hohen Fähigkeit des Menschen, sich an die kommunikativen Erfordernisse anzupassen, umständliche Bedienungsroutinen und fremde Sprachen zu erlernen, erwies sich eine Optimierung der technischen Seite als nicht zwingend notwendig: „People are so adaptable that they are capable of shouldering the entire burden of accomodation to an artifact" (S. 1). Der Bedarf an einfach handhabbaren Interfaces stieg erst im Zuge der Verfügbarkeit von sogenannten Personal Computern und deren rascher Verbreitung nicht nur an den Arbeitsstellen, sondern auch in Privathaushalten.

Tab. 2.1: Übersicht über die Entwicklung der Interface-Metapher

Interface	Einsatzbereich, Aufgabenspektrum	Nutzergruppe	Wissenschaftliche Disziplin zur Gestaltung
Maschinensprache	Bedienung vereinzelter Großrechner	Spezialisten	Informatik
Kommandosprache	Bedienung arbeitserleichternder Maschinen am Arbeitsplatz	Informatiker, spezifisch ausgebildete Nutzerinnen/Nutzer	Informatik
Graphische Benutzeroberfläche	Einsatz von PCs an fast allen Arbeitsplätzen, zunehmend in Privathaushalten	Alle Berufsgruppen, erforderliches Know-how ist Teil der Ausbildung; nicht vorgebildete Privatnutzer erarbeiten sich die Bedienung	Informatik/Ingenieurwissenschaften, Ingenieurpsychologie, Design
Dialog-Metapher (natürlichsprachliche Interaktion)	Im Entwicklungsstadium	Ziel: voraussetzungsfreie Nutzung für alle	Informatik/Ingenieurwissenschaften, Computerlinguistik, Ingenieurpsychologie
Anthropomorphe Schnittstellen	Im Entwicklungsstadium	Ziel: voraussetzungsfreie Nutzung für alle	Informatik/Ingenieurwissenschaften, Computerlinguistik, Design, Medienpsychologie
Virtuelle Realität, Augmented Reality	Im Entwicklungsstadium	Ziel: voraussetzungsfreie Nutzung für alle	Informatik/Ingenieurwissenschaften, Medienpsychologie

Wichtigste Voraussetzung jeglicher Interaktion zwischen Mensch und Computer sind zunächst einmal Schnittstellenmerkmale, die den Austausch von Information überhaupt erst ermöglichen. Differenziert werden hier Aspekte des *Outputs*, das heißt der Gestaltung der Benutzeroberfläche und Aspekte des *Inputs* – im Sinne der Möglichkeiten, die dem Benutzer zur Eingabe von Befehlen etc. zur Verfügung stehen. Ausgabegeräte (*output devices*, wie die visuelle Ausgabe auf dem Bildschirm, Sound, Sprachausgabe) sind folglich Vorrichtungen, die Informationen von einer elektronischen, internalen Repräsentation des Computersystems in eine für den Menschen wahrnehmbare und verarbeitbare Information umwandeln. Ein Eingabegerät (*input device,* wie z. B. Tastatur, Maus, Trackball, berührungssensitiver Bildschirm, Sensoren zur automatischen Bewegungserfassung, Datenhandschuhe) ist dagegen ein Element, das zusammen mit geeigneter Software die vom Nutzer gesendete Information in Daten umwandelt, die der Computer weiterverarbeiten kann (Preece, 1994). Ein erster Versuch, intuitiv zu bedienende Schnittstellen zu gestalten, stellen die heute noch gebräuchlichen graphischen Benutzeroberflächen (graphical user interface, GUI) dar. Diese beruhen auf den 1984 von Apple aufgestellten WIMP-Prinzipien (Windows, Icons, Menu, Pointer) und ermöglichen auf der Basis graphischer Repräsentationen (ein Dokument wird beispielsweise als beschriebenes Blatt symbolisiert, das auf einem virtuellen Schreibtisch bzw. *desktop* liegt) die direkte Manipulation der Objekte – beispielsweise durch Zeigen, Anklicken, Bewegen (*drag and drop*) (vgl. Faulkner, 1998; Mayhew, 1992; Shneiderman, 1998). An dieser Stelle ist zum ersten Mal die Bezeichnung *Interface-Metapher* angebracht: Das Grundprinzip der Metaphern im Interface-Design gleicht dem aus Sprache und Denken. Es existiert eine wie auch immer geartete Ähnlichkeit zwischen einer aus dem Alltag bekannten Vorgehensweise oder einem Gegenstand einerseits und der Benutzeroberfläche beziehungsweise einzelnen Interface-Funktionen andererseits. Ein Papierkorb etwa nimmt Dinge auf, die nicht mehr gebraucht werden: Er ist daher als Icon auf dem Desktop eine einleuchtende Anzeige dafür, dass Dinge, die hier hinterlegt werden, der elektronischen Vernichtung anheimfallen. Die Lernvorgänge werden aufgrund der Analogie als intuitiv angenommen. Hinzu kommt, dass eine einmal verstandene Funktion angeblich nie mehr vergessen wird. Dies alleine wird bereits als benutzerfreundlich bewertet. Weitere zentrale Vorteile, die das WIMP-Modell mit sich bringt, bestehen in der einfachen Umkehrbarkeit der Aktionen sowie der Möglichkeit zur direkten Überprüfung des Ergebnisses. Mittlerweile wurden allerdings auch einige zentrale Nachteile festgestellt: So lässt sich das ursprüngliche Anliegen, dem Benutzer ständig alle Systemdaten und Funktionen visuell zugänglich zu machen, aufgrund der gestiegenen Anzahl an Funktionalitäten nicht mehr realisieren beziehungsweise führt zu großer Unübersichtlichkeit. Das Prinzip, alle Aktionen in Teilschritte zu unterteilen, führt ferner bei ungeübten Benutzern zur kognitiven Überlastung, während sich erfahrene Nutzer in ihrer Arbeitseffizienz beeinträchtigt fühlen, da das System keine flexible Handhabung erlaubt. Die Prämisse der aktiven Benutzersteuerung bringt zwar den Vorteil der maximalen Kontrolle für den Benutzer mit sich (vgl. Shneiderman, 1998), beinhaltet aber den Nachteil, dass eine Steuerung durch den Nutzer auch zwingend erforderlich ist, was einen erheblichen kognitiven und zeitlichen Aufwand erfordert. Im Zuge dieser Erkenntnisse entwickelten sich Bestrebungen, die bislang vorherrschende Rahmen-Metapher des *Computers als Werkzeug* abzulösen durch ein Paradigma, innerhalb dessen der Computer als Assistenz dient (vgl. Ball et al., 1997; Maes, 1994). Ein Assistenzsystem lässt sich als informationsverarbeitendes Subsystem in einem Mensch-Maschine-System bezeichnen, das den Benutzer unterstützt, indem es für die Zielerreichung notwendige Teilaufgaben innerhalb einer Gesamtaufgabe übernimmt (Timpe, 1998). Ähnlich wie ein persönlicher Sekretär sollen Assistenzsysteme informieren, zusätzliche Handlungsvorschläge unterbreiten oder auch selbstständig erforderliche Handlungen ausführen. Obgleich Assistenzsysteme in absehbarer Zeit die bislang vorherrschende Werkzeugmetapher im Bereich der Mensch-Computer-Interaktion (MCI) nicht gänzlich ablösen werden (Maes, 1994), so ist doch zu erwarten, dass diese zumindest als Ergänzung bestehender Systeme immer mehr an Bedeutung gewinnen. Entsprechende softwaretechnische Umsetzungen wurden auf Basis der beschriebenen Agententechnologie bereits entwickelt und eingesetzt. Der Einsatz dieser intelligenten Assistenz erfordert aber wiederum andere Schnittstellen, die im besten Fall tatsächlich intuitiv, das heißt ohne spezifische Vorkenntnisse nutzbar sein sollten – vor allem, da im Laufe der nächsten Jahre keine Bevölkerungsgruppe mehr eine Konfrontation mit dieser Technologie wird vermeiden können und es darauf ankommen wird, möglichst ohne Missverständnisse Aufgaben zu delegieren. Die Entwicklung solcher Schnittstellen wird ebenfalls bereits stark vorangetrieben. Zum einen werden bereits in den 1970er Jahren begonnene Entwicklungsbemühungen im Bereich der natürlichsprachigen Interaktion (*natural language)* wieder aufgenommen: Sprachdialogsysteme werden entwickelt und implementiert, die die Sprache des Benutzers analysieren und verstehen, eine entsprechende natürlichsprachige Antwort generieren und diese per Sprachsynthese ausgeben (vgl. Baecker, Grudin, Buxton & Greenberg, 1995). Vor dem Hintergrund der Annahme zur Wichtigkeit auch nonverbaler Kommunikationsanteile in diesem Prozess wird darüber hinaus gefordert, sowohl eingabe- (Nutzer) als auch ausgabeseitig (Computer) nonverbale Verhaltensweisen wie Mimik, Gestik, Bewegungsverhalten zu berücksichtigen (vgl. Thórisson, 1996; Cassell, Bickmore, Campbell, Vilhjálmsson & Yan, 2000) – was vor allem durch Embodied Conversational Agents erreicht werden soll. Die vermenschlichte Darstellung liegt unter anderem natürlich auch deshalb nahe, da bereits die Assistenzmetapher eine Anthropomorphisierung darstellt. DeLaere, Lundgren und Howe (1998) fassen den potentiellen Nutzen menschenähnlicher Interfaces zusammen: „Theoreticians in both human factors and cognitive science have begun to call for more user-centred and humanizing Implementierungs of technology that complement human abilities instead of competing with them. One implication is that interface designs which incorporate elements that evoke or simulate human social interaction should result in more natural and infomative user-system communications. This idea is known as the ‚dialog partner metaphor in promoting user-centredness for computer interface design" (S. 44). Insbesondere durch die mögliche Nutzung der natürlichen Kommunikationskanäle Sprache, Gestik und Mimik und der somit strukturellen Ähnlichkeit mit der Face-to-Face-Kommunikation wird dieser Interaktionsform eine intuitivere Nutzbarkeit und somit leichtere Handhabung, größere Effizienz und Akzeptanz zugesprochen (vgl. Brennan, 1990; Bolt, 1987; Thórisson, 1996). Takeuchi und Naito (1995, S. 454) formulieren in diesem Sinne ihre Erwartungen an die neuen Technologien: „We surmise that once people are accustomed to synthesized faces, performance becomes more efficient, and a long partnership further improves performance. Human-like characterization is one good form of autonomous agents, because people are accustomed to interact with other humans". Zusätzlich weist Erickson (1997) darauf hin, dass die Metapher den Vorteil habe, dass sie eine spezifische Eigenschaft der autonomen Charaktere repräsentiere, die insbesondere Desktop-Ikons nicht symbolisieren: „Agents can go places".

Ein weiterer aktueller Entwicklungsstrang im Bereich der Interfacegestaltung ist die Nutzung von virtuellen Realitäten oder sogenannten erweiterten Realitäten (*augmented reality*), die in Zukunft die Interaktion nicht nur auf Basis des herkömmlichen Bildschirms, sondern in komplexen immersiven künstlichen oder erweiterten Welten ermöglichen werden (vgl. etwa Lok & Hodges, 2004). Ebenfalls bereits entwickelt werden Schnittstellen, die für den Benutzer gar nicht mehr als solche erkennbar sind oder in Alltagsgegenstände wie beispielsweise Kleidung integriert werden. Diese unter der Bezeichnung *ubiquitous computing* oder *wearable computing* bekannt gewordenen Interface-Konzepte werden mit hoher Wahrscheinlichkeit die Schnittstellen der Zukunft prägen (vgl. Preece, 1994).

Auch hinsichtlich der psychologischen Beteiligung lässt sich ein geschichtlicher Verlauf nachzeichnen: Die beständig weiter wachsenden Funktionalitäten der Rechnersysteme führten (und führen!) zu einem gestiegenen Anspruch an die menschengerechte Gestaltung (vgl. Zühlke, 2002). Die sogenannte *user centredness* ist heute wichtiger denn je – vor allem vor dem Hintergrund der immer größer werdenden und somit immer weniger vorgebildeten Nutzergruppe. Ordnet man den aufgeführten Entwicklungsstufen eine Beteiligung der unterschiedlichen Disziplinen am Gestaltungsprozess zu (vgl. **Tab. 2.1**), so wird deutlich, dass im Rahmen der ersten Interaktionsformen wie Maschinensprache und Kommandosprache (*command language*) praktisch keine psychologischen Erkenntnisse berücksichtigt wurden. Dennoch fällt der Beginn des experimentalpsychologischen Interesses an der Mensch-Computer-Interaktion in diese Zeit: 1973 soll der erste Artikel einer psychologischen Evaluation (von zwei Computersprachen) im International Journal of Man-Maschine Studies erschienen sein (vgl. Gaines, 1985; Nyce & Löwgren, 1995). Die bald darauf entstandenen graphischen Benutzeroberflächen wurden im Rahmen der Ingenieurpsychologie untersucht – unter Berücksichtigung vor allem klassischer ergonomischer Fragen. Neben dieser bereits sehr anwendungsorientierten psychologischen Disziplin beteiligten sich hier auch Arbeitspsychologen, die Funktionen und Gestaltung vor allem vor dem Hintergrund des damaligen Hauptanwendungsfeldes analysierten, sowie die stärker an den Grundlagen interessierten Kognitionspsychologen (vgl. Mangold, 1997). Im Zuge der neueren Entwicklungen (anthropomorphe Schnittstellen und virtuelle Realitäten) wird nun auch die Medien- und Sozialpsychologie ein wichtiger Forschungspartner – zum einen da sich die Nutzergruppe so vergrößert hat, dass man von einem neuen universal genutzten Medium sprechen kann, das beispielsweise durchaus auch sozialpsychologische Implikationen hat. Zum anderen verschwimmen die Grenzen zwischen neuen und klassischen Medien immer mehr: Für die Zukunft ist eine Integration von klassischen und neuen Medien zu erwarten, Fernsehen, Internet, Computer etc. werden auf Dauer nicht länger in getrennten Geräten aufzufinden sein und bereits heute dienen Multimediacomputer zur Unterhaltung, zur Information, zur Kommunikation und als Arbeitswerkzeug. Die aktuelle medien- und sozialpsychologische Forschung in diesem Bereich fokussiert dabei weniger auf die Gestaltung von Mensch-Computer- oder Mensch-Maschine-Schnittstellen am Arbeitsplatz; dies stellt nach wie vor einen klassischen Arbeitsbereich der Ingenieurpsychologie und Ergonomie dar. Die Medien- und Sozialpsychologie interessierte sich erstmals im Laufe der 1990er Jahre für Fragen aus dem Bereich der Schnittstellengestaltung – zunächst vor allem im Zusammenhang mit dem neuen Medium Internet (Untersuchungen zum Umgang mit Hypertexten; vgl. z. B. Tergan, 2002; sowie zur sozio-emotionalen Dimension des Internet, vgl. Döring, 1999). Seit dem Jahr 2000 wird den anthropomorphen Schnittstellen (vgl. Bente & Krämer, 2000) und virtuellen Realitäten ebenfalls verstärkt Interesse entgegengebracht (vgl. Bente, Krämer & Petersen, 2002).

2.2.2 Die Schaffung des künstlichen Menschen – historische und aktuelle Versuche

„Olimpia saß, wie gewöhnlich, vor dem kleinen Tisch, die Ärme darauf gelegt, die Hände gefaltet. Nun erschaute Nathanael erst Olimpias wunderschön geformtes Gesicht. Nur die Augen schienen ihm gar seltsam starr und tot. Doch wie er immer schärfer und schärfer durch das Glas hinschaute, war es, als gingen in Olimpias Augen feuchte Mondesstrahlen auf. Es schien, als wenn nun erst die Sehkraft entzündet würde; immer lebendiger und lebendiger flammten die Blicke. Nathanael lag wie festgezaubert im Fenster, immer fort und fort die himmlisch-schöne Olimpia betrachtend."

Aus E.T.A. Hoffmann, Der Sandmann

Gibt man im Google die Worte „künstliche Menschen" ein, erscheinen 15.800 Quellen, bei „artificial humans" sogar 21.100 [gültig für September 2007]. Dies mag für die heutige Popularität des Konzeptes der menschenähnlichen Nachbildungen sprechen. Auch die Aufbereitung des Themas in der Literatur hat eine lange Tradition: Dotzler, Gendolla und Schäfer (1992) tragen 1 778 Referenzen auf Erzählungen, Romane, Briefe und Berichte zu „MaschinenMenschen“ zusammen, die in der Zeit von 1420 bis 1991 entstanden sind. Laut den Autoren hat „nach Gott ... wohl kein Fabelwesen der Literatur und Künste eine längere Karriere, differenziertere Varianten, vergleichbare Kontroversen hinter sich wie der künstliche Mensch“ (S. 9). Dass die Idee, einen künstlichen Menschen zu schaffen, die Menschheit aber bereits seit Jahrhunderten beschäftigt, lässt sich zuallererst an entsprechenden Mythen und Geschichten nachvollziehen. Von griechischen Sagen bis hin zu aktuellen Kinofilmen zieht sich das Sujet der Nachbildung des Menschen durch die fiktionalen Erzählformate. Während dabei in den ersten Jahrhunderten die Technizität der Formung des Körpers im Vordergrund stand, geht es heutzutage vor allem um die Frage, ob und wie menschenähnlichen Maschinen eine „Seele“ gegeben werden kann bzw. ob diese eine solche entwickeln könnten.

Die älteste Darstellung der künstlichen Erschaffung von Menschen findet sich bei Hesiod – die sich ironischerweise auf die (unerlaubte) Schaffung des Menschen selbst durch einen Halbgott bezieht: Laut Hesiods Darstellung der Prometheus-Sage schuf dieser das Menschengeschlecht. Er formte Menschen aus Ton, denen dann Athene Leben einhauchte. Ebenfalls in der klassischen Mythologie beschreibt Aeschylos, dass Daedalos Puppen mit beweglichen Gliedmaßen erstellte. Auch bei Ovid findet sich das Thema der künstlichen Erstellung durch Menschenhand: In Metamorphosen schildert er die Geschichte von Pygmalion, der sich aufgrund der Tatsache, dass er reale Frauen ablehnt, eine weibliche Statue schafft, in die er sich verliebt und die durch Venus zum Leben erweckt wird. Die erste von Dotzler et al. (1992) erwähnte Publikation stammt aus dem Jahre 1420 (Johannes Fontana: Automatenfiguren). Im Zeitalter der Romantik schreibt E.T.A. Hoffmann mit „Der Sandmann“ eine Erzählung, die auf seinen eigenen Beobachtungen von in dieser Zeit präsentierten „Automaten“ (s. u.) beruhen (vgl. auch die 1814 – ein Jahr vor dem „Sandmann“ – verfasste Erzählung „Der Automat“, die offensichtlich durch die Schachmaschine von Kempelen inspiriert ist, die nachfolgend hier noch beschrieben wird). Der verträumte Nathanael verliebt sich in Olimpia, eine weibliche Maschine, und verfällt dem Wahnsinn, als er seinen Irrtum entdeckt. Drux (1994, S. 89, vgl. Mracek, 2001) zeigt in einer Analyse des „Sandmann“, dass das Motiv der belebten Holzpuppe sich „um 1800 in allen künstlerischen Disziplinen [findet] und verweist auf umfassende kulturgeschichtliche Problembereiche, etwa auf den Widerspruch zwischen rationalistischer Zergliederung und romantischer Durchdringung der Natur“. Im Jahre 1818 schließlich verfasst Mary Shelley mit „Frankenstein“ (im Untertitel „Der moderne Prometheus“), einen Roman, der bis heute als der Prototyp moderner Geschichten zur Erschaffung von künstlichen Menschen gelten kann – insbesondere solcher aus Fleisch und Blut. Aus Knochen und Innereien von Verstorbenen erschafft Dr. Frankenstein ein Wesen, das durch einen Stromschlag zum Leben erweckt wird. Menschliche Maschinen wiederum werden 1920 in R.U.R. (Rossum Universal Robots) von Karel Capek thematisiert, der in diesem Stück das Wort Roboter (von tschechisch robota für „Fronarbeit“) prägte und ihm zum Siegeszug verhalf (vgl. etwa die Geschichten von Isaac Asimov).

In modernen Filmen schließlich wird primär die Thematik behandelt, dass den fast perfekten Nachbildungen nur noch eines fehlt: Die menschliche Seele. So sind die Maschinen auf der Suche nach Emotionen, nach Liebe oder versuchen, sich in einer von Emotionen und komplexem Sozialverhalten geprägten menschlichen Welt zurechtzufinden – wie etwa die Replikanten in „Blade Runner“ (der Titel der Romanvorlage von Philip K. Dick von 1968 lautet bezeichnenderweise „Do androids dream of electric sheep?“), die umprogrammierte Zerstörungsmaschine in „Terminator“, Lt. Commander Data in „Star Trek“, David in „A. I.“ und Sonny in „I, Robot“. „I, Robot“ und „Stepford wives“ thematisieren schließlich auch auf unterschiedliche Art die ebenfalls mit dem Thema verknüpfte Angst des Menschen, dass Maschinen eines Tages unseren Platz einnehmen werden oder die Menschheit unterwerfen.

Auch tatsächliche Versuche, Automaten zu schaffen, lassen sich weit zurückverfolgen: Manhart (1991) berichtet, dass bereits im hellenistischen Ägypten Maschinen konstruiert wurden, die sowohl in ihrer Erscheinung als auch in ihren Bewegungen Menschen glichen. Basierend auf geschickten Mechanismen konnten die Statuen sprechen, gestikulieren und prophezeien, indem sie – um Rat gefragt – mit einem Kopfnicken oder Armbewegungen antworteten. Die ersten nicht-fiktionalen Berichte über die Erstellung künstlicher Menschen in der Neuzeit nehmen sich allerdings noch relativ phantastisch aus und sind historisch unbestätigt: So soll Albertus Magnus (um 1200–1280) 30 Jahre damit verbracht haben, einen Androiden (vgl. Brockhaus-Definition: ein zu bestimmten Tätigkeiten fähiger Automat in Menschengestalt) zu schaffen und ihn sprechen zu lassen (Wood, 2002). In weiteren Quellen wird dieser beschrieben als ein Automat – ähnlich einem Klosterbruder gestaltet –, der unliebsame Besucher abhalten sollte (vgl. Felderer, 1996; Mracek, 2001). In der Renaissance sollen insbesondere Alchemisten an der Erschaffung künstlicher Menschen Interesse gezeigt haben. So berichtet Wood (2002, S. XV), dass Cornelius Agrippa und andere glaubten, „that humans could be grown from mandrake roots“. Auch Paracelsus (1493–1541) publizierte Anweisungen, wie ein solcher Homunkulus (der diejenige Unterform der Androiden bezeichnet, die nicht mechanisch ist, sondern aus organischer Substanz besteht) geschaffen werden kann (vgl. Wood, 2002; Manhart, 1991). Im Jahr 1580 schließlich soll der Oberrabbiner der Stadt Prag, Rabbi Loew, eine menschliche Figur aus Lehm geschaffen haben, die er Joseph Golem nannte und zum Schutz der jüdischen Gemeinde einsetzte (Manhart, 1991). Auch René Descartes (1596–1650) soll einen Androiden namens Francine besessen haben, den er möglicherweise selbst erfunden hat (Mracek, 2001).

Im 18. Jahrhundert erreichten die Bestrebungen im Zuge der Entwicklung erster technologischer Errungenschaften einen neuen Höhepunkt. Laut Wood (2002, S. XVI) werden im Jahrhundert der Aufklärung die Ambitionen der

Necromancer wiederbelebt „in the well-respected name of science". Eine der heute noch häufig erwähnten Persönlichkeiten war der Franzose Vaucanson, der einen der Statue aus den Tuilerien nachgebildeten Flötenspieler (Bildhauer Antoine Coysevox) entwickelte und ihn am 11. Februar 1738 in Paris erstmals der Öffentlichkeit präsentierte. Die Maschine konnte durch unterschiedliche Lippen- und Mundstellungen, durch eine bewegliche Metallzunge und variierbaren Luftdruck zwölf unterschiedliche Melodien spielen und stellte somit eine für die damalige Zeit beachtliche Leistung dar. Wood (2002) dokumentiert den Detailreichtum: „Vaucanson had arrived at those sounds by mimicking the very means by which a man would make them. There was a mechanism to correpond to every muscle" (S. 20). Nachfolgend stellte er einen Automaten vor, der sich vor allem durch Fähigkeiten auszeichnete, die für eine Maschine eigentlich irrelevant waren. Eine sich realistisch bewegende Ente konnte fressen, verdauen und die Reste wieder ausscheiden. Der erreichte Detailreichtum mag alleine dadurch verdeutlicht werden, dass beispielsweise jeder Flügel aus vierhundert Teilen bestand. Der Plan, im Anschluss eine anatomische Maschine zu bauen, die den Blutkreislauf nachempfindet und bluten kann, schlug allerdings fehl. Obwohl ein ungeheurer Aufwand betrieben wurde, um – auch mit Unterstützung und im Auftrag des Königs Louis XV. – das in Südamerika neu entdeckte Gummi für die Blutgefäße nach Frankreich zu transportieren, wurde die Maschine nie beendet. Ein ähnliches Ziel hatte Vaucansons Konkurrent Le Cat, der aufgrund seiner Profession als Arzt einen weniger mechanischen und mehr auf die Körperfunktionen ausgerichteten Ansatz verfolgt. Ein Zeitzeuge schrieb an die Akademie der Wissenschaften in Paris: „[LeCat's] automaton will have breath, circulation, quasi-digestion, secretions, heart, lungs, liver and bladder, and, God forgive us, everything else. But it will become feverish, it will have to be bled and purged, and it will resemble a man too much" (Cideville, zitiert nach Wood, 2002, S. 49). Des Weiteren konstruierten Pierre Jaquet-Droz und sein Sohn Henri-Louis im Jahre 1774 zwei mechanische Jungen: einen, der schreibt und einen, der malt. Außerdem präsentierten sie 1776 die sogenannte „Musical Lady", die Cembalo spielt und laut Wood dabei lebensecht wirkt: „Her bosom would heave lightly, as if she were breathing" (S. XIII).

Weitere Versuche rund um den künstlichen Menschen richteten sich auf Simulationen des Denkens. 1769 entwickelte der Ungar Wolfgang von Kempelen einen automatischen Schachspieler. Diese aus Holz geschnitzte, türkisch aussehende Figur saß an einem Schränkchen mit darauf stehendem Schachbrett und konnte Kopf und Augen sowie die rechte Hand zum Verschieben der Schachfiguren bewegen. Der Automat tourte zunächst mit Kempelen und später mit Maelzel durch Europa und Amerika. Er gewann fast jedes Spiel – auch gegen solch illustre Gegenspieler wie Napoleon oder Katharina die Große. Die Maschine erlangte insbesondere dadurch große Berühmtheit, dass sie – bis auf eine inspiriert ausgedachte Mechanik zur Steuerung der Hand – letztlich eine Fälschung war: Verschiedene erstklassige Schachspieler waren über die Zeit in dem Schränkchen verborgen gewesen und hatten die Züge des Gegners durch an der Unterseite des Schachbretts befestigte Magnete verfolgt und entsprechend reagiert. Zwar versuchte Kempelen immer wieder, ähnlich einem Zauberer, die Illusion perfekt zu machen – etwa durch ein aufwendiges Präsentieren jeder Nische innerhalb des Schränkchens –, andererseits machte er nie einen Hehl daraus, dass die Maschine für ihn selbst nur ein Spielzeug darstellte und es sich um eine Illusion handelte. Doch trotz dieser Aussagen und zahlreichen Hinweisen auf ein nicht-automatisches Funktionieren der Maschine hielt sich der Glaube daran so hartnäckig, dass erst auf seiner letzten Reise nach Amerika endgültige Beweise gegen den sogenannten „Türken" erbracht werden konnten, die letztlich die Öffentlichkeit überzeugten.

Die Frage, warum die Illusion so lange aufrechterhalten wurde und warum so viele Menschen geneigt waren, die Maschine tatsächlich für autonom und menschenähnlich zu halten, ist auch im Zusammenhang mit der vorliegenden Arbeit diskussionswürdig, da sie Hinweise auf die Faszination der Erschaffung künstlicher Menschen gibt. So war es laut Wood (2002) gar nicht relevant, ob der Automat tatsächlich authentisch war oder nicht, eigentlich handelte es sich um ein philosophisches Spiel – und tatsächlich wurde ja parallel zu den Vorführungen in zahlreichen Publikationen diskutiert, was möglich erschien und was nicht. Bis 1800 erschienen über hundert Texte über Kempelen und den Androiden und nicht wenige gingen auch noch 50 Jahre nach dessen erstem Erscheinen von einem echten Schachautomaten aus (vgl. Standage, 2002; Mracek, 2001). Auch Mathematiker wie Johann Jacob Hindenburg oder Carl Friedrich Ebert hielten den Türken für einen echten Automaten, der durch elektrische oder magnetische Ströme extern gelenkt wurde. Im beginnenden Zeitalter der Vernunft war man geneigt, an das menschliche Vermögen der Realisation solch komplexer Dinge zu glauben. Auch Standage (2002) geht davon aus, dass zu dieser Zeit ein weit verbreiteter Glaube an die Omnipotenz von Wissenschaft und technischer Machbarkeit herrschte – ein Klima, das dazu führte, dass man nahezu alles geglaubt hätte. So fällt beispielsweise die erste – tatsächlich eine Sensation auslösende – öffentliche Vorführung eines Heißluftballons in diese Zeit. Auch Mracek (2001, S. 1) thematisiert das aus der Fortschrittsgläubigkeit entstandene Wunschdenken als Ursache für die weitreichende Faszination der künstlichen Menschen: „Bei gleichzeitiger Demonstration der Grenzen der Menschdarstellung spiegelt sie meines Erachtens alle Wunschvorstellungen um menschliches Vermögen ihrer Zeit wider". Weiterhin verweist er darauf, dass sich dieses Phänomen auch in der Literatur der Zeit wiederfindet. So ist ein Motiv in „Der Sandmann" von E.T.A. Hoffmann die Belebung der Maschine durch den Blick des Beobachters (vgl. Drux, 1994). Dies erinnert laut Mracek (2001) an das „kolportierte Rezeptionsverhalten gegenüber dem schachspielenden Türken, der sein langes Dasein offenbar dem Phänomen verdankte, daß er als Maschine – in seinen Fähigkeiten dem Menschen adäquat – wahrgenommen werden wollte. Der Blick des Beobachters schloß die Tatsache aus, keine autarke, sondern eine von einem Menschen dirigierte Maschine vorgeführt zu bekommen" (2. Überschrift, 15. Absatz).

Die Reaktion auf die Automaten erschöpfte sich allerdings nicht in der Faszination, die in der Diskussion um die Echtheit zum Ausdruck kommt, sondern umfasste auch die Verbreitung von Angst und Schrecken. Je ähnlicher die Maschinen den Menschen waren (z. B. dadurch, dass sie sogar „atmeten", wie Vaucansons Flötenspieler, vgl. Wood, 2002), umso mehr musste man sich die Frage stellen, was Menschlichkeit im Vergleich noch ausmachte und ob die Einzigartigkeit des Menschen gefährdet sei. Ängste dieser Art wurden noch zusätzlich dadurch genährt, dass in dieser Zeit auch der Mensch mehr und mehr als „mechanisch" beschrieben wurde. Besonders deutlich wird eine solche „Technomorphisierung" (Mracek, 2001) beispielsweise in der 1748 von dem Arzt und Philosophen Julien Offray de La Mettrie verfassten Schrift „L'Homme-Machine". La Mettrie beschrieb den Menschen als eine sich selbst steuernde Maschine, die sich wie ein Uhrwerk vollständig mithilfe physikalisch-mechanischer Prinzipien erklären lasse (Mracek, 2001; vgl. auch Mazzolini, 1994). In der Konsequenz vertrat er die Meinung, dass Erbauer wie Vaucanson ihre Kunst lediglich verfeinern müssten, um auch einen dieser menschlichen Mechanik entsprechenden Androiden zu bauen. Vor diesem Hintergrund formulieren Aurich, Jacobsen und Jatho (2000), dass Begegnungen mit künstlichen Menschen die Frage nahelegen: „Bin ich wirklich?"

Standage (2002) führt die Ambivalenz vor allem auf eine andere Angst zurück, die er auch gegenüber der heutigen Technologie beobachtet: Der Angst, letztlich überflügelt und verdrängt zu werden: „There are obvious similarities to the rise of the computer era in modern times. The creations of Vaucanson, Kempelen, and their contemporaries are arguably the ancestors of almost all modern machinery; automata occupied the same intersection of technology, entertainment, and commerce that computers do today. Then, as now, many people were ambivalent about the new machines. On one hand, they were fascinated – public exhibitions of automata were wildly popular in London and Paris during the 18th century – but they were also concerned that humans might end up being superseded" (3. Kapitel). Tatsächlich finden sich solche Ängste auch im Umgang mit aktuellen Maschinen: Wood (2002) berichtet von einem Gespräch mit dem Schachweltmeister Gary Kasporov, in dem sie ihn fragt, was seiner Meinung nach mit der Maschine gemacht worden war, damit diese ihn schlagen konnte. Er antwortet wütend: „No, maschine cannot beat me!" Auch Jahre nach dem verlorenen Spiel gegen Deep Blue geht er also davon aus, dass ein Mensch seine Hand im Spiel hatte und nur die kombinierte Macht von Mensch und Maschine zum Sieg geführt hat.

Aber auch eine weitere Ambivalenz, die den künstlichen Menschen inne liegt, wird als Ursache für die gemischten Reaktionen aufgeführt (Sykora, 2000, S. 118): „Die seit Jahrhunderten ungebrochene Faszination künstlicher Menschen mit ihren unterschiedlichen medialen Umsetzungen ... entzündet sich an zwei widersprüchlichen Eigenschaften. Zum einen dienen die Androiden als Beweise einer gestalterischen Potenz, die den Menschen im doppelten Sinn transzendiert, indem er – den Göttern gleich – sein eigenes Ebenbild schafft. Zum anderen birgt das bildnerische Menschenimitat bis heute Spuren magischer Kraft, die in den Kunstfiguren als eigenständige Macht lebendig zu werden droht. Als Kippfigur zwischen Ding und Mensch wohnt den anthropomorphen Kreaturen das Potential einer Emanzipation von ihren Schöpfern inne."

Bei dem Versuch der Erklärung der mindestens teilweise erschreckten Rezeptionshaltung darf ebenfalls nicht vergessen werden, dass das Nachbilden von Menschen auch blasphemische Züge trug. So formuliert Stanislav Lem (zitiert nach Seeßlen, 2000, S. 15): „Das Programm der künstlichen Anfertigung des Menschen stellt in unserem Kulturkreis eine Gotteslästerung dar. ... Deshalb sind die „Urroboter", diese literarischen Prototypen aus früheren Jahrhunderten, gewöhnlich böse oder zumindest unheimlich, wie zum Beispiel der Golem."

So, wie man die Rezeptionsprozesse und die Wirkungen auf die Öffentlichkeit analysieren kann, stellt sich auch die Frage nach den Motiven der Hersteller künstlicher Menschen, die Wood (2002) als „Humanity's age-old obsession with moving dolls and speaking robots, intelligent machines and bionic men. [...] inventors and magicians laboured for centuries to simulate life mechanically" (vgl. Klappentext) bezeichnet. Die Autorin fragt weiterhin treffend: „Why were all these people – the greatest scientists of the Enlightenment, the most powerful men in France, the ruler of the kingdom – so wrapped up in a plan to make life out of nothing?" (S. 54). Die Obsession verwundert tatsächlich – zumal Androiden laut Wood (2002, S. XVII) als „forever unliving and yet never dead" philosophisch mit dem Thema Tod und Sterblichkeit verknüpft sind und man annehmen kann, dass die Erschaffung solche Aspekte aktualisiert: „Every time an inventor tries to simulate life mechanically, he is in fact accentuating his own mortality" (Wood, 2002, S. XVII). Sie selbst schlägt als ein mögliches Motiv „womb envy" vor, da die Erschaffer überwiegend Männer sind. Ein Beispiel, das auf das mögliche Motiv der Schaffung von „Nachkommen" hindeutet, ist das des Erfinders Edison. Er entschied sich, seinen Phonographen nicht mit einer von vielen möglichen Hüllen herstellen und verkaufen zu lassen, sondern ihm ein menschenähnliches Äußeres zu geben (vgl. Wood, 2002). So wird Edisons sprechende Puppe „Euphonia", die er „my baby" nennt, in hohen Stückzahlen von 500 pro Tag hergestellt. Zeitzeugen berichten, dass „no child of Edison's brain has ever received such fostering care" (vgl. Wood, 2002, S. 118). Hier muss allerdings entgegnet werden, dass die Tatsache der männlichen Übermacht im 18. Jahrhundert weniger durch „womb envy" als vielmehr durch die Geschlechtsrollen bedingt sein kann. Betrachtet man die Forschungslandschaft heute, so fällt im Gegenteil eher auf, dass mit der Entwicklung von anthropomorphen Schnittstellen und Robotern auffallend viele Frauen befasst sind. Perkowitz (2004) schlägt alternativ vor, dass vorrangig der Wunsch nach Selbsterkennung (in Bezug auf das „Mensch-Sein") die Erschaffung künstlicher Menschen motiviert, da sich auf diesem Wege zentrale Fragen des Daseins beantworten ließen. „Could such a creation operate intelligently in the real world? Could it be truly self-directed? And could it be consciously aware of its own internal state, as we are? These deep questions might never be entirely settled. We hardly know ourselves if we are creatures of free will, and consciousness remains a complex phenomenon, remarkably resistant to scientific definition and analysis. One attraction of the study of artificial creatures is the light it focuses on us: To create artificial minds and bodies, we must first better understand ourselves“ (S. 11). Versuche, wie etwa die von Vaucanson, einen Blutkreislauf zu simulieren, können in diesem Sinne – zumindest teilweise – als Entwicklungen im Sinne von Lern- und Lehrmedien verstanden werden, und in der Tat war die Maschine für den Anatomieunterricht vorgesehen.

Ein weiteres – und aktuell immer realistischer werdendes – Ziel liegt sicherlich in der Anwendungsrelevanz hinsichtlich der potentiellen Realisierbarkeit von Unsterblichkeit. Marvin Minsky etwa wird mit den Worten zitiert (Sesink, 1993, S. 8): „Eines Tages, wenn wir wissen, wie der Verstand arbeitet, werden wir begreifen, dass es nicht notwendig ist, krank zu sein oder im Alter das Gedächtnis zu verlieren oder zu sterben. Man kann dann alle Elemente einer Persönlichkeit in einen anderen Körper, einen Maschinenkörper, verpflanzen, der erhalten wird und kontinuierlich wächst, so dass wir nicht auf ewig mit unseren Begrenzungen leben müssen.“

Abschließend soll nun die neuere Geschichte der Androiden des 20. und 21. Jahrhunderts geschildert werden, die zum einen auf der Robotik, zum anderen auf der Künstlichen Intelligenz (KI) Forschung fußt. Manhart (1991) stellt sogar explizit eine Verbindung zwischen den Jahrhunderte langen Versuchen der Entwicklung künstlicher Menschen und der modernen KI-Forschung her: „Der Wunsch, sich selbst ein Ebenbild zu schaffen, ist ein uralter Menschheitstraum, der die Phantasie der Menschen in Mythen und Märchen immer wieder anregte. Die KI ist die bislang fundierteste und aussichtsreichste Bemühung, diese Phantasien zu realisieren“ (1. Paragraph). Das aktuelle Spektrum der KI reicht von natürlichsprachlichen Systemen über die Assistenz beim Autofahren und bei der Bedienung von Heimelektronik (siehe www.embassi.de) bis hin zu Schachcomputern auf dem Niveau von Großmeistern oder zu Expertensystemen etwa für medizinische Diagnosen (vgl. Manhart, 1991).

Ihren Anfang nahm die KI-Forschung zu Beginn des 19. Jahrhunderts (1822) mit dem Entwurf einer analytischen Maschine durch den englischen Mathematiker Charles Babbage (vgl. Manhart, 1991; Mracek, 2001). Diese Maschine, die Logarithmen berechnen sollte und mit einem Speicher, einer Bibliothek und einem Kommunikationssystem über Lochkarten konzipiert war, wurde allerdings nie gebaut. Sie gilt dennoch als Urbild heutiger Computerarchitekturen (vgl. Manhart, 1991), da sie im Gegensatz zu den einfachen Rechenmaschinen von Schickard, Pascal und Leibniz bereits alle wesentlichen Funktionen heutiger Rechner enthält. Ein weiteres abstraktes Konzept, das nie verwirklicht wurde, aber bereits den Weg wies, war die universelle Rechenmaschine von Alan Turing (1912–1954). Nachhaltig beeinflusst hat Turing (1950) die Forschung zur künstlichen Intelligenz aber auch durch seine Reflexionen zur Frage, ob Maschinen denken können oder ob das Ziel lediglich sein könne, dass Maschinen Intelligenz zugeschrieben wird. Unabhängig von diesen Konzepten entwickelte der deutsche Ingenieur Konrad Zuse 1941 den ersten praktisch verwendbaren Digitalcomputer (Z3), der ebenfalls als Universalmaschine, die nicht nur ein Additionswerkzeug darstellt, sondern den amtierenden Schachweltmeister besiegen könne, konzipiert wurde (vgl. Manhart, 1991). Diese Entwicklungen sind deswegen so wichtig, weil sie im Folgenden die Trägersubstanz der KI darstellten. Levy (1992, S. 5) subsummiert diese Zusammenhänge auf fast poetische Art und Weise: „Artificial life, or a-life, is devoted to the creation and study of lifelike organisms and systems built by humans. The stuff of this life is nonorganic matter, and its essence is information: computers are the kilns from which these new organisms emerge. Just as medical scientists have managed to tinker with life's mechanisms in vitro, the biologists and computer scientists of a-life hope to create life in silico."

Die engere Geschichte der KI, die Ihren Anfang 1956 bei einem Workshop in Dartmouth nahm und sich von Problemlösemaschinen über in begrenzten Mikrowelten operierende Systeme hin zu neuronalen Netzen entwickelte, soll hier nicht näher thematisiert werden.

Einen ausführlichen Überblick bieten etwa McCorduck (1987), Görz und Nebel (2003) oder Russell und Norvig (2004). Lediglich eine aktuelle Diskussion um die Voraussetzung zur Schaffung menschenähnlicher Intelligenz erscheint relevant für die hier zu fokussierenden Themen: Seit einigen Jahren – und sichtbar etwa auch an neueren Forschungswettbewerben wie dem Robocup, bei dem unterschiedliche Roboterklassen sich im Fußballspielen messen – wird vertreten, dass eine Intelligenz nur erreicht werden kann, wenn auch sensorischer Input und eine Auseinandersetzung mit der Umwelt gegeben sind (vgl. Dautenhahn et al., 2002; Dautenhahn & Christaller, 1997). Da dies nur durch eine Verkörperung (sogenanntes Embodiment) zu erreichen ist, genießt insbesondere die Robotik momentan größte Aufmerksamkeit (vgl. die in Kap. 2.1 ausführlichere Diskussion zum Embodiment).

Die Roboterforschung erfreut sich spätestens seit den 1950er Jahren (Beginn entsprechender Entwicklungen am MIT) großer Beliebtheit. Mittlerweile gibt es mit dem Roboter Kismet von Cynthia Breazeal (2000; Breazeal et al., 2004a, b) einen ersten Roboter, der Bedürfnisse hat (z. B. ein Spielbedürfnis). Der Roboter Kismet nimmt Blickkontakt auf, wenn er angesprochen wird, kann menschliche Gesichter aufspüren und darauf reagieren und braucht sozialen Kontakt. Auch hier wird als Motiv angegeben, dass letztlich etwas über die Natur des Menschen gelernt werden soll (vgl. Wood, 2002). In Tokio versucht Ichiro Kato mit Hadaly eine „perfekte Frau" zu bauen und sein Nachfolger Atsuo Takanishi am Robotics Labor an der Wasada Universität in Tokio arbeitet an einer Neukonstruktion von Vaucansons Flötenspieler mit Lunge, beweglichen Lippen und einer flexiblen Zunge. Ferner wird „Wabian", eine gigantische Gehmaschine, die tanzen kann, gebaut, die sich als Reinkarnation von Hoffmanns Olimpia verstehen lässt.

Mittlerweile zeigen bereits kommerziell erhältliche Roboter Fähigkeiten auf hohem Niveau: Die jüngste Entwicklung von Sony, ein 58 cm großer, menschenähnlich aussehender Roboter (SDR-4X), kann singen, tanzen, Menschen wiedererkennen und einfache Dialoge führen. Der Roboter steht in der Tradition des AIBO, jenes Roboterhundes, der als erstes künstliches Wesen nicht als Sklave, sondern als Gefährte für den Menschen konstruiert wurde. Auch das

Roboterkind Pino, das nach dem Erwerb erst gehen lernen muss, spricht eher soziale Neigungen an, als dass es spezifische Dienste leisten würde.

Ebenso gehen entsprechende Zukunftsvisionen davon aus, dass im Zuge der Entwicklung höherer Fähigkeiten Computer und Roboter mehr und mehr zum persönlichen Gefährten werden. So sagt Jeffery (2001) voraus, dass Computer in Zukunft über Intelligenz (Wahrnehmung, sensorische Fähigkeiten, Aufmerksamkeit, Lernfähigkeit), Kreativität, Emotion und Bewusstsein verfügen werden. Diese werden dann allerdings nicht wie heutige Roboter in der industriellen Fertigung eingesetzt, sondern sie fungieren als lebenslange Begleiter, indem sie einem Kind zunächst als Lehrer zur Seite stehen und später mit ihm lernen: „In the future, every human could have a computer that would act as her personal tutor throughout her life. The computer would help the infant learn to read and write and to count and perform arithmetics. It would provide the child with instruction in science and mathematics, history and geography, language and literature, music and art. It would teach the student the fundamentals of her chosen subjects, and, as she learns ever more about her subjects, it would learn with her. Throughout her life, whether at university, at work or in leisure time, the computer would act as the human's research assistant, sifting through the information available on the subjects that interest her and providing her with whatever it considers most important. ... A computer could be provided with such emotions that it would want nothing more than to discover knowledge for itself and communicate that knowledge to its human companion. It could even be provided with emotions compatible with those of its human companion, and, in particular, with curiosity for those subjects that interest her" (S. 234f.).

Unabhängig von diesen Zukunftsvisionen lässt sich festhalten, dass die Forschung zum „künstlichen Menschen" alleine dadurch mittlerweile eine neue Qualität erreicht hat, als dass sie sich mehr und mehr zu institutionalisieren beginnt. Mit der International Society of Artificial Life existiert etwa eine Gesellschaft, die interessanterweise sowohl Informatikern und Forschern zur Künstlichen Intelligenz als auch Biologen, die entsprechende gentechnologische Ansätze verfolgen, einen organisierten Rahmen gibt. Der verbindende Leitgedanke ist somit die Schaffung von Androiden – unabhängig davon, ob es sich um Automaten/Roboter oder Homunkuli handelt!

Die Faszination an der Erstellung künstlicher Menschen lässt sich somit von der vorchristlichen Zeitrechnung bis zum heutigen Tage nahezu lückenlos nachzeichnen. Dennoch ist die Frage, wie es zu dieser Faszination – sowohl von Entwickler- als auch Rezipientenseite – kommt, bislang nur unzureichend zu beantworten. Einige Hinweise konnte die vorausgegangene Übersicht bereits liefern: So reichen die Motive der Entwickler von der Erstellung eines maßgeschneiderten Gefährten über den wissenschaftlichen Ehrgeiz, besonders treffende Simulationen zu erstellen, die Aufschluss über die Geheimnisse des Menschen geben, bis hin zur Überwindung der Grenzen des menschlichen Daseins oder der Konfrontation mit den eigenen Grenzen durch die Konfrontation mit der eigenen Vergänglichkeit.

Fast wichtiger erscheint es aber, die Motive der Rezipienten zu analysieren, die die Entwicklungen sicherlich durch ihr öffentliches Interesse mit vorangetrieben sowie das gesamte Thema durch die Weiterverbreitung von Geschichten und Mythen lebendig und relevant gehalten haben. Gleichzeitig erscheint die Faszination der Beobachter ungleich schwerer zu erklären, da ihre Beschäftigung mit der Thematik, anders als bei den Entwicklern, keine wissenschaftlichen Meriten oder finanzielle Vorteile erbringen konnte. Man kann hier letztlich nur davon ausgehen, dass künstliche Versionen der eigenen Spezies fundamentale Fragen zum eigenen Dasein wie dem „Funktionieren" aufwerfen, die in der Konfrontation mit der Künstlichkeit besonders salient werden. Darüber hinaus spielt sicherlich die Faszination an technischem Fortschritt im Allgemeinen eine Rolle sowie die mögliche Verfügbarkeit von nicht menschlichen, aber menschenähnlichen „Dienern". Die weiteren Schilderungen sowohl zu den aktuellen Entwicklungen im Bereich virtueller Menschen als auch zu deren Wirkungen sollen weiteren Aufschluss über die Motive der Entwickler und die Faszination der Rezipienten geben, sodass die begonnene Diskussion zum Abschluss noch einmal aufgegriffen wird (vgl. Kap. 6).

2.2.3 Der virtuelle Mensch – neue Formen des künstlichen Menschen

Im Rahmen dieses – den ersten Überblick abschließenden – Kapitels soll der Stand der aktuellen Bemühungen zur Gestaltung virtueller konversationsfähiger Menschen geschildert werden. Wie in Kapitel 2.2.1 dargestellt, sind diese Entwicklungen zum einen durch den Wunsch nach Optimierung herkömmlicher Mensch-Technik-Schnittstellen in Richtung auf natürlich bedienbare Interfaces motiviert, zum anderen muss kritisch hinterfragt werden, ob auch die offensichtliche Lust des Menschen an ihm ähnlichen Nachbildungen ihren Anteil daran hat, dass moderne Schnittstellen ausgerechnet anthropomorph gestaltet werden.

Die naheliegende und auch von den meisten Autoren aufgeführte Erklärung für die menschenähnliche Verkörperung der Helfer liegt in den kommunikativen Möglichkeiten, die Gesicht, Hände und Arme mit sich bringen. Eine Maschine, die mit solchen Metaphern ausgestattet ist, ermöglicht laut Aussage der Vertreter deutlich intuitivere Interaktionen als beispielsweise die Desktop-Metapher mit sich bringt (vgl. Cassell et al., 1999). Johnson, Rickel und Lester (2000) präsentieren die bislang ausführlichste Kategorisierung der vorteilhaften Funktionen der menschenähnlich verkörperten Agenten. Interessanterweise lassen sich die aufgeführten Punkte den auf Basis der kommunikationspsychologischen Literatur zusammengestellten Funktionen von nonverbalem Verhalten zuordnen (vgl. Bente & Krämer, 2001; Bente & Krämer, im Druck; Bente, Krämer & Blens, 2003). Ausgehend von der Frage, welche Aspekte der Agenten für deren verkörperten Einsatz in Lernumgebungen sprechen, führen Johnson, Rickel und Lester (2000) folgende Kategorien auf:

Navigational guidance: In umfangreicheren Umgebungen dient der Agent als Hilfe, um sich zurechtzufinden (beispielsweise kennt der Agent STEVE den gesamten Aufbau und Grundriss des Schiffes, auf dem er sich bewegt, Rickel & Johnson, 2000).

Interactive demonstrations: Der Agent zeigt, wie eine Apparatur bedient wird etc. (vgl. Modellierungsfunktion, Bente & Krämer, 2001, s.u.). Der Vorteil gegenüber Videovorführungen der Aktion liegt hier einerseits in der Interaktivität (man kann das Verhalten selbst durchführen) andererseits, je nach Ausgestaltung der Umgebung, in der Wahl der Perspektive.

Gaze and gesture as attentional guides: Um die Aufmerksamkeit des Benutzers zu lenken, kann die gebräuchlichste natürliche Methode, nämlich Blickrichtung und Zeigegesten, gewählt werden (vgl. Diskursfunktion nach Bente & Krämer, 2001).

Conversational signals: Hierunter fallen nach Rickel und Johnson (2000) sowohl konversationsregulierende Aspekte wie Turn-Taking-Signale und backchannel-Feedback (vgl. Dialogfunktion nach Bente & Krämer, 2001) als auch Illustration des Gesagten (Diskursfunktion nach Bente & Krämer, 2001). Dies ist gleichzeitig der Bereich, auf den sich das Gros der Forschungsbemühungen konzentriert: „Several projects have made serious attempts to draw on the extensive psychological and sociological literature on human nonverbal conversational behavior (Pelachaud, Badler & Steedman, 1996; Cassell et al., 1994; Thorisson, 1996)" (Johnson, Rickel & Lester, 2000, S. 12).

Nonverbal feedback: Verkörperte Agenten können in den meisten Fällen durch nonverbales Verhalten (Nicken, Kopfschütteln, Lächeln) eine Bewertung der vorhergegangenen Aktion des Nutzers vornehmen – ein Aspekt, der somit am ehesten den Dialogfunktionen nach Bente und Krämer (2001) gleichkommt. Laut Johnson, Rickel und Lester (2000) können diese Signale unmittelbare Effekte auf den Nutzer haben: „[The signals] can help indicate to students that they have just committed [...] a very serious error – this can make a strong impression on them" (S. 12) und dabei weniger obtrusiv als ein verbaler Kommentar sein.

Conveying and eliting emotion: Die Auffassung, dass durch das Zeigen von Emotionen (vgl. sozio-emotionale Funktionen von nonverbalem Verhalten nach Bente & Krämer, 2001) insbesondere Tutor-Agenten positive Wirkungen entfalten, ist weit verbreitet (Elliott, Rickel & Lester, 1999): „An agent that appears to care about a student's progress may encourage the student to care more about her own progress" (Johnson, Rickel & Lester, 2000, S. 13). Ferner könne eine interessante Persönlichkeit Lernanwendungen unterhaltsamer machen.

Inwieweit die einzelnen Funktionen bereits in den konkreten Systemen implementiert sind, wird in der folgenden Darstellung der Technologien ersichtlich. Ob sie die erhofften Wirkungen hervorrufen, wird in Kapitel 4 zur Evaluation thematisiert. Allerdings hätte der wie auch immer motivierte Wunsch, verkörperte Schnittstellen zu entwickeln, alleine nicht ausgereicht, um die Entwicklung von der *Desktop*-Metapher zur anthropomorphen Schnittstelle zu befördern.

Daher soll zunächst die entscheidende technologische Voraussetzung, die Entwicklung virtueller Realitäten und Computergraphik thematisiert werden. Diese ermöglichen, die Realität durch aufwendige 3D-Graphiken nachzubilden, und realisieren durch verschiedene Output- (Bildschirm, Head mounted displays, CAVE) und Input-Devices (Sensoren und Datenhandschuhe) die Interaktion des Menschen mit und innerhalb der künstlichen Welten (vgl. Rheingold, 1991; Bente, Krämer & Petersen, 2002). Während im Rahmen militärischer Anwendungen bereits in den 1960er Jahren Simulationen des Menschen genutzt wurden (1963 kreiert Fetter bei Boing den „first man", den ersten digitalen Menschen für Cockpit Untersuchungen), werden virtuelle Realitäten erst Ende der 1980er Jahre populärer. Der Begriff „Virtuelle Realität" wird durch Larnier im Jahr 1989 geprägt und zeitgleich lassen sich auch bereits Versuche, den „virtuellen Menschen" zu schaffen, beobachten. Die Forschungs- und technologischen Bemühungen verleiten Willim (1992) bereits kurze Zeit später zu der Prognose, dass virtuelle Bewohner des „Cyberspace" wie reale Personen zu unserem Bekanntenkreis zählen werden – obwohl dies damals wie heute nicht absehbar scheint. Als zum damaligen Zeitpunkt sicherlich bekannteste Forscher in diesem Bereich können die Eheleute Thalmann (Magnenat-Thalmann & Thalmann, 2001) gelten, deren erklärtes Ziel darin bestand, das virtuelle, dreidimensionale Abbild eines Menschen zu schaffen. Die Forschung bezog sich allerdings hauptsächlich auf computergraphische Aspekte – wie auf das Ziel, das Aussehen der Charaktere so realistisch wie möglich zu gestalten. Bis heute entwickelte sich dieser Forschungsbereich allmählich weg von der reinen Faszination des technisch Machbaren hin zu einem sinnbringenden Einsatz virtueller Figuren. Mehr und mehr Entwickler streben an, die Charaktere zur Erleichterung des Mensch-Maschine-Dialogs einzusetzen und die entstandenen Möglichkeiten zu nutzen, den bislang technikzentrierten Ansatz im Rahmen der Mensch-Technik-Interaktion zunehmend zum menschzentrierten Ansatz (vgl. Zühlke, 2002) zu wandeln. Zu diesem Zweck mussten die computergraphischen Errungenschaften natürlich mit den bisherigen Ergebnissen der KI (siehe weiter vorne) verbunden werden. Inwieweit dies bislang tatsächlich bereits dazu geführt hat, dass virtuelle Agenten nicht nur schöne Bildchen sind, sondern sich in Richtung autonom interagierender virtueller Helfer entwickeln, soll im Weiteren gezeigt werden.

Im Folgenden wird eine Übersicht über die Entwicklungen der letzten zehn Jahre – von Mitte der 1990er Jahre bis zum Beginn des Jahres 2005 – gegeben. Diese wird einerseits geordnet nach Entwicklergruppen, die wiederum übergreifend nach dem Anwendungsbereich der jeweils gestalteten Agenten gruppiert werden. Letzteres ergibt sich aus der Tatsache, dass je nach Anwendungsbereich eine unterschiedlich ausgeprägte Autonomie der Helfer angestrebt wird, was natürlich entsprechende Konsequenzen für Gestaltung und Konzeption mit sich bringt. So unterscheiden sich pädagogische Agenten zumeist deutlich von Agenten, die eine interaktive Beratungsfunktion haben (etwa Immobilienberater). Obwohl in den einschlägigen Publikationen zum Teil ausführlich beschrieben, werden die technologischen Grundlagen (Software Codes, genutzte Programmiersprachen oder 3D-Software) aufgrund der psychologischen Ausrichtung der Arbeit nicht im Detail aufgeführt. Stattdessen soll nur der Funktionsumfang deutlich gemacht werden. Lediglich in Kapitel 3.1.1 wird auf makroskopische Aspekte der Architektur verwiesen, um deutlich zu machen, in welcher Form Emotionen oder Persönlichkeit implementiert werden.

Die bekanntesten, allerdings auch am wenigsten weit entwickelten virtuellen Personen sind die kommerziellen Anwendungen, die sich im Internet finden lassen. So schmücken Banken (www.sparkasse-gelsenkirchen.de), Krankenkassen (www.barmer.de), öffentliche Institutionen (http://lukas.fm.nrw.de), schwedische Möbelhäuser (www.ikea.com) und sonstige Dienstleister (www.wapme.de) ihre Seiten mit meist weiblichen Figuren, die sich allerdings bislang lediglich nonverbal und nur z. T. verbal agierend präsentieren (wenngleich auch häufig nur auf der Basis von Sprechblasen). Interaktivität und Dialogfähigkeit sind hier – auch aufgrund technischer Restriktionen im Rahmen des WWW – bislang nicht gegeben (vgl. auch www.charamel.de, www.planb-media.de).

2.2.3.1 Entwicklungen internationaler Forschergruppen

Eine der ersten Forschergruppen, die „the notion of „Social Interaction“ as a new interaction paradigm between ... humans and computer“ (Takeuchi & Naito, 1995, S. 450) vorschlagen und durch eine erste, tatsächlich zur Interaktion befähigte Figur umsetzen, ist die Gruppe um Akikazu Takeuchi im Sony Computer Science Laboratory in Tokio. Takeuchi und Naito (1995; vgl. Takeuchi & Nagao, 1993) entwickeln ein Experimentalsystem, dessen Verhalten nicht nur durch interne Logik gesteuert ist, sondern durch wahrgenommene äußere Begebenheiten affiziert wird sowie einen aktiven Beitrag zur Interaktion leistet. Genutzt werden ein Input-System, das auf der Basis videobasierter Analyse die Umgebung interpretiert, ein Aktion/Reaktions-System, das den Output steuert, sowie ein Subsystem, das Gesichtsanimationen bzw. verschiedene mimische Displays auf der Basis von Erkenntnissen zum situativen und funktionalen Gebrauch von Mimik (Chovil, 1991b) ausgibt.

Eine weitere Gruppe um Lee Sproull an der Boston University (Sproull, Subramani, Kiesler, Walker & Waters, 1996; Parise, Kiesler, Sproull & Waters, 1999; Walker, Sproull & Subramani, 1994) nutzt modifizierte Versionen des DECface nach Waters (Waters & Levergood, 1994; Waters, 1987), um die Wirkung von „Talking face“-Schnittstellen zu testen. Die eingesetzten Interfaces lassen sich sowohl im Hinblick auf das Erscheinungsbild (realistische versus Cartoon-Figuren) als auch hinsichtlich der mimischen Displays variieren. Natürlichsprachliche Interaktion ist allerdings nur bedingt möglich: Das „Talking face“ kann basierend auf dem von Weizenbaum (1976) entwickelten ELIZA-System auf Texteingaben des Benutzers mit neuen Fragen reagieren. Sowohl nonverbaler als auch verbaler Output kann daher nur bedingt an den Input des Nutzers angepasst werden und das System wurde letztlich ausschließlich im Sinne einer Forschungsumgebung zur Evaluation von Agenten entwickelt und genutzt.

Ebenfalls als ein Pionier im Bereich der Conversational Agents kann Norman Badler gelten, der mit seiner Gruppe am Center for Human Modeling and Simulation der Universität Pennsylvania insbesondere an der kontrollierten Steuerung der Verhaltensweisen von Agenten arbeitet. Den Grundstein für diese Arbeit legte er bereits Ende der 1970er Jahre (Badler & Smoliar, 1979), als nach seiner eigenen Aussage die Rechnerkapazitäten aber noch nicht genügten, um seine Pläne zur Ausführung paralleler Agentenaktivitäten zu realisieren (Badler, Bindiganavale, Allbeck, Schuler, Zhao & Palmer, 2000). Das Kernstück der von ihm entwickelten Architektur ist die Parameterized Action Representation (PAR), die genutzt wird, um natürlichsprachige Anweisungen (z.B. „Gehe zur Tür und öffne diese") in konkretes Verhalten einer virtuellen Figur umzusetzen (Badler et al., 1997; vgl. Badler et al., 2000). Da natürlichsprachige Befehle Details, die für eine Animation spezifiziert werden müssen, nicht enthalten, fungiert PAR als Brücke zwischen natürlichsprachiger Anweisung und spezifischem Verhalten. In Anlehnung an den Begriff „dictionary" nennen die Autoren ihre Entwicklung „actionary": Mithilfe von PAR werden Animationen „to ground action terms" gefunden (Badler et al., 2000, S. 280). Die konkreten Bewegungen werden entweder auf der Basis von *motion capture* Verfahren durch die Aufzeichnung realer Personen gewonnen oder synthetisiert. Umgesetzt werden die Bewegungen von graphischen Modellen, die aus dem Jack Toolkit (Granieri et al., 1995; Badler et al., 1993) entnommen wurden. Die beispielhaften Applikationen umfassen daher im Wesentlichen Systeme, bei denen sogenannte „smart avatars" von einem Nutzer durch Befehle gesteuert werden. Das Problem der Autonomie wird also durch die Steuerung durch den Nutzer umgangen und auch auf der darunter liegenden Ebene zunächst einmal nicht gelöst, da die Bewegungen im Sinne eines endlichen Automaten implementiert wurden: „Our goal is to make interaction with these embodied characters the same as with live individuals. We have focused on language as the medium for communicating instructions and finite state machines as the controllers for agent or object movements" (Badler et al., 2000, S. 279f.). In Jacks MOOse Lodge können Nutzer vier Avatare steuern, die untereinander und mit einem teil-autonomen, nicht menschlich kontrollierten Kellner interagieren. Auf ähnliche Weise kann der Nutzer in der Applikation „Virtual environment training" in das Geschehen eingreifen, bei dem drei virtuelle Soldaten eine Trainingseinheit zum Aufspüren von Terroristen absolvieren sollen. Die Anweisungen können hier durchaus komplexer sein und Bedingungen enthalten „When there is a driver, watch the driver" (vgl. Badler et al., 2000). Das System kann aber auch genutzt werden zur autonomen Unterhaltung zweier Conversational Agents. Diese bekommen durch ein Script Befehle, bestimmte Sequenzen auszuführen, wie etwa „say hello". In Abhängigkeit von agentenspezifischen Parametern und Variablen (wie Intention etc.) kann das Verhalten an den Kontext angepasst werden und zu individuell unterschiedlichem Verhalten der Agenten führen.

In die letztgenannte Richtung zielen auch neuere Aktivitäten zur Steuerung von Agenten. Mit dem Ziel, die Glaubwürdigkeit („believability") der Agenten zu erhöhen, werden Emotionen und Persönlichkeitseigenschaften implementiert (vgl. auch Kap. 3.1.1). Allbeck und Badler (2002) schlagen zu diesem Zweck gar eine Basis-Repräsentation vor, die als gemeinsame Grundlage für alle Entwickler genutzt werden könnte, um zukünftig zu verhindern, dass jede Forschergruppe alle Elemente neu entwickeln muss. In einem theoretischen Artikel spezifizieren Badler und Allbeck (2001) die zu beachtenden Variablen (die sie irreführender Weise als „kognitive Prozesse" bezeichnen): Für Alter, Status, Geschlecht, Kultur, Rolle, Kontext, Emotion, Stimmung und Persönlichkeit führen sie auf – allerdings teilweise unter Bezug auf pseudo-wissenschaftliche Quellen –, inwieweit diese Aspekte die Ausprägung von Verhalten beeinflussen. Umsetzen wollen Allbeck und Badler (2002) die Erkenntnisse vor allem für die Bereiche Emotion und Persönlichkeit. Für jeden Agenten wird ein „agent process" definiert, der auf Basis seiner Persönlichkeit und seiner Fähigkeiten und vermittelt durch die Parameterized Action Representation (PAR, s. o.) ein konkretes Verhalten zeigt: „Not only does an agent's personality affect his or her response to a situation, but it also affects the way these actions are performed. ... A shy agent would wave his hand more slowly and with more hesitation than an extrovert agent would. This increases believability by preventing agents from reacting in the same manner in identical contexts and gives the impression that each agent has distinct emotions and personalities" (Allbeck & Badler, 2002, S. 2). Das im Bereich der Persönlichkeit genutzte Modell ist das Fünf-Faktoren-Modell von Wiggens (1999). Für jeden Faktor kann auf einer Skala die Ausprägung angegeben werden, die dann das Verhalten beeinflusst – von Entscheidungen über die Wahl der Handlung bis hin zur Qualität der Bewegung. Für den Bereich der Emotion wird das Modell von Ortony, Clore und Collins (1988; OCC-Modell) genutzt. Das System EMOTE sorgt dafür, dass die Bewegungsdaten entsprechend der vorhandenen Emotion jeweils verändert werden. Auch die Persönlichkeitsausprägungen nehmen auf diese Art und Weise Einfluss auf das Verhalten. Um die durch Persönlichkeit und Emotion beeinflussten Veränderungen vornehmen zu können, wird die Laban-Bewegungsanalyse genutzt, mit deren Hilfe Aspekte wie Aufwand und Form der Bewegungen beschrieben werden. Insgesamt liegt somit ein Schwerpunkt der Bemühungen der Forschergruppe auf der (allerdings nur teilweise autonomen) Steuerung der Agenten sowie der spezifischen Umsetzung von Verhalten und Bewegungsqualität in Abhängigkeit von Persönlichkeitseigenschaften und Emotionen.

In den Niederlanden arbeitet eine Forschergruppe um Zsofia Ruttkay daran, insbesondere nonverbale Elemente der Agenten zu gestalten und Algorithmen zum Ausdruck von Individualität und Persönlichkeit zu entwickeln. Ruttkay, Moppes und Noot (2003) beispielsweise argumentieren, dass Embodied Agents einen individuellen nonverbalen Stil haben sollten, da dies erstens den Unterhaltungswert erhöht und zweitens die Effizienz verbessert – da Agenten mit Persönlichkeit zu einer besseren Verarbeitung der übermittelten Informationen führen (Laurel,

1993). ECAs sollten wie Menschen sein und weder marionettenartig noch ohne persönlichen Stil: „The style of humans is a source of information about the person, her personality and enjoyment in every-day life. We wish to endow virtual characters with style of nonverbal communication“ (Ruttkay & Pelachaud, 2002, S. 1). Ausgehend von bisherigen Arbeiten und der Literatur (vgl. Poggi, Pelachaud & de Rosis, 2000; vgl. Ruttkay & Pelachaud, 2002) identifizieren die Autoren Faktoren, die entscheidend für den Stil sind (Ruttkay, Moppes & Noot, 2003). Dazu zählen etwa statische Merkmale (wie soziale und kulturelle Hintergründe) und dynamische Aspekte (wie Stimmung, Überzeugungen, Intention oder Beziehung zum Zuhörer). Aus diesen wird ein Vorschlag zur Parametrisierung von nonverbalem Stil erarbeitet im Sinne eines „many to many mapping from the decisive factors to some parameter values“ (Ruttkay, Moppes & Noot, 2003, S. 2). Zu diesem Zweck wird mit GESTYLE eine spezifische mark-up language entwickelt und vorgestellt, die anders als andere mark-up languages weder auf Signalebene noch auf Bedeutungsebene arbeitet, sondern allein auf das Konzept „Stil“ zugeschnitten ist. GESTYLE definiert dabei, welches nonverbale Verhalten der ECA „kennt“. Ein Text wird daher nicht mit einer spezifischen Geste versehen, sondern lediglich mit einer Zuschreibung wie „enthusiastic“ oder „sad“. Weitere Arbeiten umfassen Versuche zur Spezifikation einer Programmiersprache „which can express all factors contributing to the non-verbal style“ (Ruttkay & Pelachaud, 2002, S. 1). Zu diesem Zweck schlagen die Autorinnen „High-level agent defining parameters“ (Persönlichkeit, körperliche Eigenschaften, Zustand etc.) und „Low-level gesture modifying parameters“ (spezifische Variationen) vor, die vor allem durch verschiedene Lexika (je nach kultureller Zugehörigkeit oder Persönlichkeit) gespeist werden. Hinsichtlich dieser Lexika bleiben aber viele gewichtige Probleme zu lösen, da einerseits mannigfaltige Wechselwirkungen auftreten (es hängt z.B. von der Kultur ab, ob Traurigkeit zu viel oder wenig nonverbalem Verhalten führt ...) und andererseits die Lexika ohnehin nicht als gefüllt betrachtet werden können. So müsse die soziologische und psychologische Literatur noch Aufschluss über die spezifische Ausgestaltung geben. Im Rahmen einer weiteren Veröffentlichung schlagen Ruttkay, Huang und Eliens (2003) eine weitere Möglichkeit vor, eine große Anzahl an nonverbalen Verhaltensweisen bereitzustellen, die je nach Umstand und persönlichem Stil eingesetzt werden können. Dabei können strukturell gleiche Gesten hinsichtlich der Ausführung variieren (*smoothness, timing, intensity, precision*). Hier ermöglicht eine andere Skripting-Sprache die Ausgestaltung und Auswahl des passenden Verhaltens in Abhängigkeit von Applikation, Agent und Kontext. Zusammenfassend lässt sich konstatieren, dass dieser Ansatz zwar verschiedene Spezifikationen mit Blick auf das nonverbale Verhalten hervorgebracht hat, dass dies allerdings noch nicht im Rahmen von autonomer Interaktion mit dem Nutzer demonstriert wurde. Unabhängig davon ist vonseiten der Gruppe ein hohes Engagement hinsichtlich der Evaluation von ECAs zu verzeichnen, sowohl was die konkrete Durchführung von Untersuchungen angeht (Krahmer, van Buuren, Ruttkay & Wesselink, 2003) als auch bezüglich der Erarbeitung von Konzepten (Ruttkay, Dormann & Noot, 2002) (vgl. Kap. 3.2.1).

Ebenfalls einen besonderen Fokus auf das nonverbale Verhalten und dessen Ausgestaltung legen Catherine Pelachaud und ihre Kollegen. Die Agentin Greta (vgl. **Abb. 2.1**) verfügt über ein realistisches Gesicht, das für sich genommen von den Forschern aber als lange nicht ausreichend beurteilt wird: „The agent needs to be endowed with human-like qualities; she needs to be able to communicate complex messages that tightly combine verbal and nonverbal signals (Pelachaud, Carofiglio, De Carolis, de Rosis & Poggi, 2002, S. 1). Zusätzlich soll die hauptsächlich als Informationssystem eingesetzte Agentin glaubwürdig sein, was nach Ansicht der Autoren hauptsächlich durch die Ausstattung mit den Dimensionen Persönlichkeit, Emotion, soziale Intelligenz und – im Besonderen – konsistentem Verhalten erreicht werden kann. Greta kann einen Dialog mit dem Nutzer führen, in dem sowohl sie als auch der Nutzer initiativ werden kann. Während der Nutzer allerdings nur über die Tastatur kommunizieren kann, ist es Greta möglich verbal und nonverbal zu kommunizieren. Eine Domäne,

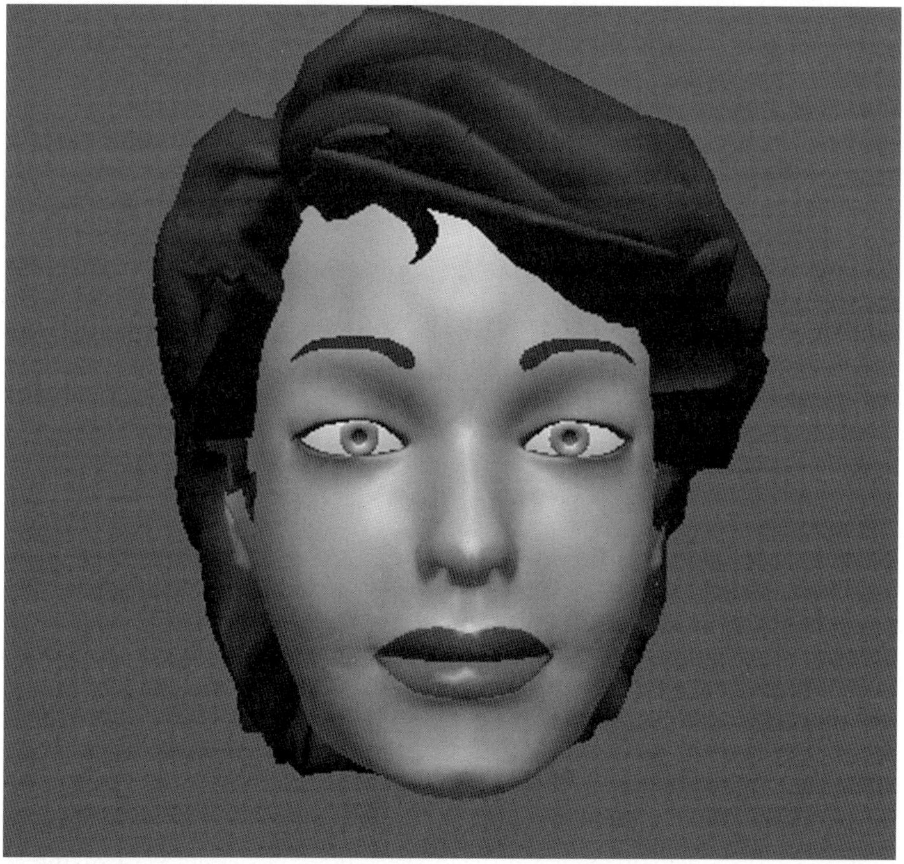

Abb. 2.1: Greta

die die Autoren vorstellen, umfasst die Information durch „Ärztin" Greta über eine Diagnose und entsprechende Behandlungsmöglichkeiten. Dabei verhält sich Greta konsistent zu ihren Zielen, ihrem kognitiven Zustand und ihrer Persönlichkeit. Ihr affektiver Zustand ist ebenfalls dynamisch und entwickelt sich über die Zeit entsprechend der Kommunikationsinhalte. Während der Dialogplaner erst einmal einfach gehalten wird, sorgen sophistiziertere Komponenten dafür, dass Zustände, verbales und nonverbales Verhalten konsistent sind – etwa das *dynamic belief network*, das das Aufrufen und die Entwicklung der Emotionen des Agenten steuert: „The mind evolves dynamically with the conversation, according to the user's dialog moves and to emotions triggered due to some events; such cognitive features are then translated into facial behaviors" (Pelachaud, Carofiglio, De Carolis, de Rosis & Poggi, 2002, S. 1).

Um zu erreichen, dass Greta nicht als kalt und roboterartig empfunden wird, sondern als mitfühlend und vertrauenswürdig, werden Emotion und Persönlichkeit implementiert. Sogar ihre soziale Rolle und die des Nutzers werden spezifiziert (Ärztin-Patient versus Ärztin-Krankenschwester). So kann sie Empathie mit dem Nutzer ausdrücken, wenn sie ihm mitteilt, dass er an Angina pectoris leidet, und nonverbal zeigen, dass es nur eine milde Form ist. Die Zuordnung von Emotionen und nonverbalen Verhaltensweisen erscheint zum Teil recht zufällig, zum Teil sind sie sowohl auf die Literatur bezogen als auch empirisch untersucht. Die Diskussion jedenfalls über nonverbale Signale ist zum Teil recht sophistiziert: So argumentieren Poggi und Pelachaud (2000), dass emotionale Anteile auch in Signale Eingang gefunden haben, die man zunächst nicht als emotional klassifizieren würde. Unter Bezug auf – aber nicht in Übereinstimmung mit – Ekman (1979) zeigen die Autorinnen, dass z. B. das Augenbrauen-Heben deshalb auch in anderen kommunikativen Signalen vorkommt, da diese Aspekte von Überraschung enthalten. Ein anderes Beispiel betrifft das Performativ „Warnung", in dem die Emotion „Sorgen" enthalten sei und daher Übereinstimmungen hinsichtlich der Mimik zeigt. Ein für die Implementierung allerdings wichtigeres Thema, das daher an verschiedenen Stellen ausführlich behandelt wird (Pelachaud & Poggi, 2002; Pelachaud, Carofiglio, De Carolis, de Rosis & Poggi, 2002), ist das der konfligierenden Ausdrücke. „We only have one face, but many things to tell by that; and sometimes the resources we have at our disposal are not sufficient to cope with the high quantity of information we need to convey" (Pelachaud & Poggi, 2002, S. 10). Die Autorinnen stellen Algorithmen für den Fall vor, dass verschiedene kommunikative Funktionen zur gleichen Zeit und durch die gleichen Kanäle ausgedrückt werden müssen. Statt zu priorisieren (vgl. Cassell et al., 1994), werden die einzelnen Signale nach bestimmten Regeln verschmolzen. In Ermangelung gesicherter empirischer Erkenntnisse zur Gewichtung der widerstreitenden Ausdrücke wird angenommen, dass die spezifische Ausgestaltung von Faktoren höherer Ebenen abhängig ist, wie Persönlichkeit, Geschlecht oder Kultur. Neben den bisherigen Ausführungen, die sich hauptsächlich auf die Mimik beziehen, werden auch die Augenbewegungen des Agenten thematisiert (Poggi, Pelachaud & de Rosis, 2000). Diese sollen auf Basis ihrer funktionalen

Bedeutung im Sinne kommunikativer Akte simuliert werden: „We aim at constructing an expressive face starting from a meaning-to-face approach rahter than from a voice-to-face approach, that is a face simulation directly driven by semantic data" (Poggi, Pelachaud & de Rosis, 2000, S. 3). Allerdings beruhen die semantischen Zuschreibungen (z. B. die Beschreibung von *certainty* und *uncertainty eyes*), die vorgeschlagen werden, z. T. auf fragwürdigen bzw. gar keinen Daten. Anders dagegen die Algorithmen, die Pelachaud und Bilvi (2003) vorschlagen; hier werden die Augenbewegungen und Lidstellungen nicht nur aufgrund der kommunikativen Funktionen bestimmt, sondern auch durch ein statistisches Modell gesteuert, das auf detaillierten Zeitreihenanalysen von Dyadeninteraktionen beruht (Cappella & Pelachaud, 2001). Zusammenfassend lässt sich feststellen, dass Greta sowohl einen basal funktionierenden Dialog ermöglicht und damit einen Schritt in Richtung autonom kommunizierender Agenten darstellt, dass darüber hinaus aber auch eine Forschungsplattform bereitgestellt wurde, die sich hervorragend für die Grundlagenforschung zur Bedeutung nonverbaler Signale eignet und auch entsprechend genutzt wird.

Auch eine Gruppe um Jonathan Gratch und Stacy Marsella von der University of Southern California nennen als erklärtes Ziel die menschenähnliche Gestaltung des nonverbalen Verhaltens: „Our interest in human nonverbal behavior stems from a desire to build agent models which mirror that behavior, ideally, if not practically, in all its richness and functionality" (Marsella, 2000, S. 1). Stärker noch als die anderen Gruppen versuchen sie dies jedoch über den Weg der Emotionsmodellierung zu erreichen. Einzig durch die Emotionsmodellierung nämlich könne eine ausreichende Glaubwürdigkeit (believability) bezüglich des Verhaltens erreicht werden. So sollte das nonverbale Verhalten dem emotionalen Zustand des Agenten entsprechen, zusätzlich aber individuell gestaltet sein (da z. B. Furcht nicht von jedem in exakt derselben Art und Weise gezeigt wird). Ebenfalls vermieden werden soll inkonsistentes Verhalten. Dies könne am besten erreicht werden, indem Emotionen implementiert werden als übergreifender, das Verhalten organisierender Ordnungsmechanismus: „To effectively convey nonverbal behavior, emotion, and personality, they must draw heavily on psychology and communication. It is our view that emotion plays a central role in pulling all the agent's capabilities together into a believable virtual human. Thus the agent's planning, natural language generation, physical behavior, etc. must be consistent with its emotional state" (Gratch & Marsella, 2004, S. 1). Gratch und Marsella (2001) beschäftigen sich daher zunächst damit, beim Menschen im Rahmen der Entstehung von Emotionen und deren Ausdruck angenommene Prozesse zu implementieren. So sorgt das System Emile (Gratch, 2000, basierend auf Elliott, 1992) für die emotionalen Appraisal-Prozesse des Agenten in dem Sinne, dass das Entstehen einer Emotion von den subjektiven Gegebenheiten (Wahrnehmung der Situation, Pläne) beeinflusst wird. Weiterentwickelt wird dieser Ansatz durch die Einbeziehung von Coping-Mechanismen (Marsella & Gratch, 2003). Das durch Marsella, Johnson und LaBore (2000) entwickelte IPD-System (Interactive pedagogical drama) dagegen reguliert die auf Emotionen basierende Auswahl von nonverbalem Verhalten. In der Anwendung „Carmen's bright IDEAS" werden die Mutter (Carmen) eines kleinen Krebspatienten und die Beraterin Gina sowohl durch das System als auch durch zusätzliche Nutzerentscheidungen (z. B. durch die Nutzerentscheidung für einen von drei Gedankengängen bei Carmen) gesteuert. Bei den Nutzern, die sich in ähnlichen Situationen befinden, soll dadurch letztlich eine Einsicht hinsichtlich der eigenen Emotionen und sich daraus herleitender Entscheidungen erreicht werden: „The goal of interactive Pedagogical Drama (IPD) is to exploit the edifying power of story while promoting active learning. An IPD immerses the learner in an engaging, evocative story where she interacts openly with realistic characters. The learner makes decisions or takes actions on behalf of a character in the story, and sees the consequences of her decisions" (Marsella, 2003, S. 1). IDEAS steht dabei für **I**dentify a solvable problem, **D**evelop possible solutions, **E**valuate options, **A**ct on plan, **S**ee if it worked. Wichtig ist dabei insbesondere das nonverbale Verhalten der Agenten: In Abhängigkeit vom emotionalen Zustand werden kommunikative Gesten (etwa *beat-gestures*) und „non-communicative but emotionally revealing nonverbal behavior" gezeigt. Auch paraverbales Verhalten wird auf der Basis von zugrunde liegenden Emotionen gesteuert. Da nicht mit synchronisierter, sondern aufgezeichneter Sprache gearbeitet wird, wurden entsprechend viele unterschiedliche Versionen von Sätzen aufgezeichnet, um eine gewisse Flexibilität zu gewährleisten. Die genauere Ausgestaltung der Systeme wird in Kapitel 3.1.1 vor dem Hintergrund der Frage nach der Sinnhaftigkeit der Implementierung von Emotionen diskutiert.

Zur Anwendung gebracht werden die Architekturen der Systeme Emile und IPD zusätzlich in dem Agenten STEVE (Rickel & Johnson, 2000, 1999; s. u.) und der komplexen Multiagenten-Umgebung „Mission Rehearsal Exercise" (s. u.; Swartout et al., 2001; Rickel, Marsella, Gratch, Hill, Traum & Swartout, 2002; Gratch & Marsella, 2001; Marsella, Gratch & Rickel, 2003). Aktuelle Entwicklungen fokussieren weiterhin auf die Steuerung von Verhalten durch die Implementierung von internen Zuständen, die mittlerweile sogar rekursiv modelliert werden, in dem Sinne, dass Agenten sich sogar ein Bild von den internen Zuständen eines anderen Agenten machen (vgl. Marsella, Pynadath & Read, 2004). Letztendliches Ziel bleibt aber die Realisation glaubwürdigen nonverbalen Verhaltens: „A key challenge we continue to face is how such a rich set of strategies can be manifested in verbal and non-verbal behavior. As we make progress on this challenge, our agents can gradually approach the subtlety and the extremes of human behavior heretofore unexplored in virtual characters" (Marsella & Gratch, 2003; S. 8).

2.2.3.2 Entwicklungen deutscher Forschergruppen

Eine der wenigen Gruppen in Deutschland, die virtuelle Figuren entwickelt, konzentriert sich am Deutschen Forschungszentrum für Künstliche Intelligenz (DFKI) in Saarbrücken sowie an der Universität Augsburg. In einer Gruppe um

Elisabeth André und Thomas Rist werden virtuelle Präsentationsfiguren und -teams entwickelt und in Ansätzen in ihrer Wirkung evaluiert (vgl. Kap. 4.2). Die sogenannte „PPP-Persona" beispielsweise ist ein humanoider Interface-Agent, der dem Benutzer auf Basis eines Skripts multimediales Material zeigt (Rist, André & Müller, 1997, van Mulken, André & Müller, 1998, André & Rist, 1996). Die Persona kann beispielsweise durch Kommentare und Zeigegesten auf spezifische Aspekte hinweisen, basale Turn-Taking-Regeln einhalten (Benutzer anblicken, Gestik während des eigenen Turns) oder durch emotionale Gesten Missfallen oder Zustimmung ausdrücken. Interaktion ist hier noch nicht gegeben, das Verhaltensrepertoire setzt sich aus skriptgesteuertem sowie spontanem Verhalten zusammen, das die Figur lebendiger wirken lassen soll. Aufbauend auf diesem System beziehen sich neuere Entwicklungen vor allem auf Präsentationsteams. Ausgehend von der These, dass bei der Vermittlung von Information nicht immer direkte Mensch-Agenten-Kommunikation die geeignete Möglichkeit darstellen muss, werden verschiedene alternative Szenarien vorgeschlagen (vgl. Rist, Baldes, Gebhard, Kipp, Klesen, Rist & Schmitt, 2002; Rist, André, Baldes, Gebhard, Klesen, Kipp, Rist & Schmitt, 2004). Neben nicht-interaktiven Präsentationen wie im Rahmen der PPP-Persona führen die Autoren Hyper-Präsentation (Dialog mit konversationalen Agenten), Präsentationsteams, interaktive Präsentationsteams sowie „multi-party multithreaded conversations" auf. Während die letzte Form – aufgrund der Tatsache, dass Agenten noch nicht in der Lage sind, einem Gespräch zwischen zwei oder mehr beteiligten Menschen zu folgen – als noch nicht realisiert klassifiziert wird, stellen die Autoren für die übrigen Formen diverse Realisationen vor. Bezüglich dialogfähiger Charaktere wurden AIA (adaptive communication assistant for effective infobahn access) (vgl. Andre, Rist & Müller, 1999), bei der die Eingaben vonseiten des Nutzers noch stark restringiert sind, und Rudi, ein zu (überwiegend schriftbasierter) natürlichsprachiger Interaktion fähiger Börsenagent, vorgestellt. Den sprachlichen Input des Nutzers kann dagegen erst Cyberella verarbeiten (vgl. Gebhard, 2001) sowie auch der noch ambitioniertere Smartakus, der – aus dem BMB+F-Projekt SmartKom hervorgegangen – nicht nur Sprachinput verarbeitet, sondern auch Zeigegesten und eine beschränkte Anzahl emotionaler Gesichtsausdrücke erkennt. Hinsichtlich der Präsentationsteams ist zunächst der Car-Sales-Dialog zu nennen, der von den virtuellen Personen Tina und Ritchi ausgeführt wird, sowie das System Rocco II, innerhalb dessen die Figuren Gerd und Matze ein Robocup-Fußballspiel kommentieren (André, Binsted, Tanaka-Ishii, Luke, Herzog & Rist, 2000; André, Rist, van Mulken, Klesen & Baldes, 2000a; für technische Einzelheiten sei auf André & Rist, 2001, verwiesen). Bei Letzterem müssen die Charaktere schnell auf veränderte Bedingungen reagieren, sind daher jeweils mit einem Planer ausgerüstet und reagieren autonom auf das Spielgeschehen. Der Nutzer kann zusätzlich Charakterprofile einstellen. Im Rahmen der Avatar-Arena werden darüber hinaus auch Nutzer direkt repräsentiert. Hier senden Nutzer ihre mit bestimmten Informationen ausgerüsteten Avatare in eine „Arena", wo sie selbstständig miteinander verhandeln (beispielsweise über einen optimalen Besprechungstermin).

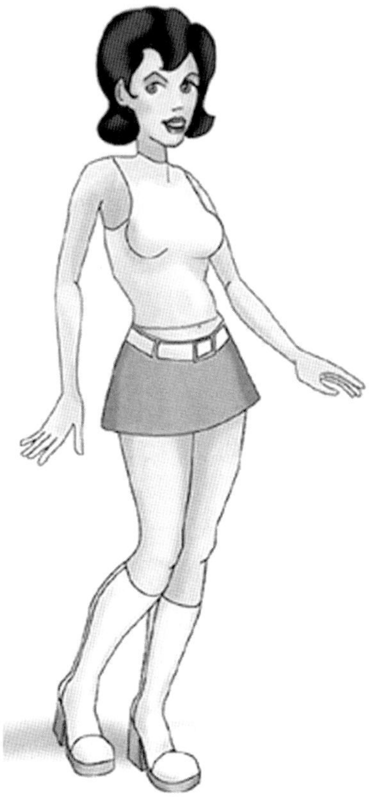

Abb. 2.2: Cyberella

Die Avatare variieren hinsichtlich ihrer kognitiven Komplexität – sie können lediglich über domain-spezifisches Wissen (zu Terminen) verfügen, rudimentäre Konversationsfähigkeiten haben oder sogar Prioritäten oder Haltungen gegenüber anderen Beteiligten berücksichtigen. Der Forschungsfokus liegt hier auf der Simulation von dynamischen Aspekten sozialer Beziehungen zwischen affektiven Charakteren während Verhandlungsdialogen. Zur Modellierung herangezogen wird dabei insbesondere die Kongruitätstheorie nach Osgood und Tannenbaum (1955; vgl. Rist et al., 2004).

Auch erste interaktive Präsentationsteams wurden vorgestellt: Bei der MIAU-Plattform kann der Nutzer in die Performanz eines Autokauf-Szenarios eingreifen, indem er einen Avatar startet, der zusätzliche Fragen stellt. Das neueste System mit den Namen „Cross Talk“ (vgl. Rist et al., 2002) ergänzt das Autokauf-Team mit der – auf einem zweiten Monitor dargestellten – virtuellen Messehostess Cyberella (vgl. **Abb. 2.2**), die den Dialog präsentiert und mit dem Nutzer interagiert. Die interaktive Installation wurde für öffentliche Plätze, Ausstellungen und Messen konzipiert und beruht auf einer Meta-Theater-Metapher (vgl. Laurel, 1993). Dabei wird das Verkaufspaar durch einen gemeinsamen Action-Planer gesteuert, der etwa passende Gesten einfügt, die auf Kipp (2001) zurückgehen. Einzelne Zwischensequenzen – insbesondere die sogenannten „off-duty" Sequenzen, in denen die Charaktere sich über den nächsten Job etc. unterhalten – sind vorbereitet und werden lediglich abgespielt. Auch hier wird auf psychologisches Know-how zurückgegriffen: Scheflen (1964) wird herangezogen, um zu begründen, dass in verschiedenen Situationen (onduty, off-duty) unterschiedliche Körperhaltungen angebracht sind: „Posture was found to indicate seperate topics or points of view in conversation" (Rist et al., 2004, S. 21). Die Autoren berichten, dass zwar keine systematische Evaluation durchgeführt wurde, dass aber bei Präsentationen interessante Reaktionen zu verzeichnen waren: So verbrachten manche Beobachter mehr als 15 Minuten mit dem System, das sie anschließend – besonders im Hinblick auf die inoffiziellen Small Talk-Situationen – als interessant beschrieben. Außerdem erreichte die Konversation über zwei Bildschirme hinweg einen so hohen Wert an Glaubwürdigkeit, dass viele Nutzer den Eindruck hatten, sie könnten Bemerkungen dazwischenrufen – auch wenn explizit auf die ausschließliche Möglichkeit zur Kommunikation via *touch screen* hingewiesen wurde.

Zusammenfassend lässt sich feststellen, dass das Forscherteam überwiegend mit Präsentationsteams arbeitet, deren Vorteil sie in der Möglichkeit sehen, Wiederholungen von Informationen weniger monoton zu gestalten, soziale Beziehungen zwischen den Charakteren deutlich zu machen sowie den Nutzer zum Eingreifen und sich beteiligen anzuregen (vgl. Rist et al., 2002). Außerdem wird von einem positiven Effekt auf das Wissen des Nutzers ausgegangen: „Indirect interaction can have a positive effect on the user's performance: Craig and colleagues (1999) found that, in tutoring sessions, users who overheard dialogues between virtual tutors and tutees, subsequently asked significantly more questions and also memorized the information significantly better" (André & Rist, 2001, S. 7). Zusätzlich liegt laut André und Rist (2001) eine besondere Herausforderung in der Notwendigkeit, die Charaktere unterscheidbar zu gestalten: „Characters have to be realized as distinguishable individuals with their own areas of expertise, interest profiles, personalities, audio/visual appearance" (S. 9). Persönlichkeit und Emotion werden dann durch verbalen Stil („acoustic realisation"), Gesichtsausdruck und Gesten ausgedrückt. Über die Ausgestaltung entscheidet dann jedoch der Nutzer: Dieser kann in den meisten Systemen Voreinstellungen vornehmen (etwa, welcher Charakter welche Rolle übernimmt, wer welche Einstellung vertritt, wer welche Persönlichkeitseigenschaften aufweist). Zu diesem Zweck werden im Rahmen verschiedener Anwendungen Annahmen über Persönlichkeit und Emotionen implementiert (vgl. vor allem Gebhard, 2001; André, Klesen, Gebhard, Allen & Rist, 1999; s. Kap. 3.1.1). Als relativ spezifisch für die Gruppe kann noch gelten, dass die meisten Figuren comichaft gestaltet sind.

Ebenfalls im Bereich der anthropomorphen Interface-Agenten tätig sind Mitarbeiter des Zentrums für Graphische Datenverarbeitung (Darmstadt). Der Schwerpunkt der Arbeiten liegt dabei weniger auf der Gestaltung autonomer Dialoge, sondern vielmehr auf der Ausgestaltung sowohl der Figuren als auch des Kontextes im Sinne der umgebenden Geschichte (narrative Storytelling).

Sofern der entwickelte Agent nicht an sophistiziertere Dialogmanager angeschlossen wird, beschränken sich interaktive Dialoge dabei auf Chatbot-Niveau. Im Rahmen des EU-Projektes art-e-fact etwa sprechen verschiedene Agenten gesteuert durch eine *story engine* miteinander über abgebildete Kunstwerke und laden den Nutzer ein, sich über die Tastatur an dem Disput zu beteiligen. Weitere Anwendungen umfassen die interaktive Wissensvermittlung für das Rechnen in der Grundschule (Iurgel, Hoffmann & Spierling, 2004). Die vertretene These, dass Storytelling – als Möglichkeit der bewussten Inszenierung in einer aktiven, narrativen Umgebung – wichtig ist, wird besonders deutlich im Rahmen des BMBF-Projektes „GEIST" (www.tourgeist.de). Hier wird mithilfe mobiler Geräte die Realität um virtuelle „Geister" erweitert, die in die reale Ansicht einer Sehenswürdigkeit eingeblendet werden und Wissenswertes über das jeweilige Gebäude erklären. Hierbei erwies sich die Geistergeschichte als sinnvoll, um trotz verschiedener technischer Probleme ein glaubwürdiges Setting entstehen zu lassen. Im Rahmen des eingangs erwähnten Forschungsprojektes EMBASSI (vgl. www.embassi.de), das eine vereinfachte multimodale Bedienassistenz für z. B. Heimelektronik anstrebt, entwickelte auch eine Gruppe des ZGDV anthropomorphe Schnittstellen (Müller, Spierling, Alexa & Rieger, 2001). Der von anderen Projektpartnern bereitgestellte Dialogmanager gibt Sprechakte und explizite Sätze nicht nur an das Sprachsynthese-Modul, sondern auch an den vom ZGDV entwickelten Agenten, der die Sprache lippensynchronisiert umsetzt und zugleich auf der Basis eines Regelwerks (Krämer & Bente, 2003; Krämer, Iurgel & Bente, 2005) den Sprechakten angepasste mimische Regungen zeigt. Dabei wird das Gesicht auf Basis der Veränderung einzelner Morph-Targets animiert. Alternativ kann auch ein Verhaltensplaner genutzt werden, bei dem lediglich die gewünschte Emotion angegeben werden muss. Dieser kommt zum Beispiel im Rahmen eines virtuellen Nachrichtensprechers zum Einsatz (Müller, Spierling, Alexa & Rieger, 2001). Die durch das ZGDV bereitgestellte Figur, die angeschlossen an das Gesamt-Embassi-System einen basalen Dialog mit dem Benutzer im Rahmen der TV-Bedienung ermöglicht, konnte bei verschiedenen experimentellen Settings bereits evaluiert werden (Krämer & Nitschke, 2002; Krämer, Iurgel & Bente, 2005; vgl. Kap. 4.5.2).

In dem Forschungsprojekt „Virtual Human" (www.virtual-human.org) beteiligt sich die Gruppe (unter anderem in Zusammenarbeit mit dem DFKI) an der Erstellung von sophistizierteren mit dem Nutzer kommunizierenden Agenten. Ziel ist es, glaubwürdiges, spontanes sowie psychologisch, emotional und semantisch konsistentes Bewegungs- und Dialogverhalten von virtuellen Charakteren in Echtzeit autonom zu generieren und darzustellen. Dabei werden auch Zustandsmerkmale des Nutzers erhoben und interpretiert (Psychophysiologie, Mimik, Gestik); außerdem wird erarbeitet, wie adäquate Reaktionen des virtuellen Menschen gestaltet werden müssen (vgl. Klimenko, Nielson, Nikitina, Nikitin & Strassner, 2004; Pfleger & Alexandersson, 2004).

Ein weiteres deutsches Forschungsteam um Ipke Wachsmuth an der Universität Bielefeld beschäftigt sich mit der Generierung anthropomorpher Interface-Agenten – aus der Perspektive der künstlichen Intelligenzforschung. Wachsmuth

(1998) hat bereits früh auf die steigende Bedeutung anthropomorpher Interface-Agenten für die Erstellung intuitiver Schnittstellen aufmerksam gemacht. Der Hauptfokus der Forschung liegt im Bereich der multimodalen Interaktion in der virtuellen Realität. Ein virtuelles Konstrukteursystem wurde mit dem virtuellen Agenten Max ausgestattet (Wachsmuth, Voss, Sowa, Latoschik, Kopp & Jung, 2001; Kopp, Jung, Lessmann & Wachsmuth, 2003), der begrenzt sprachlich-gestische Eingaben verstehen kann („nimm das Rohr und lege es dort hinüber") und selbst nicht nur die Konstruktionsaufgaben ausführt, sondern auch mit Sprache synchronisierte Gesten produziert (Kopp & Wachsmuth, 2004; Kopp, 2003). Max wird zunehmend auch in anderen Applikationen eingesetzt: So begrüßt FlurMax als eine vor dem Labor auf einem Monitor erscheinende Figur Laborbesucher und Vorübergehende (Jung & Kopp, 2003). In diesem Zusammenhang wird zur Gestikeingabe nicht wie beim virtuellen Konstrukteur auf Datenhandschuhe und Bewegungssensoren zurückgegriffen, um das Verhalten des Nutzers zu erkennen, sondern das System ist – basierend auf Videoanalysetechniken – in der Lage zu erkennen, ob eine Person vor dem Monitor steht und ob diese beispielsweise winkt. Die Selektion des Verhaltens beruht auf einem einfachen „emotional/motivational system", das den Zustand des Agenten steuert und ihn je nach Ereignis glücklich, gelangweilt, überrascht oder neutral sein lässt. Mittlerweile wurde eine aktuellere Version von Max im Heinrich-Nixdorf-Museum in Paderborn installiert (Kopp, Gesellensetter, Krämer & Wachsmuth, 2005). Auch das Emotionssystem wurde überarbeitet (vgl. Becker, Kopp & Wachsmuth, 2004) und wird zu einem späteren Zeitpunkt vorgestellt (s. Kap. 3.1.1.2).

Bezüglich der konzeptuellen Weiterentwicklung der virtuellen Figur liegt ein besonderer Schwerpunkt auf der Gestenproduktion (Kopp & Wachsmuth, 2004; Kopp, 2003). Ausgehend von der Erkenntnis, dass die – für alle autonomen Agenten wichtige – automatische Synthese von ko-verbalen Gesten verschiedene Probleme lösen muss (Natürlichkeit der produzierten Animation, Flexibilität und Synchronizität mit der Sprache), wird ein Ansatz vorgestellt, der die Generierung von komplexen multimodalen Äußerungen (Sprache und Gestik) auf der Basis einer neuen Beschreibungssprache (MURML, Kransted, Kopp & Wachsmuth, 2002) ermöglicht. Statt – wie in zahlreichen Ansätzen – durch *motion capture* animierte Gesten (bzw. Gestenstücke) zu kombinieren, wird hier die gesamte Geste flexibel erstellt und kann daher genauer mit der Sprache koordiniert werden (Kopp, 2003). Theoretisch basieren die Arbeiten etwa auf den Ansätzen von Kendon (1986) und McNeill (1992). In einer abschließenden Bewertung des Systems geben die Autoren an, dass „this novel approach to creating gesture animations from scratch provides satisfactory quality and allows to finely adapt the gestural movements to accompanying speech such that synchrony even at the phoneme level has been achieved" (Kopp & Wachsmuth, 2002, S. 6). Die Flexibilität dieses Ansatzes wurde durch ein Imitationsspiel eindrücklich belegt (Kopp, Sowa & Wachsmuth, 2004).

Neuere Arbeiten wurden in Zusammenarbeit mit der Arbeitsgruppe um Justine Cassell in Chicago durchgeführt (Kopp, Tepper & Cassell, 2004; Tepper, Kopp & Cassell, 2004). In Weiterentwicklung des NUMACK-Projektes, innerhalb dessen ein virtueller Agent Wegbeschreibungen für den Campus der Northwestern University gibt, werden ikonische Gesten bereitgestellt, die laut der Autoren wichtig sind, um die Wegbeschreibungen zu verstehen. Diese Gesten werden ebenfalls ausschließlich automatisch generiert – basierend auf den Mustern, die im Rahmen der empirischen Analyse von 28 Dyaden gewonnen wurden. Entsprechend überzeugt zeigen sich die Autoren von dem Ergebnis: „We believe that our approach to microplanning is one step closer to a psychologically realistic model of a central step in utterance formation" (Kopp, Tepper & Cassell, 2004, S. 8).

Die wohl am weitesten fortgeschrittenen „Embodied Conversational Agents" werden derzeit unter der Leitung von Justine Cassell an der Northwestern University in Chicago erstellt. Die Merkmale, die Cassell et al. (2000b) als Mindestanforderungen an ECAs festlegen, wie die Fähigkeit, verbalen und nonverbalen Input zu erkennen und darauf zu reagieren, verbalen und nonverbalen Output zu generieren, das Beherrschen von konversationalen Funktionen wie Turn-Taking und Feedback sowie die Fähigkeit, den Stand der Konversation zu erkennen und zu signalisieren oder auch neue Inhalte zum Diskurs hinzuzufügen, werden zumindest im Prinzip von den meisten ihrer eigenen Systeme erfüllt. Die Gruppe entwickelt Figuren, die mit Regelwerken über menschliches Interaktionsverhalten versehen sind und aufgrund dieser formalisierten Gesetzmäßigkeiten handeln.

Eine erste Testumgebung, die Interaktionen mit einem menschlichen Gesprächspartner ermöglicht, wurde von Thórisson (1996) entwickelt (vgl. Cassell & Thórisson, 1999). Der multimodal kommunizierende Agent Gandalf ist in der Lage, menschliches Kommunikationsverhalten in begrenztem Umfang zu „verstehen" (durch die Erfassung von Kopf- und Handbewegungen durch Bewegungssensoren und Datenhandschuhe sowie basale Sprachanalyse) und kann autonom verbales und nonverbales Verhalten generieren. Inhaltlich eingebettet ist das System in eine Anwendung, innerhalb derer dem menschlichen Nutzer unser Sonnensystem erklärt werden soll. Das Turn-Taking-Verhalten wurde auf Grundlage der Befunde von Duncan (1972) und Goodwin (1981) modelliert. Daran anschließende Implementierungen (vgl. Cassell, Bickmore, Campbell, Vilhjálmsson & Yan, 2000b; Cassell et al., 1999) integrieren die Interaktionsmöglichkeiten des Systems von Thórisson mit in vorhergehenden Projekten entwickelten Dialogplanungskomponenten (vgl. Cassell et al., 1994), die im Wesentlichen eine Modellierung von illustrativen, deiktischen und rhythmisierenden Gesten auf Basis einer linguistischen Analyse des Gesprochenen (z. B. Unterscheidung *rheme*, *theme*) beinhalten (vgl. McNeill, 1992; Halliday, 1967). Die in diesem Rahmen beschriebene Figur Rea (real estate agent) ist ebenfalls in der Lage, mithilfe basaler Turn-Taking-Techniken, mimischer Reaktionen und Zeigegesten ein Gespräch mit dem Benutzer zu führen, dessen Verhalten durch bildverarbeitende Verfahren und Sprachanalyse erkannt wird. Besonderer Wert wurde dabei auf die Umsetzung der – laut der Autoren „typischen" – Diskursstrukturen Einladung zur Konversation, Turn-Taking,

Feedback und Betonung gelegt. Rea beruht auf dem FMBT-Modell (gesprochen fembot) (Cassell et al., 1999, 2000b; vgl. Cassell & Bickmore, 2003), das (F) zwischen propositionalen (inhaltlichen) und interaktionalen Zielen unterscheidet, (M) davon ausgeht, dass beide Modalitäten (verbal und nonverbal) beide Funktionen unterstützen können, (B) Verhalten und Funktionen klar getrennt sieht (Funktionen können durch unterschiedliche Verhaltensweisen erfüllt werden und Verhaltensweisen können verschiedenen Funktionen dienen) und (T) Zeit als zentrales Merkmal der menschlichen Kommunikation ansieht. In ergänzenden Entwicklungen wird Rea mit Small Talk-Fähigkeiten versehen, die das Vertrauen des Nutzers – insbesondere unmittelbar vor prekären Fragen – erhöhen sollen (Cassell & Bickmore, 2000, 2003; Bickmore & Cassell, 2001, 2004). So wird beispielsweise Gesichtsverlust vermieden, *common ground* hergestellt und es werden affektive Strategien genutzt. Auf nonverbaler Ebene werden dazu vermehrter Blickkontakt, Lächeln, freundliches Gesicht, Kopfnicken und Ähnliches eingesetzt.

Eine Entwicklung, die sich insbesondere für Bemühungen, verschiedene Agentenansätze zu vereinigen, als wertvoll herausstellen könnte (Gratch et al., 2002), wird von Cassell, Vilhjálmsson und Bickmore (2001) vorgestellt: Das BEAT-System (Behavior Expression Animation Toolkit) ermöglicht bei Eingabe eines getippten Textes eine basale linguistische Analyse, sodass an den passenden Stellen nonverbales Verhalten zugeordnet werden kann. Elemente wie *clause*, *theme* und *rheme*, *word newess*, *contrast*, *objects* und *actions* werden erkannt und mit passenden Gesten (*beat*, *deictic* oder *contrast gestures*) verbunden. Dies ermöglicht es Animatoren, eine veränderbare Basisanimation mit synchronem verbalen und nonverbalen Verhalten zu erstellen, das System kann aber auch direkt im Kontakt mit Endnutzern eingesetzt werden. Das einem Text-to-Speech-System vergleichbare Toolkit für nonverbale Kommunikation beruht auf vorhergegangener Forschung (Cassell et al., 1994, 1999) sowie weiterer Literatur: „The mapping from text to facial, intonational, and body gestures is contained in a set of rules derived from the state of the art in non-verbal conversational behavior research“ (S. 164).

Auch für das System MACK, das innerhalb des MIT Besuchern den Weg weisen soll, wird zunächst eine Analyse des menschlichen Wegweiseverhaltens durchgeführt (Cassell et al., 2002). Die gefundenen Strategien werden implementiert: 1. relative Beschreibungen („neben der Kaffeemaschine“), 2. Zeigegesten und 3. kartenbasiertes Routenplanen. MACK wird verkörpert durch einen lebensgroßen blauen Roboter, der auf einem Plasmaschirm dargestellt wird, auf dem er in derselben Umgebung wie der Nutzer zu sein scheint. Die Figur kann durch Sprache, synchronisierte Hand- und Armgestik, Kopf- und Augenbewegungen über die Forschergruppen, deren Projekte und Demos sowie ihre Lokalisation Auskunft geben. Die Eingabe des Nutzers erfolgt über Sprache, ein WACOM-Tablet (durch das die Karte genutzt werden kann) und videobasiertes Kopf-Tracking. Das System besitzt kein ähnlich ausgefeiltes Dialogsystem wie die zuvor aufgeführten Systeme, sondern lediglich einen Generator, der Sätze aufgrund von spezifischen Abrufregeln auswählt. Das nonverbale

Verhalten wird auf der Basis von BEAT generiert. Nakano, Reinstein, Stocky und Cassell (2003) modellieren darüber hinaus *Grounding*-Verhaltensweisen für das System (vgl. Kap. 3.1.2).

Das System SAM (Cassell, 1999; Ryokai, Vaucelle & Cassell, 2003) steht in der Tradition der von der Gruppe entwickelten *Story listening*-Systeme (Cassell, 2001; StoryMat: Ryokai & Cassell, 1999). Die virtuelle Figur hat zwar ein kindliches Äußeres, sie verfügt aber über die Fähigkeit eines Erwachsenen, um Geschichten zu erzählen und soll in Interaktion mit Vorschulkindern deren Fähigkeiten zum Geschichtenerzählen schulen. Sam, der ebenfalls nur über eine begrenzte Interaktivität verfügt, erzählt selbst eine Geschichte und fordert dann das Kind auf, auch eine Geschichte zu erzählen. Dabei wird es durch Nicken oder verbale Einwürfe seitens der virtuellen Figur unterstützt. Zuletzt sind noch Entwicklungen von Bickmore (2003) zu nennen, der eine webbasierte Ratgeberin für Training und sportliche Betätigung modelliert hat, die das gesundheitsrelevante Verhalten der Nutzer verändern soll. Insgesamt lässt sich zusammenfassen, dass die Entwicklungen der Gruppe um Justine Cassell wohl auch deshalb so fortgeschritten sind, da sie die Notwendigkeit zum Verständnis der zwischenmenschlichen, linguistischen und psychologischen Grundlagen erkennt: „We have argued that embodied conversational agents are a logical and needed extension to the conversational metaphor of human-computer interaction. We argue, however, that embodiment needs to be based on an understanding of conversational function, rather than a additive – and ad hoc – model of the relationship between nonverbal modalities and verbal conversational behaviors“ (Cassell, 1999, S. 527).

Eine weitere Forschungsrichtung ist die Entwicklung von „Affective Reasoning agents“ (vgl. Elliott & Brzezinski, 1998). Vorreiterin dieser Forschung, die anstrebt, Artefakte insbesondere in Bezug auf ihre affektiven Reaktionen glaubwürdig zu gestalten, ist Rosalind Picard vom MIT. Elliott (1992, 1997; Elliott & Brzezinski, 1998) stellt das Affective-Reasoning-Project vor, innerhalb dessen ein deskriptives Emotionsmodell von Ortony, Clore und Collins (1988) genutzt wird, um expressive schematische Gesichter zu animieren. Die Agenten sprechen ferner mit inflektierter Stimme, beherrschen Spracherkennung und unterstützen ihren emotionalen Ausdruck durch Musik. Die Agenten reagieren auf Situationen, indem diese je nach Ausgestaltung zu einer Emotion unter 26 unterschiedlichen führen (von denen 22 aus dem OCC-Modell abgeleitet wurden). Implementiert ist ebenfalls, dass die Agenten – je nach Persönlichkeit, Ziel oder Stimmung – eine unterschiedliche Wahrnehmung von der Situation entsprechend gängiger emotionspsychologischer Appraisal-Theorien haben: „Agents are given unique pseudo-personalities modeled as both a set of appraisal frames representing their individual goals (with respect to the events that arise), principles (with respect to perceived intentional actions of agents), preferences (with respect to objects), and moods (temporary changes to the appraisal mechanism)“ (Elliott, Rickel & Lester, 1999, S. 4). Die Reaktionen erfolgen dabei in Echtzeit: Wenn man einen Agenten anspricht, antwortet er unmittelbar. Ausgedrückt werden die Emotionen durch etwa 110 verschiedene Kanäle; es ergeben sich etwa 70 verschiedene Gesichtsausdrücke. Die Effektivität der Kommunikation wurde als vergleichbar mit den Effekten eines trainierten Schauspielers beschrieben (Elliott, 1997). Darüber hinaus wurde – ausgehend von der Modellierung eigener emotionaler Zustände – auch ein Modell zum Nachvollzug der affektiven Zustände anderer implementiert (vgl. Elliott & Ortony, 1992; Elliott, Rickel & Lester, 1997): „Because AFFECTIVE REASONER agents and other emotionally intelligent systems necessarily keep at least implicit internal models of how others see the world – for how else can one, for example, feel sorry for someone if not by making presumptions about them being sad? – it is not a big step to then keep a model of a user's presumed emotion state" (Elliott & Brzezinski, 1998, S. 6). Das von Elliott entwickelte System hat sich zumindest in Bezug auf Anwendung und Verbreitung bewährt, da es häufig in die Architekturen anderer Forschergruppen aufgenommen wurde (s. u.; Elliott, Rickel & Lester, 1997, 1999).

2.2.3.3 Pädagogische Agenten

Von der ECA-Community weitgehend unbeachtet, wurde an der Universität Memphis unter Leitung von Art Graesser ein relativ sophistizierter pädagogischer Agent entwickelt, der als „AutoTutor" bezeichnet wird (Graesser, VanLehn, Rosé, Jordan, Harter; Person & Bautista, 2001; Graesser, Wiemer-Hastings, Wiemer-Hastings, Kreuz & the tutoring research group, 1999; Graesser, Person, Harter & the tutoring research group, 2000). Die Gruppe sieht sich denn auch eher in der Tradition der Entwicklung von Lernprogrammen und legt mehr Wert auf das pädagogische Konzept und die inhaltliche Gestaltung des Dialogs als auf die Ausgestaltung des Agenten, der lediglich als eine Art „front end" fungiert und behandelt wird als ein Architekturmerkmal unter vielen (Person, Graesser, Bautista, Mathews & TRG, 2001; Graesser, Person, Harter & the tutoring research group, 2000). Das wesentliche Ziel wird folgendermaßen beschrieben: „AutoTutor serves as a discourse facilitator or collaborative scaffold that assists the student in actively constructing knowledge. Hence, a central educational philosophy behind AutoTutor is that effective learning occurs when students actively do the following: (1) construct subjective explanations and elaborations of the material, (2) ask and answer questions, and (3) solve problems that require deep reasoning" (Person, Graesser, Bautista, Mathews & the tutoring research group, 2001, S. 1). Der animierte Agent fungiert dabei als Dialogpartner für den Lerner: „AutoTutor was designed to be a good conversation partner that comprehends, speaks, points, and displays emotions, all in a coordinated fashion" (Graesser, Person, Harter & the tutoring research group, 2000, S. 8). Die Ausgestaltung des Tutors beruht auf der Erkenntnis, dass schon untrainierte Tutoren sehr erfolgreich sind und ein um bis zu .4 Standardabweichungen besseres Lernergebnis bringen als Klassenraum-Bedingungen, obwohl sie keine idealen Lehrstrategien nutzen (vgl. Rajan, Craig, Gholson, Person, Graesser, & the tutoring research group, 2001). Um festzustellen, welche kommunikativen Muster genutzt werden, haben Graesser und Person (1994) 100 Stunden Videomaterial analysiert: „Our discourse analyses convinced us that there is something about interactive discourse that is responsible for learing gains“ (Graesser, Wiemer-Hastings, Wiemer-Hastings, Kreuz & the tutoring research group, 1999, S. 38). Welches sind nun die festgestellten Muster? Die Tutoren hatten die Kontrolle, stellten die Fragen und gaben nach den Antworten ein unmittelbares, kurzes Feedback. Erstaunlicherweise scheinen die Tutoren oft nur eine vage Vorstellung davon zu haben, was der Lernende versteht und was nicht – erkennbar z. B. daran, dass sie häufiger „richtig“ sagen, als angebracht (was natürlich für die Entwicklung von artifiziellen Tutoren enorm arbeitserleichternd ist). Wichtig für den Lernfortschritt scheinen somit insbesondere die Aufforderungen an den Lernenden, etwas zu erklären. Daraus entwickeln die Autoren eine Taxonomie an Verhaltensweisen, die der Tutor (im Idealfall in dieser Reihenfolge) durchgehen sollte: Feedback, pumping, prompting, hinting, elaborating, splicing/correcting, summarizing, requestioning (Graesser, Wiemer-Hastings, Wiemer-Hastings, Kreuz & tutoring research group, 1999). Zusammenfassend beschreiben die Autoren die Eigenschaften des Systems daher folgendermaßen: „Instead of being an information delivery system that bombards the student with a large volume of information, AutoTutor is a discourse prothesis that attempts to get the student to do the talking and that explores what the student knows“ (Graesser, Person, Harter & the tutoring research group, 2000, S. 9).

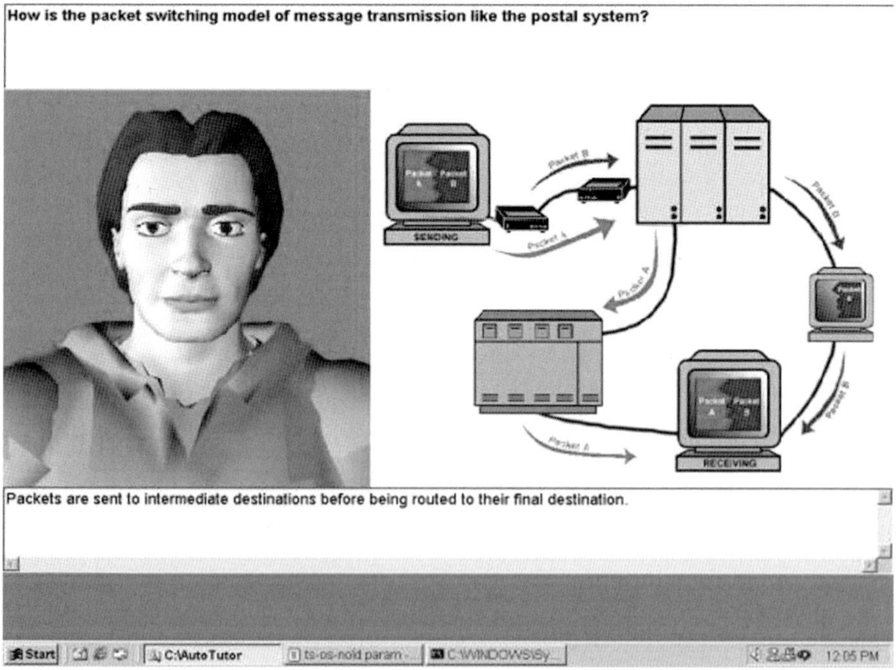

Abb. 2.3: AutoTutor

Als Verkörperung des Tutors dient eine mithilfe des Programms Poser erstellte männliche Figur („Marco“, vgl. **Abb. 2.3**), die durch das Microsoft-Agent-Programm (Microsoft, 1998) gesteuert wird und auf der linken Seite des Monitors abgebildet ist (Graesser, Wiemer-Hastings, Wiemer-Hastings, Kreuz & the tutoring research group, 1999; McCauley, Gholson, Hu & Graesser & The Tutoring research group, 1998; Person, Klettke, Link, Kreuz, & the Tutoring Research Group, 1999). Die Figur wird als zentral für den Lernprozess bezeichnet: „A talking head is an important enhancement to AutoTutor because it concretely grounds the conversation between the tutor and the learner“ (Graesser, Wiemer-Hastings, Wiemer-Hastings, Kreuz & Tutoring Research Group, 1999, S. 48). Hervorgehoben wird insbesondere, dass die mimischen Cues als eine wichtige Form von Feedback in Tutoring-Sitzungen bekannt seien (Fox, 1993; Graesser, Person & Magliano, 1995; Person, Kreuz, Zwaan & Graesser, 1994). In Abhängigkeit von der Qualität der Antwort erhält der Lernende daher ein kurzes mimisches Feedback (zum Beispiel Lächeln und erhöhte Augenbrauen) sowie ein entsprechendes Bewegungsverhalten (Nicken oder Kopfschütteln). Auch die Intonation wird entsprechend angepasst. Ebenfalls animiert werden können Blickrichtung und Lidschluss. Bezugnehmend auf Argyle und Cook (1976) und Ekman (1979) planen die Autoren hier in Zukunft Blickrichtung und Lidschluss je nach Situation (um ein Wort zu betonen oder eine Pause zu markieren) zu koordinieren sowie nach dem Beispiel von Cassell et al. (1994) das Turn-Taking dadurch zu erleichtern. Bereits ausgeführt werden dagegen Zeigegesten und symbolische Gesten (bei *prompting* wird eine Bewegung gemacht, als wolle man Informationen „einholen“). Das nonverbale Verhalten ist somit insgesamt weniger komplex als das anderer Agenten. Hinzu kommt, dass alle Programme auf nur einem Rechner implementiert sind, sodass verbales und nonverbales Feedback bisweilen nicht gemeinsam, sondern nur nacheinander gegeben werden kann. Als zentrale Aspekte der Architektur werden das Curriculum Skript (Identifikation guter und schlechter Antworten), die Analyse natürlicher Sprache (mit Sprechakt-Klassifikation), die Latente Semantische Analyse (hier wird eine neue Möglichkeit des automatischen Textverstehens genutzt, um die Antworten auszuwerten), der Dialog-Generator (Steuerung, ob Fragen, kurzes Feedback, Hinweise etc. genutzt werden), das Dialogfortschrittsnetzwerk und der animierte Agent genannt (Person, Graesser, Bautista, Mathews & the tutoring research group, 2001; Graesser, Wiemer-Hastings, Wiemer-Hastings, Kreuz & Tutoring Research Group, 1999). Weitere Arbeiten (Graesser, Person, Harter & the tutoring research group, 2000) haben durch entsprechende Weiterentwicklungen innerhalb dieser Grundstruktur eine zweite Version des AutoTutors hervorgebracht, die die Dialogstrategie eines sophistizierteren, idealen Tutors nachbilden. So nimmt dieser eine Antwort auch dann nicht schon als gegeben, wenn er sie selbst einbringen musste, sondern bietet so lange einen hint-prompt-elaboration Zirkel, bis der Lernende die Antwort selbst äußert. Insgesamt legt die Gruppe somit ein sehr sophistiziertes System vor, das aufgrund des Anwendungsgebietes seine Stärke im Bereich der Dialogführung hat und im nonverbalen Bereich – sowohl was die Implementierungen als auch was die theoretische Fundierung betrifft – dahinter zurückbleibt. Neuere Publikationen befassen sich vor allem mit der Evaluation von AutoTutor (Craig, Graesser, Sullins & Gholson, 2004).

Als ganz ähnlich kann der Ansatz von Baylor und Kollegen bezeichnet werden: Auch hier werden relativ einfache Charaktere eingesetzt, um die potentiellen Vorteile von verkörperten Agenten in sophistizierten Lernprogrammen zu testen. Baylor und Kollegen nutzen das MIMIC research system, um verschiedene Agenten zu implementieren und deren Wirkung zu testen (Baylor & Ebbers, 2003a, 2003b; Baylor & Ryu, 2003a). Das Programm ist darauf ausgerichtet, angehenden Lehrern die didaktische Planung anhand von Beispielfällen praktisch nahezubringen. Oft genutzter Fall ist zum Beispiel der eines dreizehnjährigen Mädchens, das die ökonomischen Konzepte von Angebot und Nachfrage verstehen soll und deren Lehrer bei der Ausarbeitung eines entsprechenden Lehrangebotes unterstützt werden soll. Hilfe und zusätzliche Information werden durch einen Agenten geliefert, der nach Bedarf durch Anklicken befragt werden kann. Implementiert werden Microsoft-Agenten („Merlin"; Baylor & Ryu, 2003a) oder Poser-Agenten (Baylor & Ebbers, 2003a). Die verwendeten Scripte können aber nicht nur genutzt werden, um einen Agenten zu steuern, sondern die Inhalte können auch so aufgeteilt werden, dass ein Agent als Motivator dient (z. B. Feedback gibt), während der andere als Experte fungiert (vgl. Baylor & Ebbers, 2003a). Die gegebenen Auskünfte können sowohl gesprochen als auch durch eine Sprechblase visualisiert werden. Vertreten wird ein auf den Lernenden zentrierter Ansatz, d. h. es wird Wert auf Interaktion gelegt, die auch im Einsatz der Agenten zum Ausdruck kommt. Weiterhin entwickelt Baylor (2001) ein Konzept zu Dimensionen, die potentiell wichtig für die Konzeption wie auch Evaluation sein könnten. Zentral erscheint ihr dabei die Frage von Kontrolle und ob diese primär bei dem menschlichen oder dem artifiziellen Agenten liegt: „Who has the figurative ‚ball', the agent(s) or the learner?" (Baylor, 2001, S. 3). Es handelt sich zusammenfassend betrachtet hier nicht um eine Gruppe, die einen spezifischen Agenten mithilfe von Evaluationen weiterentwickelt, sondern eher ad hoc – je nach Untersuchungsziel – virtuelle Figuren implementiert, die die in einem Script angelegten Informationen weitergeben.

Einen Ansatz, der im Gegenteil dazu wesentlich stärker in der Optimierung der graphischen Darstellung der virtuellen Figur verhaftet ist, verfolgen Massaro und seine Mitarbeiter. Im Wesentlichen wird in Weiterentwicklung der Arbeit von Parke (1991) versucht, ein „talking face" so realistisch wie möglich zu gestalten und dabei besonderes Augenmerk auf die naturgetreue Lippensynchronisation zu legen (vgl. Massaro, Cohen, Tabain, Beskow & Clark, im Druck). Der „talking head" Baldi wurde Ende der 1990er Jahre von Massaro (1998) entwickelt und während des Entwicklungsprozesses beständig evaluiert. Als „central and unique quality" des Ansatzes wird bezeichnet (Massaro et al., im Druck), dass die Lippensynchronisation ständig evaluiert wird, um zu überprüfen, ob sie der des Menschen gleicht. Die Unterschiede zwischen den Lippenbewegungen von Menschen und Agenten konnten dabei bereits in den

Anfangsjahren deutlich gesenkt werden (vgl. Massaro, 1998). Anders als bei muskelorientierten Gesichtsmodellen wird die realistische Bewegung dabei nicht durch die Nachbildung der menschlichen Anatomie erreicht. Die Viseme können entweder durch synthetisierte Sprache (d. h. Text) oder durch natürliche Sprache entsprechend dem geäußerten Lautmuster aufgerufen werden. Mittlerweile ist Baldi nicht nur der visuellen Synthese von englischer Sprache mächtig, sondern begleitet auch mexikanisches Spanisch, Französisch, Italienisch und Arabisch mit den Lippen. Aktuell wird Baldi vor allem im Anwendungsfeld des Sprachen- und Sprechenlernens eingesetzt (Massaro, 2004; Massaro, Bosseler & Light, 2003). Auch wenn die synthetisierte Sprache noch nicht perfekt die Lippenbewegungen des Menschen nachbilde, könne in spezifischen Applikationen der Einsatz einer Maschine, die Sprache und vor allem die dazugehörigen Lippenbewegungen produziere, sinnvoll sein – insbesondere da Wahrnehmung und Verständnis der Sprache durch die begleitenden Gesichtsbewegungen erleichtert werden: „Perception and understanding are influenced by a speaker‘s face and accompanying gestures" (Massaro, 2004, S. 1).

Anwendungsbereiche, in denen dies sinnvoll sein kann, betreffen das Vokabellernen mit hörgeschädigten und autistischen Kindern sowie das Erlernen der korrekten Aussprache für hörgeschädigte Kinder sowie Erwachsene, die ihre Aussprache einer neu erlernten Sprache verbessern möchten (Massaro, 2004; Massaro, Bosseler & Light, 2003). Für das Vokabellernen steht ein Language Wizard zur Verfügung, der in einem Bereich des Bildschirms Gegenstände präsentiert und in einem benachbarten Fenster Baldi zeigt, der die Gegenstände lippensynchronisiert benennt. Sowohl für hörgeschädigte als auch für autistische Kinder konnte gezeigt werden (Massaro, 2004; Massaro, Bosseler & Light, 2003), dass das Programm nicht nur involvierend genug ist, um die Kinder für die gesamte Lektion an den Bildschirm zu binden, sondern auch einen nachhaltigen Lernerfolg bringt. Auch bei autistischen Kindern scheint die zusätzliche Visualisierung vorteilhaft: „The rate of learning was significantly faster and the retention was better with than without the face. Thus, we can conclude that Baldi adds a significant component to the learning process" (Massaro, 2004, S. 7). Für ein gezieltes Sprachproduktionstraining kann Baldi ohne Oberflächen präsentiert werden, sodass das Innere des Mundes, Zähne und Zunge sichtbar werden und auf diesem Wege die korrekte Artikulation demonstriert wird. Die Effektivität wurde nicht nur für hörgeschädigte Kinder, sondern auch für englisch lernende Japaner beispielhaft gezeigt. Insgesamt ist der Ansatz einzig auf den Aspekt der Lippensynchronisation und der graphischen Ausgabe fokussiert. Dialogsteuernde Aspekte von Gesichtsbewegungen werden noch nicht einmal erwähnt, autonome Interaktion ist nicht beabsichtigt. Es handelt sich somit um ein „talking face" in einem reduktionistisch verstandenen Sinne des Wortes.

Die Arbeitsgruppe um Lester an der North Carolina State University (IntelliMedia Initiative; Lester et al., 1997a, 1997b, 2000; Lester & Stone, 1997) entwickelt animierte pädagogische Agenten, die im Rahmen von e-learning insbesondere Kinder motivieren sollen. Die drei Agenten „Herman the bug",

Abb. 2.4: Herman the bug

„Cosmo" und „WhizLow" bevölkern unterschiedliche desktop-basierte Lernumgebungen und sollen im Folgenden einzeln vorgestellt werden. Herman the bug (Lester, Stone & Stelling, 1999) ist ein pädagogischer Agent, der das Lernprogramm Design-a-plant unterstützt (vgl. **Abb. 2.4**). Innerhalb dieses Programms können Lernende aus einer Auswahl an Wurzeln, Blättern und Stielen Pflanzen so zusammenstellen, dass sie an eine gegebene Umwelt perfekt angepasst sind. Herman wird als „talkative, quirky insect" beschrieben, das die Aktivitäten des Lernenden beobachtet sowie Erklärungen und Hilfen gibt. Herman ist mit einer Reihe von Aktivitäten ausgestattet: Je nach Situation (um die Konzentration des Lerners nicht zu stören) kann er gehen, fliegen oder Bungee-Springen betreiben.

Darüber hinaus ist die Figur mit unauffälligeren Aktionen ausgestattet, die seine Glaubwürdigkeit (believability) im Sinne der Wahrnehmung als lebendige Entität sicherstellen sollen (Lester & Stone, 1997): „We define believability as the extent to which users interacting with an agent come to believe that they are observing a sentient being with its own believs, desires, and personality" (Lester & Stone, 1997, S. 16). Die Autoren stellen sogar ein Rahmenmodell zur dynamischen Aufeinanderfolge solcher, die Glaubwürdigkeit erhöhenden Handlungen (wie etwa Bewegen der Fußspitze) vor, um sicherzugehen, dass der Nutzer nicht den Eindruck erhält, der Agent verhalte sich wie ein Automat. Die Verhaltensweisen werden angepasst an den Problemlösungsverlauf des Lernenden, an den momentanen Zustand der Lernumgebung sowie den momentanen Zustand des Agenten. Alle möglichen Verhaltensweisen konkurrieren vor dem Hintergrund dieser Bedingungen miteinander und das jeweils „stärkste“ Verhalten setzt sich durch. Wichtiger aber noch als die Glaubwürdigkeit erhöhenden Verhaltensweisen, die mittelbar das Lernergebnis steigern sollen, indem sie die Motivation erhöhen, sind die unmittelbar lernförderlichen Aktivitäten. Ausgehend von der Aussage, dass wissensbasierte Lernumgebungen zu einem besonders erfolgreichen konstruktivistischen Lernen beitragen, da die Initiative verteilt ist auf den Lernenden und den Tutor, vertreten Lester, Stone und Stelling (1999), dass sich der Agent sich teilweise proaktiv verhalten sollte: „In the same manner that human-human tutorial dialogues are characterized by changes in initiative (Smith & Hipp, 1994; Hale & Barsalou, 1995; Freedman, 1996), learner-agent interactions between a lifelike agent and a learner should be characterized by problem-solving episodes where control of the initiative frequently changes“ (S. 5). Beispielsweise sollte der Agent den Lerner mit Hilfen und Erläuterungen versorgen, obwohl es nicht immer explizit angefragt wird. Dabei kann sich die Proaktivität des Helfers nach der Nutzergruppe richten (Erwachsene vs. Kinder). Bei Fehlern des Nutzers soll der Agent in jedem Fall proaktiv eingreifen. Neuere Ansätze versehen Herman the Bug zusätzlich mit einer affektiven Benutzer-Modellierung, einer Architektur, die dem Agenten das Wissen über die emotionalen Zustände des Gegenübers ermöglichen soll (Johnson, Rickel & Lester, 2000; Elliott, Rickel & Lester, 1999; vgl. die Diskussion in Kap. 3.1.1).

Der Agent WhizLow (Lester, Zettlemoyer, Gregoire & Bares, 1999) ist Teil einer Lernumgebung, in der Hardware-Komponenten wie RAM, CPU und Festplatte vorgestellt werden. Die Figur kann die Aufträge des Lernenden ausführen, indem Datenpakete aufgenommen und an spezifizierten Orten wieder abgeladen werden. Auf diese Art und Weise wird das Funktionieren eines Computers plastisch dargestellt. Cosmo schließlich liefert Hilfe und Erklärungen im Rahmen des Lernprogramms „Internet Protocol Advisor“ (Lester, Voerman, Towns & Callaway, 1999). Der Lernende wird über Netzwerk-Mechanismen aufgeklärt, indem er durch eine Serie von *subnets* reist. Es handelt sich um eine Phantasiefigur, die durch verschiedene nonverbale Verhaltensweisen nicht nur Emotionen ausdrücken, sondern auch das Mitgeteilte illustrieren kann. Bei der ursprünglichen Entwicklung lag ein besonderer Schwerpunkt auf dem Design der Zeigegesten und dem Zusammenspiel von Gestik, Bewegung und Sprache, um sich auf Objekte in der Umgebung beziehen zu können (Lester, Voerman, Towns & Callaway, 1999).

Ein weiteres wichtiges Merkmal – die emotionale Reaktion auf die Eingaben des Nutzers – wird durch das sogenannte *emotive-kinesthetic behavior sequencing framework* ermöglicht (Lester, Towns & Fitzgerald, 1999). Den verschiedenen Sprechakten werden mithilfe dieses Modells, das auf dem durch Elliott (1992) implementierten OCC-Modell (s. zuvor) beruht, entsprechende emotive nonverbale Verhaltensweisen zugeordnet (vgl. die Diskussion in Kap. 3.1.1). Die Ausführung bzw. die Darstellung der Emotionen erfolgt allerdings nicht auf Grundlage eines sogenannten „Life-quality approaches“, sondern ba-

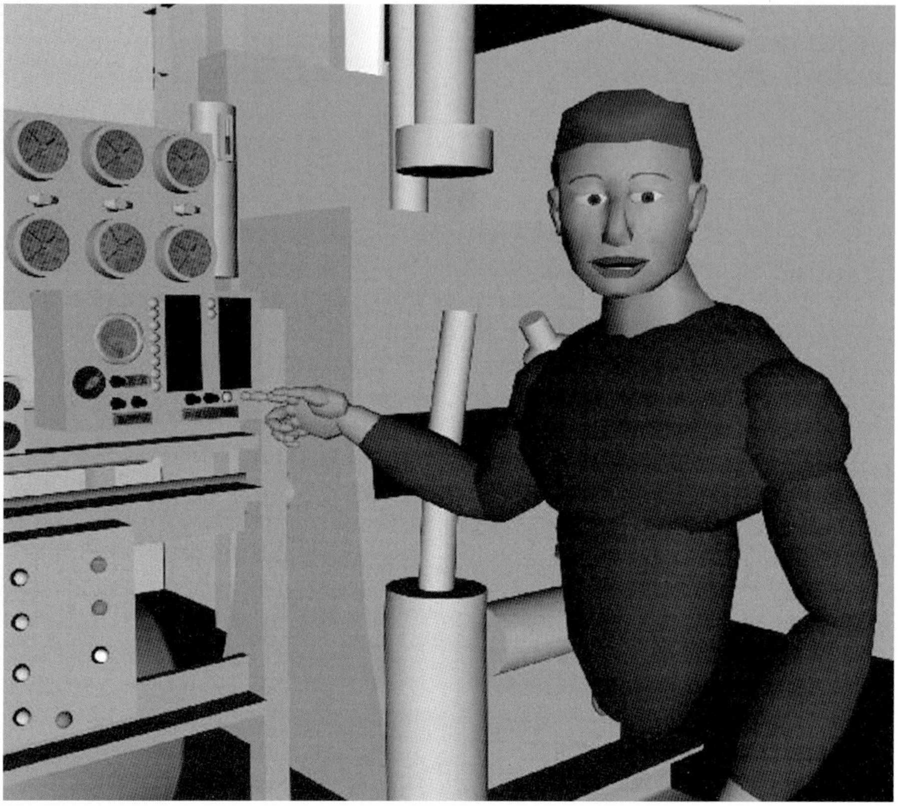

Abb. 2.5: STEVE

sierend auf einem „stylized approach“, bei dem die Emotionen nicht zwingend menschenähnlich ausgedrückt werden (z. B. Abheben vom Boden bei Freude, Senken der Antennen bei Enttäuschung). Die Stimme dagegen beruht auf keiner Sprachsynthese, sondern die Aussagen wurden durch einen Schauspieler aufgezeichnet (daher sind lediglich bis zu 240 Aussagen möglich). Ein zweites wichtiges System ist das zur Steuerung der deiktischen Gesten, das durch Lester, Towns, Callaway, Voerman und FitzGerald (2000) genauer beschrieben wird. Hier müssen Sprache, Geste und Bewegung koordiniert werden. Insgesamt machen die Autoren ihren Anspruch und ihre zukünftigen Forschungsbemühungen auf realistische Weise selbst klar: „This work represents a small step toward the larger goal of creating interactive, fully expressive lifelike pedagogical agents. To make significant progress in this direction, it will be important to leverage increasingly sophisticated models of human-human communication and affective reasoning“ (S. 150). Der Ansatz von Lester und Kollegen – insbesondere Design-a-plant mit Herman the bug – zeichnet sich dadurch aus, dass er besonders häufig und teilweise bereits sorgfältig evaluiert wurde – nicht nur durch Lester selbst, sondern auch durch eine Gruppe um Roxana Moreno und Richard Mayer (vgl. Kap. 4.3.1).

Auch Rickel und Johnson (2000, 1999) entwickeln pädagogische Agenten, die denen der Gruppe um Lester konzeptionell relativ ähnlich sind (vgl. Johnson, Rickel & Lester, 2000). Letztlich gestalten sie aber nicht nur Lernsetting und Figur anders, sondern setzen auch andere Schwerpunkte hinsichtlich der Architektur. Wie Lester und seine Gruppe verknüpfen sie animierte Agenten und eine wissensbasierte Lernumgebung, die in diesem Fall allerdings durch eine virtuelle Welt repräsentiert ist. Dabei handelt es sich um ein Militärschiff der US-Navy, durch das der Agent STEVE (Soar Training Expert for Virtual environments, vgl. **Abb. 2.5**) – verkörpert durch eine Jack-Figur (Badler, Phillips & Webber, 1993) – die Lernenden führt. Dabei reagiert der Agent sowohl auf Veränderungen in der virtuellen Umgebung (z. B. durch externe Veränderungen gesteuert durch den Simulator oder wenn ein Knopf gedrückt wird) als auch auf den Nutzer, dessen Blickrichtung und Interaktion mit Objekten per Bewegungssensoren erfasst wird und dessen domainspezifische Fragen erkannt und beantwortet werden können (Johnson, Rickel, Stiles & Munro, 1998). Die Lernenden können die Figur in stereoskopischem 3D sehen und auf Grundlage einer Sprachsynthese sprechen hören. Der Agent kann getreu dem pädagogischem Konzept (Johnson, Rickel & Lester, 2000) sowohl Fragen des Lernenden beantworten (als Beispiel werden hier allerdings meist die Fragen „Was soll ich tun?" und „Warum?" genannt) als auch Erklärungen generieren und selbst Fragen stellen. Es werden vor allem physische Aufgaben wie der Umgang und die Wartung von Ausstattungen vermittelt und vorgeführt. Die Architektur umfasst drei Hauptmodule: Wahrnehmung, Kognition und motorische Kontrolle (Rickel & Johnson, 2000). Das zentralste, das Kognitionsmodul, besteht wiederum aus drei Ebenen: Auf der untersten Ebene ist ein generelles Modell der menschlichen Kognition implementiert (Soar, vgl. Newell, 1990), auf der zweiten Ebene finden sich von den Domänen unabhängige Fähigkeiten, wie die zum Dialog (Demonstration und Konversation), und auf der obersten Ebene ist domänenspezifisches Wissen abgelegt. Durch ein Austauschen der domänenspezifischen Information soll es den Autoren von Lernanwendungen ermöglicht werden, eine andere Anwendung durch STEVE betreuen zu lassen (Rickel & Johnson, 2000). Das Modul zur motorischen Kontrolle steuert dann – entsprechend der aus dem Kognitionsmodul erwachsenen Aktionen – das Verhalten des Agenten. Hier sind Ortsbewegungen, Kopf- und Blickbewegungen, Hand- und Armbewegungen, Nicken oder Kopfschütteln sowie Mimik möglich. Letztere ist allerdings sehr eingeschränkt und wird im Wesentlichen als die Möglichkeit beschrieben, während Aussagen ein „Speaking face" (angehobene Augenbrauen und Mundbewegung) zu zeigen. Je nach Aufgabe – etwa um den Nutzer nicht abzulenken – kann der Agent alternativ lediglich durch eine Hand dargestellt werden, die die wesentliche Funktion des Zeigens und der Demonstration übernimmt (Rickel & Johnson, 1997). Da Forschungstradition und Hauptentwicklungsaufwand nach eigener Aussage auf den verbalen, aufgabenbezogenen Dialogen liegen, ist auch die Koordination von Sprache und nonverbalem Verhalten noch nicht so ausgereift wie bei Gruppen, die auf nonverbale Aspekte spezialisiert sind: „Our criteria for choosing when to accompany a verbal referring expression with locomotion or a deictic gesture are currently simple; before demonstrating an action on an object, STEVE first moves to it, and then he points at it while describing what he is about to do" (Rickel & Johnson, 2000, S. 115). Noch weniger ausgereift als der multimodale Output sei allerdings der multimodale Input. Hinsichtlich der Planungsfähigkeiten ist STEVE in der Lage, seine Pläne je nach Situation zu revidieren (wenn etwa der Lernende die Aufgabe ausführen möchte, bricht er die eigene Aktion ab). Insofern ist er flexibel und kann mit unerwarteten Situationen umgehen (Rickel & Johnson, 2000).

In den letzten Jahren wurden verschiedene Erweiterungen vorgenommen: Zum einen wurden Anteile des Affective Reasoners (Elliott, 1992) in STEVE integriert, um Persönlichkeit, emotionale Responsivität und affektive Benutzermodellierung zu erreichen (Elliott, Rickel & Lester, 1997, 1999). Zu diesem Zweck werden vor allem Ziele implementiert. Ein mögliches Ziel ist, etwas zu erklären: Folglich ist STEVE glücklich, wenn er Informationen geben kann und vermittelt die Inhalte enthusiastisch. Zusätzlich können Prinzipien („Ein Lerner sollte zuhören, wenn ich etwas erkläre") oder die Beziehung zum Lernenden die Ausgestaltung der emotionalen Reaktionen bestimmen. Da die Reaktionen somit regelbasiert sind, kann STEVE auf Nachfrage auch erklären, was ihn glücklich oder ärgerlich macht: „The explanation can serve to inform the user that STEVE cares about the student's progress, wants the user to learn safety rules, and so forth" (Elliott, Rickel & Lester, 1997, S. 5).

Eine andersartige Weiterentwicklung betrifft die Ausweitung des Szenarios auf das Teamtraining in verteilten virtuellen Realitäten, das neue Anforderungen an die Koordinations- und Interaktionsleistung der Agenten stellt (Rickel & Johnson, 2002). Hier bevölkern mehrere Lernende und mehrere Agenten das Szenario und die Agenten übernehmen nicht nur die Rolle des Tutors, sondern ersetzen auch weitere Teammitglieder: „Each agent must be able to track the actions of multiple other agents and people, understand the role of each team member as well as the interdependendies, and communicate with both human and agent teammates for task coordination" (Rickel & Johnson, 2002, S. 3).

Traum und Rickel (2002) schließlich stellen die Nutzung der STEVE-Architektur im Rahmen eines weiteren Settings mit einer Vielzahl an Akteuren vor. Es handelt sich um ein „*mission rehearsal exercise*"-Project (Swartout et al., 2001), bei dem der Lernende die Rolle eines militärischen Befehlshabers einnimmt, der die Aktionen einiger Soldaten koordinieren muss, die bei einer Fahrt durch Bosnien einen einheimischen Jungen anfahren und für dessen medizinische Versorgung und die Beruhigung der Mutter sorgen müssen. Die virtuellen Figuren verhalten sich entsprechend den Entscheidungen, die der menschliche Nutzer trifft, und sie reagieren auf neue Situationen innerhalb der simulierten Umgebung. Die Agenten müssen daher wissen, mit wem sie sprechen, wer zuhört, ob sie angesprochen sind und müssen Turn-Taking beherrschen. Ermöglicht wird dies durch ein neues Dialogmodul, in dem auf verschiedenen Ebenen verschiedene Interaktionsaspekte implementiert sind (wie Aufmerksamkeitsebene, Kontakt, Verhandlung). Auf der Konversationsebene wird z.B. der Turn-Status spezifiziert („hold turn" oder „release turn") oder es werden Aktionen ausgelöst, um anzuzeigen, ob *common ground* vorhanden ist (z. B. fragendes „Huh?“ oder Nicken). Angelehnt ist die entsprechende Implementierung an das Modell von Sidner (1994). Drei der Charaktere (ein Seargent, die Mutter und ein Arzt) sind mit dem Dialogmodul ausgestattet und können sowohl mit dem menschlichen Benutzer als auch untereinander kommunizieren. Auf dieser Basis können sie Fragen über die Umgebung sowie vergangene Ereignisse beantworten, zukünftige Handlungen vorschlagen, Handlungsvorschläge verhandeln oder diesen folgen sowie sich bewegen und gestikulieren. Letzteres geschieht auf der Basis von sowohl gespeicherten Bewegungen als auch spontaner prozeduraler Animation, während Gesichtsausdrücke und Lippensynchronisation durch Haptek realisiert werden. Gratch und Marsella (2001) stellen des Weiteren eine Verbindung des Systems mit zwei sich ergänzenden Emotionsmodellen vor (s. o., vgl. Kap. 3.1.1.2).

Unabhängig von der STEVE-Umgebung präsentiert die Gruppe auch ein desktop-basiertes System, das der Lernende über einen Webbrowser bedienen kann. Die Agentin Adele wurde für die Ausbildung von Medizinstudenten entwickelt, die durch das Programm die Koordination eines Ärzte- und Schwesternteams in einer Krisensituation lernen sollen. Man kann beispielsweise einen Patienten befragen, untersuchen oder behandeln. Diese Aktionen werden durch die Agentin begleitet, die dann Kommentare gibt oder auf Nachfragen antwortet (vgl. Johnson, Rickel & Lester, 2000).

Insgesamt handelt es sich bei den Entwicklungen der Gruppe um sehr fortgeschrittene Systeme, zumindest in Bezug auf die Fähigkeit zu autonomem Handeln und zur Dialogführung. Trotz der bislang noch eingeschränkten nonverbalen Fähigkeiten weisen die Autoren auf die außerordentlichen Chancen hin: „STEVE illustrates the enormous potential for face-to-face, task-oriented collaboration between students and synthetic agents in virtual environments. Although verbal exchanges may be sufficient for some tasks, we expect that many domains will benefit from an agent that can additionally use gestures, gaze, facial expressions, and locomotion“ (Rickel & Johnson, 2000, S. 118).

Natürlich kann der voranstehende Überblick über die Forschergruppen nicht exhaustiv sein und auch eine genaue Beschreibung jedes vorgestellten Systems kann nicht Ziel der hier vorgelegten Übersicht sein. Einige der nicht näher beschriebenen Systeme sollen aber dennoch erwähnt und referenziert werden, um die Möglichkeit des Nachlesens zu schaffen. Ein weiterer wichtiger Vertreter ist beispielsweise Ball (Ball et al., 1997), der durch die Entwicklung der Microsoft-Agents wichtige Voraussetzungen für verschiedene Forschergruppen geschaffen hat. In späteren Entwicklungen fokussiert er auf die Implementierung von Emotion und Persönlichkeit (vgl. Ball & Breese, 2000; vgl. Kap. 3.1.1). Ebenfalls einen Schwerpunkt auf die Berücksichtigung von Emotion und Persönlichkeit legen Fiorella de Rosis und ihre Forschergruppe (de Rosis, De Carolis, Carofiglio & Pizzutilo, 2004). Bekannt ist weiterhin auch das von Gustafson, Lindberg und Lundeberg (1999) vorgestellte August-System: Der schwedische Autor August Strindberg wird durch ein expressives Gesicht nachgebildet. Isbister (2004, 2000) stellt mehrere Agenten vor: Zum einen entwickelt sie einen Agenten, der als Führer bei der Besichtigung der digitalen Stadt Kyoto fungiert (Isbister, 2004; Isbister & Doyle, 2003), zum anderen präsentiert sie einen Agenten, der die mediierte Konversation von zwei menschlichen Nutzern durch Themenvorschläge unterstützt (Isbister, Nakanishi, Ishida & Nass, 2000; Isbister, 2000). Ihre Kollegin Hayes-Roth (2004) entwickelt die Barfrau Erin, den virtuellen Hund Jack und die interaktive Nachrichtensprecherin Katherine. Auch Slater und seine Mitarbeiter nutzen virtuelle Figuren – sowohl in Anwendungen, in denen diese als Agenten auftreten (Pertaub, Slater & Barker, 2001; Garau, 2003), als auch, um diese im Rahmen von avatarbasierter Mensch-Mensch-Kommunikation einzusetzen (Garau, Slater, Bee & Sasse, 2001; Garau, 2003; Garau, Slater, Vinayagamoorthy, Brogni, Steed & Sasse, 2003). Entsprechende Evaluationsstudien werden in Kapitel 4.5.2 zusammengefasst. Weitere Agenten oder Präsentationsteams werden von Walker et al. (1997), Nitta et al. (1997), Krenn & Neumayr (2003), Bernsen (2003; Bernsen & Dybkjaer, 2004), Kohar und Ginn (1997) und Gruppen um Ana Paiva (Martinho et al., 2003; Prada et al., 2003; Casella & Paiva, 2003; Vala et al., 2003) und Ruth Aylett (Louchart & Aylett, 2003; Ibanez et al., 2003; Avradinis & Aylett, 2003) vorgestellt. Weiterhin stellt Baylor (2001) eine große Anzahl an pädagogischen Agenten vor.

3 Die Psychologie virtueller Helfer

Im vorliegenden Kapitel wird vorrangig versucht zu klären, welchen Beitrag die Psychologie im Rahmen der Entwicklung virtueller Agenten leisten kann und wie Agenten-Community und psychologische Forschung wechselseitig voneinander profitieren können. Tatsächlich lässt sich in den letzten Jahren eine immer stärkere Verschränkung beobachten und insbesondere vonseiten der Agenten-Forscher ein stark wachsendes Interesse an psychologischen Erkenntnissen. Dabei lassen sich zwei Bereiche unterscheiden, zu denen ein Beitrag der Psychologie erwünscht und zum Teil sogar explizit eingefordert wird (vgl. de Rosis et al., 2004): Einerseits werden Erkenntnisse und Modelle über das interne „Funktionieren" des Menschen genutzt, um Agenten-Architekturen zu entwickeln, andererseits werden Evaluationsstudien benötigt, um die Wirkung der Implementierungen zu überprüfen. Insbesondere die Evaluation der Entwicklungen wird in den letzten Jahren konsequent verfolgt. Überraschenderweise – und anders als in den übrigen Bereichen der HCI-Forschung – wurden die Agenten von den ersten Entwicklungen an mit Evaluationsstudien bedacht. Auch wenn dadurch bis heute weder explizit noch implizit eine iterative Forschungsstrategie mit systematischem Rückfluss der Ergebnisse in die Entwicklungen verfolgt wird, können einige der Agenten als erstaunlich häufig evaluiert gelten. Mittlerweile werden dem Thema nicht nur Herausgeberwerke gewidmet (Ruttkay & Pelachaud, 2004), sondern es werden auch Workshops veranstaltet, die ausschließlich auf die Evaluation fokussieren. Eine Übersicht über die entsprechenden Ansätze gibt Kapitel 3.2, nachdem im nun folgenden Kapitel 3.1 die Implementierung psychologischer Erkenntnisse diskutiert wird.

Vorausgeschickt werden kann bereits, dass – wie in allen Bereichen der Usability-Forschung – natürlich auch hier der Einfluss von psychologischem Wissen (so überhaupt vorhanden und verwendbar!) nicht unbegrenzt ist bzw. vorhandenes Wissen bislang weder bei der Implementierung noch bei der Evaluation ausreichend umgesetzt wird. Dass selbst, wenn ein Transfer geschieht, die Erkenntnisse nicht unbedingt tatsächlich verwendet werden, zeigt auch eine Aussage von Douglas (1995): „You can lead developers to water, but can you make them drink?" (S. 199). In der Agenten-Community ist aber bereits der erste Teil der Aussage fraglich, da sich bislang zu wenige Psychologen in diesem Bereich engagieren.

3.1 Mitarbeit bei der Entwicklung anthropomorpher Schnittstellen

Hinsichtlich der konkreten Gestaltung von anthropomorphen Agenten lassen sich zwei unterschiedliche Bereiche identifizieren, zu denen vonseiten der psychologischen Forschung ein Beitrag geliefert werden kann. Betrachtet man die aktuellen Implementierungen, so zeigt sich, dass sowohl *Erleben* als auch *Verhalten* nach dem Vorbild des Menschen modelliert werden. Hinsichtlich des *Erlebens* versuchen einige Forschergruppen, Interface-Agenten mit Emotionen und Persönlichkeit zu versehen. Herangezogen werden dazu unterschiedliche genuin psychologische Theorien und Modelle. Hauptsächliches Ziel stellt die Generierung von konsistentem Verhalten dar. Andererseits wird Verhalten auf der Basis von kommunikationspsychologischen Modellen und Annahmen implementiert – meist selbstverständlich unter besonderer Berücksichtigung der Wirkung nonverbaler Signale. Forschergruppen lassen sich tatsächlich danach unterscheiden, ob sie ihren Fokus vor allem auf die Implementierung innerer Zustände oder die Gestaltung kommunikativen Verhaltens legen. Im Folgenden (s. Kap. 3.1.1) werden zunächst eben solche Ansätze noch einmal vertiefend dargestellt, die vorrangig die Implementierung interner Zustände vertreten. Danach wird die Sinnhaftigkeit dieses Vorgehens kritisch hinterfragt. Im Anschluss (s. Kap. 3.1.2) werden dann Versuche präsentiert, das (nonverbale) Verhalten zu modellieren.

3.1.1 Die Implementierung psychologischer Modelle

Hier sitz ich, forme Menschen
Nach meinem Bilde,
Ein Geschlecht, das mir gleich sei,
Zu leiden, zu weinen,
Zu geniessen und zu freuen sich,
Und dein nicht zu achten,
Wie ich!
Goethe, „Prometheus“

Der Fortschritt bei der Entwicklung anthropomorpher Agenten lässt sich anhand des Wechsels von Paradigmen im Bereich der Computergraphik nachvollziehen. So stellen Funge, Tu und Terzopoulos (1999) eine Hierarchie des computergraphischen Modellierens vor: Zunächst wurden 1. geometrische Modelle und 2. Inverse Kinematik genutzt, um überhaupt bewegte Figuren zu erstellen. In einem weiteren Schritt erlaubten 3. physikalische Modelle realistische Bewegungen durch dynamische Simulation. Im Rahmen der 4. Verhaltensmodellierung konnten die Charaktere schließlich Reize wahrnehmen und entsprechend reagieren. Die höchste, nun erreichte Stufe besteht in der kognitiven Modellierung, die durch Allbeck und Badler (2002, S. 3) folgendermaßen charakterisiert wird: „Through cognitive modeling, *autononmous* characters can be given goals and react deliberately as well as reactively."

Im Rahmen dieses Ansinnens erfreut sich dic Nutzung psychologischer Modellc (insbesondere zu Emotionen und Persönlichkeit) zur Bildung von Architekturen immer größerer Beliebtheit. Auf jeder Konferenz der Agenten-Community (vgl. IVA 2003, 2005), in zahlreichen Herausgeberwerken zum Thema (vgl. Cassell et al., 2000) und ohnehin in spezifisch auf das Thema ausgerichteten Werken (Trappl, Petta & Payr, 2002) beschäftigt sich ein Großteil der Beiträge mit der Frage, welche Emotions- und Persönlichkeitstheorien sich wie für die Agenten nutzbar machen lässt. Wie kein anderer Aspekt der Entwicklungen vermittelt dieser Bereich den Eindruck, dass eine riesige Faszination an der Nachbildung des Menschen besteht. Zurückgegriffen wird auf Emotionsmodelle von Ortony und Mitarbeitern, Ekman, Lazarus, Darwin, Plutchik (vgl. Martinho, Gomes & Paiva, 2003; Elliott, 1992; Marsella & Gratch, 2003; Lester et al., 2000) sowie auf Persönlichkeitsmodelle nach Wiggens oder McCrae und Mitarbeitern (s. Allbeck & Badler, 2002; André, Klesen, Gebhard, Allen & Rist, 2000b). Sogar Theorien zu Einstellungen werden herangezogen (vgl. die Implementierung von Argyle's Modell durch Gillies & Ballin, 2003).

Woher kommt die Fokussierung auf psychologische Modelle? Und aus welchen Gründen werden ausgerechnet diese beiden Bereiche immer wieder aufgegriffen, statt beispielsweise Kognitionsmodelle zu implementieren, die im Zweifelsfall wichtiger wären, um im Sinne von Artificial Intelligence das autonome, interaktive Dialogverhalten der Agenten zu steuern? Der von den Autoren selbst angeführte Grund betrifft die angestrebte Erhöhung der „believability" der Agenten, d. h. ihrer Glaubwürdigkeit im Sinne interagierender Entitäten. Laut Badler und Allbeck (2001) meint believability „to accept as real". Eine Voraussetzung für diese Zuschreibung ist laut einiger Autoren (Lester & Stone, 1997; Johnson, Rickel & Lester, 2000), dass die virtuellen Agenten nicht ausschließlich als Zustandsautomaten agieren und etwa erkennbar immer dasselbe Verhalten präsentieren. So sollten die Agenten während der gesamten Interaktionszeit Aufmerksamkeit und Lebendigkeit zeigen (situated liveness) und ihr Verhalten so dosieren, dass es interessant ist, aber nicht ablenkt (controlled visual impact). Zusätzlich sollte dasselbe Verhalten nicht immer gleich (complex behaviour patterns) und nicht unnatürlich aussehen (natural unobtrusive behaviour) (Johnson, Rickel & Lester, 2000). Johnson et al. (2000) geben weiterhin an, dass neben den visuellen Qualitäten des Agenten insbesondere die „computational properties of the behavior control system that creates its behaviors in response to evolving interactions with the user" (S. 27) eine Rolle spielen. Vor allem diese Fähigkeit zur konsistenten Interaktion mache believability aus. Diese Sicht wird prinzipiell von der Mehrzahl der Forscher geteilt. Allerdings formulieren die meisten dies weniger neutral, sondern nutzen bereits anthropomorphe Begrifflichkeiten, wie man etwa an der Definition von Lester und Stone (1997) ablesen kann: „We define believability as the extent to which users interacting with an agent come to believe that they are observing a sentient being with its own believes, desires, and personality" (S. 16). Diese Zuschreibung wiederum wird natürlich laut den Vertretern dieses Ansatzes am besten erreicht, indem man diese internen Zustände auch tatsächlich implementiert und das Verhalten steuern lässt: „To enhance the believability of the character, we feel that its behavior should be affected by memories of earlier interactions within the dialogue ... and by a simple model of its emotional state" (Ball et al., 1997, S. 197). Am treffendsten formulieren Elisabeth André und ihre Kollegen: „Simply embodying an interface agent is insufficient. To come across as believable, an agent needs to incorporate a deeper model of personality and emotions, and in particular, directly connect these two concepts" (André et al., 1999, S. 1). Dahinter wiederum verbirgt sich die Annahme, dass konsistentes Verhalten am besten hervorgebracht werden kann, indem man es durch internale oder kognitive Modelle steuern lässt (Badler & Allbeck, 2001). Zusammenfassend lässt sich als populäre Annahme festhalten, dass, um *believability* herzustellen, in erster Linie die inneren Zustände korrekt modelliert sein müssen, die dann zu einem konsistenten – aber nicht einseitigen und maschinenartigen – Verhalten führen.

3.1.1.1 Persönlichkeit

Wird konsistentes Verhalten als das angestrebte Ziel hervorgehoben, so folgt laut Ansicht zahlreicher Forschergruppen, dass die Implementierung einer „Persönlichkeit" unvermeidlich ist. Persönlichkeit wird in zahlreichen Fällen dann berücksichtigt, wenn Emotionen bereits implementiert wurden und diesen bzw. deren Ausdruckskomponenten eine größere individuelle Konsistenz gegeben werden soll. Dieses Ansinnen wird am treffendsten beschrieben durch Andrew Ortony (dessen Emotionsmodell in der Agenten-Community eine Art Monopolstellung erreicht hat s.u.): „To arrange for individual appropriateness, we will have to incorporate personality, not to be cute, but as a generative engine that contributes to coherence, consistency, and predictability in emotional reactions and responses" (Ortony, 2002, S. 202). Als besonders hilfreich im Zusammenhang mit der Implementierung wird beschrieben, dass Persönlichkeit keine zufällige Ansammlung unterschiedlichster Merkmale sei, sondern die Eigenschaften zu Clustern bzw. Faktoren zusammengefasst werden können, die das Verhalten vorhersagbar machen. Als Beispiel – das auch bereits wiederholt implementiert wurde – wird das Fünf-Faktoren-Modell nach McCrae und Costa (1987) aufgeführt. Sinnvoll ist ein solches Modell im Rahmen der Ausstattung virtueller Agenten allerdings nur, wenn man es nicht ausschließlich als Möglichkeit zur Deskription begreift, sondern als Verhaltensmotor – was folgerichtig, aber empirisch nicht belegt – von Ortony (2002) vertreten wird: „The key point here is that such clusters, such groups of tendencies to behave and feel in certain ways, constitute one source of behavioral and emotional consistency and hence predictability of individuals. Viewed in this way, personality is the engine of behavior. You tend to react this way in situations of this kind *because* you are that kind of person. Personality is a (partial) *determiner* of, not merely a summary statement of, behavior. ... All this suggests that to build truly believable emotional agents, we need to endow them with personalities that serve as engines of consistency and coherence rather than simply pulling small groups of traits out of the thin air of intuition" (S. 203). Die Tatsache, dass diese Auffassung von Persönlichkeit in der einschlägigen psychologischen Literatur zwangsläufig nicht alle Theoretiker teilen, wird relativ leichtfertig als nebensächlich dargestellt: „Personality psychologists disagree as to whether personality should be viewed merely as an empirical description of observed regularities, or whether it should be viewed as a driver of behavior. But for people interested in building affective artifacts, personality can only be interesting and relevant if one adopts the second position" (S. 201). Ebenfalls nicht ausreichend diskutiert wird die offene Frage, ob man tatsächlich von *einer* konsistenten Persönlichkeit sprechend kann oder ob nicht situationsspezifisch verschiedene Aspekte einer Person auftreten und Verhalten somit nicht konsistent in dem von Ortony vertretenen Sinne ist (vgl. Diskussion des Beitrags in Trappl, Petta & Payr, 2002; vgl. einschlägige Persönlichkeitstheorien wie etwa die von Mischel, vgl. Mischel & Shoda, 1995). Dennoch muss festgehalten werden, dass das Reflexionsniveau im Umgang mit der Thematik in diesem Fall immer noch wesentlich höher liegt als im Rahmen der Texte, die sich unmittelbar mit der Implementierung von Persönlichkeitsmodellen beschäftigen und innerhalb derer häufig genug weder der Wahrheitsgehalt noch die Nützlichkeit von Persönlichkeitsmodellen wie dem Fünf-Faktoren-Modell hinterfragt werden – woran Texte wie die von Ortony (2002) letztlich nicht ganz unschuldig sein mögen.

Albeck und Badler (2002) beispielsweise verweisen darauf, dass zahlreiche Forscher ihren Agenten durch Persönlichkeits- und Emotionsmodelle eine „richer persona" geben möchten, und nennen das „OCEAN"-Modell (Wiggens, 1996, gemeint ist das Fünf-Faktoren-Modell, umbenannt in ein Akronym aus den Anfangsbuchstaben der Faktoren) als den Ansatz, der weitgehende Akzeptanz erlangt hat: „While there is no universally accepted theory, the Big Five or OCEAN model has gained some acceptance" (S. 3). Sie selbst implementieren das Modell ebenfalls. Die Persönlichkeitseigenschaften kontrollieren dabei nicht nur, welche Handlungen ausgeführt werden, sondern vor allem, auf welche Weise: „Not only does an agent's personality affect his or her response to a situation, but it also affects the way these actions are performed. ... A shy agent would wave his hand more slowly and with more hesitation than an extrovert agent would. This increases believability by preventing agents from reacting in the same manner in identical contexts and gives the impression that each agent has distinct emotions and personalities" (S. 2). Dies betrifft insbesondere auch die Qualität der Bewegungen, die in diesem Fall unter Zuhilfenahme der Laban-Bewegungsanalyse realisiert wird: Je nach Persönlichkeitseigenschaft (und auch Emotion s. u.) werden die durch *motion capture* gewonnenen Animationen entlang der im Laban-System fokussierten Aspekte „effort" und „shape" modifiziert. So ergeben sich z. B. unterschiedliche Ausprägungen hinsichtlich räumlicher und zeitlicher Ausdehnung sowie dem Fluss.

Pizzutilo, de Carolis und de Rosis (2002) führen neben dem Fünf-Faktoren-Modell das Interpersonal Circumplex Model (Leary, 1957; Wiggens, 1982) auf, das die Dimensionen Dominanz und Affiliation beinhaltet. Sie selbst wählen allerdings einen anderen Ansatz: Ihr XDM-Agent, der auf dem Programm Microsoft-Agents beruht, wird auf zwei Ebenen mit Persönlichkeitseigenschaften ausgestattet. Zum einen variiert die Art der Helferpersönlichkeit (hier werden Kategorien wie overhelper, supplier, benevolent unterschieden), zum anderen werden sogenannte „communication personality traits“ unterschieden, die nichts anderes umfassen als Introversion und Extraversion. Dabei führen die Autoren allerdings als noch ungeklärt an, inwieweit die zuvor genannten Kooperations- und Kommunikationstypen unabhängig voneinander sind oder bestimmte Kombinationen stärker berücksichtigt werden sollten. Langfristig soll eine Anpassung an die Bedürfnisse des Nutzers erreicht werden, eine Zuordnung ist momentan aber lediglich durch stereotype Voreinstellungen möglich oder indem der Nutzer den gewünschten Typ auswählt. Ebenfalls offen ist, ob im Bereich der Kommunikationspersönlichkeit eine Ähnlichkeit zwischen Nutzer und Agent oder eine Komplementarität erstrebenswert ist (vgl. Kap. 4.5.3).

Als vorrangiges Motiv, ihre Agenten mit Persönlichkeit auszustatten, nennen Ball und Breese (2000) den Nutzer und seine Erwartung, der beispielsweise ein plötzliches Umschalten zwischen schüchtern und autoritär nicht akzeptieren würde. Das ultimate Ziel besteht darin, dass sich der Agent flexibel anpasst – wenn er eines Tages Persönlichkeit und Emotionen des Nutzers erkennen kann. Bis solche Interaktionen möglich sind, beschränken die Autoren sich darauf, Bayesche Netzwerke zu nutzen, um den Zusammenhang zwischen internen psychologischen Zuständen und dem beobachtbaren Verhalten zu modellieren. Der eigene Ansatz wird dabei als von eher pragmatischer Natur beschrieben: „In contrast to these efforts, we have not attempted to create a deep psychological model of emotion and personality. Instead, we use a very simple representation of their most significant aspects and relate them directly to observable behaviors“ (S. 195). Hinsichtlich der Persönlichkeit werden die beiden Dimensionen Dominanz und Freundlichkeit vorgesehen, die jeweils auf drei Stufen variieren können. Auf Verhaltensebene ergeben sich entsprechende Veränderungen auf linguistischer, paraverbaler und nonverbaler (Mimik und Bewegungsverhalten) Ebene.

Auch Rousseau und Hayes-Roth (1998) betonen, dass Konsistenz sehr wichtig für die Glaubwürdigkeit der Figur ist. Innerhalb ihres „Virtuellen Theaters“ kommen Avatare und Agenten zusammen und für die Agenten lassen sich Persönlichkeitseigenschaften, Stimmungen und Einstellungen justieren: „We propose a social-psychological model, in which we can define personality traits that depend on the values of moods and attitudes. We show how such a model can be exploited by synthetic actors to produce performances that are theatrically interesting, believable and diverse“ (S. 2). Dieses frühe Modell zeichnet sich nicht gerade durch eine profunde Kenntnis der entsprechenden psychologischen Bereiche aus und sowohl die Auswahl an Theorien, auf die die Autoren zurückgreifen (Eigenschaftstheorie und Theorien sozialen Lernens), als auch die für den Bereich Persönlichkeit gewählten Dimensionen (*friendliness* und *anger*) erscheinen etwas willkürlich. Zu Beginn einer Theater-Session stellt der Nutzer Werte auf den einzelnen Dimensionen ein, die dann das Verhalten bestimmen (z. B. schnelleres oder langsameres Gehen). Vorläufige Evaluationen zeigten, dass Nutzer die Charaktere tatsächlich als glaubwürdig und unterhaltsam empfanden.

Bei den in ähnlicher Weise untereinander interagierenden Präsentationsteams von André und Rist (2001) spielen Persönlichkeitseigenschaften der einzelnen Beteiligten selbstverständlich ebenfalls eine Rolle: „Characters have to be realized as distinguishable individuals with their own areas of expertise, interest profiles, personalities, audio/visual appearance“ (S. 9). Auch hier wird versucht, durch die Persönlichkeitseigenschaften die Intensität von Emotionen zu bestimmen. In den unterschiedlichen Entwicklungen werden jeweils einzelne Dimensionen (wie etwa *extraversion* oder *agreeableness*) definiert, auf denen sich unterschiedliche Werte einstellen lassen. Diese Einstellung wird vom menschlichen Nutzer vorgenommen und hat Einfluss auf den verbalen Stil, paraverbale Aspekte, Mimik und Köperbewegungen. Im Rahmen des Inhabited Market Place können extraversion und agreeableness auf je drei Stufen variiert werden, bei den Fußballkommentatoren Gerd und Matze dagegen ist eine dreistufige Variation von Extraversion und Openness möglich. In weiteren Publikationen verweisen André, Klesen, Gebhard, Allen und Rist (2000b) auch auf das Fünf-Faktoren-Modell nach McRae und John (1992), die herausragende Rolle spielt aber immer der Faktor Extraversion – wahrscheinlich da er vermeintlich am leichtesten in Verhalten umgesetzt werden kann. So wird laut den Autoren Extraversion ausgedrückt durch lauteres und schnelleres Sprechen, direktere und dominantere Wortwahl sowie expansivere Gesten. In verwandten Ansätzen (Rist et al., 2004) werden sozialpsychologische Modelle genutzt, um die Beziehung der Akteure untereinander zu modellieren (Kongruitätstheorie nach Osgood & Tannenbaum, 1955).

3.1.1.2 Emotionen

Wie bereits angedeutet, ist es erstaunlich, dass ausgerechnet Emotionen bei der Implementierung von artifiziellen Agenten im Mittelpunkt stehen und nicht etwa Kognitionen. Neben der zuvor aufgeführten Argumentation, dass Emotion das entscheidende Mittel sei, um die Glaubwürdigkeit des Charakters zu erhöhen, wird auch angeführt, Emotionen seien die wahre Triebfeder des Menschen (vgl. Petta, 2002). Dies erscheint umso erstaunlicher, als die Psychologie einen weiten Weg nehmen musste, um zu erkennen, dass Emotionen zumindest funktionale Züge haben. Zu Zeiten der Konzentration der Psychologie auf behavioristische Modelle bis zur Mitte des letzten Jahrhunderts fand Emotionsforschung nicht nur kaum statt, sondern Emotionen wurden auch als dysfunktional angesehen (für einen geschichtlichen Überblick über die Entwicklung der Emotionsforschung, s. Ulich & Mayring, 2003). Erst mit der sogenannten „kognitiven Wende" setzte eine Forschung auch in diesem Bereich wieder ein, und seit Ende der 1980er Jahre finden sich vermehrt Ansätze, Emotionen auch als funktional zu verstehen. Liegt die Beliebtheit von Emotionen, die nicht nur häufiger als kognitive Aspekte, sondern auch häufiger als Persönlichkeit bei der Implementierung berücksichtigt werden, daran, dass sich Emotionen und deren Funktionen in der psychologischen Forschung momentan einer hohen Popularität erfreuen und auch dem Zeitgeist entsprechen (vgl. Werke wie „Emotionale Intelligenz", Goleman, 1996)? Sind Emotionen also gerade „sexy"? Weitere Ursachen könnten darin liegen, dass die Implementierung von kognitiven Strukturen gescheitert ist bzw. bis auf Weiteres in eine Sackgasse geführt hat. Tatsächlich entstammen zumindest die Versuche, Roboter mit Emotionen zu versehen, aus der sogenannten „nouvelle AI" oder verhaltensbasierten AI, die nach dem Scheitern der traditionellen AI die Verkörperung der Systeme und deren Möglichkeit zur situierten Interaktion mit der Umgebung propagiert (Brooks, 1986, 1991; vgl. Petta, 2002; Pfeifer, 1996; Fong, Nourbakhsh & Dautenhahn, 2002). Da die artifiziellen Wesen in diesem Zusammenhang mit sensorischem Input und motorischem Output versehen wurden, boten sich basale Emotionen an, um das Überleben zu sichern.

Eine weitere Motivation könnte – in Übereinstimmung mit der in Kapitel 2.2.2 aufgeführten Faszination an der Erschaffung künstlicher Wesen – darin bestehen, dass die Implementierung von Emotionen eher den Eindruck vermittelt, tatsächlich ein menschenähnliches Wesen zu schaffen – auch wenn diese Art der Motivation wahrscheinlich nicht expliziert (und wahrscheinlich auch nicht reflektiert) würde. Tatsächlich als Erklärung angeführt wird dagegen, dass die Implementierung von Emotionen dazu führen wird, dass der Agent mit dem Nutzer besser interagieren kann – aufgrund der Tatsache, dass er dann denselben emotionalen Gesetzmäßigkeiten gehorcht (vgl. Glaubwürdigkeitsargumentation, s. Picard, 2002). Letztendlich soll durch die Implementierung von Emotionen die Bedienung von Maschinen für den Nutzer angenehmer werden. Ein Hauptziel des vorliegenden Kapitels ist dagegen – Bezug nehmend auf diese Argumentation – zu zeigen, dass die Implementierung von Emotionen nicht unbedingt zielführend ist, wenn das ultimate Ziel darin besteht, die Kommunikation von Mensch und Maschine zu erleichtern (bzw. dies nicht der einzige Weg ist, der zu diesem Ziel führt, vgl. Krämer & Bente, 2003; Krämer, Iurgel & Bente, 2005).

Bevor einige Emotionsarchitekturen vorgestellt werden, soll zunächst vertieft darauf eingegangen werden, welche Motive zur Nutzung von Emotionen bei Artefakten die Autoren selbst angeben. Dabei werden zum Teil sogar Motivklassifikationen angeboten: Wehrle (1998) etwa unterscheidet drei Motivklassen für die Modellierung von Emotionen: die Wissenschaftsperspektive, die Engineering-Perspektive und die der HCI-Forschung.

a) Die Wissenschaften (Psychologie, Neurowissenschaft, Kognitionswissenschaft und Biologie) nutzen die Implementierung von Theorien, um diese zu formalisieren, zu operationalisieren und zu überprüfen. Keiner der in diesem Kapitel im Folgenden aufgeführten Forscher verortet seine Motive in diesem Bereich, viele verweisen aber auf den zusätzlichen Nutzen. Canamero (2002a) etwa formuliert, dass sie selbst keine Emotionstheorien testet, fügt aber hinzu: „We believe, however, that expressive robots can be very valuable tools to help human emotion researchers test and compare their theories, carry out experiments, and in general think in different ways about issues relevant to emotion and emotional/social interactions“ (S. 75, vgl. auch Pfeifer, 1996). Diesem Ansinnen am nächsten kommt noch Petta (2002), der stark auf den funktionalen Aspekt von Emotionen fokussiert und einen gut informierten Überblick über die Funktionen von Emotionen gibt. Ein klassischer Vertreter der genannten Motivation ist etwa Sloman (2002), der entsprechend für eine starke Trennung der unterschiedlich motivierten Ansätze eintritt: „There are some people who built architectures, and there's this box labeled ‚emotions' . ... I think anyone who puts in a box labeled ‚emotions' may be doing something useful for the engineering goals, but he has totally got it wrong as regards the modeling of human emotional systems“ (vgl. die Diskussion zum Beitrag von Canamero, 2002b, S. 142). Einen umfassenden Überblick über Computermodelle von Emotionen und ihre Bedeutung für die emotionspsychologische Forschung gibt Ruebenstrunk (1998).

b) Im Rahmen der Ingenieur-Perspektive, der sich sicherlich die meisten Roboter-Forscher zuordnen würden, geht es dagegen vorrangig darum, die Performanz des Systems zu verbessern: „It seems likely that here the motive behind modeling an emotional agent is an indirect one. The engineer is primarily interested in constructing a useful artifact. In adopting some real or hypothesized natural principles the engineer hopes to increase the system performance in terms of task achievement and costs. The extent to which the principles that inspired the system eventually get into the system or the form and adequacy of the translation is of no significance“ (Wehrle, 1998, S. 1). Aus dem Bereich der Emotionsforschung werden somit Anregungen entnommen, um den Systemen beispielsweise (wie bei Canamero, 2002b) Autonomie zu verleihen: „Emotions – at least a subset of them – are one of the mechanisms found in biological agents to better deal with such environments, enhancing their autonomy and adaptation“ (Canamero, 2002b, S. 115). Es handelt sich um einen biomimetischen Ansatz „that takes inspiration from mechanisms existing in natural systems“ (S. 115), der ein nützliches Prinzip „to design emotion-like mechanisms for artificial agents“ (S. 115) darstelle. Canamero (2002b) begründet auch, warum – wenn es letztendlich um das Funktionieren geht – statt der Biomimetik nicht einfach neue Konzepte entwickelt werden, die eventuell ein simpleres und optimiertes Funktionieren sicherstellen. Sie führt an, dass Emotionen eine ökonomischere Implementierung ermöglichen, da diese ein komplexes System darstellen, das mit zahlreichen kognitiven und behavioralen Subsystemen verbunden ist. Zusätzlich seien Emotionen nicht mit spezifischen Verhaltensweisen verbunden, sondern trügen durch ihren Zusammenhang mit Zielen und Motiven (Frijda, 1995; Rolls, 1999) dazu bei, dass Verhalten flexibel gewählt werde. Picard (2002, vgl. die Diskussion des Beitrages von Canamero, 2002b) versucht dagegen zu begründen, warum Entwickler immer wieder bei Animismen ankommen, wenn sie eigentlich Maschinen erstellen möchten. Sie zitiert zu diesem Zweck einen Leserbrief aus einer Debatte der Zeitschrift „Science", der deutlich macht, dass der Animismus oder Anthropomorphismus oft das beste verfügbare Model bereitstellt – so wie sich ein Feuerwehrmann das zu bekämpfende Feuer am effizientesten als hungriges Tier vorstellt, dem man die Nahrung wegnehmen muss: „Animism is the first resort for anyone trying to deal with a situation that is too complex or has too many unknowns to be modeled in a more ‚rational' way.' – So, it says, when the chips are down, even sophisticated scientists use the best mental approach available and really don't care whether psychologists or philosophers approve of them or not" (S. 143). Eine gelungene – wenngleich die Positionen etwas überzeichnende – Illustration des Gegensatzes von „engineering"- und „scientific"-Perspektive bietet Pfeifer (1996). Er verdeutlicht, dass ein Roboter, der in einem Zimmer Tischtennisbälle aufsammeln muss, im Sinne der Ingenieur-Perspektive dann perfekt ist, wenn er wie ein überdimensionaler Staubsauger einfach alles ansaugt. Aus „Cognitive Science"-Perspektive ist ein Roboter jedoch nur dann nützlich, wenn er Bälle erkennen, sich diesen nähern und sie sorgfältig aufheben kann, ohne sie zu beschädigen. Während es in der Unterscheidung der Motivationen nach Canamero (2002b) und Pfeifer (1996) bei der Gegenüberstellung von „scientific"- und „engineering"-Perspektive bleibt, führt Wehrle (1998) zusätzlich noch die HCI-Perspektive an.

c) Wehrle (1998) führt die HCI-Perspektive gesondert auf als Anwendungsbereich, in dem zusätzlich die Interaktion eine besondere Rolle spielt: „Modeling emotions in a system that interacts with humans is a special case of engineering where human behavior and affectivity plays a significant role. ... In adopting some real or hypothesized natural principles the engineer hopes to increase the system performance in terms of acceptance and usability with respect to the user" (S. 2). Eine (naturgemäße) Modellierung von Emotionen zu diesem Zweck hält er jedoch nicht für zwingend notwendig: „Again, it seems likely that such a system does not necessarily need to represent emotion constructs in any form to generate the desired behavior" (S. 2). Auch der von Fong et al. (2002) als „functionally inspired design approach" bezeichnete Ansatz, bei dem das Artefakt nur nach außen sozial intelligent oder naturgemäß modelliert erscheint, fällt unter diese Rubrik. Auch sie propagieren in diesem Zusammenhang die Nutzung herkömmlicher HCI-Gestaltungsmaßnahmen, da entsprechende Roboter lediglich bestimmte Effekte in Bezug auf den Nutzer hervorrufen müssen. Die meisten Forscher, die Emotionen implementieren, sehen aber genau in diesem Aspekt der Interaktionsgestaltung die hauptsächliche Berechtigung zur Modellierung von Gefühlen, zum einen, um die angeblich vom Nutzer bevorzugte Konsistenz und Glaubwürdigkeit sicherzustellen, zum anderen, um die Maschine mit Modulen zu versehen, die ein Verständnis des Menschen bis hin zum empathischen Reagieren erleichtern. Den erstgenannten Standpunkt vertritt Ortony (2002) in seinem „On making believable emotional agents believable" genannten Artikel, in dem er die Implementierung von Emotion und Persönlichkeit als die wesentlichen Voraussetzungen für Konsistenz und damit Glaubwürdigkeit anführt. Picard (2002) nennt zwar selbst vier potentielle Motive für die Nutzung von Emotionen bei der Entwicklung artifizieller Agenten (neben den schon angeführten wissenschaftlichen und ingenieurbezogenen Motiven noch „Build robots and synthetic characters that can emulate living humans and animals"), nimmt aber für sich selbst nur das bei ihr als vierten Aspekt aufgeführte Motiv in Anspruch: „Making machines less frustrating to interact with." Die Maschine soll in die Lage versetzt werden, aufzuspüren, wenn der Nutzer sich schlecht fühlt, und sein (emotionales Feedback-) Verhalten so zu adaptieren, dass der Nutzer nicht weiter frustriert wird. Somit gewinnt auch unter Robotik-Forschern die Interaktionsperspektive im Zuge der Tatsache, dass Roboter mehr und mehr auch zur Kommunikation mit dem Menschen eingesetzt werden, dramatisch an Gewicht. Breazeal (2004) postuliert, dass Emotionen nicht nur hilfreich für den Roboter sind (vor dem Hintergrund, dass Emotionen und Kognitionen miteinander verbunden sind und im Sinne der Ingenieur-Perspektive), sondern auch für den Menschen, dem der Umgang mit dem Roboter dadurch erleichtert wird: „This helps the person form a useful mental model for the robot, making the robot's behavior more understandable and predictable. ... It also makes the interaction more intuitive, natural and enjoyable for the person, and sustains their interest in the encounter" (S. 8). Canamero (2002a) stellt sogar schon eine generelle Tendenz in diese Richtung fest: „It is increasingly acknowledged that social robots and other artifacts interacting with humans must incorporate some capabilities to express and elicit emotions in order to achieve interactions that are natural and believable to the humans side of the loop" (S. 1).

Während somit vor allem in der Roboter-Community zahlreiche Gründe für die Implementierung von Emotionen zumindest genannt und reflektiert werden, findet sich in der Agenten-Community fast unisono die Feststellung, dass dadurch die Interaktion verbessert wird und die „believability" steigt: „It is our view that emotion plays a central role in pulling all the agent's capabilities together into a believable virtual human. Thus the agent's planning, natural language generation, physical behavior, etc. must be consistent with its emotional state" (Marsella & Gratch, 2003, S. 1). De Rosis, de Carolis, Carofiglio und Pizzutilo (2004) formulieren ähnliche Gedanken: „To behave believably, our agent should show some form of emotional intelligence. This implies, according to Picard ... recognizing and expressing emotions, regulating them, and utilizing them to optimize the dialog" (S. 273). Tatsächlich bietet sich etwa die Ingenieurperspektive für Agenten ja auch gar nicht als Motiv für die Implementierung von Emotionen an. Anders als bei Robotern, die über physikalische Verkörperungen mit ihrer Umwelt interagieren und über sensorischen Input sowie motorischen Output verfügen, können Emotionen für die Entität selbst gar nicht funktional sein. Festzuhalten bleibt, dass das Ziel der EmotionsImplementierung bei Agenten somit ausschließlich in der Optimierung der Interaktion mit dem Nutzer gesehen werden kann. Im Folgenden werden unterschiedliche Architekturen für Emotionen bei Conversational Agents (sowie abschließend noch einmal beispielhaft für Roboter) vorgestellt.

Während in Bezug auf die Implementierung des Konstrukts Persönlichkeit zu beobachten ist, dass die meisten Gruppen den populärsten Ansatz zur Beschreibung von Persönlichkeit, das Fünf-Faktoren-Modell, implementieren oder es zumindest erwähnen, zeigt sich in Bezug auf die Implementierung von Emotionen ein seltsames Phänomen. Trotz einer Fülle an verfügbaren Emotionsmodellen wird – wenn nicht auf basale, fast laienpsychologisch anmutende Architekturen zurückgegriffen wird – immer wieder ein Modell implementiert, das sich in psychologischen Lehrbüchern meist an nicht prominenter Stelle findet: das in der Agenten-Community OCC getaufte Modell von Ortony, Clore und Collins (1988). Ein wesentlicher Grund dafür mag sein, dass die Autoren ihr Modell explizit auf eine mögliche Implementierung im Rahmen von AI-Systemen auslegen und bereits entsprechend formalisiert gestalten: „We would like to lay the foundation for a computationally tractable model of emotion. In other words, we would like an account of emotion that could in principle be used in an Artificial Intelligence (AI) system that would, for example, be able to reason about emotion“ (S. 2).

Die Theorie ist im Wesentlichen eine Appraisal-Theorie, die die Emotionen als kognitiv vermittelte Reaktionen auf bestimmte Umweltgegebenheiten und Situationen sieht. Auslöser der Kognitionen können Ereignisse, Agenten oder Objekte sein. So kann beispielsweise ein Ereignis Freude oder das Gegenteil auslösen, die Handlungen eines Agenten können befürwortet oder abgelehnt werden und ein Objekt kann Mögen oder Nicht-Mögen hervorrufen. Auf der Grundlage weiterer Differenzierungen lassen sich schließlich 24 Emotionen spezifizieren, die sich mithilfe der einzelnen Bewertungsschritte formalisieren lassen. Ein Computer kann dann in die Lage versetzt werden, diese Bewertungsschritte nachzuvollziehen und so über Emotionen zu räsonieren bzw. aufgrund einer Situation Emotionen zuzuschreiben oder bei sich selbst zu aktivieren. Auch aktuell spricht Ortony (2002) sich dafür aus, Agenten – will man sie „believable“ gestalten – mit situational angemessenen internen Reaktionen (Emotionen) auszustatten, die dann angemessenes Verhalten steuern. Letzteres werde dadurch ermöglicht, dass Emotionen mit bestimmten Verhaltensweisen verbunden sind. Obwohl diese Verbindung nicht eins zu eins, sondern flexibel ist, ermöglicht sie das Hervorbringen von konsistentem Verhalten. Sein Modell von 1988 bezeichnet er in diesem Zusammenhang als „rather cumbersome“ und „to some degree arbitrary“ (S. 193) und schlägt eine überarbeitete Version vor, bei der lediglich 12 Situationen unterschieden werden: sechs positive und sechs negative (die parallel gestaltet sind). Die positiven bestehen aus einer unspezifischen Situation („something good happened“) und folgenden fünf spezifischeren Situationen:

- Possibility of something good happening
- Feared bad thing did not happen
- Self-initiated praiseworthy act

- Other-initiated praiseworthy act
- One finds something appealing or attractive

Hinsichtlich der Steuerung des Emotionsausdrucks argumentiert er mit Ekman (1997) und spricht sich für die Berücksichtigung von sozialen und kulturellen Normen bei der Auswahl des Ausdrucksverhaltens im Sinne von *display rules* aus.

Elliott (1992, 1997) ist der Erste, der versucht hat, das Modell von Ortony, Clore und Collins (1988) tatsächlich zu implementieren. Ausgehend von der Feststellung, dass „few would argue that some working model of emotion systems will greatly benefit both the believability and the intuitiveness of automated characters“ (Elliott & Brzezinski, 1998, S. 5), entwickelt er das „Affective Reasoning“(AR)-System. Seine zunächst entwickelten Agenten sind schematische Gesichter, die mit leicht inflektierter Stimme sprechen, den emotionalen Ausdruck durch Musik unterstützen und Spracherkennung nutzen. Grundlage für dieses Verhalten ist die Tatsache, dass verschiedene Situationstypen auf Basis der von Ortony et al. (1988) formulierten Regeln 26 Emotionen zugeordnet werden. Auf Verhaltensebene können diese Emotionen durch 110 verschiedene „Kanäle“ bzw. 70 unterschiedliche Gesichtsausdrücke gezeigt werden (Elliott, Rickel & Lester, 1997, 1999). Individuelles Appraisal wird dadurch sichergestellt, dass den Agenten individuelle Ziele, Prinzipien, Präferenzen und Stimmungen gegeben werden: „Emotions arise as a result of agents' appraisals of their world“ (Elliott, Rickel & Lester, 1997, S. 3). Dabei reagieren die Agenten in Echtzeit auf das, was um sie herum geschieht; wenn man sie anspricht, antworten sie unmittelbar.

In einem weiteren Schritt soll die EmotionsImplementierung dazu genutzt werden, emotionale Zustände des Nutzers zu erkennen: „Because AFFECTIVE REASONER agents and other emotionally intelligent systems necessarily keep at least implicit internal models of how others see the world – for how else can one, for example, feel sorry for someone if not by making presumptions about them is being sad? – it is not a big step to then keep a model of a user's presumed emotion state“ (Elliott & Brzezinski, 1998, S. 6). Dies wird dadurch erleichtert, dass das Modell ja darauf ausgelegt ist, über Emotionen zu räsonieren; das interne Modell über die emotionalen Zustände anderer ist somit bereits explizit vorhanden (Elliott & Ortony, 1992). Implementiert wurde diese Fähigkeit in dem pädagogischen Programm Design-a-plant der Forschungsgruppe um Lester (s. u.).

In weiteren Publikationen weist Elliott (2002) darauf hin, dass er nicht daran interessiert ist, durch die Implementierungen Erkenntnisse über den Menschen zu gewinnen, sondern die Emotionsmodelle nutzt, um eine höhere „Eleganz“ bzw. Konsistenz im Verhalten herzustellen. Es sei weniger wichtig, dass sich das Modell empirisch als wahr oder falsch erwiesen habe, sondern lediglich, wie gut es das Verhalten steuert. Letztendliches Ziel sei ja auch nicht die Nachahmung menschlicher Kommunikation, sondern deren Unterstützung. „If our goal is to *support* human skill at communication rather than fully realize it independently, then our focus might rather be on creating new expressive attributes and repertory that are consistent, of uniform granularity, and maximally suited to the true nature of the believable agent“ (Elliott, 2002, S. 248).

Die konkreten Implementierungen der Architektur von Elliott im Rahmen von Interface-Agenten beziehen sich auf pädagogische Agenten. Durch eine Verbindung der Ansätze soll „a new form of pedagogical agent that is sensitive to students’ emotive state and can reason about affective aspects of problem-solving contexts“ entstehen (Elliott, Rickel & Lester, 1999, S. 1). So wurde der von Rickel und Johnson (1999, 2000) entwickelte Agent STEVE mit Zielen und Prinzipien versehen, die Appraisal ermöglichen und auf deren Basis er emotionale Zustände erhält: Er kann zum Beispiel glücklich werden, wenn er die Möglichkeit erhält, einem Studenten nützliche Informationen zu vermitteln. Das Prinzip „Ein Student sollte mir zuhören, wenn ich etwas erkläre“ kann andererseits dazu führen, dass STEVE ärgerlich wird, wenn der Lernende nicht zuhört. Da es sich um ein explizites Modell handelt, kann STEVE auch jederzeit Auskunft über seinen Zustand geben: Wenn ein Lernender fragt, warum STEVE ärgerlich ist, kann er dies beantworten.

Auch die Agenten Cosmo und Herman the bug der Forschungsgruppe um Lester (vgl. Lester, Towns & Fitzgerald, 1999; Elliott, Rickel & Lester, 1997, 1999) wurden mit dem Affective-Reasoner-System versehen. Im früheren System Design-a-plant mit dem Agenten Herman the bug wurde eine affective user modeling Architektur implementiert: „A pedagogical agent must be sensitive to the student’s emotions. For example, the agent must recognize a student’s frustration so as to intervene with assisstance and encouragement before the student loses interest“ (Elliott, Rickel & Lester, 1997, S. 1). Die Strukturen, die dem Agenten Appraisal-Prozesse ermöglichen, werden einfach genutzt, um den Zustand des Lernenden zu interpolieren. Eine Art basale *Theory of Mind* ist somit automatisch als explizites Regelwerk vorhanden. Dennoch müssen natürlich Informationen (z. B. über Ziele und Präferenzen des Nutzers) vorliegen. Diese können entweder direkt beim Nutzer erfragt, aus anderen Informationen und dem Kontext erschlossen werden oder abgeleitet aus der Annahme, wie sich die meisten Nutzer fühlen würden. Wenn dies alles fehlschlägt, wird darauf zurückgegriffen, wie der Agent selbst sich in der entsprechenden Situation fühlen würde. Im günstigsten Fall kann zusätzlich berücksichtigt werden, ob ein Lernender für sieben von zehn richtigen Antworten gelobt werden will oder ob er dies als beschämend empfindet.

Bei Cosmo wurde der Schwerpunkt weniger auf die Benutzermodellierung, sondern vielmehr auf die emotionale Responsivität des Agenten selbst gelegt. Basierend auf dem AR ist Cosmo mit einem *emotive-kinesthetic framework* versehen (Lester Towns, Callaway, Voerman & FitzGerald, 2000; Lester, Town & Fitzgerald, 1999). Dies sorgt dafür, dass den Sprechakten entsprechende Emotionen zugeordnet werden, die sich wiederum im Verhalten niederschlagen. Die Zuordnung von Sprechakten zu Emotionen erfolgt dabei durch eine Eins-zu-eins-Zuordnung und auch die Zuordnung von Emotionen zu Verhalten folgt einfachen Regeln: „The emotive-kinesthetic behavior sequencing framework exploits the fundamental intuition behind the AR, namely, that the emotive states and communication are intimately interrelated“ (Lester, Towns & Fitzgerald, 1999, S. 8).

In der Absicht, einen Standard für die künftige Emotions- (und Persönlichkeits-)Implementierung zu setzen, stellen Allbeck und Badler (2002) eine repräsentationale Basis für Glaubwürdigkeit, Persönlichkeit und Emotion von virtuellen Charakteren vor. Auch sie beziehen sich hinsichtlich ihrer Versuche, Emotion zu modellieren, auf das OCC-Modell. Die konkreten Möglichkeiten, durch die Emotionen Verhalten zu steuern, werden allerdings weniger detailliert beschrieben als im Falle der Persönlichkeit (s. o.).

Einen über die Jahre der Entwicklung relativ umfassend gewordenen Ansatz verfolgen Gratch und Marsella (2001, 2004; Marsella & Gratch, 2003). In verschiedenen Systemen werden Emotionen auf unterschiedliche Art und Weise verwendet: In Émile werden Appraisal-Vorgänge implementiert, im Rahmen eines Interactive Pedagogical Drama (IPD) wird der Einfluss von Emotionen auf das Verhalten (im Sinne einer angemessenen Auswahl von Gestik und nonverbalem Verhalten) modelliert. In einer späteren Publikation wird ergänzend die Implementierung von Coping-Prozessen vorgestellt (Marsella & Gratch, 2003). Integriert werden die Ansätze dann im Rahmen des bereits beschriebenen *mission rehearsal exercise*, innerhalb dessen sie zur Steigerung von Glaubwürdigkeit und Realitätsnähe beitragen sollen: „Emotions play an important role in such environments by enhancing believability and realism, increasing one's sense of empathy and attachment to synthetic characters, and adding to the suspense of the simulation (Gratch & Marsella, 2001, S. 1).

Émile wurde ursprünglich von Gratch (2000) mit dem Ziel entwickelt, den Appraisal-Prozess bei der Entstehung von Emotionen nachzubilden. Vor dem Hintergrund einer relativ oberflächlichen Diskussion über den Zusammenhang von Kognition und Emotion (Gratch & Marsella, 2001) schließt er sich den Annahmen und Umsetzungen von Elliott (1992) an. Wie bei diesem entstehen Emotionen in Abhängigkeit von Zielen. Für jedes Ziel wird eine Wissensstruktur – ein „construal frame“ – geschaffen, die überprüft, inwieweit das Ziel erreicht ist: „Each frame describes the appraised situation in terms of a number of specific features, including the point of view from which the appraisal is formed, the desirability of the situation, whether the situation has come to pass or is only a possibility and whether the situation merits praise or blame“ (Gratch & Marsella, 2001, S. 2). Mit einbezogen wird auch die Sichtweise von Oatley und Johnson-Laird (1987), dass Emotionen in Zusammenhang stehen mit Veränderungen der wahrgenommenen Wahrscheinlichkeit der Zielerreichung.

Das IPD dagegen modelliert den Einfluss von Emotionen auf das Verhalten (Marsella et al., 2000). Die Implementierung beruht auf der Annahme, es sei wichtig, dass der Agent einen inneren emotionalen Zustand auch angemessen ausdrückt, da der Beobachter ansonsten verwirrt oder misstrauisch wird. Der Emotionsausdruck muss daher dem Zustand entsprechen, darf nicht inkonsistent und sollte individuell sein – da beispielsweise nicht jeder Furcht in exakt derselben Weise zeigt. Als theoretischer Hintergrund zur Modellierung dieses

„emotionally revealing nonverbal behavior" (Gratch & Marsella, 2001, S. 3) wird Freedman (1972) genutzt. Der sogenannte „physical focus" bestimmt, ob man sich eher der Welt oder sich selbst zuwendet. Es werden fünf verschiedene Fokusmodalitäten unterschieden, die die spezifischen nonverbalen Verhaltensweisen determinieren. Der „body focus" besteht in selbst-fokussierter Aufmerksamkeit, depressivem oder schuldigem Verhalten (*gaze aversion, soothing* oder *self-punitive hand to body behaviors*). Im kommunikativen Modus dagegen zeigt sich der Wille zur Interaktion und die volle Bandbreite der kommunikativen Gesten steht zur Verfügung. Zwischen diesen Zuständen findet sich u. a. der „transitionale" Modus, innerhalb dessen eine Orientierung auf das Problemlösen und Zuhörerverhalten gefunden werden kann. Die Fokusmodalität bestimmt somit auch die Aufmerksamkeit auf externe Stimuli und hat Einfluss auf das Entscheidungsverhalten.

Der Coping-Ansatz (Marsella & Gratch, 2003) ergänzt sowohl den Appraisal-Ansatz als auch den verhaltenssteuernden Ansatz, indem er konkrete Vorhersagen über zukünftiges Verhalten ermöglichen soll. Dies wird gleichwohl – vor dem Hintergrund der Kritik an der Verfügbarkeit geeigneter psychologischer Modelle – als Herausforderung betrachtet: „Challenge to our work is to translate coping strategies ... into concrete guidance for future action or concrete changes in how the agent views its relationship with the environment. This challenge is made more difficult because the psychological literature defines coping stategies in a somewhat nebulous fashion" (Marsella & Gratch, 2003, S. 4). Sie definieren daher sechs eigene Coping-Strategien (planning, acceptance, positive reinterpretation, mental disengagement, denial/wishful thinking, shift/accent blame) und entwickeln ein formalisiertes Modell, innerhalb dessen für jede Coping-Strategie spezifische Vorbedingungen definiert werden (die Bedingung für *mental disengagement* ist etwa, dass ein angestrebtes Ziel unerreichbar scheint). Insgesamt sehen sie ihre Arbeit als sinnvolle Möglichkeit zur Unterstützung der psychologischen Forschung.

In späteren Publikationen wird das integrierte Modell unter dem Namen EMA vorgestellt (Gratch & Marsella, 2004) und als an die Theorie von Smith und Lazarus (1990) angelehnt beschrieben. In Abhängigkeit vom vorliegenden Appraisal werden passende Coping-Strategien genutzt: „EMA prefers problem-directed strategies if control is appraised as high (take action, plan, seek information), procastination if changeability is high, and emotion-focus strategies if control and changeability is low" (Gratch & Marsella, 2004, S. 4). Das Modell wird sogar evaluiert (vgl. Kap. 4.5.2) und schneidet laut den Autoren unerwartet erfolgreich ab.

Ball und Breese (2000) geben als ultimates Ziel ihrer Implementierungsbemühungen an, den emotionalen Zustand und die Persönlichkeit des Nutzers erkennen zu wollen, um dann entsprechend reagieren zu können. Sie nutzen – wie in Bezug auf die Implementierung von Persönlichkeit – Bayessche Netze, um die Verbindung zwischen internen Zuständen und dem zu beobachtenden Verhalten zu modellieren. In ihren Agenten Peedy implementieren sie mit der Theorie von Lang (1995) ein basales Modell, das im Wesentlichen annimmt, dass der Emotionsraum zwei Dimensionen hat: Valenz und Arousal. Der Vorteil der auf Wahrscheinlichkeiten beruhenden Nutzung Bayesscher Netze ist, dass diese mit Unsicherheiten umgehen können (was insbesondere in Bezug auf die Emotionserkennung beim Menschen vorteilhaft ist) und für die Verhaltensgenerierung nicht vollständig deterministisch sind. Der (allerdings noch nicht vollständig implementierte) Prozess beginnt damit, dass der Zustand des Nutzers eingeschätzt und das Verhalten entsprechend angepasst wird. Dies besteht in den meisten Fällen aus einer Angleichung der Emotionen, außer etwa bei Ärger, da in diesem Zusammenhang positive Feedback-Schleifen verhindert werden müssen.

Um ihr Beratungssystem glaubwürdiger zu gestalten, statten de Rosis, de Carolis, Carofiglio und Pizzutilo (2004) ihre Agentin mit Emotionen aus: „To establish when *the agent may feel an emotion*, which emotion, and with what intensity, we developed an emotion modeling method and tool“ (S. 273, Hervorhebung durch NK). Dabei wird ein besonderer Fokus darauf gelegt, wie Emotionen mit der Zeit ihre Intensität verändern, wie sie sich vermischen und durch Persönlichkeit und sozialen Kontext moduliert werden (vgl. De Rosis, Pelachaud, Poggi, Carofiglio & De Carolis, 2003). Auch sie orientieren sich an der Theorie, der – wie sie es ausdrücken – „event-driven emotions“ nach Ortony et al. (1988) und berücksichtigen außerdem die Annahmen von Oatley und Johnson-Laird (1987). Entwickelt wird ein „Dynamic belief network“, das beispielsweise dafür sorgt, dass die Situation „Der Nutzer beschreibt seinen Leidensdruck bezüglich einer Essstörung“ zur Kategorisierung als „Unerwünschte Situation, die dem Nutzer widerfährt“ und der Aktivierung der Emotion „Mitleid“ führt. Die Aktivierung nachfolgenden Verhaltens aber ist komplexer geregelt: Es ist nicht wünschenswert, dass jedes Verhalten unmittelbar gezeigt wird. Wenn Angst um den Nutzer ausgelöst wird, sollte diese beispielsweise nicht direkt ausgedrückt werden: „Our agent should show the ability to *regulate and display its emotions*. Once *felt*, an emotion E may be hidden or displayed. Again, this ‚decision‘ (although not always taken consciously) may be influenced by personality factors and by the interaction context“ (de Rosis et al., 2004, S. 284, Hervorhebung durch NK). Weiterhin ist aber auch angestrebt, neben dieser „shallow form“ von emotionaler Intelligenz auch den Dialog durch die emotionalen Zustände beeinflussen zu lassen. Alles in allem bezeichnen sie selbst ihren Ansatz als dem Émile-System ähnlich, mit der Ausnahme, dass hier der Grad an Zielerreichung nicht berücksichtigt wird. Als Fazit aus ihren bisherigen Entwicklungen schließen die Autorinnen, dass interdisziplinäre Forschung notwendig ist: „We need to understand whether and how weaker emotional states influence behavior and how conflicts among contrasting emotions are solved: once again, this is a good domain for interdisciplinary cooperation rather than merely importing psychological theories developed in other contexts“ (S. 291).

Auch die Gruppe um Elisabeth André (André et al., 1999) nutzt in verschiedenen Applikationen Emotionen. Sie stellen die Notwendigkeit der beiden Dimensionen Valenz und Arousal heraus und nehmen auch Bezug auf

Ortony, Clore und Collins (1988). Allerdings legen sie den Schwerpunkt der Entwicklungen weniger auf den Appraisal-Aspekt, sondern auf die Zuordnung von Verhalten zu Emotionen. In allen Anwendungen werden die Szenario-spezifischen Dialog-Akte durch den momentanen internalen Zustand ergänzt, der die Auswahl eines spezifischen Verhaltens leitet. Im Rahmen des Puppet-Projekts etwa, durch das Kinder ihre emotionale Intelligenz trainieren sollen, werden Annahmen, Wünsche und Intentionen implementiert und zwei Arten von Input können die Verhaltensplanung und das *affective reasoning* beeinflussen: Nutzereingaben und wahrgenommene Ereignisse in der virtuellen Welt (André et al., 1999). In der „Presence"-Umgebung wird die Konversation sowohl durch den Nutzerinput als auch durch die affektiven Zustände des Agenten bestimmt. Es werden zwei Kanäle für die affektive Informationsverarbeitung genutzt: primäre (startled, frozen with terror, sexually stimulated) und sekundäre emotionale Zustände. Letztere entstehen durch gelernte Assoziationen. Die primären Emotionen werden basierend auf einfachen reaktiven Heuristiken modelliert, während die komplexeren sekundären Emotionen durch willkürliche Prozesse, basierend auf einer Affective-Reasoner-Engine (nach Ortony et al., 1988) modelliert werden. Gebhard (2001) entwickelt den Ansatz weiter und modelliert sowohl den affektiven Zustand des Nutzers als auch den des Agenten. Das Verhalten des Agenten wird auf den vermuteten Zustand des Nutzers – erschlossen aus dessen Äußerungen – zugeschnitten.

Einen anderen Ansatz wählen Becker, Kopp und Wachsmuth (2004). Ihr Ziel ist es, einen kohärenten Verlauf von Emotionen über die Zeit zu modellieren. Es werden zwei psychologische Konzepte, Emotion und Stimmung, auf zwei Dimensionen, aber nicht unabhängig voneinander implementiert. Eine dritte Dimension spezifiziert den Grad an Langeweile. Als theoretischer Hintergrund werden Wundt (1922) und Mehrabian (1995) angegeben. Abgeleitet wird, dass es mit *pleasure*, *arousal* und *dominance* drei Hauptdimensionen konotativer Bedeutung gibt. Implementiert wird allerdings vorrangig die Valenz-Komponente, da die beiden im Agenten Max spezifizierten Dimensionen zum einen die Valenz von Emotionen, zum anderen die Valenz von Stimmungen betreffen. Die Information über die Ausprägung stammt aus der kognitiven Architektur: Entweder wird diese in einem willkürlichen Prozess dem Dialogmanager entnommen oder es handelt sich um die direkte Reaktion auf einen positiven oder negativen Stimulus. So sendet das Interpretationsmodul eine positive Valenz, wenn eine Äußerung des Nutzers als Kompliment verstanden werden kann. Ob dies allerdings zu einer positiven Emotion, einer positiven Stimmung oder zu beidem führt und aus welchem Grund es nützlich ist, beide Aspekte auf getrennten Dimensionen zu variieren, wird nicht näher spezifiziert. Die jeweilige Kombination der beiden Valenzen führt im Weiteren zu einer Kategorisierung im Pleasure-Arousal-Dominance-Raum, in dem alle Emotionen einen spezifischen Platz einnehmen. Die Art der Zuordnung erscheint jedoch nicht ganz schlüssig. So wird auf der Pleasure-Dimension dann ein hoher Wert vergeben, wenn die Valenz von Stimmung und Emotion hoch ist. Gegen alle bisherigen Annahmen der Emotionspsychologie wird Arousal hoch gesetzt, wenn die Valenz der Emotion hoch ist und die Zusatzdimension Langeweile nicht zu stark ausgeprägt: „As it is assumed that any kind of emotion is characterized by high arousal, in contrast to moods, only the absolute value of emotional valance is considered in the function ... The addition of the (negatively signed) value of boredom reflects its relation to the mental state of inactivity“ (Becker et al., 2004, S. 6). Dominanz dagegen kann nicht abgeleitet werden, lediglich aus der kognitiven Architektur wird die Information entnommen, ob sich Max kontrolliert fühlt (dann folgt Angst oder Traurigkeit) oder ob er die Kontrolle hat (dann folgt Ärger). Wenn innerhalb des PAD-Raumes keine Emotion zugeordnet werden kann – was etwa dann der Fall ist, wenn die Stimmung positiv, die Emotion aber negativ ist – resultiert „Verwirrung“. Das Ergebnis der Zuordnung, die Valenzen und die Ausprägung der Langeweile werden wieder an das kognitive System gemeldet, das dafür sorgt, dass einerseits Max's unwillkürliches Verhalten (Atemfrequenz, Lidschlaghäufigkeit, Sprechgeschwindigkeit) und andererseits der Emotionsausdruck kontrolliert werden. Letzterer wird auf der Basis von Erkenntnissen nach Ekman, Friesen und Ancoli (1980) Gesichtsausdrücken zugeordnet und kann auch verbalisiert werden.

Bei der Gruppe um Catherine Pelachaud dagegen stehen Emotionen nicht unmittelbar im Vordergrund des Interesses (Pelachaud, Carofiglio, de Carolis, de Rosis & Poggi, 2002). Der Fokus liegt eigentlich eher auf der konversationsgeleiteten Produktion nonverbalen Verhaltens (s. Kap. 3.1.2), das Konzept der Emotionen, die dies beeinflussen, wird allerdings nicht ganz abgelegt: „The mind evolves dynamically with the conversation, according to the user's dialog moves and to emotions triggered due to some events; such cognitive features are then translated into facial behaviors“ (S. 1). Modelle von Emotion (und auch Persönlichkeit) werden laut den Autorinnen deshalb benötigt, weil wir keinen kalten und roboterhaften Agenten haben möchten, sondern einen, dem wir vertrauen und mit dem wir mitfühlen können. Emotionen werden als verursacht dadurch modelliert, dass ein wichtiges Ziel entweder erreicht wird oder nicht: Neid beispielsweise ist assoziiert mit dem Ziel „nicht weniger haben als andere“. Es wird zusätzlich davon ausgegangen, dass die entstehende Emotion von verschiedenen Kontexten abhängig ist (z.B. von der sozialen Rolle oder Persönlichkeit), da dasselbe Event nicht immer dieselbe Emotion auslöst. Die Zuordnung von Verhalten zu Emotion erfolgt dann sehr sophistiziert. Der zu äußernde Dialogakt wird mit der aktivierten Emotion angereichert und ein eigenes Modul entscheidet noch einmal darüber, welches Signal in welchem Kanal genutzt wird. Wie bereits erwähnt, werden dabei aber nicht alleine Emotionen berücksichtigt, sondern auch rein konversationale Signale und deren Synchronisation mit Sprache. Zu diesem Zweck wurde ein Lexikon von Gesichtsausdrücken und Blickrichtungen aufgebaut, in dem jedes Signal mit einer Bedeutung verbunden ist. In diesem Zusammenhang wird auch berücksichtigt, dass emotionale Inhalte nicht nur in typisch emotionalen Gesichtsausdrücken auftauchen, sondern „are also present in typically communicative signals that are not at first sight emotionally loaded“ (Poggi & Pelachaud, 2000, S. 2). Ein Sprechakt wie der der Warnung enthalte z. B. die Emotion des sich „sorgen um“

und ein warnendes Gesicht enthalte somit einen Ausdruck von Sorge (Augenbrauen zusammen und Falten auf der Stirn). Ein Zitat von Poggi und Pelachaud (2000) lässt deutlich werden, dass es ihrer Meinung nach zwar letztlich um kommunikative Signale geht, dass die darunterliegenden Zustände aber in jedem Fall der Berücksichtigung bedürfen. „We argue that a construction of animated faces based simply on the representation of surface signals can not catch the subtleness and richness of the possible meanings that underly communicative facial expressions. Instead a componential view of facial expression could be particularly apt to produce a modular and flexible expressive capacity of faces, making them able to exhibit emotional expression either by itself or as part of other interactional communicative signals“ (S. 12).

Einen besonders sophistizierten Ansatz, der gleichermaßen für virtuelle Agenten wie auch für Roboter gültig sein soll, präsentiert Petta (2002). Wie bereits erwähnt, fokussiert er besonders auf den funktionalen Aspekt von Emotionen und geht vor dem Hintergrund einiger zentraler Publikationen zu eben dieser Funktionalität (Keltner & Gross, 1999) davon aus, dass Emotionen die wahren Steuerungsmodule des Menschen darstellen: „One aspect of emotions that is of particular interest to us as agent engineers is the fact that emotions and affect provide a glimpse of what could be termed as being *really* at work in the control of natural beings“ (S. 251). Emotion wird des Weiteren als soziales Konstrukt verstanden sowie als hilfreich, um soziale Normen aufrechtzuerhalten (Keltner & Haidt, 1999; Levenson, 1999). Auch zu Appraisal (Lazarus, 1991; Smith & Lazarus, 1990) und Handlungstendenzen (Frijda, 1986) wird ein kenntnisreicher Überblick gegeben, der in die Feststellung mündet, dass Emotionen nicht auf der Basis von reflexartigen Reiz-Reaktions-Mustern entstehen und die entstandenen Emotionen nicht zu festgelegten Handlungen und Ausdrucksweisen führen. Vor diesem Hintergrund kritisiert er die vergleichsweise unflexible Lösung von Elliott (1992) und hebt dagegen das Modell von Gratch (2000; das allerdings, anders als das von Elliott, nicht Domänen-unabhängig ist) als gelungener hervor. In seiner eigenen Architektur TABASCO (tractable appraisal-based architecture framework for situated cognizers), die für Software-Agenten in situierten virtuellen Umgebungen entwickelt wurde, werden Emotionen in Einklang mit den geschilderten Theorien „not as reified entities, but as adaptive processes related to the interaction of an agent with its environment“ (S. 265) modelliert. Besonders beachtet wird Appraisal, das auf den drei Ebenen sensorisch, schematisch und konzeptuell geschehen kann. Auf der Output-Seite werden die Ebenen gespiegelt (motorisch, schematisch und konzeptuell). Auf der konzeptuellen Ebene findet sich etwa die Implementierung von Coping-Prozessen nach Lazarus. Eine konkrete Implementierung ist „Invisible person“ (Petta, 1999), eine Installation in einem Wiener Museum. Als höchstes Ziel wurde der „unsichtbaren“ virtuellen Person die Unterhaltung der Zuschauer implementiert; es scheint aber nur ein Teil der vorgestellten Theorien und Modelle tatsächlich implementiert worden zu sein: „In the Invisible person, the emotion process serves three purposes: the uptake of concern-relevant stimuli (i. e., those that are of significance for the character's relational activity); influencing action selection so as to achieve long-term overt behavioral concistency; and driving expressive behavior, reflecting the system's view of the couplings currently in effect and announcing behavioral choices in the near-term future" (Petta, 2002, S. 278). Die Appraisal-Mechanismen dagegen sollen in Zukunft stärker berücksichtigt werden.

Picard (1997, 2002), die neben Ortony im Bereich der EmotionsImplementierung sicher die meistgenannte Wissenschaftlerin ist, vertritt ebenfalls die Nutzung von Emotionsmodellen gleichermaßen für die Soft- wie Hardware. Das Hauptziel, das sie dabei verfolgt (s. o.), ist die Vergrößerung des Verständnisses zwischen Mensch und Computer. Durch die Kenntnis menschlicher Emotionen soll der Computer in die Lage versetzt werden, sein Handeln so anzupassen, dass er den Nutzer nicht frustriert. Um dies zu erreichen, brauche der Computer Wahrnehmung, Aufmerksamkeit, Entscheidungen und Lernen – und für alle diese Aspekte werden Emotionen benötigt. Ein Computer, der Emotionen hat, wird fähig sein, a) Emotionen auszudrücken, b) Emotionen zu generieren, c) Emotionen zu erleben und d) Körper-Geist-Interaktionen zu haben (vgl. Picard, 2002). Während der erstgenannte Punkt laut Picard der am einfachsten zu realisierende ist, ist mit dem zweiten die Appraisal-Frage verbunden. Das OCC-Modell ist ihrer Meinung nach geeignet, Emotionen zu synthetisieren – obwohl sein eigentlicher Sinn darin bestand, über Emotionen zu räsonieren. Dies führt ihrer Meinung nach allerdings dazu, dass der Computer Situationen abschätzen kann, ohne sie zu fühlen, da ja der somatische Aspekt nicht beteiligt ist. Picard bleibt jedoch skeptisch, ob Computer ein „Bewusstsein" und damit Emotionserleben haben werden. Ohnehin wären die Empfindungen nicht vergleichbar, da sich Körper und physiologische Prozesse unterscheiden würden: „In this sense machine feelings cannot duplicate human feelings" (Picard, 2002, S. 224, vgl. die Argumentation von Wehrle, 1998, der ebenfalls davon ausgeht, dass sich die Emotionen von Robotern aufgrund ihres andersartigen „Körpers" von denen des Menschen unterscheiden). Zusätzlich komme noch erschwerend hinzu, dass man dann auch alle Körper-Geist-Interaktionen nachbilden müsse – im Sinne der Interaktion zwischen Emotionen und Problemlösen, Gedächtnisabruf etc. Und es würden zudem künstliche Schmerzrezeptoren und Ähnliches benötigt. Insgesamt geht sie aber davon aus, dass nicht alle Computer aller Arten von Emotionen bedürfen. Im Weiteren diskutiert sie, was die Aussage „ein Computer hat Emotionen" eigentlich bedeutet und ob es tatsächlich notwendig ist, einen Computer mit Emotionen zu versehen. Sie betont, sie strebe hauptsächlich an, dass der Computer die Frustration des Nutzers erkennen und angemessen darauf reagieren könne, und nicht etwa die Herstellung eines Gefährten. Gäbe es einen Weg, den Computer ohne Emotionen für diese Art der Unterstützung zu optimieren? „Suppose we just want the computer to see it has annoyed someone, and to change its behavior so as not to do that again; why bother giving it emotions? Well, we still may not have to bother, if we can give it all the functions that deal with complex unpredictable inputs in an intelligent and flexible way, carefully managing the limited resources, dynamically shifting them to what is most important, ... and so forth" (S. 232). Sie hält diesen Weg, alle Aspekte, die beim Menschen durch Emotionen vermittelt werden, einzeln zu implementieren, aber nicht für gangbar – abgesehen davon, dass es fraglich ist, ob man genau dadurch nicht schließlich ungewollt ein Emotionssystem implementiert. Vor diesem Hintergrund fasst sie ihr Ziel folgendermaßen zusammen: „I am trying to build emotionally intelligent systems, and I will see how far I can go without giving them emotions" (S. 233). Für wichtig hält sie es des Weiteren, der Öffentlichkeit zu verdeutlichen, dass die Modellierung von Emotionen nicht impliziert, dass man der Maschine eine Seele gibt.

Eine weitere – mittlerweile zentrale – Forscherin im Bereich der Emotions-Implementierung ist Cynthia Breazeal (2000, 2002a, b, 2004; Breazeal et al., 2004a, b). Ihre Entwicklungen sind zwar ausschließlich auf Roboter ausgerichtet, sollen aufgrund ihrer Originalität hier aber dennoch kurz diskutiert werden. Sowohl mit Kismet als auch mit Leonardo versucht sie soziale Maschinen zu entwickeln, die insbesondere in der Interaktion mit dem Menschen lernen. Vor allem Kismet wurde aus diesem Grund bereits so gestaltet, dass er ein Verhalten wie gegenüber einem kleinen Kind herausfordert. Kismet hat Motivationen und Triebe sowie das Bedürfnis zu interagieren (vgl. Breazeal, 2004, die die Bedürfnisse aus ethologischen Theorien nach Lorenz und Tinbergen herleitet). Emotionen kontrollieren sowohl das Verhalten als auch den Ausdruck des Roboters: Freude oder Interesse lassen ihn näher an eine Situation herantreten, Angst, Ärger und Ekel bringen ihn dazu, sich zurückzuziehen. Der Emotionsausdruck bei Kismet beruht auf zeitgenössischen Theorien (Smith & Scott, 1997; vgl. Breazeal, 2004) und Ekmans Modellen (Ekman & Oster, 1982). Emotionen und Gesichtsausdrücke werden dabei in einem dreidimensionalen Raum dargestellt aus *Valenz*, *Arousal* und *Stance*. Insgesamt findet eine Fokussierung auf Basisemotionen (Ekman, 1992; Izard, 1977) statt, die durch ein einfaches Appraisal-Modell nach Damasio (1994) ergänzt werden (vgl. Breazeal et al., 2004a). Zusammenfassend stellt Breazeal (2004) die vielfachen Funktionen der implementierten Emotionen folgendermaßen dar: „The emotion system is responsible for perceiving and recognizing internal and external events with affective value, assessing and signaling this value to other systems, regulating and biasing the cognitive system to promote appropriate and flexible decision making, and communicating the robot's internal state to others to socially regulate their behavior in a beneficial relation to the robot" (S. 4).

Während Breazeal (2004) ihre Roboter ausschließlich auf die Interaktion mit Menschen hin optimiert, lässt sich an den Arbeiten von Canamero (2002a, b) nachvollziehen, inwieweit sich unterschiedliche Entwicklungsaufgaben stellen in Abhängigkeit davon, ob der Roboter für die Interaktion mit der Umwelt oder den Kontakt mit Menschen optimiert werden soll. Im Zusammenhang mit ersterem definiert Canamero (2002b) Emotionen dann auch als „mechanisms that aim at modifying or maintaining the relation of the agent with its (external and internal) environment ... in order to preserve the agent's goals" (S. 115). In diesem Zusammenhang vergrößern Emotionen die Möglichkeiten des Agenten, autonom und angepasst zu handeln, beispielsweise indem die Auswahl von adäquaten Handlungen unterstützt wird. Dabei fokussiert Canamero (2002b) zunächst auf einfache Emotionen, die das „Überleben“ sicherstellen sollen. Sie rechnet ihre Arbeiten dann auch dem Ansatz der nouvelle (oder auch embodied, situated) AI zu und beschäftigt sich vor allem mit der Frage, wie Emotionen die Beziehung zwischen dem Agenten und seiner Umwelt beeinflussen. Vor diesem Hintergrund geht Canamero (2002b) davon aus, dass auch eine synthetische Physiologie benötigt wird – „thus implying that emotions – natural and artificial – cannot exist without a body“ (S. 123). Bei der Implementierung verfolgt sie zwei Design-Prinzipien: Zum einen muss beachtet werden, für welche Art von Umgebung der Agent Emotionen benötigt – damit die Emotionen der Umgebung entsprechen und tatsächlich funktional sind. Zum anderen sollten nicht mehr Emotionen implementiert werden, als bei der gegebenen Komplexität von Agent-Umwelt-Interaktion angemessen sind. Weiterhin legt sie besonderen Wert auf die Feststellung, dass Emotionen nicht mit festen Verhaltensweisen verbunden sind, sondern mit Zielen – wodurch Emotionen zur Generierung von variablem, flexiblen Verhalten beitragen. Statt mit Zielen arbeitet sie selbst mit Motivationen und versteht Emotionen als eher im Hintergrund liegend, als „‚second-order‘ behavior control [...] to safeguard survival related concerns“ (S. 133), während Motivationen zwischen Emotionen und Verhalten vermitteln. Um dies zu erreichen, stattet sie ihre „Abbotts“ genannten Roboter mit synthetischer Physiologie aus, die bei emotionaler Reaktion Hormone ausschütten. Etwas anders ist die Argumentation bei der Erstellung eines humanoiden Roboters, der vorrangig gebaut wurde, um mit Menschen zu interagieren (vgl. Canamero, 2002a). Der Lego-Roboter „Feelix“ kann bei physischem Kontakt verschiedene Emotionen ausdrücken (Canamero & Fredslund, 2001). Vor dem Hintergrund der bisherigen Forschung, die zeigt, dass ein glückliches oder trauriges Aussehen alleine nicht ausreicht, sollte ein klares kausales Muster entwickelt werden, um die Emotionen des Roboters nachvollziehbar zu gestalten. Canamero (2002a) wählt einen kategorialen Ansatz, der sich an den Basisemotionen orientiert und eine Zuordnung zu distinkten, prototypischen Gesichtsausdrücken erlaubt. Obwohl im Gesicht nur Augenbrauen und Lippen beweglich sind, kann der Roboter alle von Ekman definierten Basisemotionen zeigen, mit Ausnahme von Ekel. Die Emotionen sind durch taktile Stimulation am Fuß auslösbar und wurden in Bezug auf ihre Wirkungen im menschlichen Kontakt evaluiert (vgl. Kap. 4.4.1.7 und Kap. 4.5.2).

3.1.1.3 Schlussfolgerung zur Implementierung psychologischer Modelle

Was lässt sich nun zusammenfassend feststellen zum Bereich der Emotions-Implementierung in Artefakten? Zunächst muss festgehalten werden, dass der Umgang mit der psychologischen Literatur zum Teil erschreckend oberflächlich anmutet. Obwohl die Modelle sicher viele Unzulänglichkeiten, Ungenauigkeiten und Lücken aufweisen und eine Implementierung daher sicherlich auch nur schwer zu realisieren ist, sollte zu Beginn der Entwicklungsbemühungen zumindest ein umfassendes und genaues Studium des Standes der Forschung stehen. Dies scheint aber – außer bei einigen Vertretern der Robotik – zu einem hohen Prozentsatz nicht der Fall zu sein. Ablesen lässt sich dies zum einen daran, dass vielfach immer wieder lediglich ein Modell, nämlich das OCC-Modell, zitiert wird. Dadurch drängt sich der Eindruck auf, dass dieses in der Community lediglich weitergereicht wird und eine neue Auseinandersetzung mit Originalliteratur nicht erfolgt. Zum anderen werden psychologische Konzepte und Methoden (wie z. B. Dimensionalität) missverstanden oder Implementierungen scheinbar erst im Nachhinein mit Labeln und Referenzen aus der Psychologie versehen. Ein besonders negatives Beispiel ist etwa ein Artikel von Badler und Allbeck (2001). Nach einer kurzen laienhaften Abhandlung zum nonverbalen Verhalten fragen sie, welche kognitiven Prozesse Einfluss auf die unterschiedlichen Kommunikationskanäle nehmen. Als kognitive Prozesse werden dabei unter Verweis auf zum Teil pseudowissenschaftlich anmutende Literatur (Lewis, 1998) Alter, Status, Geschlecht, Kultur, Rolle, Kontext, Emotion, Stimmung und Persönlichkeit aufgeführt! Obwohl die zuvor aufgeführten Ansätze (und auch die späteren Publikationen von Badler und Allbeck, vgl. Allbeck & Badler, 2002) sich zum großen Teil deutlich von diesem Negativbeispiel abheben, werden Emotionsprozesse selten in ihrer ganzen Komplexität berücksichtigt. Immerhin scheinen die meisten Entwickler verstanden zu haben, dass im Zusammenhang mit der Modellierung von Emotionen im Umfeld sozialer Interaktionen mindestens zwei Schritte Berücksichtigung erfahren müssen – wenngleich dies an keiner Stelle explizit formuliert wird. So berücksichtigen die meisten Architekturen, dass zum einen implementiert werden muss, auf welche Weise a) Emotionen entstehen und b) wie sich diese im Verhalten niederschlagen.

Hinsichtlich der Entstehung von Emotionen werden Ansätze vertreten, die auf einfachen Stimulus-Response-Zusammenhängen beruhen: Bei Cosmo (Lester et al., 2000) beispielsweise – der allerdings eigentlich mehr auf den Emotionsausdruck ausgerichtet ist – ist ein solches einfaches Modell ebenso implementiert wie bei dem Ansatz von Becker et al. (2004). Auch die Vertreterinnen der Robotik nehmen eher einfache Zusammenhänge an: Breazeal (2004) berücksichtigt zwar noch ein einfaches Appraisal-Modell nach Damasio (1994), Canamero (2002a, b) dagegen arbeitet weder bei den lediglich mit der Umwelt noch bei den mit Menschen interagierenden Robotern mit Appraisal-Prozessen. Von diesen Beispielen abgesehen, berücksichtigen aber mittlerweile die meisten Implementierungen, dass es dem Stand der Forschung entspricht davon auszugehen, dass Emotionen durch komplexe Appraisal-Prozesse entstehen und nicht ausschließlich durch die Beschaffenheit des Stimulus determiniert werden. Da in den Implementierungen von Elliott (1992, 2002) diese Erkenntnis zumindest in basalen Ansätzen berücksichtigt ist (z. B. dadurch, dass zusätzlich das Ziel der Entität berücksichtigt wird), findet sie sich auch in den übrigen Ansätzen. Dies gilt beispielsweise in erster Linie für STEVE und Herman the bug (Lester et al., 1997a), die über die Architektur von Elliott (1992) verfügen. Im Zusammenhang mit Letzterem wird der Appraisal-Ansatz auch auf ein Nutzermodell übertragen, das die Vorhersage von Nutzeremotionen leisten soll. Auch bei

Émile (Gratch, 2000) und den nachfolgenden Modellen von Gratch und Marsella (2004; Marsella & Gratch, 2003) wird das OCC-Modell bzw. das Affective-Reasoner-Modell nach Elliott (1992) implementiert. Dies gilt auch für de Rosis et al. (2004) sowie André et al. (2000b) – sofern bei Letzteren überhaupt die Emotionsentstehung modelliert werden muss und nicht etwa der Nutzer die Emotionen des Agenten voreinstellt. Pelachaud et al. (2002) nutzen einerseits das übliche Modell und berücksichtigen darüber hinaus noch die Anhängigkeit der Emotion von sozialer Rolle und Persönlichkeit. Petta (2002) äußert sich zwar besonders kenntnisreich über Appraisal-Prozesse, hat diese im eigenen Modell aber noch nicht entsprechend umfassend implementieren können.

Hinsichtlich der Frage, wie Emotionen sich im (Ausdrucks-)verhalten niederschlagen, ist die Lage nicht so weit fortgeschritten. Bei Elliott (1992) und entsprechend auch bei STEVE (Elliott, Rickel & Lester, 1997, 1999) sowie bei Cosmo (Lester et al., 2000) wird eine einfache Eins-zu-eins-Verbindung von Emotionen zu Gesichtsausdrücken angenommen – die Herkunft der Zuordnungen von Emotion zu Verhalten wird nicht näher spezifiziert. Im Prinzip kann man aber davon ausgehen, dass dieselben Ekmanschen Klassifikationen dahinter stehen, auf die die übrigen Modelle sich größtenteils beziehen (Becker et al., 2004; Canamero, 2002a, b; Breazeal, 2004; obwohl Letztere auch einen Ansatz von Smith & Scott, 1997, anführt). Bei de Rosis et al. (2004) und Pelachaud et al. (2002) ist die Aktivierung des nonverbalen Verhaltens komplexer organisiert: Bei Ersteren wird das Verhalten außer durch Emotionen noch durch *display rules*, Interaktionskontext und Persönlichkeit beeinflusst und auch bei Letzteren entscheidet ein eigenes Modul, auf welche Art und Weise die Emotion denn letztendlich umgesetzt wird. Der einzig tatsächlich andersartige Ansatz aber wird von Marsella et al. (2000, 2003; vgl. Gratch & Marsella, 2004) verfolgt: Im Rahmen des IPD-Modells nutzen sie mit Bezug auf Freedman (1972) ein *physical focus*-Modell, in dem je nach Emotion die Fokussierung auf den eigenen Körper oder die Umgebung wechselt.

Insgesamt zeigt sich, dass beide Schritte nicht trivial hinsichtlich der Implementierung sind und die Entwicklungsergebnisse sich im Zweifelsfall zunächst noch unvollkommener darstellen als die zugrunde liegenden Theorien selbst. Vor dem Hintergrund, dass so viele Forscher explizit äußern, die naturgemäße Implementierung von Emotionen erscheine nicht zwangsläufig notwendig, wenn es letztlich um die Optimierung der Mensch-Maschine-Kommunikation geht (Elliott, 2002), oder sogar mit einer eigentlichen Ablehnung der Implementierung von Emotionen kokettieren und dies als notwendiges Übel erscheinen lassen (Picard, 2002), ist es verwunderlich, warum die Hinterfragung dieses offensichtlich beschwerlichen Weges nicht zur Konsequenz hat, andere Möglichkeiten zu suchen – zumal ja keiner der Forscher das alternative Ziel des Erkenntnisgewinns für die Grundlagenforschung verfolgt. In der Folge des Beitrages von Ortony (2002) wird expliziert, dass die führenden Emotionsforscher im Bereich der Agenten sehr wohl wissen, dass die Frage „Wie sinnvoll ist eine bestimmte Implementierung für meine Entwicklung?“ im Sinne des zuvor genannten dritten Motivs zur Implementierung von Emotionen entscheidender ist als die Frage „Entspricht die Implementierung tatsächlich dem Funktionieren des Menschen?“ – die lediglich dann in den Vordergrund rücken sollte, wenn das Ziel dem genannten ersten Motiv entspricht (d. h. der Simulation des Menschen mit dem Ziel des Erkenntnisgewinns). Dennoch hat bislang keine der Forschergruppen an dieser Stelle weitergedacht und sich mit alternativen Möglichkeiten zur Steuerung des Verhaltens beschäftigt. Besonders deutlich wird die Tatsache, dass die Emotionsimplementierung nicht der direkte Weg, sondern lediglich ein Umweg auf dem Weg der Verhaltenssteuerung ist, bei de Rosis et al. (2004). Diese implementieren Emotionen, die dann allerdings nicht unmittelbar gezeigt, sondern nach dem Beispiel der Display rules moduliert werden, bevor sie ausgedrückt werden. Obwohl dies im Sinne der Simulation menschlichen Verhaltens und somit im Sinne der Grundlagenforschung durchaus sinnvoll sein kann, ist zu hinterfragen, ob es zielführend im Sinne des Motivs sein kann, den Dialog mit dem Nutzer zu verbessern. Im Folgenden soll zur Diskussion gestellt werden, inwieweit alternative Wege beschritten werden könnten, die statt der beiden bislang unzureichend modellierten Aspekte einen neuen Aspekt in den Mittelpunkt stellen: die Wirkung der vom Agenten gezeigten Signale auf den Nutzer (vgl. Krämer & Bente, 2003; Krämer, Iurgel & Bente, 2005).

Muss der Interface-Agent tatsächlich selbst Emotionen „haben“, um angemessenes nonverbales Verhalten zu zeigen und dadurch Emotionen beim Nutzer auslösen zu können? Muss zunächst ein darunter liegender Zustand modelliert werden, um Verhalten steuern zu können (obwohl dann zunächst umfangreiches Wissen über Prozesse vorliegen muss, die uns noch große Rätsel aufgeben) oder kann ein direkter Weg beschritten werden? Im Folgenden soll hinterfragt werden, ob man Annahmen über das Funktionieren von Emotionen nutzen sollte, um das Verhalten des Interface-Agenten zu steuern, wenn das eigentliche Ziel die Beeinflussung emotionaler Reaktionen beim Benutzer darstellt (explizit ausgenommen aus der Diskussion werden Robotikmodelle wie das von Canamero [2002b], da es gemäß des zweiten zuvor zitierten Motivs Emotionen vorrangig zur Sicherstellung des „Überlebens“ nutzt, sowie Ansätze, die im Sinne des Motivs der Grundlagenforschung im Bereich Emotion zum Ziel haben; vgl. auch Breazeal, 2004, zum Unterschied zwischen HCI- und HRI-Forschung).

Die Modellierung von internen Systemzuständen nach dem Beispiel der Emotionen kann, wie schon ausführlich gezeigt, im Rahmen der Entwicklung anthropomorpher Interface-Agenten nur hilfreich sein, wenn man über eindeutige Regeln darüber verfügt, a) welcher Input – im Sinne von Nutzerverhaltensweisen – welchen „emotionalen“ Systemzustand auslöst und b) durch welche Verhaltensweisen die Emotionen ausgedrückt werden. Hinzu kommt, dass man ebenfalls Annahmen darüber benötigt, welche Attributionen und sozio-emotionalen Reaktionen im Nutzer ausgelöst werden, wenn diese die Verhaltensweisen des Agenten beobachten. Während empirische Ergebnisse zum letztgenannten Aspekt auch benötigt werden, wenn man die Implementierung der im Weiteren aufzuführenden alternativen Architektur anstrebt, könnten die Fragen a) und b) in diesem Fall unberücksichtigt bleiben. Dies ist insofern vorteilhaft, als nicht nur zur Frage, welche Situationen welche Emotionen hervorrufen (siehe a), wenig definitive Erkenntnisse verfügbar sind, sondern vor allem offen ist, in welcher Beziehung Emotionen und die sie „ausdrückenden" Verhaltensweisen stehen (siehe b). Eine entsprechende, seit Jahren bestehende Kontroverse zum Zusammenhang von Emotion und nonverbalem Verhalten soll im Folgenden vorgestellt werden (für eine ausführlichere Zusammenfassung vgl. Krämer, 2001).

Diskutiert wird, ob das nonverbale Verhalten durch emotionale Zustände entsteht und die Vermittlung einer Botschaft eher sekundären Charakter hat oder ob vielmehr nonverbales Verhalten ausschließlich kommunikativ und sozial motiviert ist. Vertreter der erstgenannten Position, die als „classical emotions view" oder „readout"-Ansatz bezeichnet wird, gehen unter Rückbezug auf Darwin (1872) von einer ausdrucks- bzw. emotionspsychologischen Perspektive aus: Jegliche, durch unterschiedliche Stimuli induzierte Emotionen, rufen laut dieser Position unwillkürlich nonverbales oder mimisches Verhalten hervor. Die entstehenden mimischen Muster seien spezifisch für die jeweilige Emotion, die anhand dessen erkannt werden kann (Ekman, 1997; Tomkins, 1962). Vertreter der davon abweichenden Position dagegen bestreiten den unmittelbaren Zusammenhang zwischen nonverbalem Verhalten und Emotionen und betonen stattdessen den kommunikativen Aspekt (Chovil, 1991a; Frey, 1999; Fridlund, 1991). Mimik, Gestik und Körperhaltung werden nicht als emotional, sondern als ausschließlich sozial bedingt angesehen. Ausgangspunkt für diese Annahmen sind verschiedene empirische Ergebnisse, die zeigen, dass das nonverbale Verhalten keineswegs ein automatischer Ausdruck von emotionalen Zuständen ist, sondern dessen Sinn und Zweck vielmehr ausschließlich in der Kommunikation liegt. Kraut und Johnston (1979) etwa weisen am Beispiel des Lächelns nach, dass nicht Freude oder Glück mimische Reaktionen hervorrufen, sondern soziale Situationen. So lächeln Bowlingspieler nicht etwa, wenn sie den Erfolg ihres Wurfes beobachten, sondern wenn sie sich anschließend zu ihren Mitspielern umdrehen.

Das elaborierteste Konzept des sozial-kommunikativen Ansatzes stammt von Fridlund (1991): Anhand von Beispielen und unter Rückbezug auf empirische Ergebnisse verdeutlicht er, dass im Verlauf der Evolution nicht diejenigen begünstigt sind, die ihre Gefühle und Absichten unmittelbar zeigen, sondern vielmehr diejenigen, die in der Lage sind, mimische und nonverbale Verhaltensweisen im kommunikativen Kontakt sinnbringend und manipulativ einzusetzen. Funktion der mimischen Displays sei es nicht, Basisemotionen ablesbar zu machen, sondern soziale Begegnungen zu organisieren. Es wird postuliert, dass ein unmittelbarer und unbewusst wirkender Zusammenhang zwischen Emotion und nonverbalem Verhalten gar nicht besteht und jegliches Verhalten nicht durch interne Zustände, sondern durch soziale Ziele gesteuert wird und somit immer manipulativ (in einem positiven Sinne) ist. Zusammenfassend lässt sich festhalten, dass die Theorie von Fridlund (1991) nahelegt, dass Emotionen und nonverbales Verhalten nicht notwendigerweise verbunden sind, sondern nonverbales Verhalten – losgelöst von etwaig vorherrschenden

Emotionen – ganz auf den Rezipienten ausgerichtet ist. Daraus lässt sich für die Steuerung der nonverbalen Signale bei anthropomorphen Interface-Agenten ableiten, dass eine Modellierung der Emotionen nicht nur nicht notwendig, sondern eventuell auch wenig hilfreich ist, da diese nicht eins zu eins mit bestimmten Verhaltensweisen verbunden werden können. Stattdessen lässt sich auf Basis der Annahme, dass nonverbale Verhaltensweisen unabhängig von Emotionen zur Beziehungsregulation eingesetzt werden (vgl. auch Frey, 1999), die Empfehlung ableiten, die Steuerung nonverbaler Signale mehr von der intendierten Wirkung auf den Nutzer abhängig zu machen.

Wird bereits im Rahmen der Grundlagenforschung zur Kommunikation kontrovers diskutiert, inwieweit ein direkter Zusammenhang zwischen Emotion und nonverbalem Ausdruck besteht (Ekman, 1997; Fridlund, 1991; vgl. Krämer, 2001), so ist eine Implementierung dieses ungeklärten Zusammenhangs im Rahmen von anthropomorphen Agenten ein Umweg, der bei genauerer Betrachtung einiges an Sinnhaftigkeit entbehrt (vgl. Bente & Otto, 1996). Vielmehr bietet sich im Rahmen von anthropomorphen Interface-Agenten eine unmittelbare Orientierung an der Wirkung auf den Rezipienten an. Um die Frage zu beantworten, welches Verhalten gezeigt werden sollte, damit eine spezifische Reaktion aufseiten des Nutzers erzielt wird, muss nicht etwa gefragt werden, welcher interne Systemzustand im Agenten zu modellieren ist. Vielmehr kann die Antwort auf diese Frage aus Erkenntnissen über die spezifische sozio-emotionale Wirkung nonverbaler Verhaltensweisen hergeleitet werden: Ein spezifisches Verhalten wird immer dann eingesetzt, wenn es auf der Basis des „Wissens“ zur Wirkung effektiv zu sein verspricht. Es muss somit geprüft werden, ob bisherige empirische Ergebnisse zur Wirkung nonverbaler Signale aussagekräftig genug sind, um ein Regelwerk abzuleiten.

Auf Basis der **Abbildungen 3.1** und **3.2** lassen sich die unterschiedlichen Herangehensweisen vergleichen: Während in **Abbildung 3.1** ein Modell über die internen Zustände gebildet wird, ist die Struktur in **Abbildung 3.2** wesentlich handlungsbezogener und direkter auf die beim Nutzer angestrebte Reaktion bezogen. Im Rahmen der hier vorzuschlagenden Architektur wird die Modellierung des Zusammenhangs zwischen der Situation, der „internen“ Reaktion des Agenten und den sich daraus ergebenden Verhaltensweisen hinfällig. Stattdessen tritt der Zusammenhang zwischen dem Verhalten des Agenten und dem Auslösen bestimmter Reaktionen und Emotionen im Benutzer in den Vordergrund. Ist nun bekannt, welches Verhalten welche Reaktionen auslöst, kann dieses Wissen genutzt werden, um in Situationen, in denen man entscheiden kann, welches Verhalten oder Erleben des Benutzers man erreichen möchte, ein entsprechendes Verhalten des Agenten vorzusehen.

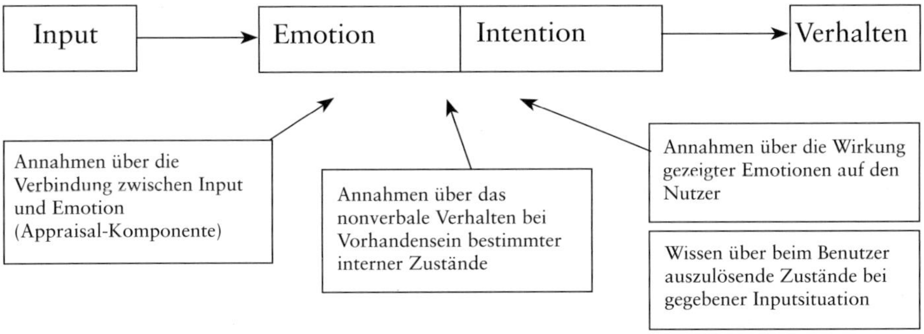

Abb. 3.1: Skizzierung gängiger Implementierungen unter Rückgriff auf die Modellierung zugrunde liegender Zustände

Wenn der Agent etwa verkünden muss, dass die Aufnahme des Lieblingsfilmes nicht erfolgreich war, soll er mittels entsprechenden nonverbalen Begleitverhaltensweisen erreichen, dass der Benutzer nicht wutentbrannt das Gerät umtauscht, sondern sich beruhigt. Dazu muss allerdings nicht der Agent „traurig" werden – geleitet von der Hoffnung, der Benutzer werde dann sehen, dass dieser den Fehler bedauert etc. –, sondern es reicht aus, den Agenten in solchen Fällen ein Verhalten zeigen zu lassen, von dem nachgewiesen wurde, dass es eine besänftigende Wirkung in bestimmten Situationen hat. Dies kann im Ergebnis natürlich durchaus ein Verhalten sein, das bestimmte Emotionszuschreibungen durch den Benutzer hervorruft – aber ohne dass es notwendig war, den Zusammenhang von Situation, Emotion und Verhalten zu modellieren und den Agenten in einen „emotionalen Zustand" zu versetzen.

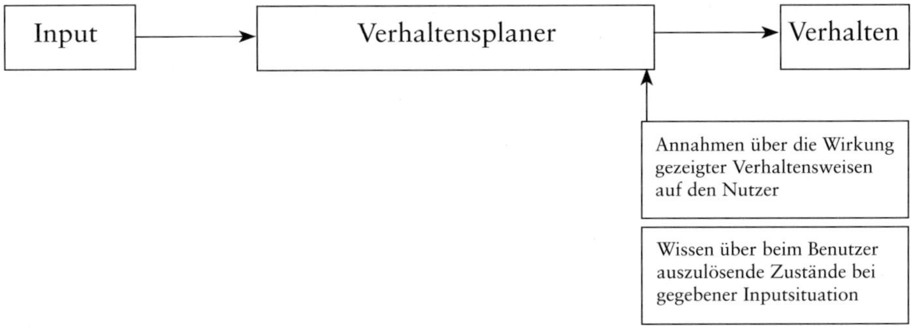

Abb. 3.2: Alternative Architektur unter Rückgriff auf ein Regelwerk zur Wirkung nonverbaler Verhaltensweisen

Solange Interaktionen mit Agenten noch so wenig komplex sind wie derzeit, ergibt sich bezüglich der Effizienz der beiden Ansätze vielleicht eventuell noch gar kein Unterschied. Tatsächlich werden momentan höchstens extrem reduzierte Dialoge geführt, bei denen an vordefinierten Stellen „Emotionen" gezeigt werden. Wenn aber in Zukunft Dialoge flexibler geführt werden, wird die Notwendigkeit, stimmige und empirisch gesicherte Regelwerke zu implementieren, die Reaktionen echtzeitfähig steuern, zu einer Bevorzugung nicht nur von Modellen führen, die mehr nutzbare empirische Befunde hervorgebracht haben, sondern auch von einfacheren Modellen. Hier wird sich in den nächsten Jahren erweisen müssen, welche empirischen Erkenntnisse besser verfügbar sind und effektiver implementiert werden können – die über den Zusammenhang von Input, Emotionen und Verhaltensweisen oder die über die sozio-emotionale Wirkung von bestimmten Signalen. Eine erste Implementierung, die aufgrund der aufgeführten Kritik an den schon genannten Konzepten entstanden ist (vgl. Krämer & Bente, 2003), wird im nachfolgenden Kapitel vorgestellt. Darüber hinaus bleibt zu wünschen, dass sich die Zusammenarbeit von Informatikern/Ingenieuren und Psychologen besonders in diesem Bereich verbessert. Anlass zur Hoffnung geben Aussagen wie die von de Rosis et al. (2004, S. 291), die anscheinend die Grenzen ihres bisherigen transdisziplinären Arbeitens erkennen: „This is a good domain for interdisciplinary cooperation rather than merely importing psychological theories developed in other contexts".

Bevor im Rahmen des nächsten Kapitels alternative Ansätze geschildert werden, die vor allem Erkenntnisse über die Wirkung nonverbalen Verhaltens nutzen, sollen aktuelle weitere Entwicklungen wiedergegeben werden, die eine weitere Alternative zur bekannten Vorgehensweise darstellen, ebenfalls vorrangig den Nutzer in den Blick nehmen und sich anscheinend wachsender Beliebtheit erfreuen. Sowohl bei Robotern als auch bei Agenten lassen sich erste Versuche beobachten, eine *Theory of Mind* (vgl. Premack & Woodruff, 1978; Whiten, 1991) zu implementieren. Im Rahmen des *Theory-of-Mind*-Konzeptes wird davon ausgegangen, dass Menschen in begrenztem Maß dazu in der Lage sind, die mentalen Zustände eines anderen Menschen zu erkennen bzw. zu interpolieren. Diese – ebenfalls nicht triviale – Fähigkeit in eine Maschine zu implementieren, setzt voraus, dass man in der Lage ist, basale, für Menschen selbstverständliche und daher implizite Regeln wie „Wenn ich jemanden warten lasse, wird er ärgerlich" zu explizieren und zu implementieren. Breazeal et al. (2004a, b) versuchen die Joint Attention Theory (Cohen & Levesque, 1990, 1991) zu implementieren, die im Prinzip die Möglichkeit vorsieht, *common ground* zu schaffen. Als Voraussetzung muss der Roboter in der Lage sein, auf die mentalen Zustände anderer Personen zu schließen. Bei Breazeal et al. (2004a) soll das erreicht werden durch die Fähigkeit zum sozialen Lernen, die im Roboter Leonardo realisiert wurde. Diese Fähigkeit basiert laut den Autoren (Breazeal et al., 2004a) unter anderem auf dem AIM-Modell nach Meltzoff und Moore (1997), das die frühe Imitation von Gesichtern thematisiert – die wiederum von den Autoren im Zusammenhang mit den kürzlich entdeckten Spiegelneuronen diskutiert wird (Rizzolatti et al., 1996; Williams et al., 2001), die mit Simulationen in Verbindung gebracht werden. Die entsprechenden Implementierungen führen dann zur der Möglichkeit, zu kooperieren: „For collaboration, it is important that Leonardo be able to establish mutual beliefs between itself and its human partner. This entails that the robot be able to represent beliefs for itself as well as model the beliefs of others“ (Breazeal et al., 2004b, S. 21). Spiegelneuron-ähnliche Strukturen könnten sich laut den Autoren dabei als hilfreich erweisen: „A mirror neuron-like structure could be an important building block in a mechanism for making predictions about someone else's intentions and beliefs by first locating the perceived action within the observer's own action system, identifying one's own beliefs or intentions typically possessed while carrying out that action, and then attributing them to the other person“ (Breazeal et al., 2004a, S. 5). Auch Marsella, Pynadath und Read (2004) beziehen sich auf die *Theory of mind* – allerdings mit dem Fokus auf Multiagentensysteme. Mit einem Simulationstool werden die Interaktionen und die wechselseitige Einflussnahme von Agenten modelliert. Die Ziele, Beziehungen, Annahmen und mentalen Modelle jedes Agenten können durch den Nutzer eingestellt werden und die Konsequenzen (z. B. im Rahmen des Anwendungsbeispiels von *bullying* in der Schule) beobachtet werden. Zusätzlich werden verschiedene sozialpsychologische Modelle implementiert (z. B. Streben nach Konsistenz, ELM nach Petty & Cacioppo, 1986).

3.1.2 Orientierung an der Wirkung auf den Nutzer – die Gestaltung des nonverbalen Verhaltens

Nimmt man die angeführte Alternative zur Emotionsmodellierung ernst, so verschiebt sich die zu stellende Frage von „Wie müssen wir die internen Zustände des Agenten modellieren?“ auf „Welche Wirkungen lösen die Verhaltensweisen des Agenten aus?“. Im Rahmen der letztgenannten Fragestellung treten vermehrt Erkenntnisse zur Wirkung vor allem nonverbaler Verhaltensweisen in den Blick. Fehlen entsprechende Erkenntnisse, werden Evaluations- bzw. Wirkungsstudien notwendig. Während Letztere später thematisiert werden (vgl. Kap. 3.2 und Kap. 4), sind an dieser Stelle einige grundlegende Merkmale nonverbalen Verhaltens aufgeführt, einschließlich einer Übersicht über die Systeme, die sich bislang im besonderen Maße mit der Gestaltung nonverbalen Verhaltens befasst haben.

In den letzten Jahren hat sich vermehrt herausgestellt, dass nonverbale Verhaltensweisen wichtige Funktionen im menschlichen Face-to-Face-Kontakt übernehmen, die natürlich auch dann einer Modellierung bedürfen, wenn ein menschenähnlich gestalteter Agent präsentiert wird. Bente und Krämer (2001; vgl. Bente & Krämer, im Druck) unterscheiden im Hinblick auf potentielle Wirkungen visuell wahrnehmbaren Verhaltens in der Realinteraktion vier bedeutsame Funktionsaspekte:

1. *Modellfunktionen (modelling functions):* Hierunter fallen instrumentell-kommunikative Operationen, d. h. motorische Aktivitäten, die für den Betrachter Vorbildfunktion haben können (Zusammenbau eines elektronischen Gerätes, Demonstration des Anlegens der Rettungsweste).
2. *Diskursfunkionen (discourse functions):* Hier steht die nonverbale Aktivität in engem Zusammenhang mit der Sprachproduktion und übernimmt substituierende, komplementäre oder supplementäre Funktionen (etwa illustrative und emblematische Gesten wie Zeigegesten oder „beat-gestures", d. h. Kopf- und Blickbewegungen, die zur zeitlichen Strukturierung und Akzentuierung der verbalen Produktion genutzt werden können).
3. *Dialogfunktionen (dialogue functions):* Hier dient das nonverbale Verhalten der Ablaufsteuerung der Kommunikation im Dienste eines möglichst reibungslosen Sprecher-Hörer-Wechsels und eines wenig überlappenden und unterbrechungsfreien Interaktionsverlaufs (Turn-Taking-Signale wie Blickkontakt bzw. -abwendung, back-channel-Signale wie Kopfnicken, Kopfschütteln, Augenbrauen hochziehen, etc.)
4. *Sozio-emotionale Funktionen (relational functions):* Hierunter sind spezifische Wirkungen des nonverbalen Verhaltens im Bereich der interpersonellen Beziehung zu verstehen. Das nonverbale Verhalten hat einen nachhaltigen Einfluss auf die interpersonelle Eindrucksbildung (etwa im Sinne der Zuschreibung von Attraktivität, Sympathie, Glaubwürdigkeit, etc.) und spielt eine bedeutsame Rolle bei der Vermittlung von Intimität, der Ausübung von Macht und sozialer Kontrolle und der Auslösung von Emotionen.

Das verfügbare Wissen über die einzelnen Funktionen variiert dabei stark: Während verhältnismäßig viele Erkenntnisse zu Diskursfunktionen (Ekman & Friesen, 1979; McNeill, 1992) und Dialogfunktionen (vgl. Duncan, 1972) vorliegen und entsprechende Implementierungen bereits erfolgreich vorgenommen werden konnten (Cassell et al., 1994, 1999; Thorisson, 1996), ist exaktes Wissen über die sozio-emotionalen Wirkungen nonverbalen Verhaltens rar (vgl. Krämer, 2001). Gleichzeitig nimmt dieser Aspekt aber wahrscheinlich eine zentrale Stellung ein, indem er die übrigen Funktionen überstrahlt. Sozio-emotionale Zuschreibungen laufen ab, sobald eine menschenähnliche Figur zu sehen ist. Man erwartet, dass man am Gesicht den Grad der Freundlichkeit ablesen kann, den Willen zur Interaktion sowie auch vermeintlich die Emotionen erkennt. Hier trifft somit in vollem Maße das bekannte Axiom „Man kann nicht nicht kommunizieren" zu (Watzlawick, Beavin & Jackson, 1969): Man erreicht durch das Nicht-Modellieren der sozio-emotionalen Funktionen nicht, dass diese vom Beobachter auch entsprechend nicht berücksichtigt werden, sondern bewirkt stattdessen, dass die Figur als negativ bewertet wird, da diese als „unfreundlich" oder „steif" empfunden wird.

Insbesondere hinsichtlich der sozio-emotionalen Funktion von nonverbalem Verhalten sind in den letzten Jahren zahlreiche Eigenschaften diskutiert und empirisch bestätigt worden, die ein hohes Maß an Komplexität nahelegen. Dies bringt mit sich, dass weder die Wirkung nonverbalen Verhaltens unkompliziert erschlossen werden kann, noch sich die Produktion von Bewegungsverhalten aus empirischen Ergebnissen einfach ableiten lässt. Um dies näher zu verdeutlichen, werden im Folgenden einige zentrale Merkmale nonverbalen Verhaltens aufgeführt (vgl. Krämer, 2001).

Ein Ergebnis aktueller Forschung ist, dass vor allem subtile Reize, die sich einer bewussten Kategorisierung entziehen, eine Wirkung auf den Beobachter nehmen. Insbesondere die Ergebnisse von Grammer et al. (1999; 1997) zeigen, dass scheinbar bedeutungstragende Handlungen wie „durch die Haare streichen“ oder „Lachen“ weniger den Eindruck des Gegenübers bestimmen, sondern Bewegungsqualität und -quantität. Eigene Untersuchungen zur Quantität der Kopfbewegungen und der Wirkung subtiler Veränderungen der lateralen Kopfposition unterstreichen die von Grammer präsentierten Befunde (Krämer, 2001).

Ein weiterer Aspekt, der die Vorhersage der Wirkung nonverbaler Signale erschwert, ist deren Kontextabhängigkeit. Diese sorgt dafür, dass einzelnen nonverbalen Cues nicht einfach Bedeutungen zugeordnet werden können. Zahlreiche Studien zeigen, dass die Wirkung eines Signals nicht nur von dem situativen Kontext oder der gleichzeitig geäußerten Sprache abhängt, sondern auch von den nonverbalen Verhaltensweisen, die gleichzeitig in anderen Kanälen gezeigt werden (ein Lächeln wirkt beispielsweise verschieden in Abhängigkeit davon, ob der Kopf seitlich gekippt oder aufrecht ist, vgl. Frey, 1999). Aus diesem Grund – und aufgrund der Tatsache, dass die Signale natürlich auch in Abhängigkeit von ihrer spezifischen Zeitstruktur unterschiedlich wirken – muss als ein zentrales Element immer die zeitliche Dimension als ordnender Aspekt berücksichtigt werden, wenn man nonverbales Verhalten analysiert oder synthetisiert (vgl. Bente & Krämer, 2003).

Die genannten Aspekte machen deutlich, dass eine zeitnahe Aufklärung der Wirkung nonverbaler Verhaltensweisen nicht möglich ist. Tatsächlich sind die bislang aufzufindenden Befunde zur Wirkung nonverbaler Signale sehr beschränkt und fokussieren meist nicht auf die als zentral herausgestellten Bewegungsdynamiken. Dennoch lassen sich natürlich basale Befunde zu beispielsweise affiliativen oder dominanten Verhaltensweisen auffinden, die in Krämer (2001) zusammengefasst sind. Ausgehend von dieser Datenbasis wurde im Rahmen des EMBASSI-Projektes ein anthropomorpher Agent mit nonverbalem Verhalten versehen. Dieses wurde – auf Basis der vor dem Hintergrund der Erkenntnisse angenommenen Wirkungen – ganz auf den Nutzer zentriert. Es wurden keine emotionalen Zustände implementiert, stattdessen orientiert sich die Auswahl des Verhaltens an dem – durch den zu äußernden Sprechakt vorgegebenen – Ziel des Agenten, an dem, was er beim Nutzer erreichen möchte.

Im Rahmen des Projektes EMBASSI wurde ein Demonstrator für den Bereich Privathaushalt entwickelt, der insbesondere Auswahl, Aufnahme und Rezeption von TV und Video unterstützt und dessen Schnittstelle einen anthropomorphen Interface-Agenten enthält (vgl. www.embassi.de). Verschiedene beteiligte Partner entwickelten ein Dialogmanagementsystem, ein Modul zur Sprachgenerierung, ein Modul zur Planung des multimodalen Out- und Inputs, eine Benutzeroberfläche, ein Tool zur Sprachsynthese sowie einen anthropomorphen Charakter. Damit die anthropomorphe Figur Bewegungen und Mimik zeigen kann, die den wiederzugebenden Inhalten entsprechen (ein nicht triviales Problem, da das den Agenten steuernde Modul zunächst einmal nicht weiß, was der Agent äußert), müssen Regeln vorliegen, die Auskunft darüber geben, welche Art von Aussage durch welche nonverbalen Signale unterstützt werden soll, um einen angestrebten Zustand im Benutzer auszulösen. Als Ausgangspunkt dienen die im Dialogmanager erzeugten Aussagetypen, die an der Sprechakttheorie (vgl. Searle, 1969) orientiert sind und bereits Auskunft über die Semantik der zu formulierenden Aussage geben. **Tabelle 3.1** gibt einen Überblick über die auf empirischer Grundlage (vgl. Krämer, 2001) entwickelten Regeln, die den im Rahmen des Demonstrators vorkommenden Sprechakten zugeordnet wurden (vgl. Krämer & Bente, 2003).

Tab. 3.1: Übersicht über Sprechakte, verfolgte Intentionen und zu zeigendes Verhalten

Sprechakt	**Intention/zu Erreichendes beim Benutzer**	**Konkretes Verhalten Agent**	**Zeitaspekt**
message_greeting: Das System grüßt den Benutzer am Anfang der Interaktion	Der Benutzer fühlt sich freundlich und höflich begrüßt	Augenbrauen hoch und Augen 1 Sekunde größer Lächeln Winken (optional) Lächeln Kopf schräg legen (ca. 10 Grad nach rechts)	Beginn der Einblendung Vor Beginn Vor Beginn Nach Begrüßung Nach Begrüßung (für 4 Sekunden)
message_closing: Wird eingesetzt am Ende der Interaktion mit dem Benutzer	Der Benutzer fühlt sich freundlich verabschiedet	Lächeln	Nach Verabschiedung
message_inform [status: **warning**]	Benutzer soll Dringlichkeit wahrnehmen	Augenbrauen anheben, Augen größer Hände anheben, Handflächen zum Benutzer (evtl. nur eine Hand heben mit Zeigefinger nach oben)	Gesamtzeit der Äußerung Zu Beginn, dann langsam runternehmen
message_inform [status: **busy**]	Benutzer soll geduldig bleiben	Kopf geringfügig nach unten neigen Wegschauen (turn bleibt bei System)	Gesamtzeit der Äußerung Nach Ende der Äußerung

Sprechakt	Intention/zu Erreichendes beim Benutzer	Konkretes Verhalten Agent	Zeitaspekt
message_inform [status: **error**]	Benutzer soll besänftigt werden	Lächeln Kopf schräg legen (ca. 10 Grad nach rechts)	Nach Ende Äußerung Nach Ende Äußerung (für 4 Sekunden)
message_inform [status: **ok**]	Positive Gefühle sollen induziert werden	Leicht ausgeprägtes Lächeln	Nach Ende der Äußerung
message_inform [status: **failed**]	Benutzer soll besänftigt werden	Schultern anheben, Hände (mit Handflächen nach oben) bis Ellbogenhöhe Lächeln Kopf schräg legen (ca. 10 Grad nach rechts)	Beginn der Äußerung, dann langsam senken Nach Ende Äußerung Nach Ende Äußerung (für 4 Sekunden)
message_inform [status: **offer]** z. B. proaktives Angebot	Benutzer soll Interesse verspüren	Zeigefinger heben Leicht ausgeprägtes Lächeln	Zu Beginn, nach 3 Sek. langsam senken Gesamtzeit; evtl. nach Ende verstärken
message_accept: Wird für Zustimmungen benutzt	Benutzer soll sich bestätigt fühlen	Nicken	Vor Beginn der Äußerung
message_reject: Wird für Verneinungen benutzt, wobei eine Tatsache als falsch bezeichnet wird	Ein Fehler soll vermittelt werden, ohne dass Ärger ausgelöst wird	Kopf leicht schütteln, ansonsten neutral	Vor Beginn der Äußerung
message_command: Kann für Vorschläge bzw. dringlichen Hinweise an den Benutzer eingesetzt werden	Benutzer soll Dringlichkeit wahrnehmen	Augenbrauen anheben, Augen größer Hände mit Handflächen zum Benutzer anheben (evtl. nur eine Hand heben mit Zeigefinger)	Gesamtzeit der Äußerung Zu Beginn, dann langsam runternehmen
message_cancel: Plötzliche turn-Übergabe nach Unterbrechung durch Nutzer	Nutzer soll merken, dass er sprechen darf	Nutzer ansehen	Mindestens bis Nutzer spricht
message_acknowledge: Bestätigt die erfolgreiche Durchführung eines Auftrages	Positive Gefühle induzieren	Lächeln Evtl. emblematische Gesten wie Daumen heben	Kurz vor Äußerung beginnen, während Äußerung halb, nach Ende verstärken

Sprechakt	**Intention/zu Erreichendes beim Benutzer**	**Konkretes Verhalten Agent**	**Zeitaspekt**
message_correct: Korrigiert eine falsche Annahme des Benutzers	Korrektur, ohne dass Ärger ausgelöst wird	Neutral	Gesamtzeit
query_input: Wenn das System irgendwelche Eingaben vom Benutzer erwartet	Benutzer soll sich aufgefordert fühlen	Blick zum Benutzer Kopf leicht schräg legen (ca. 5 Grad nach links)	Mit Ende der Äußerung 3 Sek. nach Ende der Äußerung, für 5 Sek.
query_y/n: Erzeugt eine Erwartung auf eine einfache **Ja**- bzw. **Nein**-Antwort	Benutzer soll sich aufgefordert fühlen	Blick zum Benutzer Kopf leicht schräg legen (ca. 5 Grad nach links)	Mit Ende der Äußerung 3 Sek. nach Ende der Äußerung, für 5 Sek.
query_selection: Impliziert eine Auflistung von Alternativen	Benutzer soll das Verständnis erleichtert werden	Gestik, beat-gesture (mal rechts vom Körper, mal links) Alternativ: Zeigegeste Blick zum Benutzer Kopf leicht schräg legen (ca. 5 Grad nach links)	Jede Alternative durch beat-gesture markieren Mit Ende der Äußerung 3 Sek. nach Ende der Äußerung, für 5 Sek.
query_request_acknowledge: Wird bei Unsicherheit während der Sprachanalyse eingesetzt (z. B. fehlerhafte Spracherkennung)	Benutzer soll sich aufgefordert fühlen	Blick zum Benutzer Kopf leicht schräg legen (ca. 5 Grad nach links)	Mit Ende der Äußerung 3 Sekunden nach Ende der Äußerung, für 5 Sekunden
Query_request_repair: Ist ebenfalls für falsche Erkennungsergebnisse bzw. Korrekturen, die vom Benutzer angeführt wurden, gedacht. Reparatur-Strategien sind Wiederholungsanforderungen an den Benutzer oder starre Ja-/Nein-Fragen	Benutzer soll besänftigt werden, sich dann aufgefordert fühlen	1. Teil (nicht verstanden) Schultern anheben, Hände (mit Handflächen nach oben) auf Ellbogenhöhe Lächeln Kopf schräg legen (ca. 10 Grad nach rechts) 2. Teil: Blick zum Benutzer Kopf leicht schräg legen (ca. 5 Grad nach links)	 Zu Beginn der Äußerung, dann langsam senken Nach Ende Äußerung Nach Ende Äußerung (für 4 Sekunden) Mit Ende der Äußerung 3 Sek. nach Ende der Äußerung, für 5 Sek.

Die meisten der Zuordnungen von Verhaltensweisen gehen zurück auf empirische Ergebnisse, die in Krämer (2001) zusammengestellt wurden. So basiert der Einsatz der Kopfkippung (der sogenannten Lateralflexion) auf Ergebnissen, dass dieses als positiv empfunden wird und besänftigend wirken kann. Beim Versuch der Zusammenstellung der Regeln zeigt sich jedoch auch, dass noch nicht genügend empirische Ergebnisse zur Wirkung bestimmter Verhaltensweisen (und vor allem auch deren zeitlicher Strukturierung) verfügbar sind. Daher musste an zahlreichen Stellen auf emblematische Gesten zurückgegriffen werden wie z. B. dem Anheben der Hände und Schultern, um zu vermitteln, dass der Nutzer Informationen geben muss. Hierbei handelt es sich weniger um tatsächliche nonverbale Verhaltensweisen – geschweige denn um momentan im Zentrum der Forschungsaufmerksamkeit stehende subtile Dynamiken –, sondern vielmehr um kulturell vermittelte, in ihrer Bedeutung feststehende Zeichen. Im Rahmen weiterer Forschung – die auch von der Nutzung der Interface-Agenten profitieren kann (vgl. Bente & Krämer, 2002) – müssen somit weitere Ergebnisse zur Wirkung nonverbalen Verhaltens generiert werden.

Die Tatsache, dass diese Implementierung durchaus positiv evaluiert wurde (vgl. Kap. 4.5.2), soll dazu beitragen, zu zeigen, dass der Umweg über das Nachbilden der beim Menschen angenommenen Emotionszusammenhänge zumindest bei den Interface-Agenten gar nicht gegangen werden muss. Vor diesem Hintergrund wird vorgeschlagen, in Zukunft häufiger Vorgehensweisen zu erproben, die „straightforward" das Wissen über die Wirkung nonverbalen Verhaltens nutzen, um ein benutzerfreundliches Klima auf einfacherem Wege herzustellen als durch die Modellierung von Emotionen. Um auf dieser Basis eine erfolgreiche Implementierung allerdings überhaupt leisten zu können, müssen mehr Erkenntnisse über die Wirkung – insbesondere subtiler – nonverbaler Verhaltensweisen generiert werden, die die Regelwerke entsprechend erweitern. Problematisch bleibt allerdings, dass die Wirkung der Signale immer kontextabhängig ist (vgl. Krämer, 2001) und von Variablen wie Situation, Erscheinungsbild des Senders und sonstigen Verhaltensweisen des sendenden Agenten beeinflusst wird. Letztendlich wird nicht endgültig vorhergesagt werden können, welche (emotionalen) Reaktionen ein spezifisches Verhalten des Interface-Agenten beim Nutzer auslösen wird – dieses Problem löst auch der Rückgriff auf Emotionen nicht. So wie der Mensch lernt, Verhalten zu zeigen, mit dem er das Gegenüber beeinflussen bzw. ein positives Klima herstellen kann, sollte allerdings auch die explizite Zusammenstellung dieser Regeln mit der Zeit gelingen. Das Mindeste, was eine solche alternative Herangehensweise erreichen kann, ist, dass der Blick in eine neue Richtung gelenkt wird, die zumindest potentiell vielversprechende Umsetzungen ermöglicht (vgl. Krämer & Bente, 2003).

Im Folgenden sollen weitere Ansätze vorgestellt werden, die scheinbar den Blick schon gewendet haben und sich in erster Linie der Gestaltung des nonverbalen Verhaltens widmen bzw. den Fokus vor allem auf die Wirkung beim Nutzer legen statt auf die internen Zustände der Agenten.

Im Rahmen der Arbeiten von Cassell beispielsweise werden interne Zustände zu keinem Zeitpunkt erwähnt. Stattdessen steht bereits seit den frühen Arbeiten die minutiöse Nachbildung des menschlichen nonverbalen Verhaltens im Vordergrund. Insbesondere auf den Zusammenhang von Gestik und Sprache wird fokussiert: „I present a testbed for this framework in the form of a program that generates speech, gesture, and facial expression from underlying rules specifying (a) what speech and gesture are generated on the basis of a given communicative intent, (b) how communicative intent is distributed across communicative modalities, and (c) where one can expect to find gestures with respect to the other communicative acts“ (Cassell, 1998, S. 1). Auf Grundlage der Theorien von McNeill (1992) und Bolinger (1983) zum Zusammenhang von Sprache und Gestik sowie der Annahmen Hallidays (1967) zur Informationsstruktur in Sätzen werden Regeln formuliert, die im Rahmen einer Computersimulation für zwei 3-D-Charaktere spezifiziert wurden (Cassell et al., 1994). Es werden sowohl Sprachinhalt und Intonation als auch Gesten automatisch generiert: „In particular, understanding the parallel and intersecting roles of information structure, intonation (the prosody or ‚melody‘ of language), and gesture, will give us a discourse framework for predicting where gestures will be found in the stream of speech“ (Cassell, 1998, S. 6). Darüber hinaus werden Turn-Taking-Regeln basierend auf Duncan (1972) implementiert (Thorisson, 1996; Cassell et al., 1999). Die gesammelten Erkenntnisse und Implementierungen zum Zusammenhang von Sprache und sprachbegleitendem Gestik-Verhalten sind beispielsweise im BEAT-System zusammengetragen (Cassell, Vilhjálmsson & Bickmore, 2001). Dieses berücksichtigt die Synchronizität der unterschiedlichen Kommunikationsmodalitäten, ermöglicht die regelbasierte, automatische Generierung von beat-, deiktischen, Kontrast- und einigen ikonischen Gesten und erspart dem Animator dadurch eine linguistische Analyse – die in Bezug auf *clause*, *theme* und *rheme*, *word newess*, *contrast*, *objects* and *actions* bereits in BEAT enthalten ist. Neben der Tatsache, dass immer wieder auf den potentiellen Nutzen der Implementierungen für die Grundlagenforschung verwiesen wird (s. u.), formuliert Cassell (2001) klar, ihr vorrangiges Ziel bestehe in der Optimierung der Mensch-Agenten-Kommunikation: „Our model, however rich, will not be able to predict all of the behaviors displayed in human-human conversation nor describe all of the functions that give rise to these surface behaviors, nor would we wish it to. The model is not mimicking what people look like, but adopting those aspects of the human interface that provide structure for our interpretations of meaning, and for the process of interpreting meaning. Our goal is to target those behaviors that regulate and facilitate the process of interaction, and represent information efficiently and effectively, all the while evoking a sense of *another intelligence*“ (S. 72). Gleichzeitig macht sie deutlich, dass ständige Evaluationen zentral sind, um zu überprüfen, ob man mit den modellierten Signalen tatsächlich das erreicht, was man angestrebt hat: „Of course, however poor our model is, it will give rise to attributions that we have not planned: side-effects of cultural stereotypes of gender, race, and age that are evoked by the pitch of a voice, the tilt of a head, the form of a question (Reeves and Nass 1996). Steering our way through this Scylla and Charybidis of personification is helped by frequent evaluations of the system, in which users reveal the attributions – desired and not – that the system's behavior provokes" (S. 72).

Insgesamt sind die Arbeiten – zumindest in theoretischer Hinsicht – geprägt durch eine angemessene Berücksichtigung der Eigenheiten nonverbaler Kommunikation (s. o.). Das bereits erwähnte FMBT-(fembot)Modell (Cassell et al., 1999, 2000, vgl. Cassell & Bickmore, 2003) fasst zentrale Merkmale zusammen und berücksichtigt nicht nur, dass die Zeit eine zentrale Funktion im Rahmen nonverbaler Kommunikationsprozesse übernimmt, sondern auch, dass ein und dieselbe Verhaltensweise verschiedenen Funktionen dienen kann und andererseits eine Funktion durch unterschiedliche Signale erfüllt werden kann – was letztlich in engem Zusammenhang mit der Kontextabhängigkeit von nonverbalem Verhalten steht. Die beiden weiteren Grundsätze, dass propositionale und interaktionale Ziele (gleichzeitig) verfolgt werden können und jeweils sowohl verbale als auch nonverbale Modalität nutzbar sind, erinnern zumindest an die Axiome zwei und drei nach Watzlawick, Beavin und Jackson (1969), allerdings mit dem Unterschied, dass diese eine Vormachtstellung des nonverbalen Verhaltens für die interaktionale Kommunikation feststellen.

Insgesamt liegt der Schwerpunkt der Entwicklungen allerdings nicht auf subtilen interaktionalen Signalen, sondern auf den klarer definierbaren, weniger kontextabhängigen Signalen mit Diskurs- und Dialogfunktion, die eng im Zusammenhang mit Sprache stehen. Dies ist insbesondere nicht verwunderlich vor dem Hintergrund, dass die Expertise der Gruppe stärker in Bezug auf die Linguistik als hinsichtlich der Psychologie ausgerichtet ist. Besonders erkennbar wird dies bei einer der zentralen Entwicklungen der letzten Jahre: Um beim Nutzer Vertrauen auszulösen, wird Rea mit Small Talk-Fähigkeiten versehen, die sich zunächst vorrangig auf das verbale Verhalten beschränken (Cassell & Bickmore, 2000, 2003; Bickmore & Cassell, 2004). Es wird etwa ein Gesichtsverlust vermieden, indem vor heiklen Fragen positive Stimmung hergestellt wird etc. Hinsichtlich des nonverbalen Verhaltens wird lediglich versucht, parallel zur Sprache positive Signale zu nutzen, die aus der Literatur bekannt sind: *increased gaze, mutual eye contact, smiling, general facial pleasantness, affirmative head nods, gestural animation, head tilts, open body position, postural congruence.* Auch in Bezug auf die Modellierung von Körperhaltungen wird das Verhalten an der Sprachstruktur ausgerichtet. Cassell, Nakano, Bickmore, Sidner und Rich (2001) stellen einen Ansatz vor, bei dem die Veränderung der Körperhaltung an den Wechsel von Diskurszuständen gekoppelt wird. Dabei greifen die Autoren nicht ausschließlich auf Erkenntnisse von Condon und Ogston (1971) zurück, sondern führen auch eine eigene Untersuchung durch, in der sieben Monologe und fünf Dialoge in Bezug auf die Situationen, in denen Veränderungen der Körperhaltung auftreten, analysiert werden. Die Autoren finden, dass Haltungsänderungen an den Stellen, an denen sich Diskurszustände ändern (Themenwechsel, Turn-Übergabe) nicht nur häufiger, sondern auch dynamischer sind. Entsprechend wird die Architektur von Rea mit Wahrscheinlichkeiten versehen, die dazu führen, dass sie ebenfalls bevorzugt zu Diskursübergängen die Haltung wechselt. Das Wissen über den

Zusammenhang von Sprache und nonverbalem Verhalten wird aber nicht nur wie in den bereits angeführten Beispielen genutzt, um den Agenten zu modellieren, sondern auch, um die Sprachanalyse zu erleichtern: So werden z. B. Beat-Gesten genutzt, um Betonungen zu identifizieren. Dies ermöglicht dem Agenten, auf die relevanten Worte zu reagieren (wenn eine Beat-Geste mit dem Wort „blue" in der Äußerung „I like blue tiles" auftritt, antwortet der Agent „Blue is my favorite color" und wenn das Wort „tiles" betont ist, lautet die Antwort „I love tiles").

Doch nicht nur bei Rea, sondern auch bei einfacher strukturierten Systemen wie MACK beruhen die Implementierungen auf minutiösen Analysen der menschlichen Face-to-Face-Kommunikation. Wie bereits beschrieben, werden hier Erkenntnisse einer Studie über das Wegerklärungsverhalten von Menschen genutzt, um die gefundenen Tendenzen zu implementieren (Cassell et al., 2002). Diese umfassen relative Beschreibungen, Beschreibungen mit deiktischen Gesten und kartenbasiertes Routenplanen. MACK nutzt diese Strategien aufeinander aufbauend, bis der Nutzer die Erläuterungen verstanden hat. Um zu überprüfen, ob Letzteres der Fall ist, werden ferner Grounding-Prozesse modelliert (Nakano, Reinstein, Stocky & Cassell, 2003). In einer Analyse von 20 Dialogen zeigt sich, dass Sprechakte der Bestätigung mit Kopfnicken verbunden sind, bei Antworten häufig gegenseitiges Anblicken beobachtet wird und die Bitte um Information durch ein Anblicken nach der Frage begleitet wird – um zu überprüfen, ob die Frage klar geworden ist. Während Erklärungen schaut der Zuhörer häufig auf die Karte und nickt, während der Erklärende den Zuhörer beobachtet, um zu überprüfen, ob dieser zuhört. Kontinuierliches Anblicken vonseiten des Zuhörers wird dagegen vom Erklärenden als Signal dafür gewertet, dass noch nicht alles verstanden wurde, und führt zu einer weiteren Erklärung. Das System ist daher darauf ausgerichtet, die Blickrichtung und Kopfbewegungen des Nutzers zu erfassen und basierend auf diesen Regeln zu interpretieren. In Abhängigkeit von den Signalen, die er erfasst, wird die Erklärung entweder als *grounded* oder als nicht *grounded* eingeordnet und führt im letzteren Fall zu einer detaillierteren Erklärung.

Aktuelle Entwicklungen betreffen die Planung von ikonischen Gesten (Kopp, Tepper & Cassell, 2004; Tepper, Kopp & Cassell, 2004). Im Rahmen des NUMACK-Projektes wird ein Agent entwickelt, der Fragen zur Lokalisation von Gebäuden auf dem Campus der Northwestern University beantwortet. Um diesen mit ikonischen Gesten zu versehen, die das Verstehen erleichtern, werden 28 Dyaden im Hinblick auf das Gestikverhalten bei Wegbeschreibungen analysiert. Erste Analysen zeigen, dass Gesten, die auf ähnliche Dinge hinweisen, auch ähnlich aussehen und sich somit Mustern zuordnen lassen. Aus diesen Erkenntnissen wird ein Modell für die automatische Generierung ikonischer Gestik und deren synchroner Verankerung mit Sprache entwickelt. Dies ermöglicht letztendlich einen „integrated, on-the-fly microplanning process that derives coordinated surface forms for both modalities from a common representation of context and domain knowledge" (Kopp, Tepper & Cassell, 2004, S. 7).

Eine weitere Gruppe, die sich vorrangig mit der Produktion natürlichen nonverbalen Verhaltens beschäftigt, ist die Gruppe um Catherine Pelachaud. Tatsächlich wird diese auch in einem integrierenden Artikel von Gratch, Rickel, André, Badler, Cassell und Petajan (2002) als dem Teil der computationalen Ansätze zugerechnet, die nicht – wie die Simulation-Ansätze – danach streben, „echte" Emotionen nachzubilden wie etwa bei der Nutzung des OCC-Modells, sondern stattdessen den Einfluss auf den Nutzer fokussieren: „In communication-driven approaches, a virtual human chooses its emotional expression on the basis of its desired impact on the user" (Gratch et al., 2002, S. 3). Da aber auch Modelle wie das von Lester als kommunikationsabhängiger Ansatz eingeordnet werden, wird diese Zuordnung als Orientierungsrichtlinie fraglich. Pelachaud fasst tatsächlich bereits im Jahre 2000 einige zentrale Eigenschaften nonverbaler Kommunikation zusammen. Sie verweist auf die Wichtigkeit der Berücksichtigung der Zeitkomponente und in Verbindung damit auf die Bedeutung des Kontexts: „The same expression may serve different functions in communication. The raising eyebrow, depending on the context in which it appears may signalled emphasis on a word, or mark a question.The occurrence at the wrong time may false the interpretation of the signals" (S. 2). Ebenso wird auch die von Cassell aufgeführte Unabhängigkeit von Signal und Funktion angesprochen: Signale aus verschiedenen Modalitäten können derselben Funktion dienen und redundant eingesetzt werden oder sich aufaddieren. Signale können sich aus demselben Grund wechselseitig ersetzen und schließlich können Signale unterschiedlicher Modalitäten sich widersprechen.

Der Hauptfokus der Implementierungen liegt auf der Modellierung des Blickverhaltens. Auch hier steht zu Beginn eine Analyse des entsprechenden Verhaltens in der menschlichen Face-to-Face-Kommunikation (Poggi, Pelachaud & de Rosis, 2000; Pelachaud & Bilvi, 2003; Cappella & Pelachaud, 2001). Insbesondere Poggi et al. (2000) differenzieren verschiedene Funktionen des Blickverhaltens: Kommunikative Blicke (im Gegensatz zu solchen, die lediglich der Wahrnehmung dienen) können Annahmen, Intentionen, den affektiven Zustand und metakognitive Information übermitteln. Dabei wird allerdings deutlich, dass die Autorinnen insgesamt ein recht vereinfachtes Verständnis von der Komplexität nonverbalen Verhaltens haben: Beispielsweise wird bei der Analyse des Videomaterials nicht zwischen Deskription und Evaluation getrennt (was Bente & Krämer, 2003, als eine der unbedingten Voraussetzungen bei der Analyse nonverbalen Verhaltens aufführen) und die Autorinnen schreiben den beobachteten Signalen einfach Bedeutungen zu, ohne diese in irgendeiner Art und Weise zu validieren. Diese methodisch fragwürdigen Daten werden dann genutzt, um Implementierungen vorzunehmen, die somit gar keine empirische Basis aufweisen. Dem Augenverengen wird zum Beispiel die Bedeutung „I am being more precise here" zugeschrieben. Und auch das Ziel, ein komplettes Lexikon zu erstellen, zeugt letztendlich von einem eingeschränkten Verständnis der nonverbaler Kommunikation: „Further work on this topic should be done in order to draw a complete lexicon of gaze, that is, a complete list of correspondences between specific gaze signals and specific gaze meanings. So far we have only outlined some broad classes of them“ (Poggi et al., 2000, S. 8). Die Analyse von Cappella und Pelachaud (2001) dagegen ist methodisch sauberer. Das darauf aufgebaute Modell beinhaltet zwei Schritte: eine Vorhersage des Verhaltens aufgrund der kommunikativen Funktion (basierend auf Poggi et al., 2000) sowie eine statistische Vorhersage, die aus den Videoanalysen gewonnen wurde. Integriert wird dies mit einem auf den Daten von Cappella und Pelachaud (2001) beruhenden *belief network*. Letztendlich sollen die Simulationen aber nicht generisch, sondern personalisiert sein – und sowohl vom Kontext der Kommunikation, der Persönlichkeit, Kultur als auch den spezifischen sozialen Beziehungen abhängen. Darüber hinaus werden Vorschläge dazu gemacht, was passieren soll, wenn durch denselben Kanal zeitgleich unterschiedliche Dinge signalisiert werden sollen: „We only have one face, but many things to tell by that; and sometimes the resources we have at our disposal are not sufficient to cope with the high quantity of information we need to convey“ (Pelachaud & Poggi, 2002, S. 10). Die Autorinnen stellen ein System vor, durch das sie potentielle Konflikte bei der Darstellung von Signalen lösen wollen. Anders als Cassell et al. (1994), die die Verwendung von „priority rules“ vorschlagen, die immer ein Signal als das wichtigere identifizieren, wird hier eine Kombination der Signale durchgeführt – was insbesondere dann funktioniert, wenn die beiden zu kommunizierenden Inhalte kompatibel miteinander sind. Die Autorinnen fordern aber auch weitere Forschung auf diesem Gebiet, da zu wenig darüber bekannt sei, was bei menschlichen Sendern passiert, wenn konfligierende Signale kommuniziert werden müssen, geschweige denn, wie diese zu kombinieren sind und ob Faktoren wie Persönlichkeit, Geschlecht und Kultur Einfluss nehmen.

Einschränkend muss bemerkt werden, dass zumindest die Publikationen, die federführend von de Carolis bearbeitet wurden (de Carolis, Pelachaud, Poggi & de Rosis, 2001; de Carolis, Pelachaud & Poggi, 2000), sehr im emotionsbasierten Ansatz verhaftet sind. Der Agent hat Emotionen, deren Entstehung durch „triggering rules“ geleitet ist. Die Kommunikation dieser Emotionen allerdings hängt von verschiedenen Faktoren ab und wird durch „regulation rules“ beeinflusst. Auf Basis eines an die *display rules* angelehnten Verfahrens werden verfügbare Modalitäten, Persönlichkeit des Agenten, Persönlichkeit und kognitive Fähigkeiten des Empfängers, das Rollenverhältnis der Interagierenden, ihre persönliche Beziehung sowie die Art der sozialen Interaktion berücksichtigt. Im Gegensatz zu den Agenten, die ihre Emotionen ungefiltert zeigen, wird hier somit ein reflexiver Agent bereitgestellt: „The aim of our research is to build an agent that is able to express its emotions but also to refrain from expressing them: a reflexive, not impulsive agent“ (de Carolis et al., 2001, S. 1). Während der Gedanke, dass die Kommunikation nonverbaler Signale entscheidend vom sozialen Kontext abhängt, sicher richtig und wichtig ist, stellt sich vor dem Hintergrund der bereits aufgeführten Diskussion die Frage, warum man zu diesem Zweck zunächst Emotionen annehmen, auslösen und deren Darstellung dann modulieren soll. Skurril erscheint dies insbesondere dann, wenn die Autorinnen ausgehend von der Annahme, Agenten könnten – anders als bisher möglich – ihre Emotionen tatsächlich fühlen, darüber spekulieren, was passieren würde, wenn sie diese gar nicht kommunizierten: „Would [the agent] manifest its emotions to a potential interlocutor or would it ruminate on its own emotion by itself, without showing its feeling? The effects of sharing an emotion, to the person who feels, are described in the psychology literature (Rimé, 1987): it has been shown, for example, that people who have undergone severe shocks and share their emotions are better adapted, undergo fewer heart and pressure problems and have longer life (Pennebaker, 1989)“ (de Carolis et al., 2001, S. 1). In ähnlicher Art und Weise nehmen die Autorinnen an, dass ein Motiv für das Zeigen der Emotion auch im Bereich der Selbstwahrnehmung des Agenten liegen könnte: „Sometimes, [the agent] may just want an objectivation, in order to better understand herself. If the agents goal is just to give vent to her emotion, this goal does not imply another person: she wants to display it just to give vent to the physiological energy caused by the emotion, without needing another person to cause this process“ (Carolis et al., 2001, S. 3).

Ruttkay (Ruttkay & Pelachaud, 2002; Ruttkay, Moppes & Noot, 2003) geht bezüglich der Personalisierung des Ansatzes noch einen Schritt weiter als Pelachaud und Kollegen: Um nicht „puppet-like“ und „styleless“ zu sein, möchten sie ihre Agenten mit einem persönlichen Stil hinsichtlich ihres nonverbalen Verhaltens ausstatten. Ähnlich wie in der kommerziellen Computeranimations-Szene (vgl. Thomas & Johnston, 1981) sollen Aspekte und Parameter von persönlichem Stil in der zwischenmenschlichen Kommunikation gefunden und auf verkörperte Agenten übertragen werden. Als potentiell Einfluss nehmende Faktoren werden Geschlecht, Alter, Status, Kultur oder Beruf festgestellt. Über diesen personspezifischen Stil hinaus können aber auch die Gesten einer Person eine gewisse Varianz aufweisen: Eine immer gleiche Geste würde unecht aussehen (vgl. Ruttkay, Huang & Eliens, 2003, die Dauer, Präzision und Dynamik eines Verhaltens variieren). Das erarbeitete Modell (vgl. Ruttkay & Pelachaud, 2002) weist daher zwei Parameter auf: *High-level agent defining parameters* (Persönlichkeit, Physikalische Gegebenheiten) und *low-level gesture modifying parameters* (spezifischere Variationen). Implementiert wird ein „Lexikon“ des nonverbalen Verhaltens (enthält die nach Persönlichkeit, Kultur etc. geordneten Verhaltensweisen sowie Regeln, welches Verhalten welches überschreibt), eine Instanz, die das zu benutzende Verhalten auswählt, und ein Modul, das das konkrete Verhalten generiert.

Mit GESTYLE wird für das Lexikon eine *markup language* zur Verfügung gestellt, durch die abgelegt wird, welche nonverbalen Verhaltensweisen der Agent „kennt“ (Ruttkay, Moppes & Noot, 2003). Der Text wird mit einer Bedeutung annotiert, später wird eine entsprechende Geste zugeordnet. Ein offenes Problem besteht aber noch darin, das Lexikon mit ausreichend Verhalten zu versehen. Hier erhoffen sich Ruttkay et al. (2003) einen Beitrag der Psychologie: „In order to make realistic and useful style dictionaries, one should rely on findings from behavioural psychology and cultural anthropology“ (S. 7).

Natürlich weisen auch die Arbeiten anderer Forscher Aspekte auf, in denen weniger Emotionen, sondern vielmehr die Modellierung nonverbalen Verhaltens eine Rolle spielt: So beschäftigen sich Lester et al. (2000) ausführlich mit der Generierung von deiktischen Gesten, Rist et al. (2003) implementieren die häufigsten von 69 Gesten, die in einer Annotation von deutschen TV-Shows gefunden wurden und Marsella (2000) versucht menschliches nonverbales Verhalten „in all its richness and functionality“ (S. 1) bereitzustellen, indem er zwischen vier „physical focus modes“ unterscheidet, die das Verhalten entweder auf den eigenen Körper oder auf die Kommunikation fokussiert. Dieser Ansatz deckt die Komplexität nonverbalen Verhaltens aber letztlich ebenso wenig ab, wie Person, Craig, Price, Hu, Gholson, Graesser und die Tutoring Forschergruppe (2000) es schaffen, ihren AutoTutor mit menschenähnlichen Verhaltensweisen zu versehen. Bereits die Übersicht über die zu implementierenden Verhaltensweisen (Kopfnicken, -schütteln, Augenbrauenbewegung und Lächeln, Turn-Taking-Blickverhalten, Lidschluss, um Pausen zu markieren) zeigt, dass auch hier sowohl theoretisch als auch bezüglich der Implementierung noch viele Fragen offen bleiben. Als gutes Zeichen auf dem Wege zu umfassenderen Systemen kann dagegen gewertet werden, dass der Austausch innerhalb der Community mittlerweile einen so hohen Stand erreicht hat, dass bereits über die Verbindung der unterschiedlichen Systeme nachgedacht wird (vgl. Gratch et al., 2002). Besonders hoffnungsvoll stimmt auch – als eine der beiden Schlüsseleigenschaften, die berücksichtigt werden müssen, wird die Zeit genannt: „In working together toward a unifying architecture, timing emerged as a central concern at the workshop. A virtual human's behavior must unfold over time, subject to a variety of temporal constraints. For example, speech-related gestures must closely follow the voice cadence“ (Gratch et al., 2002, S. 7).

Insgesamt lässt sich aber gerade in diesem Bereich – vielleicht deutlicher noch als bei der Implementierung von Emotionen – ein explizites Einfordern von Erkenntnissen der Sozialwissenschaften und insbesondere der Psychologie feststellen. Erkenntnisse sowohl über die Struktur als auch die Wirkung nonverbaler bzw. generell kommunikativer Verhaltensweisen werden dringend benötigt, um das Verhalten der Agenten zu modellieren. Der Kreis der Interessenten wird nicht nur in der Agenten-Community beständig größer, sondern auch die Robotik-Community, die sich neuerdings verstärkt mit der Mensch-Roboter-Interaktion auseinandersetzt, ist auf Forschungsergebnisse angewiesen: „Our work is based on the assumption that research in computer science and engineering on socially embedded robots can substantially benefit from studies in the human and social sciences on the structure of human-human interaction“ (Dautenhahn et al., 2002, S. 398). Vor dem Hintergrund des scheinbar hohen Bedarfs an Erkenntnissen zu Interaktionsstrukturen und Wirkungen nonverbalen Verhaltens stellt sich die Frage, wo diese Ergebnisse herkommen sollen. Wie bereits geschildert, ist die Lage im Bereich der nonverbalen Kommunikation nach wie vor nicht so, dass man lediglich auf Publikationen zurückgreifen könnte. Tatsächlich behinderte lange Jahre die nur bedingte Eignung traditioneller Methoden entscheidende Erkenntnisfortschritte – insbesondere für die experimentelle Wirkungsanalyse fehlten schlicht geeignete Methoden (vgl. Bente, Krämer, Petersen & de Ruiter, 2001; Krämer, 2001). Eben jene methodischen Möglichkeiten bieten sich nun durch die Verfügbarkeit virtueller Personen (vgl. Bente & Krämer, 2002; Bente et al., 2001).

So lassen sich beispielsweise Ansätze finden, die auf der Basis klassischer Simulationsmethoden – d.h. der theoriegeleiteten Implementierung von Regeln und anschließender Überprüfung der Realitätsnähe – vorgehen. Cassell et al. (1994) nennen als Vorteil der Forschung mit virtuellen Figuren, dass der Forscher vor der Implementierung von einzelnen Regeln zur detaillierten Hypothesen- und Theorienbildung über die Phänomene gezwungen wird: „The advantage of computer modeling in this domain is that it forces us to come up with predictive theories of the gesture-speech relationship“ (S. 1). Die Autoren sprechen sich dafür aus, die bisher vorliegenden deskriptiven Theorien zum Phänomenbereich zu nutzen, um umfassende formale Modelle zu erstellen, die sich in Regeln und Algorithmen spezifizieren (bzw. präzisieren und formalisieren) und im Rahmen von Simulationen überprüfen lassen. Dies wiederum habe zur Konsequenz, dass man im Forschungsprozess zu immer exakteren Erkenntnissen gelange: „Most research on gesture has been descriptive and distributional. With the evidence available, it is time to attempt predictive theories of gesture use. ... Formal models such as ours point up gaps in knowledge, and fuzziness in theoretical explanations“ (Cassell et al., 1994, S. 10).

Eine andere Möglichkeit, virtuelle Figuren für die Grundlagenforschung nutzbar zu machen, wurde erstmals von Bente (1989) vorgelegt. Mithilfe spezieller Softwareentwicklungen können Protokolle einer Kommunikationssituation zumindest für die Kopfbewegungen durch Drahtgittermodelle vollständig „reanimiert“ werden. Ermöglicht werden kann dies allerdings nur durch Zeitreihenprotokolle, die über eine hohe räumliche und zeitliche Auflösung verfügen (vgl. Berner System zur Zeitreihennotation, Frey et al., 1981). Problemlos können – aufgrund der verhaltensnahen Protokolle – außerdem kontrollierte Veränderungen des Verhaltens oder auch des Erscheinungsbildes vorgenommen werden (vgl. Bente, Feist & Elder, 1995). Somit erlaubt es diese Technik, die Wirkung spezifischer Bewegungsmuster oder -elemente auf den Betrachter zu erforschen. Auf der Grundlage von Weiterentwicklungen (Bente, Krämer, Petersen & de Ruiter, 2001; Bente, Petersen, Krämer & de Ruiter, 2001) konnten bereits Untersuchungen durchgeführt werden (Krämer, 2001), die den möglichen Erkenntnisgewinn durch die kontrollierte Variation einzelner nonverbaler Cues dokumentieren (vgl. auch den ähnlichen Ansatz von Kempter, 1999).

Auch eine Forschergruppe um Susanne Kaiser und Thomas Wehrle nutzt synthetisiertes Verhalten – in diesem Fall mimisches Verhalten, das durch das Programm FACE (Facial Animation Composing Environment) erstellt wird – zur Grundlagenforschung (Kaiser & Wehrle, im Druck; Wehrle, Kaiser, Schmidt & Scherer, 2000). Die entstehenden Möglichkeiten werden insbesondere genutzt, um entscheidende Faktoren für die Zuschreibung von Emotionen zu isolieren. Die Möglichkeit zur systematischen Variation sowie zum Einsatz von virtuellen Figuren zu Forschungszwecken wird selbst dann erkannt und nahegelegt, wenn eine Forschergruppe den Weg selbst nicht einschlägt (vgl. Pelachaud, Badler

& Steedman, 1996): „Our model can be expected to help further research of human communicative faculties via automatically synthesized animation. In particular, it offers to linguists and cognitive scientists a tool to analyze, manipulate, and integrate several different determinants of communication. Because our programm allows the user to switch each determinant on and off, the function and the information that each of them provides can be analyzed" (S. 34).

Mittlerweile wurde die Bedeutsamkeit des Einsatzes von virtuellen Figuren im Rahmen der Grundlagenforschung auch international erkannt. Blascovich et al. (2001) stellen immersive virtuelle Umgebungen (immersive virtual environment technology, IVET) und entsprechende virtuelle Figuren als neues Paradigma für die experimentelle Sozialpsychologie vor. Der Einsatz von IVET soll nicht nur Replikationen erleichtern und durch seine zukünftige Verfügbarkeit über das Internet das Stichprobenproblem laborexperimenteller Studien lösen, sondern vor allem auch die Realitätsnähe bei gleichzeitig gegebener experimenteller Kontrolle erhöhen. Vor dem Hintergrund mehrerer gelungener Replikationen klassischer sozialpsychologischer Phänomene sind die Autoren zuversichtlich „we believe that IVET will be extremely fruitful for social psychologists in terms of its use for investigating social influence phenomena" (S. 40) und prognostizieren sogar einen Paradigmenwechsel. Auch der Transfer des Wissens zurück in die Entwicklung autonomer virtueller Figuren wird bedacht: „In other words, investigators can take apart the very fabric of social interaction using IVET, disabling or altering the operation of its components thereby reverse engineering social interaction. With this appraoch, social psychologists could systematically determine the critical aspects of successful and unsuccessful social interaction, at least within specified domains and interaction tasks. Using knowledge gained this way, social psychologists could help artificial intelligence and software experts build truly intelligent and behaviorally realistic avatars" (S. 47). Als zusätzliche Forschungsbereiche, denen neue Möglichkeiten eröffnet werden, nennen die Autoren die Untersuchung von sozialer Identität (da Geschlecht, Hautfarbe u. ä. manipuliert werden können – durch einen virtuellen Spiegel sogar bei der eigenen virtuellen Repräsentation) sowie die Terror-Management-Theory (vgl. Greenberg, Solomon, Pyszczynski, Rosenblatt, Burling, Lyon, Pinel & Simon, 1992; Greenberg, Solomon & Pyszczynski, 1997). Im Rahmen der Letzteren könnten die üblichen Manipulationen der Todessalienz durch die Anwesenheit bei der eigenen Beerdigung erzeugt werden. Andererseits könnten die Versuchsteilnehmer auch von der eigenen Unsterblichkeit überzeugt werden, indem man mitansieht, wie der virtuelle Körper verschiedene todbringende Situationen unbeschadet übersteht.

Insgesamt lässt sich somit feststellen, dass sich nicht nur genügend methodische Möglichkeiten bieten, durch den Einsatz virtueller Figuren auch grundlegende Erkenntnisse zu nonverbalem Verhalten und Sozialverhalten zu gewinnen, die wiederum genutzt werden können, um Agenten zu gestalten (vgl. auch Kap. 4.5.2), sondern auch eine ausreichende Anzahl an Forschergruppen sich diesem Bereich widmet. Für die Zukunft können daher sowohl notwendige

Erkenntnisse über grundlegende Interaktionsphänomene und hinsichtlich des Agentenverhaltens als auch eine stärker werdende Verschränkung zwischen beiden Forschungstraditionen und den ingenieurwissenschaftlichen sowie psychologischen Disziplinen erwartet werden.

3.2 Evaluationsforschung

Neben der Bereitstellung von Wissen über Emotionen und nonverbales Verhalten im Rahmen der Realisation anthropomorpher Agenten, kommt der Psychologie insbesondere bei der Evaluation von Agenten eine zentrale Rolle zu. Wie in zahlreichen anderen Anwendungsbereichen erklärt sich auch hier die Unverzichtbarkeit auf das Mitwirken der Psychologie aus der Expertise im Umgang mit sozialwissenschaftlichen Methoden. Obwohl nämlich Evaluationen erfreulicherweise bereits sehr früh als wichtiger Schritt zur Optimierung der Agenten erkannt wurden, beherrschen die mehrheitlich aus den Informatik- und Ingenieurwissenschaften stammenden Mitglieder der Community die erforderlichen Methoden natürlich nur ansatzweise. Dennoch wurden seit Beginn der Entwicklung anthropomorpher Schnittstellen – anders als in den frühen Zeiten der HCI-Forschung – nicht nur immer wieder Studien gefordert, sondern auch tatsächlich durchgeführt. Mittlerweile finden sich sowohl Herausgeberwerke, die sich speziell dem Aspekt der Evaluation widmen (vgl. Ruttkay & Pelachaud, 2004) als auch spezialisierte Workshops (Dagstuhl Workshop, März 2004). Andererseits bleiben viele der Forderungen auch Lippenbekenntnisse. So ist bei Publikationen oft der abschließende Verweis zu lesen, dass formale Evaluationen folgen und geplant sind (Traum & Rickel, 2002; Gratch & Marsella, 2001; Cassell, Nakano, Bickmore, Sidner & Rich, 2001), ein Bericht über selbige gibt es allerdings nicht. Im besten Fall werden anekdotische Berichte über die Wirkungen angeboten, deren beschränkte Gültigkeit aber größtenteils erkannt und herausgestellt wird. Mittlerweile haben jedoch zahlreiche Gruppen – sicherlich auch bedingt durch das sparsame Interesse aus der Psychologie – „auf eigene Faust“ begonnen, Evaluationsstudien durchzuführen, die dann aber bisweilen mit entsprechenden methodischen, analytischen und interpretatorischen Fehlern verbunden sind.

Im Idealfall werden die Evaluationen dazu genutzt, um iterativ die Entwicklungen zu verbessern. Dabei werden Entwicklungen getestet, entsprechende Optimierungen durchgeführt, erneut getestet etc. (vgl. Bente, Krämer, Trogemann, Piesk & Fischer, 2001). Dieses idealtypische Vorgehen gelingt allerdings nur dann, wenn tatsächlich gleichermaßen psychologisch wie technologisch ausgebildete Personen die Forschergruppe führen (siehe Forschergruppe um Massaro). Im Folgenden sollen zunächst die Bedingungen für dieses idealtypische methodische Vorgehen dargestellt werden: Die möglichen Kriterien für eine Evaluation sowie verschiedene Methoden und Instrumente werden in den Kapiteln 3.2.1 und 3.2.2 geschildert. In Kapitel 3.2.3 wird dann aus verschiedenen Möglichkeiten, den Forschungsbereich zu strukturieren, eine Systematik ausgewählt, die im nachfolgenden Kapitel 4 den Rahmen für die Darstellung der bisher gefundenen empirischen Ergebnisse bilden soll.

3.2.1 Kriterien bei der Evaluation virtueller Helfer

Hinsichtlich der Kriterien bietet sich zunächst an, sich an den herkömmlichen Kriterien für die Evaluation von Mensch-Computer-Interaktion zu orientieren (vgl. Krämer, 2004). Traditionell wird hier die *Benutzerfreundlichkeit* überprüft. Dieses Konstrukt lässt sich selbstverständlich in unterschiedliche konkretere Evaluationsziele überführen. Eine verbreitete Einteilung richtet sich nach der ISO-Normenreihe 9241 (ergonomic requirements for office work with visual display terminals, DIN EN ISO 9241-11, 99). Generell lassen sich Systeme hinsichtlich ihrer Effektivität, ihrer Effizienz und ihrer Akzeptanz bzw. Zufriedenstellung unterscheiden. Dabei bezeichnet *Effektivität* die Genauigkeit und Vollständigkeit, mit der Benutzer bestimmte Ziele oder Teilziele erreichen. *Effizienz* setzt den erreichten Grad an Effektivität ins Verhältnis zum Aufwand an Ressourcen, der mit der Zielerreichung verbunden ist (Aufwand kann hier sein: physische Beanspruchung, Zeit, Material oder monetäre Kosten). Hinsichtlich der *Akzeptanz* lassen sich zwei Bedeutungen unterscheiden, zum einen objektiv erfassbares Nutzerverhalten (messbar an der Häufigkeit der Nutzung oder dem Kauf eines Produktes), zum anderen die subjektive Reaktion des Benutzers auf ein Assistenzsystem, etwa die positive Einstellung des Benutzers zum System (die auch als Zufriedenstellung bezeichnet wird).

Im Anschluss an diese Einteilung fokussieren die meisten in der Literatur auffindbaren Kriterienkataloge vorwiegend den Aspekt der Effizienz oder Effektivität: Eberts (1994) gibt eine ausführliche Übersicht über vier Arten von abhängigen Variablen und deren Erhebungsmöglichkeiten, die er im Zusammenhang mit Interface-Design-Experimenten für nützlich hält. Hier wird zunächst Performanz einerseits quantitativ (Geschwindigkeit) und andererseits qualitativ (Fehlerfreiheit) gemessen. Weiterhin wird die Anzahl bestimmter Ereignisse (wie das Anfordern von Hilfstexten) festgehalten. Als einzig den Bereich Akzeptanz betreffende Variable werden Präferenzangaben aufgeführt, die zwar subjektiv, aber auch oft valide seien, da sie mit Kaufentscheidungen korrelierten. Auch die Aufteilung nach Lindsay (1996) lässt sich als stark auf den Effizienz-Bereich fokussiert sehen: Hier werden die Dimensionen *Funktionalität, Nutzbarkeit* und *Kontrolle* unterschieden. Sobald man sich aber in Richtung des Bereiches der Evaluation anthropomorpher Schnittstellen bewegt, treten Effizienz-bezogene Maße in den Hintergrund: Dehn und van Mulken (2000) orientieren sich stärker an den auf Benutzerseite messbaren Verhaltensaspekten. Sie unterscheiden subjektive *Erfahrung* (Bewertung des Systems), *Verhalten* im Umgang mit dem System (Aufmerksamkeit, Selbst-Präsentation) sowie die *Performanz* im Sinne des Ergebnisses der Interaktion (ob sich etwa das Wissen des Benutzers vergrößerte oder sein Verstehen erhöhte). Mit den

Veränderungen hinsichtlich der Schnittstellengestaltung scheint sich auch der Fokus der Kriterien zu verschieben; Interfaces sollen nicht mehr nur effizient zu handhaben sein, sondern darüber hinaus auch andere menschliche Bedürfnisse befriedigen. Auch Catrambone et al. (2004) weisen auf den hohen Stellenwert der subjektiven Bewertungen hin: „Towards the more objective end, a user's performance on a task in terms of accuracy, time, and persistence ... can be one measure when evaluating an ECA. Towards the more subjective end, a user is likely to have a number of affective reactions to an ECA that are extremely important as well" (S. 253). Wichtiger wird nun, was die Menschen im Umgang mit dem System empfinden und – im Rahmen neuer, an menschlicher Face-to-Face-Interaktion ausgerichteter Schnittstellengestaltungen – welche sozio-emotionalen Wirkungen dies hinterlässt. Dies geht einher mit ohnehin auch im traditionellen Bereich der HCI-Forschung lauter werdenden Forderungen nach einer stärkeren Gewichtung der Erhebung affektiv-emotionaler Variablen (vgl. Mangold, 1997).

Darüber hinaus werden durch den Rückgriff auf menschliches Kommunikationsverhalten in besonderer Weise auch Konzepte und Befunde aus der Sozial- und Kommunikationspsychologie salient. Die Mensch-Computer-Interaktion gewinnt hier eine völlig neue – eine (para)soziale – Dimension, die ebenfalls Eingang finden muss in die Liste der Kriterien (wie es etwa bei Dehn und van Mulken, 2000, ansatzweise durch den Einbezug des Nutzerverhaltens bereits geschieht). Konsequenterweise fordern Parise, Kiesler, Sproull und Waters (1999) auch eine Erweiterung der psychologischen Forschungsperspektive: „As computer interfaces can display more life-like qualities such as speech output and personable characters or agents, it becomes important to understand and assess user's interaction behavior within a social interaction framework rather than only a narrower machine interaction one" (S. 123). Im Zusammenhang mit der Analyse anthropomorpher Interfaces ist es zentral, soziale Wirkungen explizit zu betrachten, da dieser neue Wirkfaktor, der sicherlich auch Einfluss nimmt auf Akzeptanz und Effizienz, nicht aus den Augen verloren werden sollte. Parallel zur Erfassung von Effizienz und Akzeptanz müssen somit insbesondere die Verhaltensweisen der Nutzer detailliert erfasst werden, da sich in diesen soziale bzw. parasoziale Wirkungen widerspiegeln bzw. Verhaltensweisen erkennbar werden können, die ansonsten nur im zwischenmenschlichen Kontakt auftreten (Reeves & Nass, 1996; Nass & Moon, 2000; Sproull et al., 1996; vgl. Krämer, 2002; Krämer & Bente, 2001).

Zusammenfassend kann man somit feststellen, dass neben den klassischen Kriterien der Effizienz/Effektivität und Akzeptanz verstärkt auch soziale Wirkungen – meist ablesbar am unwillkürlichen Nutzerverhalten – berücksichtigt werden müssen. Dabei lassen sich die einzelnen Kriterien in Bezug auf die Interface-Agenten spezifisch ausdifferenzieren. Hinsichtlich der Akzeptanz ist natürlich das als Kriterium von der Community selbst eingeführte Konzept der Glaubwürdigkeit als zentral anzusehen: „Current state-of-the-art in evaluation has relied largely on the concept of ‚believability' in demonstrating the effectiveness of a technique" (Gratch & Marsella, 2004, S. 2). Obwohl dieses Kriterium insofern ungenügend ist, als sich bislang keine einheitliche Definition hat finden lassen, wird Glaubwürdigkeit in der einen oder anderen Form im Rahmen der meisten Studien erhoben (neben Aspekten wie „liking"). Soziale Wirkungen sind dagegen diffizil in ihrer Operationalisierung, sodass bislang jedes Verhalten, das in ähnlicher Form auch im Rahmen von Face-to-Face-Kontakt aufgefunden werden könnte, als soziale Wirkung gilt. Effizienz und Effektivität können im Sinne objektiver Variablen durch die Messung der Performanz des Nutzers erfasst werden (z. B. Lässt sich eine Erhöhung des Wissens oder des Verstehens beobachten?). Und natürlich können Effizienz und Effektivität auch aus der Sicht des Nutzers erfasst werden, indem etwa nach der subjektiven Erfahrung von Effizienz/Effektivität gefragt wird. Dies soll im Folgenden allerdings als eine Unterform der Akzeptanz verstanden werden.

Eine weitere Möglichkeit, Effizienz und Effektivität zu erfassen, besteht in der Möglichkeit, diese nicht in Bezug auf den Nutzer zu definieren, sondern hinsichtlich bestimmter Kriterien, die alleine auf die Performanz des Systems Bezug nehmen. Dies fällt dann allerdings nicht unter Evaluations-, sondern unter Performanzforschung. Hier werden Kriterien definiert, die das System erfüllen sollte, und ohne den Nutzer einzubeziehen wird überprüft, ob sie erreicht werden (z. B. durch heuristische Evaluationen). Als Kriterien, die es zu erfüllen gilt, können beispielsweise die von Cassell et al. (2000) aufgeführten Mindestanforderungen für ECAs genutzt werden: 1. Fähigkeit, verbalen und nonverbalen Input zu erkennen und darauf zu reagieren, 2. verbalen und nonverbalen Output zu generieren, 3. das Beherrschen von konversationalen Funktionen wie Turn-Taking und Feedback, 4. die Fähigkeit, den Stand der Konversation zu erkennen und zu signalisieren und 5. neue Inhalte zum Diskurs hinzuzufügen. In ähnlicher Weise formulieren Marsella et al. (2004) als zentrales Design-Kriterium eine funktionierende Interaktivität. Nutzbar in diesem Sinne sind etwa auch die von Zimmer (1989) auf die Mensch-Computer-Interaktion bezogenen Griceschen Kommunikationsmaximen. Das allgemeine Dialogprinzip *Sei kooperativ* (Grice, 1975) mit den Maximen der Quantität (*be informative*), der Qualität (*make only utterances you know be true*), der Relevanz (*be relevant*) und der Modalität (*be perspiciuos*) können direkt in Gestaltungsanweisungen und Kriterien im Sinne der Optimierung der Performanz übersetzt werden.

Sanders und Scholtz (2000) beziehen ihren Artikel zur Evaluation von ECAs ausschließlich auf die Performanz-Testung des Systems im Sinne von *benchmark testing* oder summativer Evaluation. Diese sei bei interaktiven Systemen allerdings schwieriger durchzuführen, da die Tatsache, ob die Interaktion erfolgreich war, von den Zielen des Nutzers abhängt. Zusätzlich werden System und zu evaluierende Komponenten immer komplexer, da nicht nur Dialogführung, Antwortzeit des Systems, Latenzzeit oder Qualität von dahinter liegenden Assistenzsystemen evaluiert werden müssen, sondern auch Gestik, Aussehen und Persönlichkeit des Agenten: „Embodying the system may well simplify the interaction, but it does not simplify the evaluation" (S. 349). Die Autoren leiten aus dem Bereich der Sprachinterfaces acht generelle Heuristiken ab, die auch für ECAs überprüft werden müssen (Sanders & Scholtz, 1998):

„The system's functionality and use are clear to users.
The system takes active responsibility for repair when possible.
The system uses clear, concise, and consistent language.
The system follows the dialogue conventions of natural human dialogues.
The system gives prompt coherent feedback.
The system correctly handles answers that give more information than is requested.
The system detects conflicting input from the user, notifies the user, and actively clarifies or repairs the problem.
The system supports users with different levels of expertise"
(Sanders & Scholtz, 2000, S. 356 ff).

Für Agenten sollten darüber hinaus weitere Aspekte überprüft werden, so etwa, ob das System „unbewusste" Dialogmechanismen unterstützt (Erkennen und Generieren von Betonung durch Kopfbewegungen oder beat-gestures), ob es inhaltliche Gesten (beispielsweise Zeigegesten) erkennt, ob es ein internes Modell der Aufgaben hat, die der Nutzer erfüllen möchte und ob es korrekte Nutzererwartungen hervorruft.

Eine spezifische Art des Performanz-Tests wird von Gratch und Marsella (2004) vorgestellt: Um festzustellen, ob ihr System tatsächlich wie gewünscht die Dynamiken von Appraisal und Coping korrekt modelliert, wird die Ausgabe des Systems mit den aggregierten Daten eines Emotionsinstrumentes (SCPQ) verglichen. Dem System werden aus dem SCPQ entnommene Situationen vorgegeben, dieses berechnet Appraisal und Emotionen, die dann verglichen werden können mit von Menschen stammenden Daten derselben Situation. Bis auf leichte Abweichungen werden dabei die gewünschten Zustände erreicht. Vor dem Hintergrund der bisherigen Erfolge sprechen sie sich für eine Fortführung dieser Art des Performanz-Tests aus: „To advance the development of these models, it is critical that we begin to contrast them against the phenomena they purport to model" (S. 7).

Der Vollständigkeit halber sei erwähnt, dass sich Evaluation natürlich auch auf ökonomische Aspekte beziehungsweise Marktchancen beziehen kann. So wurden bereits Analysen vorgelegt, die das ökonomische und somit Verbreitungspotential von autonomen pädagogischen Agenten beleuchten. Bendel (2003a, b) fasst vor dem Hintergrund einer Literaturanalyse und einer Befragung von Entwicklern zusammen, dass der optimistischen Prognose der Analysten Taylor und Garone der International Data Corporation aus dem Jahre 2000 vor dem Hintergrund des Zusammenbruchs des Neuen Marktes zwar nur noch bedingt zu folgen ist, dass die Aussichten aber durchaus als positiv bezeichnet werden können: „Es konnten nach einer Einschätzung der Investition Einsparmöglichkeiten, Zugewinne, Wettbewerbsvorteile und Benefits für Individuen plausibel gemacht werden. Pädagogische Agenten haben demnach ökonomische Relevanz; allerdings ist diese ganz von der Art der Verwendung abhängig“ (S. 288).

3.2.2 Methoden zur Evaluation

Nachdem nun zunächst die Kriterien beleuchtet wurden, sollen im Folgenden Methoden sowie konkrete Instrumente zur Evaluation von Interface-Agenten vorgestellt werden. Während Letztere zum großen Teil spezifisch für den Gebrauch anthropomorpher Agenten entwickelt wurden, unterscheiden sich die zum Einsatz kommenden Methoden kaum von den klassischen Vorgehensweisen zur Usability-Forschung. Es handelt sich insbesondere um Checklisten- oder Fragebogen-basierte Befragungen sowie experimentelle Designs. Wie in anderen Bereichen ist auch hier der Einsatz experimenteller Methoden besonders populär. Nass, Isbister und Lee (2000) beispielsweise sprechen sich für Experimente aus, um über die Überprüfung der Performanz hinaus Daten zur Zufriedenheit des Nutzers zu erhalten: „Experimental research ... provides objective and reliable measures of whether a particular ECA has satisfied users“ (S. 375). Als besonderen Vorteil stellen sie die Möglichkeit heraus, im Rahmen experimenteller Studien kleine systematische Änderungen vorzunehmen, durch die die Schwierigkeit, ECAs mit andersartigen Schnittstellen zu vergleichen, umgangen wird. Dies sei im Prinzip mit einfachen Mitteln zu erreichen: „ ..., if researchers simply created more than one stimulus, randomly assigned the presentation of the stimuli, and provided clear metrics for assessments, we would have both beautiful research and beautiful agents, and that, after all, is the justification for the existence of our field“ (S. 398 f). Auch Oviatt und Adams (2000) propagieren letztlich ein experimentelles Vorgehen, empfehlen aber, nicht bis zur Realisation kompletter Systeme zu warten, sondern die Simulationstechniken bereits im Rahmen der Forschung zu nutzen. Sie halten sogenannte Wizard-of-Oz-Studien für sinnvoll, bei denen das System durch den Einsatz von im Verborgenen tätigen Mitarbeitern des Versuchsleiters als funktionstüchtig erscheint. Dies ermögliche nicht nur die nötige Flexibilität bei der Testung, sondern auch die Evaluation von Systemen während der Planungsphase.

Auch Massaro und seine Mitarbeiter (Massaro, Cohen, Daniel & Cole, 1999) vertreten vehement die Nützlichkeit experimentalpsychologischen Vorgehens. Dabei schätzen sie die Langfristigkeit einer entsprechenden iterativen Vorgehensweise durchaus realistisch ein: „Our research differs from other extant research because it is grounded in psychological experimentation. Every development in the conversational agent will be based on psychological findings as well as evaluated systematically once it is developed. The multidisciplinary nature of the research (experimental psychology, speech science, computer graphics, human factors, and interactive interface design) and the long-term goal of completely realistic conversational agent places the research in a long-term horizon of 5–10 years“ (S. 193). Massaro (2004) stellt darüber hinaus ein elaboriertes Rahmenmodell für die experimentelle Testung vor: Um sein FLMP-Modell zu testen (Fuzzy logical model of perception), nutzt er eine experimentelle Vorgehensweise, die sich auch bewährt, um nachzuweisen, inwieweit eine multimodale Ein- und Ausgabe tatsächlich vorteilhaft für die Mensch-Computer-Interaktion ist. Eingesetzt wird ein faktorielles Design, bei dem zwei Modalitäten (beispielsweise die Viseme auf dem Kontinuum von ba bis da und die Phoneme auf dem Kontinuum von ba bis da) unabhängig voneinander auf mehreren Stufen variieren sowie auch jeweils alleine präsentiert werden. Bei je fünf Variationsstufen sowie der jeweiligen Einzeldarbietung ergeben sich 35 Kombinationen, die in einem *within subjects*-Design Versuchsteilnehmern zur Bewertung präsentiert werden können. Massaro (2004) nutzt die Methode, um festzustellen, wie Menschen die Information unterschiedlicher Kanäle und Modalitäten verarbeiten, sie kann prinzipiell aber auch genutzt werden, um den relativen Einfluss einzelner stufenweise variierbarer Verhaltensweisen auf die Eindrucksbildung zu testen (vgl. Massaro, Cohen, Daniel & Cole, 1999). Demonstrieren konnte Massaro (2004) dies anhand eines Experimentes, bei dem Gesichtsausdruck und Intonation des Wortes „please" auf drei Stufen variiert wurden: Die Information beider Modalitäten wird integriert und der jeweilige Einfluss erwies sich dann als am höchsten, wenn die andere Modalität neutral war.

Insgesamt lässt sich somit auch für den vorliegenden Forschungsbereich die experimentelle Methode als das überlegene Vorgehen (beispielsweise im Vergleich zur Befragung) herausheben. Im Gegensatz zur reinen Befragung kann diese Methode eher Richtungen zur Optimierung weisen – zum Beispiel aufgrund der Möglichkeit der vergleichenden Bewertung. Allerdings muss einschränkend auch auf Nachteile hingewiesen werden: Zum einen können immer nur minimale Aspekte variiert und fokussiert werden, sodass in einem Bereich wie diesem, in dem Einfluss nehmende Faktoren bislang noch kaum isoliert werden konnten, der Erkenntnisgewinn nur extrem langfristig fortschreiten kann. Zusätzliche Schwierigkeiten ergeben sich aus der Tatsache, dass Forschung – außer im Hinblick auf spezifische Effekte (s. u.) – kaum theoriegeleitet erfolgen kann. Außerdem werden Untersuchungen bislang ausschließlich im Rahmen kontrollierter Laborsituationen mit den bekannten Nachteilen hinsichtlich der externen Validität durchgeführt. Letztere sind im Zusammenhang mit der Erforschung innovativer Technologien als noch gewichtiger einzuschätzen, da ein Urteil lediglich aufgrund eines unrealistisch kurzen Gebrauchs und vor dem Hintergrund geringer persönlicher Relevanz gefällt wird. Vor diesem Hintergrund können die im Rahmen von Laboruntersuchungen immer vorhandenen „demand characteristics" wesentlich mehr Einfluss auf die Ergebnisse nehmen, als wünschenswert (vgl. Kap. 4.4.2). Beispielhaft führen etwa Kiesler und Sproull (1997) an, dass es im Labor zwar – bedingt durch eine spezielle Wahrnehmung der Situation sowie aus Respekt für den Versuchsleiter – für manche Nutzer angenehm sein kann, von der Maschine mit Vornamen angesprochen zu werden, nicht aber im Einkaufscenter. Anzustreben wären in diesem Zusammenhang zusätzliche Untersuchungen unter alltagsnäheren Bedingungen (etwa Langzeitstudien im Heimgebrauch), die aber – vor allem aufgrund der mangelnden Verfügbarkeit von alltagstauglichen Systemen – momentan nicht realisierbar sind.

3.2.2.1 Instrumente und abhängige Variablen

Um Erhebungen unter Berücksichtigung der zuvor geschilderten Kriterien zu leisten, müssen die im Rahmen von HCI-Studien üblichen abhängigen Variablen und Instrumente eine entscheidende Erweiterung erfahren. Vor allem darf die Erfassung nicht einseitig auf subjektive Bewertungsaspekte gestützt werden (vgl. etwa auch Entwicklungen bei der Untersuchung sozialer Präsenz in virtuellen Welten, Ijsselsteijn, 2004), sondern muss auch objektive Aspekte wie etwa das Nutzerverhalten oder physiologische Reaktionen mit einbeziehen (siehe auch Fong, Nourbakhsh & Dautenhahn, 2002). Die folgende Übersicht orientiert sich daher an der Unterscheidung zwischen objektiv und subjektiv erfassbaren Aspekten (vgl. Krämer, 2002).

Subjektiv erfassbare Aspekte
Subjektiv erfassbar sind Akzeptanz sowie Aspekte der sozialen Wirkung. Generell lassen sich diese sowohl durch Fragebögen als auch durch Interviews oder Fokusgruppen erfassen (vgl. Ruttkay, Dormann & Noot, 2002). Vor allem die Akzeptanz lässt sich durch subjektive Parameter, wie etwa Fragebögen zur generellen Evaluation, sowie – etwas verhaltensorientierter – durch Fragen zur eventuellen Kaufentscheidung erfassen (einen Überblick zu HCI-Fragebögen geben LaLomia & Sidowski, 1990). Obwohl in zahlreichen Studien konkret auf den Bereich der Bewertung anthropomorpher Agenten zugeschnittene Fragebögen genutzt werden, handelt es sich meist um Ad-hoc-Instrumente, die weder umfassend vorgestellt noch validiert werden. So stellen etwa McBreen und Jack (2000) einen kurzen Fragebogen vor, der von Beun et al. (2003) modifiziert und als „Anthropomorphismus-Fragebogen" eingesetzt wird und beispielsweise misst, ob der Agent als hilfreich oder vernünftig empfunden wird. Van Eck und Adcock (2003) bringen im Bereich der pädagogischen Agenten erstmals die Notwendigkeit zur Entwicklung einer reliablen und validen Skala zur Messung von Agenteneffekten mit auf. Ihre „Attitude towards agent scale" (ATAS) enthält die beiden Subskalen „pedagogical efficacy of the agent" und „Agent's attitude towards teaching". Um die aus ihrer Sicht ebenfalls wichtigen Attribute wie Erscheinungsbild, Animation, Stimme, etc. mit einzubringen, entwickelten Baylor und Ryu (2003b) nachfolgend das „Agent Persona Instrument" zur Evaluation von pädagogischen Agenten. Das auf der Basis verschiedenster Ad-hoc-Fragebögen (Andre, Rist & Müller, 1999; Baylor & Ryu, 2003a; Lester et al., 1997a; Moundridou & Virvou, 2002; van Mulken et al., 1998) zusammengestellte Instrument wurde einer explorativen ($N = 80$) und einer konfirmatorischen ($N = 133$) Faktorenanalyse unterzogen. Das resultierende Instrument besteht aus vier Faktoren:

- *credible* (fünf Items: The agent was knowledgeable, intelligent, useful, helpful, instructor-like);
- *facilitating learning* (zehn Items: z. B. The agent led me to think more deeply about the presentation; The agent made the instruction interesting; The agent kept my attention);
- *engaging* (fünf Items: The agent was expressive, enthusiastic, entertaining, motivating, friendly);
- *human-like* (fünf Items: The agent has a personality, The agent's emotion was natural, The agent was human like, The agent's movement was natural, The agent showed emotion)

Zusammenfassen lassen sich diese zu den latenten Variablen *informational usefulness* (credible und facilitating learning) und *emotive interaction* (engaging, human-like).

Eine andere interessante Möglichkeit zur Erfassung subjektiver Bewertungen hinsichtlich etwa des Erscheinungsbildes bieten Sortieraufgaben (vgl. Cowell & Stanney, 2003; Blens, 2003). Cowell und Stanney (2003) legten Versuchspersonen bezüglich dreier systematisch permutierter Variablen (Alter, Geschlecht und Ethnie) Karten vor, die sie nach Präferenz sortierten. Die Leitfrage lautete, mit welchem der Charaktere sie eine kooperative Aufgabe am Computer am ehesten erledigen würden. Blens (2003; Blens, Krämer & Bente, 2003) lässt die Abbildungen unterschiedlich gestalteter Agenten – realistisch versus comichaft – im Hinblick auf die Zusammenarbeit in einem seriösen Kontext sowie bezüglich eines unterhaltenden Zusammenhangs durch eine Rangreihenfolge bewerten.

Auch Auskünfte zur empfundenen Effizienz lassen sich in den Kontext der Akzeptanz einordnen, da eigene Untersuchungen ergeben haben, dass empfundene Effizienz und generelle Evaluation starke Zusammenhänge aufweisen sowie nicht mit der tatsächlichen Effizienz korrelieren (Krämer & Nitschke, 2002, s. u.). Weiterhin erweist es sich als sinnvoll, die subjektiven Empfindungen im Umgang mit dem System zu erfassen (vgl. etwa Apenburg, 1986). Als ebenfalls wichtige Determinante der Akzeptanz hat sich die Glaubwürdigkeit des Systems im Sinne des ihm entgegengebrachten Vertrauens erwiesen. So konnten etwa Milewski und Lewis (1997) zeigen, dass eine Aufgabe eher delegiert wird, wenn das System anthropomorphe Anteile hat. Erheben lässt sich dieser Aspekt durch Fragebogenitems, semantische Differentiale oder – bereits objektiver – durch Verhaltensentscheidungen des Benutzers bezüglich möglicher Delegation. Darüber hinaus sollten auch Aspekte der sozialen Wirkung durch subjektive Verfahren erfasst werden: Setzt man anthropomorphe virtuelle Helfer ein, darf beispielsweise der Aspekt der Personwahrnehmung nicht unberücksichtigt bleiben. So kann man davon ausgehen, dass virtuelle Personen den gleichen Bewertungsprozessen wie reale Interaktionspartner unterworfen sind (vgl. Bente, Petersen, Krämer & Buschmann, 1999) und sich daher der Einsatz von Beurteilungsinstrumenten zur Personwahrnehmung empfiehlt (etwa semantische Differenziale, vgl. Krämer, 2001). Ferner kann das medienpsychologische Konstrukt der parasozialen Interaktion Anwendung finden: Diesbezüglich entwickelten Hartmann, Klimmt und Vorderer (2001) ein Instrument zur Erfassung parasozialer Interaktion mit virtuellen Figuren.

Da solche Messungen zum einen aufgrund ihres subjektiven Charakters und zum anderen aufgrund ihres Einsatzes als post-hoc-Instrument den üblichen methodischen Problemen unterliegen und da darüber hinaus Hinweise gefunden werden konnten, dass bisweilen trotz feststellbarer Effekte auf den Nutzer keine subjektiv veränderte Reaktion festzustellen war (vgl. Krämer & Nitschke, 2002), empfiehlt sich hier zukünftig der zusätzliche Einsatz objektiverer, prozessbegleitender Messverfahren wie psychophysiologischer Daten (s. u., objektiv erfassbare Parameter).

Objektiv erfassbare Aspekte

Objektive Maße lassen sich inhaltlich in Akzeptanz-, Effizienzmaße sowie Verhaltensaspekte der Nutzer einteilen. Objektive Akzeptanzdaten erhält man beispielsweise, wenn man die Probanden tatsächlich wählen lässt, auf welche Art und Weise – beispielsweise mit oder ohne virtuellen Helfer – sie eine gegebene Aufgabe erledigen möchten. Begleitend zu subjektiven Verfahren können – wie bereits erwähnt – weiterhin objektive Prozessparameter zur Erfassung der Aktivierung eingesetzt werden. Effizienz lässt sich, je nach Art der zu bearbeitenden Aufgabe, entweder durch Behaltens- oder Lernleistung (etwa bei Lernprogrammen, vgl. Lester et al., 2000; Baylor & Ebbers, 2003a, b) oder durch die Qualität und Quantität der Bewältigung einer Aufgabe erfassen (vgl. Rickenberg & Reeves, 2000; Krämer & Nitschke, 2002). Effizienz im Sinne eines geeigneten Werbeträgers dagegen kann auf Basis der Kaufentscheidung für das beworbene Produkt sowie ebenfalls durch die Behaltensleistung abgetestet werden (vgl. Blens, Krämer & Bente, 2003). Um schließlich zu prüfen, ob Rezipienten im Kontakt mit anthropomorphen Interfaces vermehrt sozial reagieren, sollten verschiedenste Variablen des zwischenmenschlichen Verhaltens erhoben werden. Diesbezüglich kann etwa überprüft werden, ob der Rezipient zusätzliches Impression-Management-Verhalten zeigt (vgl. Sproull et al., 1996) oder ob er vermehrt natürlichsprachiges Verhalten nutzt, um mit dem System in Interaktion zu treten (vgl. Krämer & Nitschke, 2002). Das Auftreten von reziprokem Hilfeverhalten (z. B. im Rahmen sozialer Dilemmata) kann ebenfalls als Indiz für soziale Wirkungen genutzt werden (vgl. Nass & Moon, 2000). Als weitere Variable, für die allerdings überprüft werden muss, ob sie vorrangig Hinweise auf Akzeptanz, Effizienz oder soziale Wirkungen gibt, kann die Erfassung der Aufmerksamkeit mittels Blickbewegungssystemen einbezogen werden. Prendinger, Mayer, Mori und Ishizuka (2003) plädieren darüber hinaus für den Einsatz von physiologischen Maßen – insbesondere da diese die zusätzliche Erfassung von prozessbezogenen Daten erlauben. **Tabelle 3.2** zeigt die angeführten Verfahren im Überblick.

Tab. 3.2: Detaillierte Aufteilung der abhängigen Variablen (vgl. Krämer, 2002)

AV		Operationalisierung
Subjektiv erfassbare Aspekte	Akzeptanz	Generelle Evaluation (Fragebogen mit offenen und geschlossenen Fragen)
		Kaufentscheidung bzw. Betrag, der für ein solches System ausgegeben würde
		Bewertung des Agenten (API, Baylor & Ryu, 2003b; ATAS, Van Eck & Adcock, 2003; Beun et al., 2003)
		Bewertung des Erscheinungsbildes (card sort assignments, s. Cowell & Stanney, 2003; Blens, 2003)
		Empfundene Effizienz (vgl. Krämer & Nitschke, 2002)
		Eigene Empfindungen im Umgang (Fragebogen; vgl. etwa Apenburg, 1986; Krämer & Nitschke, 2002)
		Glaubwürdigkeit, Vertrauen in das System (Fragebogenitems, semantisches Differential, Handlungsentscheidungen des Nutzers; Rickenberg & Reeves, 2000; Sproull et al., 1996; Milewski & Lewis, 1997; Krämer, Iurgel & Bente, 2005)
	Soziale Wirkung	Sozio-emotionale Bewertung, Personwahrnehmung (semantisches Differential, Krämer, 2001)
		Parasoziale Interaktion (Fragebogen, vgl. Hartmann, Klimmt & Vorderer, 2001)
Objektiv erfassbare Aspekte/ Verhaltensdaten	Akzeptanz	Wahlverhalten: Wiederaufsuchen, Entscheidung für oder gegen die Hilfe durch den virtuellen Helfer
		Aktivierung/psychophysiologische Messungen
	Effektivität/ Effizienz	Behaltensleistung (bei Lernprogrammen, aber auch bzgl. Werbung im WWW)
		Performanz, Aufgabenbewältigung
		Kaufentscheidung (bzgl. Effizienz als Werbeträger)
		Performanzänderungen durch Social Facilitation/Inhibition (vgl. Rickenberg & Reeves, 2000)
	Verhalten der Benutzer	Einsatz natürlicher Sprache im Umgang mit technischen Geräten (vgl. Krämer & Nitschke, 2002)
		Impression-Management-Verhalten (erfassbar durch sozial erwünschtes Verhalten bei Fragebogenitems; Sproull et al., 1996)
		Reziprokes Hilfeverhalten (Verhalten in sozialen Dilemmata, vgl. Nass & Moon, 2000)
		Analyse der Bewegungsaktivität des Benutzers anhand von Videoaufnahmen oder Bewegungssensoren
		Aufmerksamkeit (Blickbewegung)
		Physiologische Erregung (Prendinger et al., 2003)

Wichtig erscheint vor dem Hintergrund erster Untersuchungen, dass möglichst viele der genannten Variablen parallel erfasst werden, da sich Effekte nicht auf allen Dimensionen und bezüglich subjektiver und objektiver Parameter gleichermaßen abbilden. Einseitige Betrachtungsweisen können zu einer Verfälschung der tatsächlich vorhandenen Effekte führen, da subjektive und objektive Daten zum selben Aspekt stark voneinander abweichen können. So zeigt sich in zahlreichen Studien, dass subjektive Maße wie empfundene Effizienz und die tatsächlich festgestellte Performanz nicht im Zusammenhang stehen müssen (Krämer & Nitschke, 2002; van Mulken et al., 1998). Auch für den Bereich der Akzeptanz wurde gezeigt, dass Einstellung und Verhalten divergieren können: Parise, Kiesler, Sproull und Waters (1996) zeigen beispielsweise, dass ein Hundecharakter, obwohl besonders positiv bewertet, eine sehr schlechte Behandlung durch die Versuchsteilnehmer erfährt. Ferner ist nicht geklärt, wie sich die abhängigen Dimensionen Effizienz, Akzeptanz und soziale Wirkung zueinander verhalten. Hier hat sich zwar bereits gezeigt, dass etwa die empfundene Effizienz kein Zeichen für die tatsächliche Effizienz, sondern vielmehr als Akzeptanz zu rubrizieren ist. Über mögliche weitere Wechselwirkungen können aber bislang lediglich Vermutungen angestellt werden (vgl. Krämer & Bente, 2001). Vor dem Hintergrund bisheriger Untersuchungen erscheint eine vollständige Trennung der Effekte resp. das Hervorrufen eines Effektes auf nur eine der aufgeführten abhängigen Variablen nicht möglich – dies bedeutet unter methodischer Sichtweise nun natürlich auch, dass es nicht ausreichen kann, nur einen Aspekt zu messen und zu erfassen.

3.2.3 Strukturierung des Forschungsbereiches

Aufgrund der Tatsache, dass mittlerweile zahlreiche Evaluationsstudien durchgeführt werden, die sich aber (notwendigerweise) immer nur auf wenige Faktoren und Aspekte beziehen, ist bereits wiederholt angeregt worden, den Forschungsbereich zu strukturieren. Dies erscheint zum einen notwendig, um die bereits gewonnenen Ergebnisse in einen größeren Rahmen einzuordnen, zum anderen kann nur dies eine Zusammenschau potentiell Einfluss nehmender Faktoren ermöglichen. Letzteres ist insbesondere erforderlich, um systematisch weitere Untersuchungen planen zu können.

Ruttkay, Dormann und Noot (2002) setzen sich explizit mit dieser Thematik auseinander und beklagen die mangelnde Vergleichbarkeit von sowohl Agenten wie auch Studien: „The proliferation of research issues, the diversity of prototypes for different application domains and the multitude of used paradigms and tools makes it difficult to evaluate and compare embodied agents“ (S. 1). Vor diesem Hintergrund stellen sie eine Checkliste vor, die vier aus ihrer Sicht zentrale Aspekte von ECAs berücksichtigt: Design, Usability, praktischer Nutzen und Wahrnehmung vonseiten des Nutzers. Unter „Design“ fallen wiederum Embodiment (Erscheinungsbild; Personifikation als Tier, Objekt oder Mensch; Realismus; Anzahl der Dimensionen im Sinne von 2D- oder 3D-Darstellung; Vorhandensein von physischen Details wie Händen) und Kommunikationsmodalitäten (Text vs. Sprache; Fähigkeiten der Hände hinsichtlich Beat- und Zeigegesten; Variabilität von Gesichtsausdrücken und Lippensynchronisation; Möglichkeiten, mit dem Körper Haltungen einzunehmen). Auch die Gestaltung der mentalen Fähigkeiten wird als wichtiger Designaspekt herausgestellt. Hier lassen sich Persönlichkeit, Intention, Emotionsmodellierung, ein Modell des Nutzers und ein Modell der Umgebung subsumieren. Darüber hinaus werden Kontrolle und Interaktivität aufgeführt. Dies betrifft beispielsweise die Frage, ob offline- versus online-Kontrolle herrscht, ob es sich um einen automatisch gesteuerten Agenten oder einen durch einen Menschen gesteuerten Avatar handelt sowie welche Inputmodalitäten des Nutzers verwandt werden. Schließlich wird auch der Anwendungskontext als Unterpunkt der Designentscheidungen geführt: Hier lassen sich etwa Präsentations- und Informationsagenten, pädagogische, e-commerce- und reine Forschungsagenten unterscheiden.

Über die Designaspekte hinaus werden auch die zu erfassenden Variablen systematisiert. Diesbezüglich wird unterschieden zwischen Usability (Learnability, Ease of Use, Effektivität, Fehlerrate) und Evaluation auf Grundlage der Nutzerwahrnehmung (vgl. die zuvor genannten subjektiven Aspekte). In diesem Zusammenhang wird der Nutzer befragt hinsichtlich der Bereitstellung von Hilfe, der Zufriedenheit, Glaubwürdigkeit, dem Vertrauen und Engagement. Als weitere Einfluss nehmende Variablen führen die Autoren Nutzervariablen wie Persönlichkeit und Expertise an. Hinsichtlich der Durchführung von Evaluationsstudien problematisieren sie, dass es einen Unterschied macht, ob Systeme mit traditionellen Schnittstellen oder mit anderen ECAs verglichen werden. Insgesamt hoffen sie, durch diese Präsentation relevanter Themen die Community zum Aufbau eines Referenz- und Rahmenmodells anzuregen.

Gaggioli, Mantovani, Castelnuovo, Wiederhold und Riva (2003) bleiben in ihrer Unterscheidung ganz aufseiten der von Ruttkay et al. (2002) genannten Designaspekte. Sie führen lediglich drei Ebenen auf, die sie für bedeutsam halten: Physische Erscheinung, Verhalten und Interaktivität. Hinsichtlich der Erscheinung stellen sie beispielsweise die Frage, wie viel Realismus notwendig sei, damit entsprechende soziale Programme im Gehirn getriggert werden. Hinsichtlich des Verhaltens wird angenommen, dass dies möglichst menschenähnlich sein soll. Interaktivität solle ebenfalls hoch sein, um eine erfolgreiche Beziehung zwischen Nutzer und Agent zu ermöglichen.

Catrambone, Stasko und Xioa (2004) bieten eine umfassendere Systematisierung an. Ausgehend von der Tatsache, dass bisherige Ergebnisse widersprüchlich sind und sowohl Befürwortern als auch Gegnern der ECAs Argumente liefern, schlagen sie ein systematisierendes Forschungsrahmenmodell vor. Dieses umfasst auf der obersten Ebene Eigenschaften des Agenten, des Nutzers und der Aufgabe. Aus diesen Aspekten lassen sich vier Arten von Fragestellungen ableiten: Wie reagieren Menschen auf ECAs? Wie bewerten Nutzer sie? Wie beeinflussen unterschiedliche Attribute (Erscheinungsbild, Persönlichkeit) die Wahrnehmungen des Nutzers? Für welche Art von Aufgabe sind ECAs am ehesten geeignet? Die einzelnen genannten Ebenen werden weiter unterteilt: So kann der Agent etwa hinsichtlich Erscheinungsbild, Persönlichkeit oder der Frage, wie reaktiv bzw. proaktiv er sein soll, variieren. Nutzer unterscheiden sich beispielsweise hinsichtlich Alter, Geschlecht oder des Grades an Computer-Expertise. Besonders detailliert fällt die Systematisierung der Aufgabe aus, die ansonsten häufig vernachlässigt wird: Hier führen Catrambone et al. (2004) die Domäne (Unterhaltung, technische vs. nicht technische Bereiche), die Intention des Nutzers, die Schwierigkeit, Wichtigkeit, Langfristigkeit und die Dauer der Aufgabe als potentiell Einfluss nehmend auf. Zusätzlich mag es eine Rolle spielen, ob die Aufgabe eine objektive Lösung hat oder im Gegensatz dazu meinungsbasiert ist. Auch das Ausmaß an Zeitdruck oder die Art der Konsequenzen, wenn die Aufgabe nicht erledigt werden konnte, kann sich als wichtig für die Beurteilung von Agenten erweisen.

Das Rahmenmodell soll genutzt werden, um systematische Studien zu ermöglichen, die dann kohärente Ergebnisse erbringen sollen: „Through our unified framework – and related frameworks suggested by others – we believe we will obtain results that will provide more definitive answers about the features of agents, users, and tasks that predict success. Such results can guide developers as they pursue ECA interfaces. Alternatively, the results might show convincingly that such an interface is not the interface of the future. We plan to use our framework to guide additional studies and hope other researchers find it useful and that it will allow future experiments to build on each other more effectively than in the past“ (S. 25).

Tab. 3.3: Zusammenschau unterschiedlicher Systematisierungen

Ruttkay, Dormann & Noot (2002)	Design (Embodiment, Kommunikationsmodalitäten, „Geist“ des ECA, Kontrolle und Interaktivität, Anwendungskontext)
	Usability
	Wahrnehmung des Nutzers
	Praktischer Nutzen
Gaggioli et al. (2003)	Physische Erscheinung
	Verhalten
	Interaktivität
Catrambone et al. (2004)	Agentenvariablen (Erscheinungsbild, Persönlichkeit, Reaktivität/Proaktivität)
	Nutzervariablen (Alter, Geschlecht, Expertise)
	Aufgabe (Domäne, Intention des Nutzers, Schwierigkeit, Wichtigkeit, Langfristigkeit und Dauer, Objektivität, Zeitdruck, Konsequenzen)

Die in **Tabelle 3.3** zusammengestellte Übersicht über bisherige Systematisierungsversuche zeigt die Heterogenität dieser Rahmenmodelle. Während Ruttkay et al. (2002) abhängige und unabhängige Variablen mischen und hinsichtlich der unabhängigen Variablen (bei ihnen: Design) vor allem Agentenvariablen fokussieren, nennen Gaggioli et al. (2003) ausschließlich Agentenvariablen (die Autoren streben im Gegensatz zu den anderen allerdings nicht explizit an, ein allgemeingültiges Rahmenmodell bereitzustellen). Catrambone et al. (2004) gelingt die umfassendste Berücksichtigung potentiell Einfluss nehmender Variablen, indem sie Aspekte des Agenten, des Nutzers und der Aufgabe differenzieren.

Hier soll im Folgenden aber eine noch umfassendere Systematisierung gewählt werden, die bereits im Jahr 2001 von Krämer und Bente vorgeschlagen wurde, und nicht nur eine Differenzierung von unabhängigen Variablen vornimmt, sondern auch die Ebenen der möglichen Effekte mit einbezieht (in einer expliziteren Weise als Ruttkay et al., 2002). Die Systematik orientiert sich an einer klassischen experimentalpsychologischen Vorgehensweise und Terminologie. Unterschieden werden:

1. unabhängige Variablen (Aspekte der virtuellen Figur wie Erscheinungsbild, Verhalten und Fähigkeiten),
2. abhängige Variablen (Akzeptanz, Effizienz und spezifische soziale Wirkungen),
3. Moderatorvariablen (Nutzervariablen wie Geschlecht, Alter und Technikexpertise sowie Aufgabe).

Durch dieses Vorgehen kann eine Vielzahl an Faktoren berücksichtigt werden, die potentiell die Wirkung der Agenten beeinflussen. Dies zeigt sich bereits daran, dass alle in **Tabelle 3.3** aufgeführten Aspekte innerhalb des Rahmenmodells explizit Erwähnung finden. Diese Systematisierung soll daher im Folgenden genutzt werden, um die in Kapitel 4 aufzuführenden empirischen Ergebnisse systematisch darzustellen. Dabei wird allerdings entgegen der zuvor genutzten Reihenfolge die Darstellung zunächst an den abhängigen Variablen orientiert und die unabhängigen Variablen (Erscheinungsbild und Verhalten des Agenten) werden gemeinsam mit den Moderatorvariablen (Nutzervariablen und Aufgabe) unter dem Punkt moderierende Aspekte behandelt. Dies geschieht vor dem Hintergrund, dass auf diese Weise zunächst allgemeine und dann speziellere Ergebnisse präsentiert werden können. Diese Unterscheidung ist zugleich eine in a) Effekte und b) Einfluss nehmende Faktoren.

4 Empirische Ergebnisse zur Wirkung virtueller Helfer

Im Folgenden sollen empirische Ergebnisse zur Wirkung virtueller Helfer aufgeführt werden. In Kapitel 4.2 bis 4.4 stehen dabei zunächst die generellen Effekte – hinsichtlich der drei Analyseebenen Akzeptanz, Effektivität/Effizienz und soziale Wirkungen – im Vordergrund. Die in diesem Zusammenhang berichteten Studien beruhen meist auf einem Vergleich von Agenten mit herkömmlichen Interfaces (z. B. text- oder audiobasierten Schnittstellen) und versuchen vorrangig die Frage zu klären, ob virtuelle Agenten im Allgemeinen vorteilhaft für den Benutzer sind. Bislang wurde diese Frage ohne empirische Basis diskutiert: Während die an der Entwicklung beteiligten Gruppen zahlreiche Vorteile hervorheben (s. o.), finden sich auch zahlreiche Kritiker, die zum Beispiel zu bedenken geben, dass verkörperte Agenten den Nutzern die Kontrolle nehmen, Ängste erhöhen und die Erfüllung von Aufgaben erschweren, statt sie zu erleichtern (Lanier, 1995; Shneiderman, 1997; Shneiderman & Maes, 1997).

In Kapitel 4.5 werden dann verschiedene, moderierende Faktoren berücksichtigt. Hier werden vorrangig Ergebnisse aus Studien berichtet, die verschiedene Formen von Agenten (z. B. Varianten hinsichtlich Verhalten oder Erscheinungsbild) miteinander vergleichen oder verschiedene Kontextaspekte berücksichtigen. Die vor allem gestellte Frage ist somit spezifischer als die zuvor erwähnte und lautet je nach Unteraspekt: Wie muss der Agent gestaltet werden, um die gewünschten Effekte zu erreichen? Bei welchen Aufgaben/welcher Nutzergruppe erzielt ein Agent positive Auswirkungen?

Generell lässt sich beobachten, dass auch bei Publikationen mit peer-review deutlich häufiger als in psychologischen Fachzeitschriften Ergebnisse berichtet werden, die keine signifikanten Unterschiede aufweisen. Dies liegt sicherlich nicht nur an der Tatsache, dass es sich zum großen Teil um angewandte Forschung handelt, sondern zeugt auch davon, dass momentan die Entwickler stark daran interessiert sind, tatsächlich herauszufinden, ob die Agenten positive Auswirkungen haben. Anders als in der Psychologie, in der es sicherlich nicht ausgeschlossen ist, dass Phänomene als gut belegt gelten, die zwar fünfmal repliziert, aber 95-mal nicht repliziert und daher nicht veröffentlicht wurden, steht somit hier zu erwarten, dass sich eine umfassende Übersicht über Studien und Ergebnisse herausbildet. Als Nachteil lässt sich zwar vermerken, dass dies den Forschungsbereich recht unübersichtlich erscheinen lässt und zahlreiche Inkonsistenzen auftauchen, aber insgesamt kann nur auf diesem Wege eine umfassende Aufklärung erreicht werden. Einschränkend muss allerdings bemerkt werden, dass bisweilen das Fehlen von Signifikanz entgegen der Popperschen Logik als „Beweis“ für Gleichheit bewertet und interpretiert wird.

4.1 Methode und Vorgehen bei den eigenen Untersuchungen

Im Verlauf der folgenden Ergebnisberichterstattung wird auch auf die Ergebnisse von sieben eigenen empirischen Untersuchungen zurückgegriffen, die innerhalb eines Forschungsprogramms im Rahmen des MTI-Leitprojektes EMBASSI (1999–2003) gewonnen wurden und sich damit zum einen an den Erforderlichkeiten des Projektes orientieren (in den Vordergrund gestellt wurden etwa Aspekte, die für die Entwickler von besonderer Wichtigkeit waren), zum anderen zumindest ansatzweise an der Systematisierung des Forschungsbereichs ausgerichtet sind. Es werden daher verschiedene Aspekte im Sinne der unabhängigen Variablen variiert – aufgrund des anwendungsbezogenen Kontextes allerdings ohne Anspruch auf Vollständigkeit. Generell wurde jedoch versucht, sowohl abhängige als auch moderierende Variablen möglichst breit zu berücksichtigen. Die Vorgehensweise ist aufgrund des Mangels an vorangegangen Studien oder deren inkonsistenten Ergebnissen immer explorativ statt hypothesengeleitet. Daher wird in jedem Fall die inferenzstatistisch strengere Testung des zweiseitigen Tests durchgeführt. Da aufgrund des teilweise komplexen Aufbaus der Studien Teilergebnisse in jeweils unterschiedlichen Abschnitten relevant sind, sollen Setting und Methode vorab an dieser Stelle beschrieben werden, damit dies nicht mehrfach geschehen muss. An den entsprechenden Stellen wird im nachfolgenden Text dann auf die Studien verwiesen. Die Studien 1 bis 6 sind experimentelle Studien, die im Rahmen des EMBASSI-Projektes entstanden sind, bei Studie 7 handelt es sich um eine Feldstudie in Zusammenarbeit mit der AG Wissensbasierte Systeme der Universität Bielefeld. Ausführlichere Informationen sind den entsprechenden Publikationen zu entnehmen.

Studie 1: Akzeptanz und Effizienz einer anthropomorphen Bedienungsanleitung

Ziel der ersten Untersuchung war die Bestimmung der Akzeptanz und Effizienz von virtuellen Helfern im Rahmen der Programmierung eines Videorekorders. Insbesondere wurde analysiert, inwieweit diese eine effektive und effiziente Hilfe im Vergleich zu herkömmlichen Bedienungsanleitungen darstellen, und inwieweit sich die Nutzer mit der neuartigen Bedienungshilfe zufrieden zeigen (vgl. Bente & Krämer, 2001). Zusätzlich (vgl. Schilderung der Teilstudie s. u.) wurden dynamische Aspekte des nonverbalen Verhaltens des virtuellen Agenten variiert und es wurde deren Wirkung auf die Zuschreibung von spezifischen Personmerkmalen wie sympathisch, freundlich, kompetent etc. untersucht.

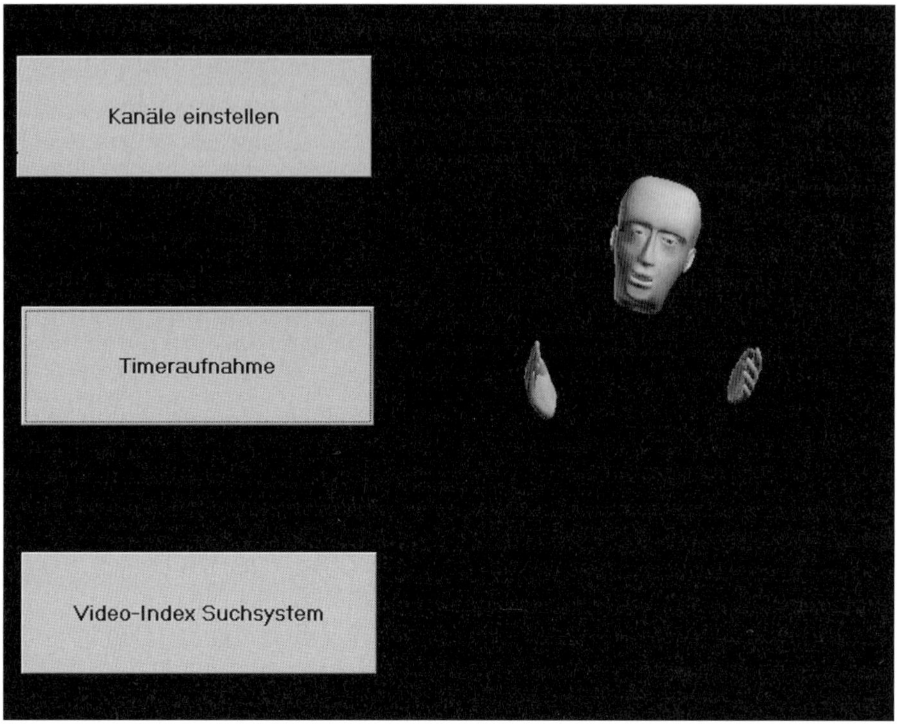

Abb. 4.1: Agent Jay mit Benutzeroberfläche

Abbildung 4.1 zeigt die eingesetzte Benutzeroberfläche. Die Interaktionsmöglichkeiten waren beschränkt. Der Nutzer konnte lediglich durch die Betätigung verschiedener Buttons unterschiedliche Informationseinheiten abrufen oder den Helfer dazu veranlassen, seine Ausführungen zu wiederholen. Das verwendete Stimulusmaterial wurde am Laboratory for Mixed Realities an der Kunsthochschule für Medien, Köln, erstellt.

In insgesamt vier Sequenzen stellte sich die Figur zunächst vor (Sequenz 1: Einleitung) und erläuterte die Funktionen „Kanäle einstellen“, „Timer-Aufnahme“ sowie „Video-Index-Suchsystem“. Die entsprechenden Texte für die letzten drei Sequenzen wurden der Bedienungsanleitung eines Grundig-Videorekorders entnommen und mit direkter Anrede versehen. 71 Teilnehmern wurden die Funktionen durch einen virtuellen Helfer erklärt, während eine Kontrollgruppe von 16 Personen eine über den Bildschirm präsentierte herkömmliche Bedienungsanleitung mit demselben Wortlaut nutzte.

Erhoben wurde, wie schnell und zuverlässig die Versuchspersonen die Aufgaben lösen konnten, wenn diese durch den Helfer erläutert wurden (im Vergleich mit der Kontrollgruppe). Zusätzlich wurden auf der Basis eines Fragebogens das Erleben im Umgang mit dem System, dessen Bewertung sowie die empfundene Effizienz erfasst (vgl. **Tab. 4.1**).

Tab. 4.1: Versuchsplan Studie 1

UV	Virtueller Helfer	Bedienungsanleitung
Anzahl der VPs	71 (36 männl./35 weibl.)	16 (7 männl./9 weibl.)
AVs	• Empfinden während der Interaktion • Bewertung • Empfundene Effizienz • Performanz (im Sinne der Schwierigkeiten bei Aufgabe)	• Empfinden während der Interaktion • Bewertung • Empfundene Effizienz • Performanz (im Sinne der Schwierigkeiten bei Aufgabe)
Moderatorvariablen	Alter Geschlecht Expertise Beruf/Bildung	Alter Geschlecht Expertise Beruf/Bildung

Bei den teilnehmenden Probanden wurde besonders auf Heterogenität geachtet: Das Alter der Personen variierte von 14 bis 73 Jahre. Des Weiteren waren die unterschiedlichsten Berufe (Reinigungskraft und Busfahrer sowie Akademiker) und somit unterschiedlichste Bildungsschichten vertreten. Die Probanden füllten zunächst einen Fragebogen zur Technikexpertise aus und sahen anschließend einen Teil des Materials, um dies zunächst lediglich zu bewerten (s. u. Teilstudie). Danach sahen die Probanden jede inhaltliche Sequenz noch einmal mit dem Ziel, jeweils im Anschluss die entsprechende Aufgabe direkt an einem bereitgestellten Videorekorder auszuführen. Die Sequenzen wurden rotiert dargeboten.

Teilstudie zur Wirkung von Kopfbewegung und Kopfposition

Im Rahmen einer Teilstudie sollte herausgefunden werden, inwieweit die Art der Lateralflexion (Neigung nach rechts, Neigung nach links oder aufrechte Kopfhaltung) sowie die Aktivität des Kopfes die Personwahrnehmung bei den Beobachtern beeinflussen (vgl. Krämer, 2001). Zu diesem Zweck wurden drei Sequenzen (Einleitung, Timer-Aufnahme und Kanäle einstellen) der virtuellen Helfer-Bedingung vorab 60 Probanden dargeboten. Die Sequenzen sollten mithilfe eines semantischen Differentials (33 Items, vgl. Krämer, 2001) in Bezug auf den Agenten bewertet werden. Jede einzelne Sequenz wurde in zwei Stufen variiert. Die drei zur Variation ausgewählten Cues wurden somit nicht innerhalb derselben Sequenz, sondern in je unterschiedlichen Sequenzen variiert und jeweils mit dem Ausgangszustand verglichen. Konkret wurden in Sequenz 1 Ausgangszustand und vermehrte Aktivität miteinander verglichen, in Sequenz 2 Kopfneigung um 15 Grad nach rechts und im Mittel eher aufrechte Kopfposition und in Sequenz 3 erfolgte der Vergleich von Kopfneigung nach links um 15 Grad und im Mittel eher aufrechte Kopfposition. Es ergab sich somit letztlich ein Versuchsplan mit drei eigentlich voneinander unabhängigen Untersuchungen, die jeweils aus einem einfaktoriellen Design mit je zwei Variationsstufen bestehen.

Sequenz 1 („Einleitung")

UV	**Ausgangsbedingung („normale" Kopfaktivität)**	**Verstärkte Kopfaktivität**
VPs	30 (14 Frauen, 16 Männer)	30 (12 Frauen, 18 Männer)

Sequenz 2 („Kanäle einstellen")

UV	**Ausgangsbedingung (Kopf im Mittel aufrecht)** 	**Kopf im Mittel um 15 Grad nach rechts geneigt** 
VPs	30 (13 Frauen, 17 Männer)	30 (13 Frauen, 17 Männer)

Sequenz 3 („Timeraufnahme")

UV	**Ausgangsbedingung (Kopf im Mittel aufrecht)** 	**Kopf im Mittel um 15 Grad nach links geneigt** 
VPs	30 (13 Frauen, 17 Männer)	30 (13 Frauen, 17 Männer)

Abb. 4.2: Darstellung der unabhängigen Variablen der Studie zu Kopfbewegung und -position

Studie 2: Akzeptanz, Effizienz und Reaktionen auf einen interaktiven Programmguide

Im Rahmen der zweiten Studie wurde ein tatsächlich interaktiv kommunizierender virtueller Helfer genutzt, der im Hinblick auf seine Bewertung, seine Effizienz bei der Auswahl und der Aufzeichnung von Fernsehsendungen überprüft wurde. Darüber hinaus wurde analysiert, inwieweit die neue Ausgabemodalität des virtuellen Helfers die Benutzer zu natürlichsprachlicher Interaktion anregt und Auswirkungen auf die Wahl der Eingabemodalität zeigt (vgl. Krämer & Nitschke, 2002). Innerhalb des Projektes EMBASSI wurde zusammen mit verschiedenen Projektpartnern ein Dialogsystem entwickelt, das die natürlichsprachige Ein- und Ausgabe erlaubt. Für die Studie wurden die Ausgabemodalitäten systematisch variiert: Bei den ersten beiden Aufgaben erhielt die erste Versuchsgruppe als Ausgabe ausschließlich ein textbasiertes Interface, das aus einer veränderten Anzeige oder Rückmeldungen in Form von Textfenstern (z. B. „Die Sendung wurde erfolgreich aufgezeichnet") bestand. Die zweite Versuchsgruppe erhielt zusätzlich zur textbasierten Ausgabe Sprachausgaben – die Versuchspersonen hörten die Information über die Systemzustände als synthetisierten, gesprochenen Text. Der dritten Versuchsgruppe wurde parallel zum Text auf der rechten Bildschirmseite ein virtueller Charakter präsentiert, der die Sprachausgabe lippensynchron vortrug (vgl. **Abb. 4.3**). Die vierte Versuchsgruppe durfte nach jeder Aufgabe zwischen den drei zuvor beschriebenen Ausgabevarianten frei wählen.

Im Verlauf der Untersuchung führten 65 Versuchspersonen prototypische Bedienaufgaben an einem kombinierten TV-Video-System durch. Das System konnte von allen Versuchspersonen per Fernbedienung mit einem Cursor auf der graphischen Benutzeroberfläche oder per Spracheingabe bedient werden.

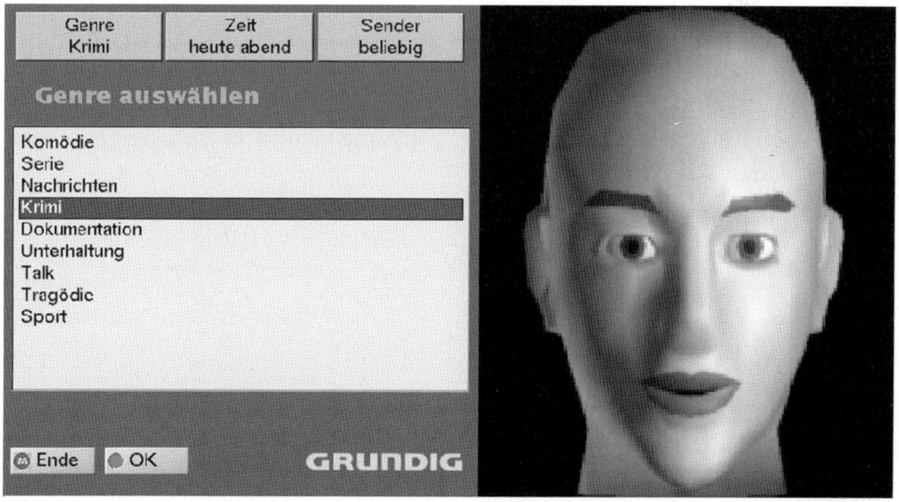

Abb. 4.3: Benutzeroberfläche mit Agent, erstellt durch Grundig und ZGDV

Aufgabe der Probanden war es, Sendungen nach Wahl oder vorgegebene Sendungen auszuwählen und aufzuzeichnen. Das Programmieren der Sendungen zur Aufnahme erfolgte hierbei automatisch, nach der Auswahl einer Sendung musste lediglich der Befehl zur Aufzeichnung gegeben werden. Listen der zur Wahl stehenden Sendungen konnten sortiert nach Uhrzeit, Sendern und Genres auf der GUI dargeboten werden. Die ausgewählten Sendungen entsprachen einem durchschnittlichen Abend-Fernsehprogramm. Zwei Aufgaben (Aufgabe 1 und 3) der Versuchspersonen bestanden darin, aus dem Abendprogramm eine Sendung auszuwählen und diese aufzuzeichnen. Im Rahmen der zweiten Aufgabe sollten die Probanden eine bestimmte, vorgegebene Sendung („Boulevard Bio") aufnehmen. Die Eingabemöglichkeiten wurden nicht experimentell variiert, den Probanden stand es während der gesamten Untersuchung frei, sowohl die Fernbedienung als auch die Spracheingabe zu benutzen.

Als abhängige Variablen wurden die Bearbeitungsschritte und -schnelligkeit auf der Basis von Logfile-Daten sowie das Verhalten der Probanden durch Video- und Ton-Aufzeichnungen erfasst. Diese Daten ermöglichten zum einen die quantitative Analyse der Spracheingaben mit den Eingaben per Fernbedienung zu vergleichen, andererseits bildeten sie die Grundlage für eine ergänzende inhaltsanalytische Auswertung der Nutzeräußerungen (vgl. Krämer, 2005). Anhand der Logfile-Daten konnte ferner die Vorgehensweise der Probanden bei der Auswahl nachvollzogen werden – beispielsweise hinsichtlich der Dauer und Schritte der Bedienung. Mithilfe von Fragebögen wurde für jede der genutzten Ausgabemodalitäten die Akzeptanz der Versuchspersonen erfasst. Der entsprechende Fragebogen enthielt einerseits Fragen zum subjektiven Empfinden während der Interaktion mit dem System sowie andererseits Fragen zur Bewertung des Gesamtsystems und zur empfundenen Effizienz (vgl. Blens, 2003). Darüber hinaus wurde auch den Probanden, die an den ersten drei Bedingungen teilgenommen haben, im Rahmen der dritten Aufgabe die Wahl der Ausgabemodalität ermöglicht, sodass zusätzliche Daten bezüglich Interesse und Akzeptanz zur Verfügung standen. Des Weiteren wurden im Vorfeld der Versuchsdurchführung Angaben zur Person (Alter, Geschlecht, Erfahrung im Umgang mit Technik etc.) als potentielle Moderatorvariablen erhoben. **Tabelle 4.2** veranschaulicht noch einmal alle abhängigen und unabhängigen sowie moderierenden Variablen.

Tab. 4.2: Versuchsplan Studie 2

Unabhängige Variable	GUI	Sprachausgabe	Virtueller Helfer	Wahl
Anzahl der Probanden	18 (9 männl./ 9 weibl.)	16 (7 männl./ 9 weibl.)	15 (7 männl./ 8 weibl.)	16 (6 männl./ 10 weibl.)
Abhängige Variablen	• Empfinden während der Interaktion • Bewertung • Empfundene Effizienz • Anzahl der Spracheingaben • Qualität der Spracheingaben • Zeit bis zur Lösung • Anzahl der Schritte • Getroffene Wahl hinsichtlich gewünschter Ausgabemodalität			
Moderatorvariablen	• Alter • Geschlecht • Expertise			

Studie 3: Wirkung von virtuellen Helfern auf e-commerce-Seiten unter besonderer Berücksichtigung ihres Erscheinungsbildes

Die zentrale Fragestellung einer experimentellen Untersuchung zu den Effekten von virtuellen Helfern auf e-commerce-Seiten war, inwieweit virtuelle Agenten im Rahmen von WWW-Seiten tatsächlich geeignet sind, den Unterhaltungswert und die positiven Empfindungen zu steigern, Verbleibzeiten zu manipulieren sowie Behaltensleistung und Kaufinteresse zu fördern (vgl. Blens, 2003; Blens, Krämer & Bente, 2003). Zusätzlich sollten Erkenntnisse über die Effekte von spezifischen Erscheinungsbildern gewonnen werden – vor allem auf der Basis einer ergänzenden Studie unter Nutzung einer Sortierungsaufgabe. Als *unabhängige Variablen* wurden drei Websites in Form von Online-Bücherstores mithilfe des Programms *Dreamweaver 4* von der Firma Macromedia® entworfen. Diese drei Bücherstoreseiten unterschieden sich bezüglich des Layouts lediglich hinsichtlich der Farbwahl, des Firmenlogos, des Namens sowie hinsichtlich eines Teils der jeweils angebotenen Bücher. Der experimentell bedeutsame Unterschied der drei Bücherstoreseiten bestand darin, dass die Seiten *Bücherkatalog* und *Bücherwurm* jeweils mit einer virtuellen Helferin ausgestattet waren, mit welcher sich die Probanden unterhalten resp. der sie Fragen stellen konnten, während die Bücherseite *MyBOOKs* keinen solchen Helfer aufwies. In Bezug auf die beiden virtuellen Figuren gab es ebenfalls einen Unterschied: Die Helferin „Fiona" der Seite *Bücherkatalog* hatte mit ihren unnatürlichen Proportionen ein eher comicartiges Erscheinungsbild, die Helferin „Cira" der Seite *Bücherwurm* sah dagegen eher realistisch bzw. natürlich aus. Hinsichtlich des Dialogs, welcher mithilfe des *Virtual Editors* der Firma Vista New Media® gestaltet wurde, gab es keinerlei Unterschiede zwischen den beiden Figuren, Cira und Fiona besaßen also einen identischen Wortschatz. Inhaltlich waren die virtuellen Helferinnen vor allem in der Lage, Auskunft über Bücher und Buchkategorien zu geben, sie reagierten aber etwa auch auf Beschimpfungen oder Komplimente vonseiten der Nutzer.

Hinsichtlich der abhängigen Variablen wurde die *Befindlichkeit* des Probanden mittels eines kurzen Fragebogens erhoben (20 Items wie „gelangweilt", „amüsiert", „nervös" oder „gereizt"; Bewertung auf einer fünf-stufigen Skala von „stimmt" bis „stimmt nicht", vgl. Blens, 2003). Nach der jeweils ersten gesehenen Seite folgten ein *ungestützter* und ein *gestützter Erinnerungstest*. Bei dem ungestützten Erinnerungstest sollten die Teilnehmer als zuerst die Bücherstoreseite frei beschreiben, danach hatten sie die Aufgabe, die noch erinnerten Oberkategorien und Buchtitel aufzuzählen. Der gestützte Erinnerungsfragebogen enthielt sämtliche Buchtitel aus allen vier Kategorien und zusätzlich weitere sechs Buchtitel (Distraktoren), welche auf keiner der Seiten zu finden waren, aber vom Titel her ebenfalls einer der Oberkategorien zuzuordnen waren. Insgesamt gab es somit bei jedem gestützten Erinnerungstest 12 Distraktoren (sechs Buchtitel aus einer nicht vorhandenen Oberkategorie und sechs weitere Distraktoren) und 18 zu erkennende Buchtitel. Des Weiteren wurde nach jeder Web-Site die *Akzeptanz* der jeweiligen Bücherstoreseite abgefragt (vgl. **Tab. 4.3**). Der Akzeptanzfragebogen beinhaltete zwei offene Fragen, in denen die Teilnehmer Gefallens- und Verbesserungsaspekte nennen konnten, und mehrere geschlossene Fragen, bei denen jeweils wieder auf einer fünf-stufigen Skala Zutreffendes anzukreuzen war. Das Navigationsverhalten der Probanden wurde mithilfe des Programms *Camtasia* von Microsoft® aufgezeichnet. So konnten die *Verbleibzeiten* auf den einzelnen Bücherstoreseiten festgehalten werden. Zuletzt erhielten die Versuchsteilnehmer einen Büchergutschein im Wert von 30 DM (15,339 Euro), für welchen sie sich auf einer der Bücherseiten ein Buch bzw. mehrere Bücher (je nach Preis) aussuchen durften. Mittels des *Camtasia*-Rekorders wurde festgestellt, auf welcher Seite ein Buch gekauft wurde. Insgesamt 45 Versuchspersonen (20 Männer und 25 Frauen) im Alter von 16 bis 54 Jahren nahmen an der Untersuchung teil. Die Probanden setzen sich sowohl aus Studierenden unterschiedlicher Fachrichtungen als auch aus Berufstätigen verschiedenster Bereiche zusammen. Es handelte sich um ein *within subjects*-Design, d. h. jeder Versuchsteilnehmer erkundete hintereinander alle drei Bücherstoreseiten. Die Reihenfolge der Präsentation wurde hierbei variiert, sodass sich jede Bücherseite einmal an erster Stelle befand. Die Probanden wurden darüber informiert, dass sie nacheinander drei Prototypen sehen werden, die jeweils im Anschluss zu bewerten sind, und sie wurden zur umfangreichen Exploration aufgefordert.

Tab. 4.3: Versuchsplan Studie 3

Unabhängige Variable	**Realistische Figur (weibl.)**	**Comicartige Figur (weibl.)**	**Keine Figur**
Abhängige Variable	Akzeptanz Befindlichkeit Bewertung Erinnerung Verbleibzeiten Kaufverhalten	Akzeptanz Befindlichkeit Bewertung Erinnerung Verbleibzeiten Kaufverhalten	Akzeptanz Befindlichkeit Bewertung Erinnerung Verbleibzeiten Kaufverhalten
Moderatorvariablen	Alter, Beruf, Geschlecht, Expertise	Alter, Beruf, Geschlecht, Expertise	Alter, Beruf, Geschlecht, Expertise

Studie 4: Auswirkungen von unterschiedlichen Systeminkarnationen auf mentale Modelle des Nutzers

Da in Zukunft damit zu rechnen ist, dass anthropomorphe Interfaces als Inkorporation eines Systems genutzt werden, das selbst nicht mehr zu sehen ist, sollte geprüft werden, inwiefern die Verfügbarkeit eines Helfers (im Vergleich zu projiziertem Text oder „körperloser" Stimme) tatsächlich geeignet ist, ein adäquates mentales Modell über das System zu entwickeln. Die konkreten Fragestellungen waren somit: Sollte es eine Repräsentation des Systems geben, wenn keine herkömmlichen Geräte verfügbar sind? Was eignet sich als Systemrepräsentation? Zusätzlich wurde überprüft, ob die Inkarnation in Form eines Agenten Einfluss auf das Verhalten der Nutzer im Sinne sozialer Wirkungen nimmt: ob sich etwa das Eingabeverhalten ändert oder das Wahlverhalten sozial erwünschter wird (vgl. Krämer, Bente & Piesk, 2003).

Verglichen wurden im Rahmen eines *between subjects*-Designs ein herkömmliches textbasiertes System (Text auf dem Bildschirm), ein System ohne sichtbare Geräte (Text wird an die Wand projiziert), ein audiobasiertes System mit sichtbaren Geräten, ein embodied agent mit sichtbaren Geräten (Agent wird auf dem Bildschirm gezeigt) sowie ein Agent ohne sichtbare Geräte (Agent wird an die Wand projiziert).

Die Probanden wurden bei ihrem Erscheinen davon unterrichtet, dass das Experiment, zu dem sie eigentlich eingeladen waren, 30 Minuten später starten werde. Sie wurden gefragt, ob sie in der Zwischenzeit bereit wären, an einer Studie zur Bewertung eines innovativen „virtuellen Unterhaltungszentrums" teilzunehmen. Dabei könnten sie sich ein Video- oder Fernsehprogramm auswählen und sich somit die Zeit vertreiben. Die Teilnehmer sollten mithilfe von Sprach- oder Tastatureingabe mit dem System interagieren und aus je zwei Fernseh- und Videoalternativen ein Unterhaltungsprogramm für die Wartezeit auswählen. Die entsprechenden Sequenzen waren vorher aufgezeichnet worden und wurden im Rahmen eines komplexen Wizard-of-Oz-Szenarios durch den Versuchsleiter gesteuert, der auf die Eingabe der Teilnehmer reagierte. Erhoben wurden die Befindlichkeit während der Interaktion, die Bewertung des Systems, Fragen zum mentalen Modell und das Eingabeverhalten des Nutzers (vgl. **Tab.**

4.4). Zusätzlich wurde vermerkt, welche Wahl der Nutzer hinsichtlich des Unterhaltungsprogramms traf: Zur Verfügung standen eine Dokumentation über das Leben und Werk Albert Einsteins, der neueste James Bond Film, das aktuelle Programm der ARD und das aktuelle Programm von RTL. Nach einer anfänglichen Erklärung zu den Eingabemöglichkeiten wurden die Teilnehmer alleine gelassen. Das System stellte sich (entweder per Audio, Text oder Helfer) zunächst vor und gab weitere Erklärungen zu den Eingabemöglichkeiten. Darauf folgte die Frage an den Nutzer, ob er soweit alles verstanden habe. Per Fernbedienung (spezielle Taste auf reduzierter Tastatur) oder Sprache konnte die Antwort gegeben werden und sobald diese positiv ausfiel, wurden die Wahlmöglichkeiten vorgestellt sowie die Möglichkeit zur Mitteilung der Entscheidung (per Tastatur oder Sprache). Kurz darauf wurden die Versuchspersonen davon unterrichtet, dass nun das ursprünglich geplante Experiment durchgeführt werde und man sie zuvor nur noch bitte, einen Fragebogen auszufüllen.

Tab. 4.4: Versuchsplan Studie 4

Herkömmliches System mit Text	**Text (Projektion ohne herkömml. Geräte)**	**Nur Stimme (mit herkömmlichen Geräten)**	**Herkömmliches System mit Assistent**	**Assistent (Projektion ohne herkömml. Geräte)**
N = 21	N = 22	N = 22	N = 21	N = 21
AVs: Befindlichkeit; Bewertung des Systems; Interview und Fragebogen zu mentalem Modell; Wahl des Eingabemodus; Wahl des Filmes	**AVs:** Befindlichkeit; Bewertung des Systems; Interview und Fragebogen zu mentalem Modell; Wahl des Eingabemodus; Wahl des Filmes	**AVs:** Befindlichkeit; Bewertung des Systems; Interview und Fragebogen zu mentalem Modell; Wahl des Eingabemodus; Wahl des Filmes	**AVs:** Befindlichkeit; Bewertung des Systems; Interview und Fragebogen zu mentalem Modell; Wahl des Eingabemodus; Wahl des Filmes	**AVs:** Befindlichkeit; Bewertung des Systems; Interview und Fragebogen zu mentalem Modell; Wahl des Eingabemodus; Wahl des Filmes
Moderatorvar. Alter Geschlecht Technikexpertise	**Moderatorvar.** Alter Geschlecht Technikexpertise	**Moderatorvar.** Alter Geschlecht Technikexpertise	**Moderatorvar.** Alter Geschlecht Technikexpertise	**Moderatorvar.** Alter Geschlecht Technikexpertise

Insgesamt nahmen 107 Versuchspersonen zwischen 17 und 63 Jahren teil. Ein Teil der Stichprobe besteht aus Studenten unterschiedlicher Fachrichtungen, es konnten aber auch Angehörige anderer Berufsgruppen und sozioökonomischer Schichten zur Teilnahme gewonnen werden. Männer und Frauen wurden gleichmäßig über die Bedingungen verteilt. Als zusätzliche, potentiell moderierende Variablen wurden Alter und Expertise erhoben.

Studie 5: Wirkung anthropomorpher Interface-Agenten unter besonderer Berücksichtigung der gestischen Aktivität

Im Rahmen der fünften Studie sollte insbesondere geprüft werden, ob unterschiedliche nonverbale Verhaltensweisen des Agenten zu divergenten Bewertungen führen (vgl. Krämer, Tietz & Bente, 2003). Die Fragestellungen lauteten: Was bewirkt Gestik in Bezug auf die Personwahrnehmung? Wie wirken sich ein Helfer und dessen Gestik auf die Behaltensleistung und auf affektive Aspekte aus? Wie viel gestische Bewegung ist gewünscht bei verschiedenen Nutzergruppen? Spielt es eine Rolle, ob die Gestik synchron oder asynchron im Verhältnis zur Sprache ist? Um die Fragen zu beantworten, wurden unterschiedliche Stimulusmaterialien erstellt. In drei der fünf Bedingungen wurden die Probanden mit einem virtuellen Helfer konfrontiert, der in zwei Sequenzen mögliche Vorgehensweisen bei technischen Problemen erläutert. Die Sequenzen wurden vorab auf der Basis von *motion capture* erstellt und den Versuchspersonen offline präsentiert. Die einzelnen Bedingungen unterschieden sich hinsichtlich der Gestik des virtuellen Helfers. Während dieser in einem Fall eine normale bis ausgiebige Gestik zeigte (die unveränderten, aufgezeichneten Gesten), wurde auf die Gestik in einer anderen Bedingung komplett verzichtet (Arme und Hände hängen bewegungslos am Körper hinab) sowie in einer weiteren Bedingung um eine halbe Sekunde verschoben, sodass Sprache und Gestik nicht mehr synchron waren (vgl. **Abb. 4.4**). In zwei weiteren Kontrollbedingungen hörten die Probanden die Informationen lediglich bei schwarzem Bildschirm oder lasen diese als HTML-Text auf dem Monitor (vgl. Krämer, Tietz & Bente, 2003).

Als abhängige Variable diente die Erfassung der Behaltensleistung hinsichtlich der durch den Agenten gegebenen Informationen, die subjektive Angabe der Befindlichkeit, die generelle Bewertung des Systems, die Personwahrnehmung des Agenten und die Bewertung seiner Gestik (vgl. **Tab. 4.5**). Für die zweite Sequenz – in der hinsichtlich eines Fehlers berichtet wurde, eine Behebung sei nicht mehr möglich – wurde zusätzlich erfragt, inwieweit dies Ärger ausgelöst

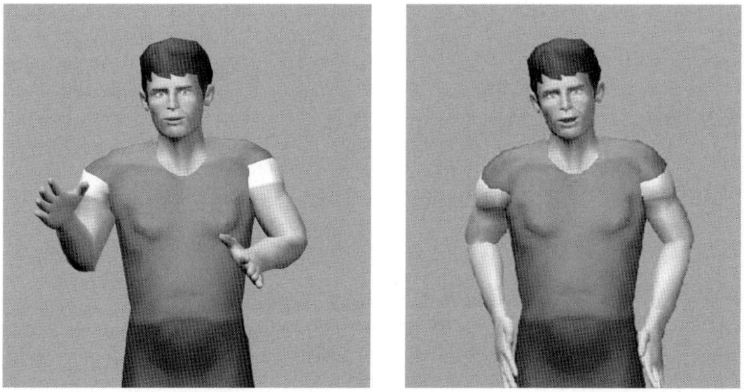

Abb. 4.4: Agent Chris in unterschiedlichen Gestik-Bedingungen

hat. Während der Präsentation wurde darüber hinaus die Pulskurve der Teilnehmer gemessen. Im Anschluss füllten die 107 Probanden einen Fragebogen zu ihrer Technikexpertise aus.

Tab. 4.5: Versuchsplan Studie 5

Text	Stimme	Avatar mit normaler Gestik	Avatar ohne Gestik	Avatar mit verschobener Gestik
N = 21	N = 21	N = 22	N = 21	N = 22
AVs: Physiologische Messungen; Erinnerungsleistung; Empfinden während der Interaktion; Semantisches Differential zur Personbewertung	**AVs:** Physiologische Messungen; Erinnerungsleistung; Empfinden während der Interaktion; Semantisches Differential zur Personbewertung	**AVs:** Physiologische Messungen; Erinnerungsleistung; Empfinden während der Interaktion; Semantisches Differential zur Personbewertung	**AVs:** Physiologische Messungen; Erinnerungsleistung; Empfinden während der Interaktion; Semantisches Differential zur Personbewertung	**AVs:** Physiologische Messungen; Erinnerungsleistung; Empfinden während der Interaktion; Semantisches Differential zur Personbewertung
Moderatorvar. Alter Geschlecht Technikexpertise	**Moderatorvar.** Alter Geschlecht Technikexpertise	**Moderatorvar.** Alter Geschlecht Technikexpertise	**Moderatorvar.** Alter Geschlecht Technikexpertise	**Moderatorvar.** Alter Geschlecht Technikexpertise

Studie 6: Die Auswirkungen von mimischen Verhaltensweisen und deren Konsistenz

6 a) Auch im Rahmen der sechsten Studie wurden mehrere Ziele verfolgt. Im Vergleich zu einer audiobasierten Fassung sollte überprüft werden, ob ein virtueller Agent zu einer höheren Vertrauenswürdigkeit des Systems führt und auf der Verhaltensebene eher Delegation hervorruft (Krämer, Iurgel & Bente, 2005). Des Weiteren wird die Frage fokussiert, ob dieser Effekt sowie eine positive Bewertung des anthropomorphen Agenten in höherem Maße erreicht wird, wenn der Agent eine neutrale Mimik zeigt oder – auf Basis des erstellten Regelwerks zur nonverbalen Kommunikation (vgl. Kap. 3.1.2) – mimische Variationen zeigt. Zu diesem Zweck wurden in Zusammenarbeit mit Ido Iurgel (ZGDV, Darmstadt) zwei bis auf die Mimik identisch interagierende Agenten erstellt (vgl. **Abb. 4.5**). In einer Version zeigte der Agent durchgängig ein neutrales mimisches Verhalten, in der zweiten Version wurden das innerhalb des Regelwerks erarbeitete Turn-Taking- sowie sozio-emotionale Verhalten gezeigt (vgl. **Tab. 4.6**). Im Rahmen des hier ausgewählten Dialoges beschränkte sich das nonverbale Verhalten auf Lächeln, Augenbrauen-Heben sowie leichte Kopfbewegungen. Aspekte wie die Intonation wurden nicht variiert. Als zusätzliche Kontrollbedingung fungierte eine reine Audiopräsentation (vgl. Krämer, Iurgel & Bente, 2005).

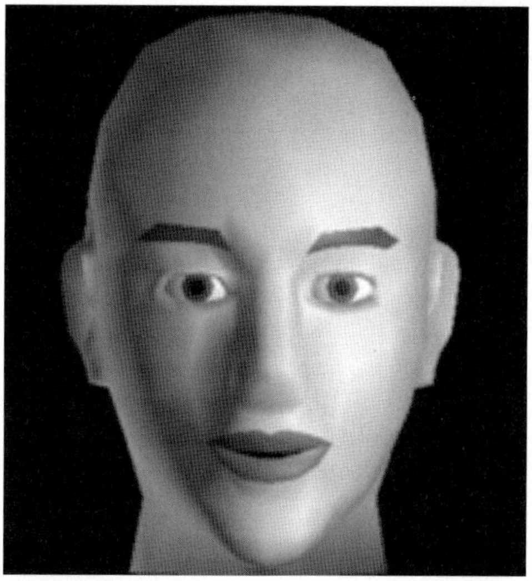

Abb. 4.5: Agent, erstellt durch das ZGDV

Das Szenario wurde wiederum dem Bereich der Videorekorder-Programmierung entnommen. Der Dialog begann damit, dass sich der Agent kurz vorstellt und die Funktionalitäten des Systems erläutert. Dann wird erklärt, dass der Nutzer die Programmierung entweder mithilfe des Systems selbst vornehmen oder die Aufgabe vollständig an das System delegieren kann. Nachdem der Nutzer sich entschieden hat, nimmt er die Programmierung/die Delegation vor, die unabhängig von der getroffenen Wahl darin besteht, Uhrzeit, Datum und Titel der Sendung einzugeben. Um der Aufgabe und somit der Entscheidung eine gewisse Relevanz zu verleihen, wurden die Probanden zu Beginn instruiert, dass sie eine erfolgsabhängige Aufwandsentschädigung erhalten: Wenn die Programmierung funktioniert, werden statt der angekündigten 15 Euro 25 Euro ausgehändigt. Tatsächlich erschien in allen Fällen nach der Eingabe des Aufnahmewunsches durch den Probanden eine Erfolgsmeldung. Bei den 60 teilnehmenden Probanden handelte es sich um Studierende verschiedener Fachrichtungen.

Tab. 4.6: Versuchsplan Studie 6, erster Teil

UV	Audio	Avatar mit durchgängig neutraler Mimik	Avatar mit an Regelwerk orientierter Mimik
Probanden	21	20	21
AV	Entscheidung zur Delegation; Empfinden während der Interaktion; Bewertung des Systems; Personwahrnehmung	Entscheidung zur Delegation; Empfinden während der Interaktion; Bewertung des Systems; Personwahrnehmung	Entscheidung zur Delegation; Empfinden während der Interaktion; Bewertung des Systems; Personwahrnehmung
Moderatorvariablen	Geschlecht Alter Expertise	Geschlecht Alter Expertise	Geschlecht Alter Expertise

6 b) In einem zweiten, direkt angeschlossenen Experiment wurde die ebenfalls in der Literatur verbreitete Annahme überprüft, dass mimische Verhaltensweisen sich durch Konsistenz auszeichnen müssen. Im Rahmen eines Dialogs wurde der Nutzer unterrichtet, dass eine vorher durchgeführte Programmierung zur Aufnahme nicht ausgeführt werden konnte. Variiert wurde, ob der Agent a) während der gesamten Zeit eine neutrale Mimik zeigt, ob er b) eine inkonsistente Mimik zeigt, indem er während der Fehlermeldung eine trauernde/bedauernde Mimik aufweist, zur Verabschiedung allerdings lächelt, oder ob er c) die gesamte Zeit über die bedauernde Mimik beibehält (vgl. Krämer, Iurgel & Bente, 2003, vgl. **Tab. 4.7**).

Tab. 4.7: Versuchsplan Studie 6, zweiter Teil

UV	Avatar mit durchgängig neutraler Mimik	Avatar mit durchgängig „bedauernder" Mimik	Avatar mit zwischenzeitlich „bedauernder" Mimik
Probanden	18	22	20
AV	Empfinden während der Interaktion; Bewertung des Systems; Personwahrnehmung	Empfinden während der Interaktion; Bewertung des Systems; Personwahrnehmung	Empfinden während der Interaktion; Bewertung des Systems; Personwahrnehmung
Moderatorvariablen	Geschlecht Alter Expertise	Geschlecht Alter Expertise	Geschlecht Alter Expertise

Studie 7: Feldstudie zum Kommunikationsverhalten mit virtuellen Agenten

Bei Studie 7 handelte es sich im Gegensatz zu allen vorherigen Untersuchungen nicht um ein experimentelles Setting, sondern um eine Feldstudie mit angefallenen Daten. Analysiert wurden die Aussagen von Nutzern im Dialog mit dem Agenten MAX (vgl. Kopp et al., 2004). MAX steht im Eingangsbereich des Paderborner Heinz Nixdorf Museums. Dort spricht er die Nutzer an und lädt sie ein, sich über die Tastatur mit ihm zu unterhalten (vgl. Kopp, Gesellensetter, Krämer & Wachsmuth, 2005). Die Aussagen vom Agenten wie die der Nutzer wurden in Logfiles gespeichert. Die Logfiles einer Woche im März 2005 wurden sowohl einer quantitativen Analyse (Anzahl der Äußerungen, Worte, spezifische Worte) als auch einer Inhaltsanalyse der Nutzeräußerungen unterzogen. Hinsichtlich der qualitativen Analyse wurden folgende Kategorien aus dem vorliegenden Material abgeleitet (vgl. Mayring, 2001):

- Proaktivität/Reaktivität
- Begrüßung (keine, formell, informell)
- Verabschiedung (keine, formell, informell)
- Flaming (Beschimpfungen, Sex, random Tastaturbenutzung, Sinnloses)
- Feedback an Agent (positive/negative Rückmeldung)
- Fragen (Sachfragen verbunden mit System, anthropomorphe Fragen, Sachfragen verbunden mit Sonstigem, Floskeln, die Intelligenz testende Fragen)
- Antworten/Aussagen (unauffällige Antwort, offensichtlich falsche Antwort, Antwortverweigerung, Auskunft über sich selbst, Nutzung anderer Sprachen, die Intelligenz testende Aussagen, Lachen)
- Aufforderung (unspezifische Aufforderung, etwas zu sagen; spezifische Aufforderung, etwas zu sagen; Aufforderung still zu sein; Aufforderung etwas zu tun)

Insgesamt wurden 205 Dialoge analysiert mit insgesamt 3 665 Aussagen der Nutzer und 5 195 Aussagen des virtuellen Helfers.

4.2 Akzeptanz von virtuellen Helfern

Dass die Akzeptanz von virtuellen Figuren im Allgemeinen recht hoch ist, zeigen schon diverse informelle Beobachtungen und anekdotische Belege, die die Entwickler aufgrund erster Erprobungen ihrer Systeme präsentieren. Isbister (2002) beispielsweise berichtet, dass ein hundeartiger Helfer-Agent, der die Interaktion zwischen zwei mediiert kommunizierenden Personen unterstützen soll, schnell als Teilnehmer der Kommunikation akzeptiert wird und seine Vorschläge aufgenommen werden. Auch für anthropomorphe Führer durch einen Online-TV-Service konnte Akzeptanz festgestellt werden. Nutzer bemängelten lediglich die mangelnde Responsivität (Kohar & Ginn, 1997). Lester, Towns und Fitzgerald (1999) berichten, dass bereits ein erster „stress test" im Rahmen einer informellen Gruppendiskussions-Studie mit zehn Studenten zeigte, dass die Interaktion mit Cosmo als angenehm, unterhaltsam und interessant empfunden wurde. Auch André und Rist (2001) präsentieren informelle Tests:

Die Agenten ihres Präsentationssystems wurden als unterhaltsam empfunden und die Teilnehmer waren begierig, die verschiedenen Charakter-Einstellungen vorzunehmen, um die Effekte zu beobachten. Ebenso wünschten sie sich, mehr Zeit mit dem System zu verbringen. Dass Akzeptanz sich sogar abzeichnet, wenn nicht Unterhaltungsangebote, sondern für den Einsatz in krisenhaften Situationen entworfene Agenten getestet werden, machen Berichte von Marsella (2003) deutlich. In sieben Krebszentren wurde betroffenen Müttern Carmen's bright IDEAS vorgeführt, die die Erfahrung als glaubwürdig und hilfreich bewerteten.

Kontrollierte Studien, um generelle Akzeptanz zu testen, beruhen meist auf einem experimentellen Vergleich von verkörperten Agenten mit einem audio- und/oder textbasierten Interface. Zahlreiche Untersuchungen verzichten allerdings auch auf experimentelle Bedingungen und eine Kontrollgruppe. Im Folgenden werden zunächst Studien berichtet, die positive Akzeptanzergebnisse präsentieren, gefolgt von Analysen zu den Determinanten der Akzeptanz sowie pessimistischer stimmenden Ergebnissen.

4.2.1 Hinweise auf die Akzeptanz von Interface-Agenten

In Bezug auf die Ergebnisse deuten die meisten Studien darauf hin, dass die Agenten herkömmliche Systeme hinsichtlich der generellen Bewertung, dem Unterhaltungswert und sonstiger Zuschreibungen übertreffen. So weisen beispielsweise Takeuchi und Naito (1995) nach, dass ein virtuelles Kartenspiel als unterhaltsamer bewertet wird, wenn den Gegner ein animiertes Gesicht darstellt (vgl. auch Koda & Maes, 1996). McBreen (2002) zeigt, dass Agenten in e-commerce-Anwendungen, die der Nutzer per natürlicher Sprache adressieren kann, als freundlich, kompetent, heiter und angenehm empfunden werden. Dabei variiert die Akzeptanz je nach spezifischer Anwendung (Reisebüro, Kino, Bank) nur gering (vgl. Kap. 4.5.4). Auch in eigenen Studien (Blens, 2003; Blens, Krämer & Bente, 2003, vgl. Studie 3) lässt sich eine hohe Akzeptanz von Agenten in e-commerce-Anwendungen beobachten: Zwei Internet-Seiten, die je eine weibliche virtuelle Helferin beinhalteten, mit der sich der Nutzer textbasiert unterhalten konnte, wurden positiver bewertet als eine rein textbasierte Seite. Die 45 Probanden gaben an, bei den virtuell betreuten Seiten amüsierter, weniger lustlos sowie weniger gleichgültig zu sein. Dies spiegelte sich auch auf Faktorenebene wieder, indem die Versuchsteilnehmer mehr „positive Gefühle" berichteten. Gleichzeitig beschreiben sie sich als tendenziell gereizter, verärgerter und verwirrter, was auf eine erhöhte Aktivierung hindeutet. Zusätzlich berichten die Teilnehmer über mehr Spaß und zeigen sich bei einer der durch virtuelle Figuren ergänzten Seite zufriedener (sowohl auf Einzelitem- als auch auf Faktorebene). Bernsen und Dybkjaer (2004) evaluierten ihren in einem Museum eingesetzten virtuellen Geschichtenerzähler „Hans Christian Andersen", indem sie 18 Kinder und Jugendliche im Alter der Zielgruppe (10 bis 18 Jahre) nach Ablauf einer fünfzehnminütigen Interaktion interviewten. Generell wurde das System als realistisch, interessant und unterhaltsam bezeichnet sowie positiv bewertet. Als Nachteil wurde die mitunter schwere Verständlichkeit der Sprachsynthese bemängelt. Immerhin 10 Teilnehmer bezeichneten die Interaktion als „seltsam". Dass die positiven Bewertungen nicht nur für ECAs, sondern auch für Roboter gelten, zeigen Kidd und Breazeal (2003). In ihrer Untersuchung interagierten 32 Teilnehmer nacheinander mit einem Roboter, einem Interface-Agenten und einem Menschen, von denen jeweils nur die Augen erkennbar waren. Während die Beurteilung der sozialen Präsenz des Agenten verglichen mit Mensch und Roboter am geringsten ausfiel, wurden Roboter wie auch Agent im Vergleich zum menschlichen Interaktant als unterhaltsamer und angenehmer beurteilt.

Es werden auch objektive Maße angeführt, um die Akzeptanz nachzuweisen: Graesser, Person, Harter und die Tutoring Research Group (2000) berichten – neben der Tatsache, dass viele der bislang getesteten Studierenden anfänglich amüsiert waren und den Agenten schlecht verstehen konnten – dass immer alle Probanden durch den Agenten genügend involviert waren, um die gesamte Lernsitzung zu beenden. Rodriguez, Trapote, Pozo, de la Morena Sanz und Gómez (2004) nutzen einen Agenten im Rahmen eines biometrischen Sicherheitssystems und sehen diesen als positiv evaluiert, da 92 % von 43 Nutzern sich nicht entschlossen, den Agenten abzuschalten. Im Rahmen einer eigenen Studie zur Untersuchung des EMBASSI-Privathaushalt-Demonstrators (Studie 2, Krämer & Nitschke, 2002) belegt das Wahlverhalten ebenfalls eindrücklich die Beliebtheit der virtuellen Agenten. Die zunächst mit Sprachausgabe und GUI konfrontierten Teilnehmer, die dann für die dritte Aufgabe eine Schnittstelle frei wählen konnten, wählten überdurchschnittlich oft den virtuellen Helfer. Darüber hinaus entschieden sich von den Personen (N = 15), die im Rahmen der ersten beiden Aufgaben bereits mit dem virtuellen Helfer gearbeitet hatten, sechs Personen, also fast die Hälfte, dazu, den virtuellen Helfer noch ein weiteres Mal zu nutzen. Betrachtet man die Personen, die für jede Aufgabe eine neue Wahl treffen konnten, so zeigt sich, dass sich auch hier der virtuelle Helfer der größten Beliebtheit erfreute. Dies äußert sich nicht nur darin, dass 12 der 16 Personen in der ersten Aufgabe den virtuellen Helfer als Interface wählten, sondern auch darin, dass zumindest neun dieser 12 Personen im Verlauf der verschiedenen Aufgaben bei dem virtuellen Helfer bleiben oder wieder zu diesem zurückkehren. Das Wahlverhalten weist somit auf eine recht hohe Akzeptanz dieser neuen Form der Multimodalität hin, wobei hier sicherlich Aspekte der Neuigkeit respektive Neugier eine entscheidende Rolle spielen. Auch im Rahmen einer eigenen e-commerce-Studie (Studie 3, Blens, 2003; Blens, Krämer & Bente, 2003) wurden neben den genannten Effekten in Bezug auf die subjektive Bewertung auch objektivere Hinweise auf eine erhöhte Akzeptanz deutlich: So konnten signifikant längere Verbleibzeiten nachgewiesen werden. Während die Seite ohne virtuellen Helfer im Durchschnitt nur 2,8 Minuten betrachtet wurde, verbrachten die Teilnehmer 4,7 bzw. 5,2 Minuten auf den beiden mit virtuellen Helferinnen ausgestatteten Seiten. Ferner waren mehr Einkäufe auf den virtuell begleiteten Seiten zu verzeichnen. Für den Einkauf

auf der Seite ohne anthropomorphen Agent entschieden sich lediglich 24,44 % der Teilnehmer, während 42,22 % bzw. 33,33 % die Seite mit der virtuellen Helferin wählten.

4.2.2 Determinanten der Akzeptanz

Wodurch wird nun dieser sogenannte „Persona-Effekt“ erreicht? Lester, Converse, Kahler, Barlow, Stone und Bhogal (1997) kommen in einer Studie an 100 Schülern zu dem Ergebnis: Herman the bug wird als hilfreich, glaubwürdig und unterhaltsam empfunden. Überraschenderweise gilt dies nicht nur für den voll funktionsfähigen Agenten, sondern auch für stumme und somit eingeschränkt hilfreiche Agenten (obwohl diese auch objektiv weniger effektiv waren und als weniger klar bewertet wurden). Dies lässt den Schluss zu, dass vor allem das menschenähnliche Erscheinungsbild zu einer positiven Bewertung geführt hat (vgl. Dehn & van Mulken, 2000). Auch eine Studie von van Mulken et al. (1998) gibt Hinweise darauf, dass die bloße Erscheinung des menschlichen Gesichts eine Rolle für die Akzeptanz spielt: Die Steigerung des Unterhaltungseffekts durch eine anthropomorphe Figur statt eines zeigenden Pfeiles konnte aber nicht beobachtet werden, wenn im Rahmen der Interaktion mit dem System ohnehin die Betrachtung von Fotos menschlicher Gesichter erforderlich war. Baylor und Ryu (2003a) versuchen zu ergründen, ob der Effekt bereits bei statischen Verkörperungen auftritt oder ob sich lediglich ein animierter Agent von einem textbasierten Interface abhebt. In einer Untersuchung mit 75 Teilnehmern wird der statische/animierte Microsoft-Agent-Charakter „Chris“, der als persönlicher Berater fungiert, mit einer rein textbasierten Version verglichen. Tatsächlich scheint die Animation zu einem subjektiv stärker empfundenen Involvement der Teilnehmer, zu einer Wertschätzung der gegebenen Informationen als nützlicher sowie zu einer menschenähnlicheren Bewertung zu führen. Hinsichtlich zahlreicher Variablen – insbesondere bezüglich des Wertes des Agenten – zeigen sich dagegen keine Unterschiede. Insgesamt wird allerdings dennoch geschlussfolgert, dass Animation eine entscheidende Bedeutung hat: „Overall, in all aspects of the pedagogical agent persona, animation is listed as one of (if not the only) most effective technological implementation“ (S. 25, vgl. Kap. 4.5.2).

Moreno, Mayer, Spires und Lester (2001) präsentieren eine Studie, in der der Vergleich eines pädagogischen Agenten mit einer rein textbasierten Version ebenfalls ein verstärktes Interesse und mehr Unterhaltungswert für den Agenten erbrachte. Eine weitere experimentelle Differenzierung hinsichtlich der Aspekte Stimme versus visuelle Verkörperung machte im Gegensatz zu den zuvor aufgeführten Studien allerdings deutlich, dass die Effekte eher auf die Stimme als auf die virtuelle Figur zurückzuführen sind. Vor diesem Hintergrund heben sie die Stimme als entscheidenden Aspekt hervor: „According to communications research, voices are powerful indicators of social presence and its incorporation in the interaction might promote richer processing by the incorporation of the additional attitudes and beliefs that are attached to the agent (Reeves & Nass, 1996)“ (Moreno et al., 2001, S. 203 f).

4.2.3 Relativierung der positiven Ergebnisse

Weitere Untersuchungen zeigen eine positivere Bewertung von rein sprachbasierten Versionen oder belegen gar eine in Relation negativere Bewertung von Agenten: Bickmore und Cassell (2004) beispielsweise fanden in einer experimentellen Untersuchung mit 58 Versuchsteilnehmern überraschend, dass REA in einer Audioversion (Interaktion per Telefon) teilweise deutlich positiver bewertet wurde als in der visualisierten Präsentationsweise. REA wurde in der Audioversion als vertrauter, näher, freundlicher, wärmer, informierter eingeschätzt, man mochte sie mehr und fühlte sich in der Interaktion wohler. Dies wird einerseits darauf zurückgeführt, dass REA nur ein eingeschränktes nonverbales Verhalten zeigte (eher diskursorientierte Verhaltensweisen, kaum sozio-emotionale Signale). Andererseits hing die Wirkung auch stark von den Persönlichkeitseigenschaften des Nutzers ab (vgl. Kap. 4.5.3). Auch eigene Untersuchungen deuten in fast allen Fällen darauf hin, dass die Agenten zwar positiv bewertet werden, sich aber entweder gegenüber audio- oder textbasierten Versionen nicht abheben oder Letztere sogar mehr Akzeptanz erfahren: Im Rahmen der Untersuchung zur virtuellen Bedienungsanleitung (Studie 1, Bente & Krämer, 2001) fühlten die Probanden sich bei der Interaktion mit dem virtuellen Helfer gelangweilter, gleichgültiger und weniger fröhlich als die Kontrollgruppe mit der herkömmlichen Bedienungsanleitung. Dies lässt sich wahrscheinlich auf den jeweiligen Bezugsrahmen und die Erwartungen der Teilnehmer zurückführen – verglichen etwa mit prominenten virtuellen Helfern wie Robert-T-online wirkte der präsentierte Helfer eventuell eher langweilig, während die Bedienungsanleitung normal bis überdurchschnittlich unterhaltsam war (eventuell auch dadurch, dass diese computergestützt präsentiert wurde). Diese Ergebnisse spiegeln sich auch hinsichtlich weiterer abhängiger Variablen: Die Bewertungen der Items zur allgemeinen Bewertung und Akzeptanz waren höher für die herkömmliche Bedienungsanleitung. Konkret waren etwa die Personen, die mit der Bedienungsanleitung arbeiteten, zufriedener mit dem Entertainment. Ebenso machte die Arbeit mit dem Videorekorder mehr Spaß und die Bedienungsanleitung wurde nützlicher beurteilt als der virtuelle Helfer. Auch im Rahmen des auf die differentiellen Aspekte von Gestik ausgelegten Experimentes (Studie 4, Krämer, Tietz & Bente, 2003) erhielten die Agenten-Bedingungen nicht die besten Bewertungen: Zwar beschrieben sich die Probanden unter den Agenten-Bedingungen durchweg amüsierter, während sich die unter Audio-Bedingung als verwirrter bezeichneten. Hinsichtlich der generellen Bewertung schnitten die Agenten-Bedingungen jedoch auch hier etwas negativer ab: Weiterempfehlen würde man das Gerät am ehesten in der Text-Bedingung und der Helfer wurde als tendenziell eher überflüssig und weniger hilfreich bewertet. Dies ist allerdings vor dem Hintergrund der Tatsache zu sehen, dass die Ergebnisse insgesamt dafür sprechen, dass die Befindlichkeit (Amüsement, Ärger) durch die Helfer zwar positiv beeinflusst wurde (s. Kap. 4.4.1.7), sich dies aber nicht in den Bewertungen niedergeschlagen hat. Ein ähnlicher Effekt wurde auch im Rahmen der Untersuchung des EMBASSI-Demonstrators zum virtuellen Programmguide deutlich (Studie 2, vgl. Krämer & Nitschke, 2002). Während objektive Parameter wie das Wahlverhalten auf eine hohe Akzeptanz der Schnittstelle hinwiesen, ergaben subjektive Aspekte keine Überlegenheit des virtuellen Helfers, verglichen mit der Audio- oder Text-Bedingung. Die angegebene Befindlichkeit der Probanden variierte hinsichtlich keines Einzelitems entsprechend den Bedingungen, lediglich für den Faktor „Interesse, Aufmerksamkeit" zeigte sich eine Signifikanz, die auf eine niedrigere Aufmerksamkeit bei der graphischen Benutzeroberfläche zurückführbar scheint. Auch hinsichtlich einiger Items zur zusammenfassenden Bewertung des Systems (globale Fragen zum Layout/Erscheinungsbild, Verständlichkeit, Effektivität der Hilfe, Entertainment), zeigte sich bei allen Modalitäten eine gleichermaßen positive Bewertung. Ein ähnliches Bild findet sich auch im Rahmen der Studie zur Bildung eines mentalen Modells bzw. zur Inkarnation des Systems (Studie 5; vgl. Krämer, Bente & Piesk, 2003): Die Agenten-Bedingungen wurden im Großen und Ganzen nicht positiver bewertet, einzig gegenüber der Audio-Bedingung ließ sich eine positive Abweichung feststellen – wenn keine visuellen Elemente zu sehen waren, fühlten sich die Probanden verwirrter, ängstlicher und weniger fröhlich.

Auch Ijsselsteijn, de Kort, Westerink, de Jager und Bonants (2006) fanden für ihre virtuelle Trainerin in einem *within subjects*-Design mit 24 Probanden keine Effekte in Bezug auf die üblichen Akzeptanz-Variablen und Bewertungen. Lediglich die Immersivität der genutzten virtuellen Rennstrecke nahm Einfluss auf Motivation, Präsenzerleben und Interesse, nicht aber die virtuelle Trainerin, die zusätzlich Informationen über die physiologischen Daten des Nutzers bereitstellt. Zusätzlich sank die wahrgenommene Kontrolle bei Anwesenheit der Trainerin. Einzig positive Effekte waren: Druck und Anspannung wurden als niedriger empfunden und die Agentin als nützlicher bewertet (was allerdings auch alleine auf das Biofeedback zurückgeführt werden kann). Schaumburg (2001) präsentiert Ergebnisse, die auf den ersten Blick noch weniger für Agenten sprechen. In einer Befragung von 105 Microsoft-Office-Nutzern stellte sie fest, das 65 % den Office-Assistenten nie oder selten nutzen und dieser als die am wenigsten effiziente Möglichkeit empfunden wurde, um ein Problem zu lösen (aber dennoch als im Durchschnitt nützlich bewertet wurde – weniger für sich selbst als vielmehr für den durchschnittlichen Nutzer). Lediglich 22 % gaben an, ihn zu mögen: Er erwies sich als weniger beliebt als die herkömmliche Hilfefunktion. Insgesamt wurde der Assistent als freundlich und höflich, aber auch als ablenkend und nervend empfunden. Regressionsanalysen ergaben ferner, dass zum einen diese Ablenkung und zum anderen das Vertrauen, der Assistent werde eine Lösung für ein Problem finden, die wichtigsten Prädiktoren für die Nutzung sowie die Akzeptanz sind. Noch deutlicher fallen die Ergebnisse einer Befragung von Strebkowski und Schaumburg (1999) aus. Sie zeigen, dass 40 % der befragten Studenten – insbesondere diejenigen mit höherer Computerexpertise – einen anthropomorphen Führer für eine hypermediale Lernumgebung ablehnen. Da die Untersuchungsteilnehmer allerdings nicht tatsächlich mit entsprechenden Agenten interagiert haben, sind die Ergebnisse mit Vorsicht zu interpretieren. Qvarfordt, Jönsson und Dahlbäck (2003) weisen beispielsweise nach, dass die Einstellung des Nutzers bezüglich menschenähnlich interagierenden Systemen stark durch entsprechende Erfahrungen beeinflusst wird. Die Nutzer wünschten sich etwa bezüglich eines sprachbasierten Fahrplan-Systems umso eher menschenähnliche Elemente, je menschenähnlicher das System, das sie kennenlernten, gestaltet war. Die Autoren schlussfolgern vor diesem Hintergrund „that in order to appreciate a human-like interface, the users have to experience it“ (S. 250).

4.2.4 Glaubwürdigkeit und Vertrauen – spezifische Akzeptanzaspekte

Neben der globalen Akzeptanz und der Bewertung als unterhaltsam, interessant oder nützlich, waren aber auch weitere Aspekte wiederholt Gegenstand der Betrachtung. So sollen im Folgenden noch Sympathie, Intelligenzzuschreibung und – etwas ausführlicher – Vertrauen in das System thematisiert werden: Bezüglich der sozialen Evaluation oder Sympathiezuschreibung finden sich ebenfalls inkonsistente Ergebnisse (Dehn & van Mulken, 2000; Sproull et al, 1996; Koda & Maes, 1996), die weiterer Klärung bedürfen. Dehn und van Mulken formulieren in diesem Zusammenhang die Hypothese, dass insbesondere die sehr unterschiedlich ausgeprägte Variable „Erscheinungsbild“ für diese Unterschiede verantwortlich ist (vgl. Kap. 4.5.1). Hinsichtlich Intelligenzzuschreibungen sind die Ergebnisse konsistenter: Schulte et al. (1999; vgl. Fong et al., 2002) weisen – wenig überraschend – nach, dass Robotern insbesondere durch Kinder unter zehn Jahren menschenähnliche Intelligenz zugeschrieben wird. Aber auch bei Erwachsenen löst bereits die Form einer menschlichen Erscheinung die Attribution von höherer Intelligenz aus (King & Ohya, 1996). Es handelt sich allerdings um einen Effekt, der an Bedeutung verliert, wenn die tatsächlichen Fähigkeiten deutlich werden (Koda & Maes, 1996). Wenngleich die Zuschreibung von Intelligenz somit letztendlich nicht vom äußeren Erscheinungsbild abhängig scheint, lässt sich ein initialer eindrucksbildender und erwartungssteigernder Effekt eines menschenähnlichen Gesichtes nicht leugnen.

Glaubwürdigkeit wird als eines der wichtigsten Kriterien für verkörperte Agenten genannt (s. o.). Während dabei auf Entwicklerseite meist von „believability“ gesprochen wird, finden sich im Rahmen von Studien eher Fokussierungen auf „credibility“ oder noch häufiger auf „trust“. Insbesondere die Frage, inwieweit ein Interface-Agent Vertrauen hervorruft, wird bereits seit einigen Jahren intensiv beforscht. Vertrauen wird unter anderem definiert als „a willingness to be vulnerable based on positive expectations“ (Corritore, Kracher & Wiedenbeck, 2003, zitiert nach Riegelsberger, Sasse & McCarthy,

2005a, S. 1). Daraus leiten Riegelsberger, Sasse und McCarthy (2005a) ab, dass von „trust" nur dann gesprochen werden kann, wenn auch Risiko und Unsicherheit, als Vorbedingungen für das Vertrauen, gegeben sind. Die Autoren geben Beispiele, inwiefern diese in medienbasierten Settings vorkommen: „... trust is required in the presence of *risk* and *uncertainty*. Relying on an online advisor can pose several risks, ranging from lower than expected entertainment (e. g. in the case of a film recommendation) to bodily harm (e. g. in the case of medical advice). Uncertainty arises from the fact that the trustor cannot directly observe the trustee's *ability* (e. g. expertise) and *motivation* (e. g. desire to deceive), but needs to infer these from the available information" (S. 1). Die HCI-Forschung im Allgemeinen und die Internet-Forschung im Besonderen können daher als exemplarische Felder für die Untersuchung von Vertrauensbildung angesehen werden. Andererseits stellt Vertrauen somit im Sinne der Anwendungsforschung bei Internetseiten eine zentrale abhängige Variable dar. Nicht nur für kommerzielle e-commerce-Seiten, sondern auch für sonstige dienstleistungsorientierte Netzangebote lautet eine wichtige Frage: Durch welche Mittel kann das Vertrauen erhöht werden (vgl. Dzeyk, 2001; Riegelsberger, Sasse & McCarthy, 2005b). In diesem Rahmen wurden beispielsweise einige Untersuchungen durchgeführt, die überprüfen, ob auf den Internetseiten abgebildete Fotografien die Seiten durch sogenanntes „virtual re-embedding" auf der Basis sozialer Hinweisreize (Riegelsberger & Sasse, 2001) vertrauenerweckender erscheinen lassen. Wie Riegelsberger und Sasse (2002) aber bereits durch den bezeichnenden Titel „Face it – Photos don't make a web site thrustworthy" andeuten, fanden sie keine empirischen Belege für einen vertrauensbildenden Effekt allein aufgrund der Abbildung eines menschlichen Gesichts – es sei denn, es sind weitere Funktionalitäten damit verbunden. Steinbrück, Schaumburg, Krüger und Duda (2002) dagegen berichten, dass die Einbindung von Mitarbeiterportraitfotos in die fiktive Seite eines Bankinstituts einen signifikanten Effekt auf die wahrgenommene Vertrauenswürdigkeit hat. Wurde dagegen in einem ähnlichen Experiment ein statischer anthropomorpher Agent eingesetzt, zeigte sich wiederum keine positive Auswirkung (Zachar & Schaumburg, 2002). Die Autoren vermuten, dass die Verfügbarkeit von nonverbalem Verhalten eine zentrale Variable ist, die mit gesteigertem Vertrauen einhergeht. Tatsächlich konnten sowohl Sproull, Subramani, Kiesler, Walker und Waters (1996) als auch Walker, Sproull und Subramani (1994) sowie Rickenberg und Reeves (2000) zeigen, dass das empfundene Vertrauen in das System wächst, wenn ein menschenähnliches animiertes Gesicht zu sehen ist. Ebenfalls ausgehend von der Annahme, dass insbesondere nonverbale Signale geeignet sind, um Vertrauen zu erzeugen (DePaulo, 1992), versuchen van Mulken, André und Müller (1998) nachzuweisen, dass Agenten das Vertrauen in ein System erhöhen. In einem experimentellen Setting, innerhalb dessen die Teilnehmer einen Agenten (PPP-Persona) mit einer Videoperson, einer Stimme und einem Text verglichen, zeigte sich allerdings, dass vor allem die tatsächlichen Fähigkeiten des Systems Einfluss auf das sowohl subjektiv als auch objektiv nachgewiesene Vertrauen nahmen. Der Agent schnitt zwar bezüglich der Verhaltensebene im Vergleich mit den anderen Repräsentationsformen gut ab (den Ratschlägen wird – allerdings nicht signifikant – häufiger gefolgt als denen von Stimme oder Text), hinsichtlich der subjektiven Bewertungen aber fällt der Agent zum Teil hinter die Textversion zurück. Die Schlussfolgerung lautet demnach: „Personification in itself does not appear to be a sufficient condition for raising trustworthiness" (S. 5). Insgesamt ergibt sich somit ein sehr heterogenes Bild hinsichtlich der vertrauensbildenden Wirkung von Agenten – allerdings scheinen animierte Figuren insgesamt erfolgreicher zu sein als statische Repräsentationen. Auch Untersuchungen, in denen Vertrauen auf der Verhaltensebene gemessen wurde (s. Kap. 4.4.1.5), zeigten mehrheitlich, dass Agenten nicht in der Lage sind, das Vertrauen zu steigern.

Hinsichtlich der Zuschreibung von Glaubwürdigkeit (credibility) zeigt sich ein ähnlich unscharfes Bild. Baylor und Ryu (2003a) führen an, dass sowohl durch einen statischen als auch durch einen animierten pädagogischen Agenten die Glaubwürdigkeitsbewertung gegenüber einer Bedingung gänzlich ohne Bild steigt. Dies gilt dabei für die indirekte, verhaltensorientierte Messung (Anzahl der aufgerufenen Ratschläge) wie auch für die subjektive Bewertung. Burgoon, Bonito, Bengtsson, Cederberg, Lundeberg und Allspach (2000) testen in einem komplexen experimentellen Setting sowohl den Einfluss als auch die Glaubwürdigkeit verschiedener Schnittstellen im Vergleich zur Face-to-Face-Situation. Die Autoren variierten Kontingenz, Modalitäten und Anthropomorphismus, indem sie folgende Bedingungen in unterschiedlichen Kombinationen verglichen: Nur Text; Text und synthetisierte Stimme; Text, Stimme und statisches Bild; Stimme und *talking head*; Text, Stimme und *talking head* (Beskow, 1995; Lundeberg, 1997); Face-to-Face-Kommunikation; nicht kontingente Face-to-Face-Kommunikation. Dabei erwiesen sich Computer-Partner zwar überraschenderweise attraktiver als die menschlichen Interaktionspartner, Letztere wurden aber glaubwürdiger als die Computer-Partner beurteilt. Verantwortlich dafür scheint zum Beispiel die Kontingenz der Interaktion zu sein: Kontingent interagierende Partner (d. h. vor allem Personen im Face-to-Face-Kontakt) wurden in ihrer Expertise, die einen Teil der Glaubwürdigkeitseinschätzung ausmachte, als höher bewertet. Vor allem aber scheint Glaubwürdigkeit eine Funktion von erhöhter Reichhaltigkeit der Modalität zu sein, da sich ein Zusammenhang zwischen der Anzahl der Modalitäten und der Glaubwürdigkeit feststellen ließ. Der Grad an Menschenähnlichkeit dagegen nahm keinen Einfluss auf die Glaubwürdigkeitsbewertung. Bezüglich des tatsächlichen Einflusses auf das persönliche Ranking, das im Rahmen des gemeinsam mit dem (Computer)Partner bearbeiteten „Desert survival problem" vorgenommen wurde, wird dagegen vor allem deutlich, dass Computer einen stärkeren Einfluss ausüben als menschliche Partner. Burgoon et al. (2000) nehmen an, dass letzteres damit in Verbindung stehen könnte, dass Personen besonders empfänglich für medienvermittelte Botschaften sind: „People are more susceptible to influence from mediated messages and information" (S. 569 f).

Insgesamt lässt sich somit aussagen, dass die Akzeptanz der unterschiedlichen Arten anthropomorpher Schnittstellen eher hoch ausfällt bzw. zumindest höher, als die Skeptiker vermuten würden. Es lässt sich feststellen, dass die Verfügbarkeit von menschenähnlichen Helfern keine Horrorvision ist, die von der Bevölkerung abgelehnt würde. Und es findet sich vor allem keine Mischung aus Grusel und Faszination, die die Erstellung der künstlichen Menschen über die Jahrhunderte begleitet hat.

Dennoch ist das Gesamtbild äußerst heterogen und inkonsistent – insbesondere hinsichtlich der Frage, inwieweit anthropomorphe Schnittstellen womöglich positiver als text- oder audiobasierte Interfaces bewertet werden. Diese Inkonsistenzen können zum einen auf methodische Unterschiede zurückgeführt werden: So scheinen hohe Akzeptanzwerte gegenüber herkömmlichen Schnittstellen vor allem dann zu resultieren, wenn es sich um ein *within subjects*-Design handelt und die Versuchsteilnehmer somit Möglichkeiten zum direkten Vergleich der Schnittstellen haben. Dabei spielt es wahrscheinlich weniger eine Rolle, dass die Probanden durch dieses Setting eher von der Qualität des Agentensystems überzeugt werden, sondern vielmehr, dass die Aufforderungscharakteristiken der experimentellen Untersuchung Einfluss nehmen und den Probanden stärker suggerieren, die innovativste Technologie habe als die am günstigsten zu bewertende zu gelten. Hinzu kommt, dass die externe Validität der Laboruntersuchungen im Allgemeinen anzuzweifeln ist: So sind die Eindrücke der Versuchspersonen wahrscheinlich substantiell verschieden von denen, die sie erhalten würden, wenn sie tatsächlich über einen längeren Zeitraum hin Bankautomaten nutzen würden, die durch einen virtuellen Helfer unterstützt werden, oder ihren Fernseher drei Wochen lang täglich mithilfe eines Agenten bedienen würden. Nach einer halben Stunde Interaktion – womöglich angeleitet von einer freundlichen Versuchsleiterin und milde gestimmt durch eine Tasse Kaffee und Plätzchen –wird ein Versuchsteilnehmer dagegen geneigt sein, zunächst einmal positive Bewertungen abzugeben. Hier müssen in Zukunft Studien geplant und durchgeführt werden, die den Einsatz von Agenten im Alltag und nach längeren Nutzungszeiten untersuchen.

Bezüglich der Erklärung der vorhandenen Inkonsistenzen kommen selbstverständlich nicht ausschließlich methodische Ursachen in Betracht: Auch die Tatsache, dass unterschiedlichste Systeme getestet wurden, mag für die Verschiedenheit der Urteile verantwortlich sein. Man kann davon ausgehen, dass virtuelle Agenten nicht per se akzeptiert oder abgelehnt werden, sondern dass mannigfaltige Aspekte wie Erscheinungsbild, Fähigkeiten und Verhalten des Agenten, Variablen des Nutzers oder auch der entsprechende Anwendungskontext respektive die Aufgabe eine Rolle spielen. Die in den Kapiteln 4.5.1. bis 4.5.4 zu eben diesen Aspekten aufgeführten Untersuchungen sollten es somit ermöglichen, relevante Einflussfaktoren zu isolieren, wie auch genauere Schlussfolgerungen zur differentiellen Akzeptanz von anthropomorphen Agenten abzuleiten. Bevor diese Ergebnisse aufgeführt werden, sollen nachfolgend allerdings zunächst die Aspekte Effizienz und die soziale Wirkung thematisiert werden.

4.3 Effizienz und Effektivität virtueller Helfer

Neben der Untersuchung der Akzeptanz muss auch die Frage Beachtung finden, ob anthropomorphe Agenten den Umgang mit einem technischen System tatsächlich erleichtern bzw. die Qualität der Arbeitsergebnisse verbessern. Sowohl die Effektivität als auch – noch zentraler – die Effizienz werden entscheidend dafür sein, inwieweit sich Agenten im Alltagsleben in der Zukunft durchsetzen werden: Falls nämlich die anthropomorphen Figuren keinen erkennbaren Vorteil gegenüber herkömmlichen text- oder sprachbasierten Schnittstellen mit sich bringen, sollte es keinen Grund geben, diese weitreichend zu implementieren, es sei denn, deren Akzeptanz ist unabhängig von der Effizienz hoch (etwa dadurch, dass die Schnittstelle als unterhaltsamer empfunden wird) – was sich allerdings momentan nicht abzeichnet (s. o.). Eine zentrale Frage im Hinblick auf den Effizienzaspekt ist, ob das Hinzufügen weiterer Modalitäten den Prozess der Interaktion sowie das Ergebnis verbessert. Hierzu lassen sich – unabhängig von konkreten Studien zur Evaluation von Agenten – bereits aus medien- und ingenieurpsychologischer Forschung Annahmen ableiten: Die häufig propagierte Aussage, Multimodalität sei vorrangig erforderlich für Schnittstellen und stelle einen zentralen Vorteil der zur natürlichen Interaktion befähigten Schnittstellen dar (vgl. Brennan, 1990; Laurel, 1990; Bolt, 1987; Thórisson, 1996), wird zunehmend kontrovers diskutiert. So zeigt etwa Weidenmann (1997) in Bezug auf das Lernen mit Medien, dass die naive Annahme, Multimodalität verbessere durch die inhärente Redundanz das Lernen, nicht in jedem Fall zutrifft. Anhand von zahlreichen allgemein- und medienpsychologischen Befunden macht Weidenmann (1997) deutlich, dass „Multi"- nicht per se einen Vorteil darstellt und insbesondere die überaus „moderne" Multimodalität nicht in jedem Fall der Vermittlung auf Basis nur einer Modalität vorzuziehen ist. So beziehe sich der von Paivio (1986) festgestellte und häufig als Argument eingebrachte Vorteil der Doppelkodierung nicht auf die externe Kodierung – im Sinne der gleichzeitigen Darbietung von Schrift und Bild –, sondern lediglich auf die Anregung einer doppelten internen Repräsentation. Es lässt sich sogar aufzeigen, dass Multimodalität und Multikodalität nachteilig sein können, etwa wenn die Informationsangebote schlecht koordiniert oder synchronisiert sind und beispielsweise eine semantische Diskrepanz zwischen verbal und pictoral kodierten Botschaften besteht. Vor dem Hintergrund solcher Ergebnisse muss man auch die optimistischen Annahmen von Interface-Designern in Frage stellen und zunächst genauer untersuchen, in welcher Hinsicht die Multimodalität, die eine Schnittstelle nach dem Vorbild der Face-to-Face-Kommunikation bereitstellt, eine Optimierung ist. Wichtig scheint in diesem Zusammenhang die zusätzliche Einbindung von Situations- und Umgebungsvariablen, die auch Weidenmann (1997) als zentral für ein Verständnis von Nutzung und optimaler Gestaltung herausstellt.

Vor dem Hintergrund dieser Vorbemerkungen sollen nun zunächst empirische Ergebnisse zum Bereich der pädagogischen Agenten vorgestellt werden. Während in vielen anderen Anwendungsbereichen vorrangig auf die Akzeptanz fokussiert wurde, stellt sich stattdessen im Rahmen des durch Agenten vermittelten Lernens natürlich in erster Linie die Frage, inwieweit die angestrebte Wissensvermittlung tatsächlich gelingt bzw. im Vergleich zu herkömmlichen, text- oder sprachbasierten Lernprogrammen eine entscheidende Optimierung erfährt. Tatsächlich basiert der Einsatz anthropomorpher Agenten im Rahmen von Lernprogrammen auf der Annahme, dass diese Art von Verkörperung auf unterschiedliche Weise den Lernprozess fördert und das Lernergebnis verbessert (für einen Review zu pädagogischen Agenten vgl. Clarebout, Elen, Johnson & Shaw, 2002). Johnson, Rickel und Lester (2000) beispielsweise vermuten, dass bereits die Anwesenheit eines Agenten die Wahrnehmung der Lernsituation entscheidend verändern kann: „The very presence of a lifelike character in an interactive learning environment can have a strong positive effect on learners' perception of their learning experience“ (S. 17). Moreno, Mayer, Spires und Lester (2001) leiten von Vygotskys (1978) Annahme, der Lernprozess sei ein inhärent sozialer Prozess, in dem Kommunikation eine große Rolle spielt, ab, dass ein Agent die notwendige Personalisierung leisten könne. Sei einmal eine positive Beziehung zwischen Agent und Lernendem hergestellt, so fördere dies das Lernen, indem Interesse und Motivation zunehmen und konstruktives Lernen ermöglicht werde. Dabei sei die Motivation vor allem deshalb entscheidend, da sie eine stärkere Beschäftigung mit dem Material fördere und Transferleistungen wahrscheinlicher mache: „More motivated students try harder to make sense of the presented material than do less motivated students. They are also more likely to form a coherent mental model that enables them to apply what they learned to challenging new problem-solving situations“ (S. 193). Zur Frage, wie eine erhöhte Motivation hergestellt werden kann, verweisen Elliott, Rickel und Lester (1997) auf die Bedeutung von Emotionen: „A pedagogical agent must be sensitive to the student's emotions. For example, the agent must recognize a student's frustration so as to intervene with assisstance and encouragement before the student loses interest“ (S. 1). Baylor und Ryu (2003a) bezeichnen die Beziehung von Lernendem und Agent als wichtigen Aspekt: „The learner's development of a social relationship with a pedagogical agent is a key mechanism to foster interaction and promote learning within a computer-based learning system“ (S. 2). Damit überhaupt eine in diesem Sinne funktionierende Beziehung aufgebaut werden kann, muss laut Baylor (2001) ein Gleichgewicht hinsichtlich der Kontrollmöglichkeiten vorhanden sein, die dann das Vertrauen fördern: „In summary, the learner's development of confidence in the agent(s) is dependent on his/her perceptions in the following areas: 1) agent believability; 2) motivational attachment with the agent(s); 3) agent competence; and, 4) agent trustworthiness. So again, the issue of assertion of control is important, here from the perspective of the agent so as to establish a beneficial working relationship with the learner“ (S. 415). Aber auch ein kognitiver Aspekt wird aufgeführt: Moreno, Mayer und Lester (2000) gehen davon aus, dass besonders in Lernumgebungen, in denen der Lernende selbst exploriert und konstruktivistisches Lernen stattfinden soll, die Gefahr besteht, dass dieser überfordert wird. Mittels Ratschlägen und dem Feedback eines pädagogischen Agenten könnte dies behoben werden.

Unabhängig von diesen Motivationseffekten werden auch andere Aspekte der Leistungsfähigkeit eines Agenten untersucht: So stellt sich je nach Anwendung die Frage, ob er die Handhabung technischer Geräte erleichtert, im Rahmen von e-commerce-Anwendungen bessere Behaltensleistungen verursacht oder den Nutzer effektiv überzeugt. Entsprechende Untersuchungen werden im Anschluss an die nun folgende Zusammenfassung empirischer Studien zur Wirkmächtigkeit von pädagogischen Agenten geschildert.

4.3.1 Lerneffekte durch pädagogische Agenten

Als Pionier auf dem Gebiet der pädagogischen Agenten war Lester mit seiner Gruppe auch der Erste, der die Effektivität der Figuren empirisch überprüft hat (vgl. Lester et al., 1997a, b; Johnson, Rickel & Lester, 2000). In einem *between subjects*-Design ließen Lester et al. (1997a, b) 100 Schüler mit unterschiedlichen Formen des pädagogischen Agenten Herman the bug interagieren. Variiert wurden sowohl die Modalitäten als auch die Vermittlungstechnik: Ein Agent gab keine Ratschläge, einer lieferte aufgabenspezifische Ratschläge im verbalen Modus, der dritte verbale prinzipienbasierte Ratschläge, der vierte Agent enthielt alle Elemente des Letztgenannten, wurde aber zusätzlich mit Animationen/nonverbalem Verhalten versehen, und der fünfte war der „expressivste", da er nicht nur alle diese Elemente anbot, sondern zusätzlich auch bei Schwierigkeiten selbstständig verbale Hilfe. Für alle Formen konnte nach der Interaktion ein signifikanter Wissenszuwachs bei den Schülern bezüglich des Aufbaus von Pflanzen nachgewiesen werden: Der Agent hat somit keinen Distraktionseffekt, sondern unterstützt das Lernen – erstaunlicherweise sogar, wenn er gar keine Hilfsfunktionalitäten hat (vgl. Lester et al., 1997b). Bei einfachen Problemen ergab sich kein Unterschied hinsichtlich der Problemlösung, bei komplexen Problemen aber erwiesen sich der voll expressive Agent und der mit aufgabenspezifischen Ratschlägen hilfreicher als der stumme Agent. Parallel dazu wurden auch die Nützlichkeit und Verständlichkeit höher eingeschätzt, je expressiver der Agent war (Lester et al., 1997a). Hinsichtlich der affektiven Dimension pädagogischer Agenten schließen Lester et al. (1997a) somit: „The study revealed the persona effect, which is that the presence of a lifelike character in an interactive learning environment – even one that is not expressive – can have a strong positive effect on student's perception of their learning experience" (S. 359). Insgesamt bewerten die Autoren den Aspekt, dass selbst ein stummer Agent nicht nur als hilfreich beurteilt wird, sondern tatsächlich auch leistungsfördernd wirkt, als erstaunlich. Anstatt allerdings zu problematisieren, inwieweit bei der gewählten Methode auch ganz ohne Agent immer ein Leistungszuwachs zu beobachten wäre, überhöhen die Autoren das Ergebnis als ein Anzeichen für die Wirkmächtigkeit der Agenten: „This finding is indicative of a fundamental benefit provided by animated pedagogical agents, perhaps even if they are not optimally designed" (Lester et al., 1997a, S. 364). Die Autoren führen dies einerseits auf direkte kognitive Effekte zurück und andererseits auf Motivationseffekte – verursacht sowohl durch die „enchanting presence" (S. 364) und die Glaubwürdigkeit als auch durch die angeborene Tendenz des Menschen, auf psychosoziale Stimuli zu reagieren.

Fortgeführt wurden die Untersuchungen zu Herman the bug durch Roxana Moreno und Richard Mayer. In einer Serie von fünf Experimenten versuchen Moreno, Mayer, Spires und Lester (2001) zu zeigen, dass der Lernende umso eher lernt, je sozialer der Umgang mit dem Computer ist. Dadurch wird gleichzeitig überprüft, ob Agenten den Nutzer in seinem Lernprozess unterstützen („constructivist"-Hypothese) oder ihn eher ablenken und überfordern („interference"-Hypothese). Während im ersten Experiment mit Studierenden und in der zweiten Studie mit Schülern der Vergleich einer Lernumgebung mit versus ohne pädagogischen Agenten erbringt, dass zwar nicht die Behaltensleistung, aber die Transferleistung durch den Agenten signifikant gesteigert wurde, gibt ein weiteres Experiment Hinweise darauf, dass der entscheidende Faktor die Stimme ist. Allein durch den Einsatz einer Stimme werden Erinnerungsleistung, Transfer und auch Bewertung verbessert, während die Visualisierung keinen zusätzlichen Vorteil mit sich bringt. Um zu überprüfen, ob der fehlende Effekt der Figur auf deren mangelnde Realitätsnähe zurückzuführen ist, wurde zusätzlich überprüft, inwieweit die Aufnahme eines videographierten Menschen zu Lernverbesserungen führt. Auch hier konnte jedoch kein sogenannter „image Effekt" nachgewiesen werden. Moreno et al. (2001) schließen allerdings nicht aus, dass die Ergebnisse anders ausfallen könnten, wenn die Zeigegesten oder der Blick salienter werden oder es eher um soziale Inhalte geht. Generell wird auch in Betracht gezogen, dass der Computer bereits ohne Verkörperung eine soziale Entität darstellt, die durch eine Figur nicht mehr gesteigert werden kann: „A social agency metaphor might already be present once students interact with a computer, and trying to make it more visually apparent does not necessarily lead to better results" (S. 209 f). Zusätzlich stellte sich in einer der Untersuchungen heraus, dass Interaktivität und die Möglichkeit zur Partizipation ebenfalls eine wichtige Rolle spielen (vgl. auch Moreno, Mayer & Lester, 2000).

Dennoch unterzieht Moreno (2001) die *social cue*-Hypothese, d. h. die Annahme, dass vermehrte soziale Hinweisreize in einer Kommunikation zu einer Verbesserung des Ergebnisses führen (Rutter, 1984), auch später noch einer empirischen Testung im Hinblick auf pädagogische Agenten. In fünf aufeinanderfolgenden Studien mit insgesamt 262 Versuchsteilnehmern überprüfte sie, welche Rolle Text, Stimme und Visualisierung bei der Lernunterstützung spielen. Die Ergebnisse zeigen auch hier: Das Vorhandensein einer Vokalisierung ist entscheidender als die Visualisierung und ein personalisierter Dialog günstiger als ein unpersönlicher Monolog. Zusammenfassend folgert Moreno (2001) drei entscheidende Dinge für die *social cue*-Wirkung: die Vokalisierung des Agenten, ein personalisierter Sprachstil und die Interaktivität des Settings. Letztere soll dabei eine tiefe Verarbeitung ermöglichen. In späteren Arbeiten postuliert Moreno (2003) dann, dass wahrscheinlich weniger die *social cue*-Hypothese Gültigkeit hat, sondern es viel entscheidender sein könnte, ob kognitive Hinweise gegeben werden (cognitive guiding function). Basierend auf den zuvor aufgeführten Ergebnissen argumentiert sie, dass visualisierte soziale Hinweisreize immer weniger Effekte haben als Aspekte, die unmittelbarer mit der kognitiven Verarbeitung verbunden sind (Vokalisierung, Partizipation, Führung).

Weiterhin wurde überprüft, inwieweit Immersion Wechselwirkung mit den Effekten der Agenten zeigt (Moreno, 2002; Moreno & Mayer, 2004). Moreno (2002) belegt, dass der Einsatz von Stimme dem von Text überlegen ist – unabhängig davon, ob das Lernprogramm durch ein Desktop-System, ein HMD oder ein HMD plus Bewegungsmöglichkeit präsentiert wird. Dies wurde in einem zweiten Experiment bestätigt: Obwohl der Einsatz eines HMDs verglichen mit einem Desktop-System für eine stärker empfundene Präsenz (gemessen durch einen auf Witmer & Singer, 1998, beruhenden Fragebogen von Moreno & Mayer, 2002) sorgte, wirkte sich dies nicht auf das Lernergebnis aus. Die Modalität nahm dagegen Einfluss: Stimme sowie Stimme und Text heben sich signifikant von einer Nur-Text-Version ab. Diese Ergebnisse werden auch von Moreno und Mayer (2004) beschrieben, die zusätzlich noch nachweisen, dass ein Agent dann zu einem intensiveren Lernen führt, wenn er den Lernenden auf personalisierte statt auf formale Art und Weise anspricht. Dies führte zu einer stärkeren sozialen Präsenz – hier entgegen der gebräuchlichen Definition von sozialer Präsenz (vgl. Kap. 4.4.2) operationalisiert als der empfundene Grad von Freundlichkeit und Hilfe.

Craig, Gholson und Driscoll (2002) gelangen – zumindest hinsichtlich der Bedeutsamkeit von Vokalisierung – zu ähnlichen Ergebnissen. In einer Studie zur Untersuchung von Redundanzen wurden drei Versionen einer Multimedia-Umgebung verglichen, die eine verschieden ausgestaltete *Microsoft-Agent*-Figur enthielten (Agent und Text, Agent und Sprache, Agent, Sprache und Text). Hier hob sich der Agent mit Sprache von den beiden anderen Agenten sowohl hinsichtlich der Behaltensleistung als auch hinsichtlich des Transfers ab – was wiederum die Bedeutung von Sprache unterstreicht. In einem weiteren Setting verglichen Craig et al. (2002) eine Lernumgebung, die einen Agenten enthielt, mit einer, deren Agent deiktische Gesten beherrscht. Als Kontrollbedingung fungierte eine Lernumgebung ohne pädagogischen Agenten. Diese Manipulation brachte keinen Unterschied hervor, was Craig et al. (2002) zu der Schlussfolgerung führt, dass kein Ablenkungseffekt aufzufinden ist und die Agenten daher vorteilhaft sind.

Auch die Gruppe um Amy Baylor, die mit dem pädagogischen Agenten „Chris" arbeitet, führt nur gemäßigt positive Effekte an. Beim Vergleich eines agenten- versus eines textbasierten Systems fanden sie keinerlei Effekte auf die Performanz (Baylor & Ryu, 2003a), belegten aber, dass ein Agent lehrerartig empfunden wurde und in der sozialen Rolle des Lehrers glaubwürdig war (vgl. auch Prendinger & Ishizuka, 2001). Insgesamt stieg vor allem auch das Vertrauen. Baylor und Ebbers (2003a, b) versuchen darüber hinaus empirisch zu ergründen, ob es günstiger ist, einen Agenten zu implementieren, der sowohl Expertise als auch motivationale Unterstützung gibt, oder ob es zwei

Agenten geben sollte, die jeweils eine dieser Rollen übernehmen. In einem Experiment mit 48 Versuchsteilnehmern wurde nachgewiesen, dass sowohl die subjektive Einschätzung der Lernschwierigkeit verringert als auch das Lernergebnis verbessert wurde, wenn zwei Agenten anwesend waren (Baylor & Ebbers, 2003a, b). Als Erklärung vermuten die Autorinnen eine Verteilung der kognitiven Belastung: „From a cognitive load standpoint, perhaps it is easier for the learner to attribute certain types of comments (e. g., informational or motivational) to a particular agent (e. g., Expert or Motivator) rather than evaluating these comments together as part of one agent (e. g., Mentor). In this way, it may be easier for learners to compartmentalize the information, given that it is already pre-organized for them“ (Baylor & Ebbers, 2003a, S. 4). Baylor (2002) dagegen fand lediglich eine Verbesserung der Bewertung, nicht aber des Lernergebnisses.

Auch Atkinson (2002) berichtet gemäßigt positive Ergebnisse zur Wirkung pädagogischer Agenten (in diesem Fall Microsoft Peedy Charakter) im Zusammenhang mit dem Lernen durch Beispiele. Während in einer Pilotstudie, in der eine Textversion mit einer synthetisierten Stimmausgabe sowie mit einem Agenten mit synthetisierter Stimme verglichen wurde, der Text am günstigsten abschnitt, zeigte sich in einem Folgeexperiment mit menschlicher Stimme ein gegenteiliger Effekt. Verglichen wurden ein Agent mit Stimme, ein Agent mit Text, nur Stimme, nur Text sowie keinerlei Instruktion. Es zeigte sich ein Haupteffekt der Stimme auf die wahrgenommene Schwierigkeit: Mit Stimme wurde die Aufgabe als weniger schwierig bewertet, eine Auswirkung auf die Performanz zeigte sich dagegen nicht. Lediglich in der Bedingung Agent mit Stimme war die Transferleistung erhöht. In einem weiteren Experiment, in dem Agent plus Stimme, nur Stimme und nur Text verglichen wurden, zeigte sich ein Agenten-Effekt, der sich auf mehrere Lernparameter bezog. Zusätzlich bewerteten die Probanden die Lernumgebung positiver und die Aufgaben als weniger schwierig, wenn ein Agent anwesend war. In diesem Fall scheinen somit auch die nonverbalen Verhaltensweisen des Agenten effektiv gewesen zu sein: „Overall, these results indicate that an agent delivering monologue-style instructional explanations while using nonverbal cues (e.g., gesture, gaze) to direct a learner's attention is more effective at fostering learning – as indicated by improved learning when the environment is supplemented with an agent – than is a comparable text-based learning environment, which is consitent with an embodied agent effect“ (Atkinson, 2002, S. 426). Insbesondere hinweisgebende nonverbale Cues werden als potentiell verantwortlich für diesen Effekt angeführt.

In größtenteils weniger gut kontrollierten Studien zeigt auch die AutoTutor Research Group positive Auswirkungen der personalisierten Form des AutoTutors: So führen Graesser, Person, Harter und die Tutoring Research Group (2000) an, dass Lernen und Erinnerung an die Inhalte um .5 bis .6 Standardabweichungen verbessert werden konnten. In weiteren Analysen befasst sich die Forschergruppe damit, die Ursachen für diesen Effekt aufzuklären. Rajan et al. (2001) geben – übereinstimmend mit den bisher berichteten Ergebnissen – zu bedenken, dass in zahlreichen Untersuchungen in erster Linie die Stimme für solche Wirkungen verantwortlich ist. Link, Kreuz, Graesser und die Tutoring Research Group (2001) versuchen die relative Bedeutung von Sprach- und nonverbalen Parametern im Rahmen des Feedback-Gebens empirisch zu erfassen. In einer ersten Untersuchung werden ausschließlich sprachliche Aspekte manipuliert: Positives, negatives und neutrales Feedback wurde mit unterschiedlichen Sprechraten, Tonlagen, Betonungen und Pausen kombiniert. Eine Analyse der in einem *within subjects*-Design gewonnenen Bewertungen durch Versuchsteilnehmer ergab, dass der einzig signifikante Parameter der Inhalt war. Ein zweites Experiment war auf die Wirkung nonverbaler Parameter ausgelegt. Hier zeigte sich, dass nur die Mundstellung (Mundwinkel nach oben, teilweise nach oben, nach unten) als verständliches Feedback interpretiert wurde, während die Größe der Augen, Formung und Größe der Augenbrauen keine Wirkung hatten. In einem dritten Experiment dieser Reihe wurden verschiedene inhaltliche Aussagen mit Intonation (Sprechrate und Tonlage) und Mundstellung kombiniert. Auf die Bewertung, wie positiv oder negativ das Feedback war, hatten sowohl die Mundstellung als auch der Inhalt des Gesagten eine signifikante Auswirkung. Die Ergebnisse zeigen laut den Autoren, dass man bereits mit einem zweidimensionalen Kopf „can capture the expressive range required for varying types of feedback“ (Link et al., 2001, S. 15). Insgesamt macht die Studie deutlich: Agenten können effektiv Feedback vermitteln und sowohl nonverbale (Mundstellung) als auch sprachliche Merkmale können dazu eingesetzt werden. Einen anderen Aspekt fokussieren Driscroll, Craig, Gholson, Ventura, Hu und Graesser (2003). Sie zeigen, dass Lernen dann besonders erfolgreich ist, wenn die Lerninhalte nicht von einem Agenten im Monologstil vorgebracht werden, sondern wenn ein virtueller Tutee einem virtuellen Tutor Fragen stellt. Dadurch wird insbesondere erreicht, dass der reale Lernende in einer Transfer-Aufgabe selbst mehr Fragen stellt und daher ein intensiveres Lernen möglich wird. Aber auch ein einzelner Agent regt generell zu mehr Fragen an, wenn er denn interaktiv und extravertiert ist, das zeigen Oviatt, Darves und Coulston (2004). Person, Graesser, Bautista, Mathews und die Tutoring Research Group (2001) testen, ob AutoTutor dann erfolgreicher in der Lernunterstützung ist, wenn er einem normalen untrainierten menschlichen Tutor versus einem idealen Tutor gleicht. Letzterer nutzt z. B. Hinweise, Tipps etc., bis der Lernende selbst die richtige Antwort äußert. Beide Tutoren schneiden hinsichtlich des Lernergebnisses besser ab als Bedingungen, in denen das Material einfach zweimal gelesen oder gar nicht vertieft wird. Ein Unterschied zwischen den Tutoren zeigt sich jedoch nicht.

Auch der *talking head* Baldi wird erfolgreich als pädagogischer Agent eingesetzt. Massaro et al. (im Druck) zeigen, dass Baldi helfen kann, Kindern mit Gehörverlust fehlende Vokabeln beizubringen. Bei sechs getesteten Kindern wurden sowohl die Identifikation als auch die Produktion nachhaltig verbessert. Ebenfalls konnten acht Kinder mit Autismus unterstützt werden, neue Worte und grammatikalische Konstruktionen zu lernen – dabei wurde auch gezeigt, dass insbesondere das Gesicht das Lernen schneller macht und nachhaltiger unterstützt. Effektiv ist Baldi durch die genaue Darstellung der Artikulationsorgane darüber hinaus auch für das Sprachproduktionstraining und für den Zweitsprachenerwerb. Kritisiert werden muss bei den angeführten Studien allerdings, dass immer nur kleine Fallzahlen berücksichtigt wurden, die Daten nicht detailliert berichtet werden und es kaum Kontrollbedingungen gibt.

Insgesamt lässt sich somit hinsichtlich der pädagogischen Agenten zusammenfassen: Der überwiegende Teil der Untersuchungen bestätigt, dass die virtuellen Figuren eine Leistungssteigerung des Nutzers befördern. Die Sorge, anthropomorphe Agenten würden den Lernenden mehr ablenken als fördern, lässt sich zunächst als unbegründet einordnen. Eine generelle Effizienz im Sinne der Lernunterstützung kann somit angenommen werden. Die Studien allerdings, die auf experimentellem Wege die Ursache für den Erfolg zu ergründen suchen, verweisen häufig auf den zentralen Anteil der verbalen Vermittlung. Außerdem scheint noch wenig erklärt, ob die pädagogischen Agenten tatsächlich effizient sind, indem sie die Motivation des Lernenden erhöhen, oder vielleicht doch eher, weil sie direkteren Einfluss auf kognitiven Aspekte nehmen (beispielsweise die Wahrnehmung strukturieren etc.). Da dies unterschiedliche Implikationen für den Einsatz und das Verhalten der Agenten hätte, sollten weitere Studien auch diese offene Fragestellung stärker fokussieren. Aufgrund der Tatsache, dass aber gerade im Bereich der pädagogischen Agenten eine rege Evaluationstätigkeit herrscht (vgl. beispielsweise das Dissertations-Exposé von Clarebout, 2002), werden entsprechende Antworten sicherlich in Zukunft erwartet werden können.

4.3.2 Erinnerungsleistung im Rahmen anderer Anwendungszusammenhänge

Eigene Studien zur Effizienz fokussierten ebenfalls Aspekte des Lernens im Sinne der Behaltensleistung – allerdings handelt es sich um keine Anwendung mit tatsächlich pädagogischem Hintergrund, sondern zum einen um ein e-commerce-Setting, in dessen Rahmen die Behaltensleistung bereits aus ökonomischer Sicht ein wichtiger Aspekt der Effektivität von virtuellen Helfern ist. Zum anderen wurde im Rahmen eines instruktionalen Settings aus dem Bereich der Bedienung von Unterhaltungselektronik getestet, inwieweit Agenten eine bessere Behaltensleistung bedingen. Bei der e-commerce-Studie aus dem Anwendungsbereich der elektronischen Buchhandlung zeigte sich für die ungestützte Erinnerung, dass sowohl hinsichtlich der Buchkategorien als auch der einzelnen Bücher auf den beiden mit Agentinnen versehenen Seiten signifikant mehr Items korrekt genannt wurden als auf den Seiten ohne virtuelle Figur (vgl. Blens, 2003; Blens, Krämer & Bente, 2003). In Bezug auf die gestützte Erinnerung ergaben sich keine Unterschiede.

Hinsichtlich der Information über das Vorgehen bei Bedienproblemen bringt ein virtueller Agent dagegen keinen Erinnerungsvorteil (Krämer, Tietz & Bente, 2003). So konnte in der ersten Sequenz von zweien sowohl der Name des

Assistenten als auch eine der genannten möglichen Ursachen für das Problem besser in der Audio-Bedingung erinnert werden. Dagegen wird die Behebung des Problems am besten in der Text-Bedingung erinnert. Im Rahmen der zweiten Sequenz ergab sich ein Unterschied bei der Frage nach zwei spezifischen Fachausdrücken („SECAM“ und „MESECAM“). Signifikant erfolgreicher waren hier die Personen in der Text-Bedingung. Bei keiner der beiden Sequenzen ergab sich ein Unterschied für die gestützte Abfrage. Es lässt sich tendenziell feststellen, dass die virtuellen Helfer – unabhängig von der gezeigten Gestik – weniger erfolgreich in der Vermittlung sind. Es sind eher die Probanden der Text- oder Audio-Bedingung, die eine bessere Erinnerungsleistung aufweisen. Dies scheint insbesondere dann der Fall zu sein, wenn es sich um das Behalten von Namen und Bezeichnungen handelt.

Hinsichtlich der Erinnerungsleistung zeigen sich somit beim Vergleich der beiden Studien inkonsistente Resultate: Eine Erklärung für die Inkonsistenz mag die Tatsache liefern, dass im Falle der e-commerce-Studie nicht nur eine verbesserte Erinnerungsleistung, sondern auch längere Verweildauern zu verzeichnen waren, während im anderen Fall die Darbietungsdauer bei den einzelnen Bedingungen vergleichbar gehalten wurde. Gegen die Interpretation, die verbesserte Erinnerungsleistung im Rahmen der e-commerce-Studie sei vollständig durch eine längere Beschäftigung mit den Reizen zu erklären, spricht jedoch ein besonderer Befund: Ein Fitnessbuch mit der Bezeichnung „Bauch – Beine – Po“ wurde besonders häufig erinnert, wenn es auf den Seiten einer schlanken blonden Helferin auftrat. Dies kann als eine Art „Bahnungseffekt“ gewertet werden, der darauf hindeutet, dass nicht alleine die Länge der Reizexposition entscheidend sein muss.

Auch im Rahmen anderer Studien war die Auswirkung der Agenten auf die Behaltensleistung Gegenstand von Untersuchungen und auch hier fallen die Ergebnisse unterschiedlich aus. Beun, de Vos und Witteman (2003) vergleichen die Effekte einer rein textbasierten Bedingung mit einem realistischen Agenten und einem cartoonartigen Agenten (Äffchen) auf den Abruf von Informationen aus zwei Kurzgeschichten. In beiden Agenten-Bedingungen erinnerten die Probanden mehr, es ergab sich allerdings nicht der hypothetisierte Zusammenhang zwischen der Bewertung als anthropomorph (vgl. McBreen & Jack, 2000) und den Erinnerungswerten. Als potentielle Erklärung für die bessere Behaltensleistung führen die Autoren an, „that people use the ECA as a marker to access information stored in memory“ (S. 319). Buisine, Abrilian und Martin (2004) vergleichen dagegen nicht ausschließlich unterschiedliche Verkörperungen, sondern zusätzlich unterschiedliche multimodale Strategien (Redundanz zwischen Sprache und Gestik, Komplementarität im Sinne der abwechselnden Nutzung von Sprache und Gestik sowie nur Sprache). Die – allerdings lediglich 18 – Probanden sollten die Inhalte dreier kurzer technischer Präsentationen wiedergeben, die durch drei unterschiedlich aussehende Agenten präsentiert wurden. Während die verschiedenen Verhaltensweisen keinen Unterschied hinsichtlich der Behaltensleistung verursachten, zeigten sich deutlichere Unterschiede für das Erscheinungsbild, die allerdings nicht erklärt werden können (zumindest nicht durch Unterschiede in der affektiven Bewertung). Van Mulken et al. (1998) erheben ebenfalls subjektive und objektive Maße zur Effizienz eines virtuellen Assistenten. Sie stellen keinen Effekt auf objektiv messbare Variablen wie Verständnis oder Behaltensleistung fest, können aber dennoch nachweisen, dass die Aufgabe subjektiv als leichter erlebt wird, wenn eine virtuelle Figur anwesend ist.

4.3.3 Bedienungseffizienz

Da mittlerweile zahlreiche Agenten geplant und entwickelt werden, die die Bedienung von Geräten erleichtern sollen (Qvarfordt, Jönsson & Dahlbäck, 2003; Kohar & Ginn, 1997; Krämer & Nitschke, 2002), muss auch die diesbezügliche Effektivität geprüft werden. Erste informelle Evaluationen des 1997 von Kohar und Ginn entwickelten TV-Mediators ergaben beispielsweise, dass es Versuchsteilnehmern nicht schwer fiel, die Bedienung zu erlernen, und sich das System erwartungsgemäß verhielt.

Auch eigene, kontrolliertere Studien zeigen Vorteile von anthropomorphen Agenten, sowohl wenn diese durch Instruktionen die Bedienung anleiten (Bente & Krämer, 2001; Krämer & Bente, im Druck) als auch wenn sie als Schnittstelle zu einem intelligenten Unterstützungssystem dienen. Im Rahmen des Experiments zur Akzeptanz und Effizienz einer anthropomorphen Bedienungsanleitung, innerhalb dessen ein virtueller Helfer 71 Teilnehmern die Funktionen eines Videorekorders erklärte, während eine Kontrollgruppe von 16 Personen eine über den Bildschirm präsentierte herkömmliche Bedienungsanleitung mit demselben Wortlaut nutzte, wiesen die Teilnehmer der Helfer-Bedingung die bessere Performanz bei der anschließenden Durchführung mit dem Videorekorder auf (Krämer & Bente, im Druck). Mit dem Assistenten lösten mehr Personen als erwartet die Aufgabe „Kanäle einstellen" beim ersten Versuch – unter der Bedingung mit Bedienungsanleitung weniger als erwartet. Zurückführen lässt sich dies auf die Tatsache, dass bei der Bedingung mit Bedienungsanleitung häufiger als erwartet Teilschritte übersprungen werden, bei der Bedingung mit virtuellem Helfer dagegen weniger als erwartet. Ferner zeigen sich mehr Schwierigkeiten bei der Eingabe, wenn mittels der Bedienungsanleitung informiert wurde. Interessanterweise ergaben sich allerdings keine Unterschiede hinsichtlich des häufig vorkommenden Fehlers, dass die Kassette nicht eingelegt wurde. Da dies ein Fehler war, der weniger in der Güte der Instruktion, sondern vielmehr in idiosynkratischer Technikerfahrung des Einzelnen begründet zu sein scheint, spricht dies für die Validität der Daten. Bei der zweiten Aufgabe „Timer Aufnahme" schnitt keine der Gruppen besser ab, auch hier wurden aber bei Instruktion durch die Bedienungsanleitung eher Teilschritte übersprungen. Das Gleiche galt für die dritte Aufgabe, das „Video-Index-Suchsystem".

Auch im Rahmen der Studie zum EMBASSI-Demonstrator (s. o., Studie 2), in der 65 Versuchspersonen mit dem System Videoaufnahmen programmieren sollten, wurden Effizienzmaße erhoben – in diesem Fall Bearbeitungszeit und

Bearbeitungsschritte (Krämer & Nitschke, 2002). Bei der ersten sowie dritten Aufgabe wurden die Versuchsteilnehmer gebeten, aus dem Abendprogramm eine Sendung nach Wahl aufzuzeichnen. Als zweite Aufgabe sollten die Probanden eine vorgegebene Sendung („Boulevard Bio") aufnehmen. Neben einem Effekt der Bedingung „Aufgabe" – für die zweite Aufgabe wurden erwartungsgemäß weniger Schritte und weniger Zeit benötigt, da die Auswahl entfiel – zeigten sich keine Effekte, die für eine höhere Effizienz einer Modalität sprechen. Zwar benötigten die Teilnehmer der Gruppe, die lediglich textbasiert arbeitete, bei Aufgabe 1 signifikant mehr Schritte als Personen unter Sprachausgabe- oder Agenten-Bedingung, es erscheint aber fraglich, ob dies als Zeichen einer höheren Effizienz der letztgenannten Bedingungen gelten kann, da das Treffen einer Auswahl nicht zwingend besser wird, wenn man weniger Schritte (und so eventuell weniger Alternativen) genutzt hat. Lediglich bei Aufgabe 2, für die sich allerdings keine Unterschiede feststellen ließen, können Bearbeitungszeit und Anzahl der Schritte tatsächlich als Kriterien für die Effizienz gelten.

4.3.4 Effektivität hinsichtlich Einflussnahme und Persuasion

Ein weiteres Gebiet, hinsichtlich dessen anthropomorphe Agenten sich als effizient erweisen könnten, ist der Aspekt der Überzeugung. Vor dem Hintergrund, dass virtuelle Figuren beispielsweise im Internet eingesetzt werden, um Produkte und Dienstleistungen zu „verkaufen" (Blens, Krämer & Bente, 2003), oder aber auch gesellschaftlich bedeutendere Funktionen übernehmen, wie Personen von der Wichtigkeit körperlicher Ertüchtigung zu überzeugen (Bickmore, 2003), ist ein wichtiges Kriterium, inwieweit virtuelle Agenten Einstellungsänderungen herbeiführen können oder das Verhalten des Nutzers beeinflussen. Dieser Aspekt kann natürlich auch als eng mit der Akzeptanz des Agenten bzw. dessen Bewertung verbunden angenommen werden, da sozial- wie medienpsychologische Studien die Attraktivität und wahrgenommene Nähe bzw. Ähnlichkeit des Senders als einen zentralen Faktor für das Zustandekommen von Einstellungsänderungen nennen (Hovland & Weiss, 1951; Burnstein, Stotland & Zander, 1961). In kaum einer Untersuchung zu virtuellen Agenten werden aber diese Aspekte in Beziehung zur Einstellungsänderung gebracht oder auch nur systematisch erhoben. Die folgende Übersicht, die im Übrigen recht heterogene Anwendungsfelder betrifft, orientiert sich daher zunächst ausschließlich an den empirisch gefundenen Persuasionseinflüssen.

Bickmore (2003) zeigt, dass ein virtueller Agent generell geeignet ist, um sitzende Individuen zu basalen körperlichen Übungen anzuregen. Goetz, Kiesler und Powers (2003) belegen, dass ein Roboter dann erfolgreich Personen zu körperlichen Übungen anregt, wenn er seriös auftritt. Damit werde er, so die Autorinnen, der Ernsthaftigkeit des Anliegens gerecht – im Gegensatz zu einem spielorientierten Auftreten, das eventuell bei einer inhärent unterhaltsameren Aufgabe erfolgreicher wäre. Auch in anderen Zusammenhängen scheint die Überzeugungskraft vor allem von den spezifischen Verhaltensweisen des

Agenten abzuhängen. Isbister und Nass (2000) zeigen beispielsweise, dass bei einem Spiel die Angabe einer Rangordnung umso eher in Richtung der von einem virtuellen Agenten geäußerten Kommentare geändert wird, je konsistenter die verbale und nonverbale Kommunikation des Agenten ist.

Hinsichtlich der zuvor angesprochenen Einflüsse auf Produkt-Präferenzen konnte eine eigene Studie zum Anwendungsbereich des e-commerce aufzeigen, dass virtuelle Agenten überzeugende Kaufargumente sein respektive geben können (Blens, Krämer & Bente, 2003). Bei einem Bücherkauf im Rahmen der Incentive-Vergabe der Studie entschieden sich 19 der insgesamt 45 Versuchsteilnehmer für die Internetseite *Bücherkatalog* (mit comicartiger Agentin). Dieser Bücherstore war also mit 42,22 % bei den Teilnehmern am beliebtesten. Weitere 15 Teilnehmer (33,33 %) kauften ihre Bücher auf der Seite *Bücherwurm* (mit realistischer Agentin) ein. Damit bevorzugten 34 von 45 Probanden eine Internetseite mit virtueller Betreuung, also mehr als drei Viertel der Versuchsteilnehmer. Die restlichen 11 Probanden entschieden sich für die Bücherstoreseite *MyBOOKs* ohne virtuellen Helfer; dies entspricht einem prozentualen Anteil von 24,44 %. Bezüglich der Variable Rotation (Reihenfolge) ergaben sich im Chi-Quadrat-Test keinerlei Haupteffekte. In welcher Reihenfolge die Pobanden die Sites gesehen hatten, spielte also für den Bücherkauf keine Rolle. Konsistent mit diesen Ergebnissen zeigen auch Nass et al. (2000), dass Agenten Produkt-Präferenzen beeinflussen können.

Über den Persuasionsaspekt hinaus erwiesen sich Agenten aber auch als effektiv, um Stress zu senken: Prendinger, Mayer, Mori und Ishizuka (2003) nutzten den Agenten Shima für ein mathematisches Quiz. Anhand physiologischer Daten wurde aufgezeigt, dass ein Agent Stress reduzieren kann – und zwar umso mehr, je affektiver und empathischer seine Kommunikation ist. In der Performanz zeigte sich dagegen kein Unterschied: Personen in der Bedingung mit einem nicht-affektiven Agenten schnitten nicht schlechter in dem Quiz ab, beurteilten es aber – zumindest tendenziell – dennoch als schwieriger. Wieder andere – ebenfalls positive – Wirkungen weisen Ryokai, Vaucelle und Cassell (2003) nach: Sie zeigen, dass der Agent Sam effizient die Sprachkomplexität von Vorschulkindern beeinflusst. Insbesondere die Nutzung von indirekter Rede sowie zeitlichen und räumlichen Ausdrücken wurde gefördert. Die Autorinnen gehen davon aus, dass Sam als effizientes Modell diente: „By telling stories in a developmentally advanced way, Sam modeled the use of literate expressions and provided an opportunity for the children to practice them" (S. 7).

Bilanzierend lässt sich für den Bereich der Effizienz von Agenten feststellen, dass die Ergebnisse wie auch die eingesetzten Agenten sehr heterogen sind. Bislang lassen sich die Studien aufgrund der hohen Unterschiedlichkeit der eingesetzten Systeme sowohl mit Blick auf die Merkmale des Agenten als auch mit Blick insbesondere auf den Anwendungsbereich kaum auf einen Nenner bringen. Diesen Mangel können nur zukünftige, systematischere Studien beheben. Die bislang feststellbaren Tendenzen sind allerdings durchaus positiv: Im Bereich der pädagogischen Agenten zeigte sich keine Ablenkung der Aufmerksamkeit. Obwohl nicht abschließend geklärt werden konnte, inwieweit die positiven

Wirkungen eventuell hauptsächlich durch die Verbalisierungen verursacht wurden, erscheinen pädagogische Agenten sinnvolle Ergänzungen verschiedenartiger Lernumgebungen. Die Ergebnisse hinsichtlich der Behaltensleistung in nicht direkt pädagogischen Systemen sind dagegen deutlich inkonsistenter. Insgesamt zeigt sich ein interessanter Zusammenhang zwischen der Tatsache, dass Aufgaben als leichter empfunden werden, und einer fehlenden positiven Auswirkung auf die Behaltensleistung. Betrachtet man die Unterstützung bei der Bedienung technischer Geräte oder die Überzeugungskraft virtueller Figuren, so lässt sich wiederum ein positiveres Urteil hinsichtlich der Effektivität und Effizienz fällen.

Bei allen Ergebnissen muss man sich vor Augen führen, dass diese größtenteils positiven Ergebnisse mit Systemen zustande gekommen sind, die teilweise nur einen Bruchteil der in Zukunft angestrebten Leistungsfähigkeit haben. Johnson, Rickel und Lester (2000) formulieren in diesem Zusammenhang: „Because their communicative abilities are still very limeted compared to what we expect they will be in the near future, the results of such studies will be skewed to the immaturity of the technology“ (S. 16). Mehr noch als bezüglich der Akzeptanz hätte man somit für die Effizienz keine Auswirkungen oder negative vermuten können. Umso erstaunlicher mutet es an, dass bereits diese vorläufigen Agenten positive Wirkungen haben und zum Teil auch als effizient bewertet werden.

In Zukunft werden verstärkt auch Fragen zur Beziehung der Kriterien untereinander und deren jeweiliger Wertigkeit zu klären sein. So verstand es sich im Rahmen bisheriger Einsatzfelder von selbst, dass Effektivität und Effizienz die zunächst mit höchster Priorität anzustrebenden Ziele darstellten. Auch Catrambone et al. (2004) vertreten dieses Primat der Effektivität: „We can certainly assess a user's liking of and satisfaction towards an ECA, but if the user can carry out the tasks more effectively with the ECA, then how important are liking and satisfaction?“ (S. 16). Im Zuge der neuen Multimediageräte stellt sich allerdings die Frage, welches als das wichtigere Kriterium anzusehen ist oder ob sie nicht ohnehin als unabhängig voneinander angenommen werden müssen. In der Tat ist über den Zusammenhang von Effizienz/Effektivität auf der einen und Akzeptanz/Zufriedenstellung auf der anderen Seite recht wenig bekannt. Implizit vorausgesetzt wurde häufig, dass eine effiziente Schnittstelle automatisch auch zu einer positiven Bewertung führt. So führt Schaumburg (2001) vor dem Hintergrund ihrer empirischen Ergebnisse an, die tatsächliche Effektivität entscheide eher über die Akzeptanz als beispielsweise die Gestaltung sozialer Hinweisreize: „Users should be able to understand, predict and control what the agent does. In addition, the designer needs to establish trust in the agent; and reduce distraction of the users from their primary task. ... the likability and the use of the Office Assistant depended mainly on how much the respondents feel distracted by the assistant and, to a lesser degree, on their trust in its helpfulness. Overall, these variables explained a greater portion of the variance in the likability and use of the Office Assistant than the perception of its social traits, indicating that the former variables are more suitable to predict the acceptance of the feature than social perception variables. Thus, it can be concluded that to ensure agent usability, its design should emphasize assistance with the user's primary task over social mimicry. If design efforts to furnish the agent with social traits interfere with the user's goal, it is likely that the agent interface will be rejected" (discussion, 4. Paragraph). Aber auch andere Kausalitäten und Zusammenhänge sind denkbar. Vor dem Hintergrund verschiedener Untersuchungen (Krämer & Nitschke, 2002; van Mulken, André & Müller, 1998), bei denen sich gezeigt hat, dass die tatsächliche Effizienz/Effektivität nicht mit der empfundenen Effizienz korrelieren muss, sondern Letztere eher mit der Akzeptanz in Verbindung steht (vgl. Krämer & Bente, im Druck), kann auch der umgekehrte Fall erwartet werden. Wenn durch spezifische Merkmale hohe Akzeptanz hervorgerufen wird, könnte die Effizienz durchaus als hoch empfunden werden, obwohl objektive Messungen dies nicht bescheinigen würden. Des Weiteren erscheint durchaus denkbar, dass eine höchst effiziente Schnittstelle aus verschiedenen Gründen Ablehnung hervorruft. In diesem Bereich muss in den nächsten Jahren verstärkt systematische Forschung geleistet werden. Daraus ist für die Zukunft vor allem auch abzuleiten, dass beide, die tatsächliche Effektivität/Effizienz und die empfundene Effizienz erfasst werden müssen, um ein umfassendes Bild zu erhalten.

4.4 Soziale Wirkungen

„If a digital human gave you a compliment,
would it brighten your day?"
Larry Hodges (2004)
www.cs.uncc.edu/vegroup/vh

Wie in Kapitel 2.2.3 deutlich wurde, verfügen die derzeit bekannten Interface-Agenten nicht über kommunikative Fähigkeiten, die mit denen eines menschlichen Gesprächspartners auch nur annähernd vergleichbar wären. Gleichwohl konnte bereits in zahlreichen Untersuchungen nachgewiesen werden, dass virtuelle Charaktere soziale Wirkungen hervorrufen. Unter sozialer Wirkung ist hierbei zu verstehen, dass sich in Gegenwart des technischen Systems ähnliche emotionale, kognitive und verhaltensmäßige Reaktionen einstellen wie in Gegenwart eines Menschen. Es kommt etwa zu emotionalen Bindungen, Personwahrnehmungsprozesse werden in Gang gesetzt (Schneider, Hastorff & Ellsworth, 1979), bessere Leistungen im Sinne von *social facilitation* gezeigt (Zajonc, 1965) oder es werden kommunikative Anstrengungen im Dienste des Impression Management unternommen (Leary, 1995; Schlenker, 1980). Bailenson, Beall, Blascovich, Raimundo und Weisbuch (2001) bezeichnen dieses Phänomen als „social influence" und definieren es als „the degree to which users of a virtual environment behave as if a virtual agent is in fact a real human being" (S. 4). Wichtig sei dabei aber nicht die Befragung des Nutzers, sondern sein

Verhalten. Das zuvor angeführte Zitat von Larry Hodges illustriert in diesem Zusammenhang treffend, dass man soziale Wirkungen zwar vielleicht bewusst zurückweisen würde, es aber dennoch wahrscheinlich ist, dass selbst Agenten uns auf subtile Weise über unsere sozialen Bedürfnisse erreichen können. Als zentrale Forschungsfragestellung in diesem Zusammenhang kann formuliert werden, ob die virtuellen Agenten als soziale Entität empfunden werden beziehungsweise vor allem als eine solche wirken. Im Folgenden werden zunächst die einschlägigen Befunde aufgeführt sowie darauf aufbauend Theorien und Modelle zu deren Entstehung diskutiert.

Betrachtet man die Literatur zu Mensch-Computer-Schnittstellen, so muss man noch nicht einmal in den Bereich der Forschung zu anthropomorphen Interfaces vordringen, um Dokumentationen über soziale Wirkungen aufzufinden. So erschien bereits 1995 ein Buch über „The social and interactional dimensions of human-computer-interfaces“ (Thomas, 1995), und Nass (vgl. Nass & Moon, 2000) weist in zahlreichen Untersuchungen nach, dass Menschen, die einen herkömmlichen Computer nutzen, diesen bereits als soziale Entität wahrnehmen und behandeln. Ihren Anfang nahm die diesbezügliche Forschung aber bereits 1982, als Quintanar und Kollegen mit dem Ziel der genaueren Vorhersage von Nutzereinstellung und -verhalten vor dem Hintergrund sozialpsychologischer Theorien untersuchten, ob und inwiefern ein Computer als sozialer Stimulus betrachtet werden kann. Ausgehend von ersten Befunden, die belegen, dass einem technischen System menschliche Qualitäten zugeschrieben werden (vgl. Weizenbaum, 1976), formulierten die Autoren die Hypothese, wonach Haltung und Performanz des Nutzers durch den Grad an „Menschlichkeit“, den das technische System zeigt, beeinflusst werden: „The research suggests that the user's attitude and performance are affected by the degree of human-like responses exhibited by an interactive computer“ (Quintanar et al., 1982, S. 210). Die Autoren zeigten, dass ein Computer, dessen Text-Ausgabe mehr menschenähnliche Charakteristika aufweist (affektive Reaktionen, Verweis auf sich selbst durch Personalpronomen), tatsächlich als menschenähnlicher bewertet wurde. Ferner ließen sich Phänomene beobachten, die im Sinne von *social facilitation* interpretierbar sind: Personen, die mit einem menschenähnlich antwortenden Computer interagierten, schnitten bei Quizaufgaben besser ab, verbrachten mehr Zeit damit, über die Frage nachzudenken und nutzten mehr Zeit zum Reflektieren, wenn eine Antwort falsch war. Auch Nass, Steuer und Tauber (1994; vgl. Nass, Moon, Morkes, Kim & Fogg, 1997; Fogg & Nass, 1997) zeigten bereits frühzeitig, „that individuals' interactions with computers are fundamentally social“ (S. 72). Sie machen deutlich, dass Höflichkeitsnormen auf Computer angewendet werden (Kritik an einem System wird eher geäußert bei Befragung durch ein anderes System als durch das gleiche – offenbar, um „die Gefühle nicht zu verletzen“), dass basale Bewertungs- und Personwahrnehmungsregeln gelten (der Computer wird als intelligenter eingeschätzt, wenn er andere kritisiert anstatt sie zu loben), dass man Computer, die ähnliche Persönlichkeitseigenschaften demonstrieren wie man selbst, besser bewertet, dass der Computer positiver eingeschätzt wird, wenn er schmeichelt und positive Rückmeldung gibt, sowie dass Geschlechtsstereotype Anwendung finden. In Anlehnung an das Vorbild von Tajfels (1982) „color war teams" kann man durch ein gemeinsames farbiges Band für Computer und Nutzer sowie eine gemeinsame Aufgabe in Kompetition zu einem anderen „Team" sogar erreichen, dass Personen eher mit dem Computer kooperieren, die Qualität seiner Vorschläge besser bewerten, ihnen eher folgen und den Computer als freundlicher sowie intelligenter bewerten (Nass, Fogg & Moon, 1996). Laut Nass et al. (1994) ist somit eine „rich human presentation" im Sinne etwa einer Repräsentation durch ein Gesicht oder eine Modellierung von Persönlichkeit gar nicht notwendig: Sogar primitivste Hinweisreize seien erfolgreich in der Erzeugung sozialer Wirkungen. Der Befund, dass insbesondere der Einsatz menschlicher Attribute wie einer Stimme die Wahrnehmung des Computers als sozialen Akteur verstärkt (Nass et al., 1994), veranlasst aber dennoch zu der Vermutung, dass menschenähnliche Züge auf dem Bildschirm zu einer weiteren Verstärkung der sozialen Wirkung führen (vgl. auch Quintanar et al., 1982).

Tatsächlich scheinen die ohnehin nachweisbaren Effekte steigerbar, da in fast allen Untersuchungen zur Wirkung anthropomorpher Interface-Agenten soziale Wirkungen nachgewiesen wurden. Dies lässt sich zunächst vor allem durch zahlreiche informelle Beobachtungen belegen, die während der Interaktion mit artifiziellen Entitäten auftraten und in den meisten Fällen in dieser Art von den Entwicklern nicht erwartet worden waren. Betreffen kann dies sowohl Zuschreibungen im Sinne unwillkürlicher menschenähnlicher Attributionen als auch subtile Reaktionen auf das Verhalten des Agenten. Oren et al. (1990) stellten beispielsweise fest, dass bereits virtuellen Führern durch ein Enzyklopädie-Programm intentionales Verhalten zugeschrieben wurde, obwohl es sich nur um statische Bilder handelte, auf die man klicken konnte, um Informationen zu erhalten. Wenn beispielsweise ein Führer verschwand, so wurde angenommen, dieser sei ärgerlich geworden. Erickson (1997, S. 8) kommentiert dies folgendermaßen: „While no controlled experiment is available, it is hard to believe that the user would have made such an inference if the suggested articles had been presented in a floating window that had vanished". Auch bei Robotern werden Verhaltensweisen vor dem Hintergrund menschlicher Bedürfnisse interpretiert: Dautenhahn (1998) berichtet, dass Roboter, die immer wieder einen Hügel hinunterfallen, Mitleid bei den Zuschauern erregen und diese wie selbstverständlich schlussfolgern: „Der Roboter möchte zur Ladestation gehen, er hat Hunger". Auch Canamero (2002a) führt an, dass Menschen mit einem Roboter mitzufühlen scheinen und Kommentare wie „poor you" oder „look, now he is happy" äußern. Nach Hayes-Roth (2004; Huard & Hayes-Roth, 1997) können die virtuellen Figuren „Improv Puppets" helfen, Empathie und eine „theory of mind" zu entwickeln. Aber auch für subtile Reaktionen auf artifizielle Entitäten finden sich anekdotische Belege: So beschreiben Lester, Towns und Fitzgerald (1999) ganz im Sinne des einführend genannten Zitates, dass Versuchsteilnehmer den pädagogischen Agenten zwar als zu dramatisch im Hinblick auf sein Verhalten empfanden, dennoch aber starke positive Reaktionen zeigten, wenn er überschwänglich zu guten Leistungen gratulierte.

4.4.1 Befunde

Im Folgenden sollen die mittlerweile umfangreichen Befunde zu sozialen Wirkungen dargestellt werden. Um die Darstellungen übersichtlich zu halten, erfolgten inhaltliche Einteilungen, die sich an Phänomenbereichen orientieren. Unterschieden werden die Bereiche Aufmerksamkeit, Personwahrnehmung, Kommunikation, Vertrauen und Delegation, Kooperation, Mood Management, social facilitation und Impression Management.

4.4.1.1 Aufmerksamkeit

Menschen verfügen über eine als angeboren anzunehmende Aufmerksamkeit für Gesichter. Empirisch nachweisbar ist beispielsweise, dass große Areale unserer rechten Hirnhälfte auf das Erkennen von Gesichtern spezialisiert sind. Neuropsychologische Studien der Affektwahrnehmung weisen darüber hinaus darauf hin, dass die rechte Hemisphäre ein Verzeichnis nonverbaler affektiver Signale (Gesichtsausdruck, Prosodie, Gestik) enthält, das die Autoren als nonverbales Affekt-Lexikon bezeichnen (Bowers, Bauer & Heilman, 1993). Dieses sei modular organisiert, enthalte unabhängige Lexika für Gesicht und Prosodie und stelle eine Komponente eines kortikal basierten affektverarbeitenden Netzwerkes dar, das dazu diene, die nonverbalen Displays anderer Speziesmitglieder zu lesen. Die Autoren beschreiben das Lexikon als „one component of a cortically based affect-processing network that is dedicated to reading the nonverbal social displays of other members of the species. It entails an appraisal of the affective meaning of facial expressions, prosody, and gestures and in this respect is a form of cold cognition that is preferentially mediated by the right hemisphere in humans“ (S. 439).

Die Aufmerksamkeit und angeborene Sensitivität für menschliche Gesichter kann als funktional in dem Sinne angenommen werden, dass Menschen soziale Wesen sind und die Orientierung an anderen Menschen in zahlreichen Situationen notwendig ist (s. soziale Vergleichsprozesse, Festinger, 1954). Zum anderen ist es evolutionstheoretisch sinnvoll begründbar, auf die Mimik anderer Personen zu achten, da dies Gefahren frühzeitig signalisieren kann – so wurden beispielsweise bei Säuglingen angeborene Angstreaktionen auf negative Gesichter nachgewiesen (Dimberg, 1997). Darüber hinaus sind Gesichter für Menschen nicht nur äußerst informativ, sondern auch unterhaltsam – jedenfalls laut Georg Christoph Lichtenberg, der das menschliche Antlitz als „die unterhaltsamste Fläche auf Gottes Erdboden“ bezeichnete. Bezüglich virtueller Gesichter konnten Parallelen zu diesem Phänomen hergestellt werden. So zieht ein virtuelles Gesicht – im Vergleich zu weniger aufmerksamkeitsbindenden herkömmlichen Schnittstellen – ebenso viel Aufmerksamkeit auf sich, wie von menschlichen Gesichtern bekannt (vgl. Dehn & van Mulken, 2000). Auch die aus der Humankommunikation bekannte starke Wirkung menschlicher Gesichter im Hinblick auf die Attribution von Emotionen lässt sich für anthropomorphe Schnittstellen nachweisen: Takeuchi und Naito (1995) stellten fest, dass Versuchspersonen in der Interaktion mit virtuellen Figuren offensichtlich versuchen, deren Gesichtsausdruck zu deuten und darüber die Aufgabe vergessen. Ferner berichten sie unbewusste Reaktionen vonseiten der Benutzer, die sie als ebenfalls durch die Gesichtsausdrücke vermittelt annehmen: „Subjects never recognized situated reactions of the computer that were unrelated to the task although they unconsciously responded to them. These findings seem to imply subliminal involvement of the subjects caused by facial displays and situated reactions“ (S. 450). Ähnliche Tendenzen beobachtet Breazeal (2002b) auch in der Interaktion mit ihrem Roboter Kismet: „[subjects] use Kismet's facial expression and body posture to determine when Kismet ‚understood their intent“ (S. 155).

4.4.1.2 Personwahrnehmung

Im Hinblick auf Personwahrnehmungsprozesse lassen sich unterschiedlichste Gesetzmäßigkeiten auffinden, die bereits seit Jahrzehnten erforscht werden (vgl. Herkner, 2001; Bierhoff, 2000) und in neuerer Zeit unter dem Stichwort „social cognition“ wieder Popularität genießen. Eines der zentralen Konzepte – auch im Rahmen des *social cognition*-Ansatzes, der vor allem unmittelbare, automatisierte Reaktionen hervorhebt – ist das der Stereotype (vgl. Sherman, 2001; Förster, Higgins & Werth, 2004). Dass Stereotype auch im Umgang mit Computern wirken, zeigten bereits Nass und seine Kollegen (Nass, Steuer & Tauber, 1994; Nass, Moon, Morkes, Kim & Fogg, 1997) am Beispiel der Geschlechtsstereotype. Offensichtlich muss noch nicht einmal ein menschliches Äußeres vorhanden sein, um den Effekt zu erreichen: Die Repräsentation durch eine Stimme ist ausreichend. So wurde das Lob einer männlichen Stimme im Einklang mit den gängigen Stereotypen als überzeugender bewertet als das einer weiblichen Stimme (Nass, Steuer & Tauber, 1994). Außerdem wurden lobende „Männer“ sympathischer bewertet als lobende „Frauen“ (vgl. den äquivalenten Effekt im zwischenmenschlichen Bereich bezogen auf das Lächeln; Deutsch, LeBaron & Fryer, 1991). Andererseits wurde den „Frauen“ mehr Expertise in Bezug auf die Liebe und Beziehungen zugeschrieben (vgl. Nass, Moon, Morkes, Kim & Fogg, 1997, Nass, Moon & Green, 1997). Besonders interessant ist in diesem Zusammenhang, dass die Probanden im Rahmen des Debriefings angaben, keine Geschlechtsstereotype zu haben und durch die Stimme nicht beeinflusst worden zu sein. Dies kann als erster Hinweis darauf gelten, dass Gesetzmäßigkeiten aus der Humankommunikation unwillkürlich und nicht steuerbar auf die Mensch-Technik-Interaktion übertragen werden, so diese entsprechende Hinweisreize bietet.

Zu ähnlichen Ergebnissen kommen Studien mit sprechenden Computern, die Komplimente machen (Fogg & Nass, 1997; Nass, Moon, Morkes, Kim & Fogg, 1997). Die Autoren argumentieren, der Mensch sei vor dem Hintergrund, sich ein positives Selbstbild aufzubauen und zu bewahren (Berscheid & Walster,

1978; Taylor & Brown, 1988) auf Komplimente angewiesen (Cialdini, 1993), und Personen, die einem schmeicheln, würden gemocht (Jones, 1964). Diese Tendenz lässt sich tatsächlich auch im Umgang mit Computern nachweisen: Sowohl gerechtfertigte als auch offensichtlich nicht an realen Gegebenheiten festgemachte Komplimente (die Probanden wurden unterrichtet, dass die Rückmeldung durch den Computer noch nicht funktioniert und die Aussagen zufällig generiert werden) wirkten sich positiv auf die Zufriedenheit mit sich selbst, der Interaktion und mit dem Computer aus (Fogg & Nass, 1997).

Ein weiterer wichtiger Bereich im Rahmen der Personwahrnehmung ist das nonverbale Verhalten. Aufgrund nonverbaler Verhaltensweisen und ihrem komplexen Zusammenspiel werden Zuschreibungen vorgenommen (vgl. DePaulo & Friedman, 1998; Krämer, 2001) – die oft trotz des schnappschussartigen Zustandekommens innerhalb von Sekunden dennoch nachhaltig wirken (Schneider, Hastorff & Ellsworth, 1979). Auch hier konnte nachgewiesen werden, dass die Wahrnehmung des nonverbalen Verhaltens artifizieller Entitäten denselben Gesetzmäßigkeiten folgt wie die Wahrnehmung des Bewegungsverhaltens realer Personen. Die exakt originalgetreuen Animationen zweier miteinander interagierender, sitzender Personen wurden in einem *between subjects*-Design mithilfe eines semantischen Differentials genauso bewertet wie die zugrunde liegenden Videoaufnahmen der realen Personen (vgl. Bente, Krämer, Petersen & de Ruiter, 2001; Bente, Petersen, Krämer & de Ruiter, 2001). Ein Profilvergleich zeigte, dass die einzelnen Personen zwar durchaus unterschiedlich bewertet werden, eine Person aber unabhängig von der Darstellung (im Originalvideo, als realistische virtuelle Figur oder als abstrakteres Drahtgittermodell) immer die gleichen Zuschreibungen hervorrief. Noch erstaunlicher ist der Beleg, dass virtuelle Figuren, die soziale Mimiksignale (Lächeln, Augenbrauen heben) zeigen, ebensolche Gehirnregionen aktivieren wie im menschlichen Interaktionskontakt – während sich sinnlose Gesichtsbewegungen der Figuren hinsichtlich der Aktivierungsmuster deutlich abheben (Schilbach, Wohlschlaeger, Krämer, Newen, Zilles, Shah, Fink & Vogeley, 2005).

4.4.1.3 Kommunikation

Kommunikation ist ein ubiquitäres Phänomen des menschlichen Sozialverhaltens. Teilweise sind sogar sämtliche Verhaltensweisen des Menschen, die in Gegenwart anderer stattfinden, als Kommunikation bezeichnet worden (vgl. Graumann, 1972; Watzlawick, Beavin & Jackson, 1969). Auch hier lassen sich verschiedenartige Gesetzmäßigkeiten feststellen – so z. B. die Tatsache, dass sich Menschen hinsichtlich ihrer verbalen und nonverbalen Gesprächsstruktur an das Gegenüber anpassen, und zwar umso mehr, je besser das Interaktionsklima ist (vgl. Wallbott, 1995; Bavelas, Black, Lemery & Mullett, 1986; Gottman, 1980; Bernieri & Rosenthal, 1991). Die Kommunikation mit Computern – das zeigen einzelne Belege – unterscheidet sich deutlich von der Kommunikation mit Menschen, wie auch schon in einem der Titel deutlich wird „Talking to a computer is not like talking to your best friend“ (Jönsson & Dahlbäck, 1988; Shechtman & Horowitz, 2003). Nass und Kollegen berichteten dagegen aber auch hier wieder, dass soziale Verhaltensweisen wie Höflichkeitsregeln im Umgang mit sprechenden Computern eingehalten werden (Nass, Moon & Carney, 1999). Wenn ein Computer eine Bewertung abfragt, so fällt diese positiver aus, wenn er sich selbst bewerten lässt, als wenn er die Bewertung eines anderen Rechners abfragt. Nass, Steuer und Tauber (1994; vgl. Nass, Moon, Morkes, Kim & Fogg, 1997) sehen darin die Tendenz, aus Höflichkeit niemandem direkt schlechtes Feedback zu geben, auch für Computer bestätigt. Zusätzlich führen sie auch hier an, dass die Probanden im Debriefing angeben, es sei nicht adäquat, solche Höflichkeitsnormen auf den Computer anzuwenden.

Werden anthropomorphe Interface-Agenten eingesetzt, dann scheinen sich solche Tendenzen noch zu verstärken: Bereits zahlreiche informelle Beobachtungen dokumentieren einen der Humankommunikation ähnlichen Umgang mit den virtuellen Figuren. So berichten Rist et al. (2002), dass Personen nicht nur viel Zeit mit ihrem Multi-Agenten-System „Cross Talk“ verbrachten, sondern auch häufig den Eindruck hatten, sie könnten verbal mit dem System in Interaktion treten – obwohl sie ausdrücklich darauf hingewiesen wurden, dass dies nicht möglich ist. Auch der virtuelle Agent Max, der als FlurMax innerhalb der Universität aufgestellt wurde, wird des Öfteren von vorbeigehenden Personen natürlichsprachig adressiert – selbst wenn diese wissen müssten, dass dieser Kommunikationsweg nicht nutzbar ist: „Especially striking is the attribution of personality and human-like qualities by persons who are , at least in principle, fully aware of his lack of speech understanding and higher-level cognitive capabilities“ (Jung & Kopp, 2003, S. 26). Die Installation von Max in einem Einkaufszentrum zeigte nach anfänglichen Berührungsängsten der Umstehenden, dass zahlreiche Fragen auf die Soziabilität des Agenten abzielen. So wurde gefragt, ob Max eine Freundin hat, welche Musik er hört und wo er herkommt. Krummheuer (2004) schließt daraus: „Scheinbar hat nicht nur die Soziologie, sondern auch die Öffentlichkeit ein Interesse an der Soziabilität der Agenten, die zunächst vorsichtig abgetastet wird“ (S. 40). Auch im Fall des öffentlich im MIT aufgestellten Informationskiosk MACK konnten Verhaltensweisen beobachtet werden, wie man sie eigentlich nur einem Menschen gegenüber erwarten würde: So berichten Cassell et al. (2002) von Personen, die MACKs Richtungsanweisungen mit dem Kopf folgten, sich danach wieder umdrehten, um sich mit einem Nicken bei ihm zu bedanken, und sich erst dann entfernten. Ferner beobachten Nakano et al. (2003) zwischen MACK und dem Nutzer dieselben Interaktionsmuster und nonverbalen *Grounding*-Signale wie in vorangegangenen empirischen Beobachtungen menschlicher Face-to-Face-Kommunikation.

In diesen informellen Beobachtungen zeigen sich bereits zwei Tendenzen, die auch in kontrollierten Studien deutlich werden: Zum einen scheinen anthropomorphe Figuren den natürlichsprachig kommunikativen Kontakt zu erleichtern, zum anderen wird deutlich, dass die gezeigten Verhaltensweisen der zwischenmenschlichen Face-to-Face-Interaktion gleichen. Sowohl quantitative als auch qualitative Aspekte scheinen sich in Richtung der Mensch-Mensch-Kommunikation zu verändern. Hinsichtlich der quantitativen Aspekte scheint es, als würden anthropomorphe Helfer tatsächlich den gewünschten Effekt im Sinne der Anregung zu natürlicherer Interaktion evozieren. Dieser auch „inviting intuitive interaction" bezeichnete Effekt (vgl. Krämer & Bente, 2002) fand sich etwa in der zuvor aufgeführten Studie zum interaktiven Programmguide (vgl. Kap. 4.1, Studie 2). Es lässt sich nachweisen, dass Nutzer ein Fernseh-Video-System, wenn ein virtueller Helfer auf dem Bildschirm sichtbar ist, eher durch natürlichsprachige Befehle steuern anstatt mithilfe einer Fernbedienung, wie bei einem rein textbasierten Interface (Krämer & Nitschke, 2002). Diese Tendenz wird zwar nicht bei allen der drei zu erledigenden Aufgaben signifikant, mittelt man jedoch die einzelnen Werte, zeigt sich insgesamt ein deutlicher Unterschied. Die Situation bzw. die Figur wird somit zumindest als so sozial wahrgenommen, dass mögliche Hemmungen, ein technisches Gerät anzusprechen, abgebaut werden. Weitere Bestätigung erhält dieses Ergebnis durch Daten, die im Rahmen der vierten Studie zur Inkarnation des Systems erhoben wurden: Auch hier zeigte sich, dass das System in den beiden ECA-Bedingungen eher natürlichsprachig adressiert wird. Insbesondere in den beiden Text-Bedingungen wird dagegen die Tastatur als Eingabemöglichkeit präferiert (Krämer, Bente & Piesk, 2003).

Auch Cassell und ihre Kollegen zeigen, dass die Adressierung bei einer virtuellen Figur zunimmt. Im Rahmen des GrandChair Projektes wurde beobachtet: Konfrontiert mit einem artifiziellen Kind in einem Schaukelstuhl, erzählen ältere Menschen längere Familiengeschichten (Smith, 2000; vgl. Cassell & Bickmore, 2000). Auch Kinder verhielten sich in Gesellschaft von SAM, einem virtuellen Geschichtenerzähl-Partner, kommunikativer. Sie wiesen ihn entweder darauf hin, dass er jetzt mit einer Geschichte an der Reihe sei, fragten ihn nach möglichen Themen etc. (Ryokai, Vaucelle & Cassell, 2003; Cassell & Bickmore, 2000). Auch Robotern gegenüber zeigte sich dieses Phänomen: Insbesondere wenn ein expressives Gesicht vorhanden war, das Aufmerksamkeit signalisieren konnte, interagierten Personen natürlicher mit einem Roboter (Bruce, Nourbakhsh & Simmons, 2002; vgl. Fong et al., 2002). Roboter Mel beispielsweise, der Nutzern interaktiv einen automatischen Tisch vorstellt, wurde wesentlich häufiger angesprochen, als von den Autoren erwartet (Sidner, Kidd, Lee & Lesh, 2004). Sie führen dies auf die involvierenden Konversationsversuche des pinguinartigen Roboters zurück: „Engagement is compelled because speech and conversation are powerful devices for engaging people in interactions" (S. 8). Unterschiede zwischen einem Roboter, der Kopf und Flossen bewegt, sowie einem, der sich gar nicht bewegt, wurden dabei nicht deutlich – Tatsache war nur, der Erstgenannte wurde häufiger angeschaut. Werry, Dautenhahn, Ogden und Harwin (2001) nutzen diese Tendenzen erfolgreich, um autistische Kinder zur Interaktion anzuregen. Fallstudien belegen, dass die Kinder nicht nur angeregt werden mit dem Roboter zu interagieren und beispielsweise Instruktion, Kooperation und Imitation zu nutzen, sondern aufgrund des Roboters auch stärker aufeinander reagierten. Ebenfalls durch einen Agenten angeregt werden können mimische Verhaltensweisen des Nutzers. Kaiser und Wehrle (2005; Kaiser, Wehrle & Schmidt, 1998) zeigen, dass ein im Rahmen eines Computerspiels eingesetzter Agent deutlich gezeigte Enttäuschung hervorruft, wenn er sein Verschwinden ankündigt. Ebenfalls lässt sich beispielsweise ein stolzes Lächeln beobachten, wenn der Agent die Spieler lobt.

Doch nicht nur die Quantität, auch die Qualität der Interaktion wird durch artifizielle Entitäten verändert. Oviatt, Darves und Coulston (2004) belegen beispielsweise für ein automatisches Sprachsystem (laut den Autoren „auditory embodiment"), dass 7- bis 10-jährige Kinder unwillkürlich und spontan die akustisch-prosodischen Merkmale ihrer Sprache an die des Systems anpassten. Dieses von der *communication accomodation*-Theorie (vgl. Burgoon, Stern & Dillman, 1995; s. Oviatt et al., 2004) vorhergesagte Phänomen trifft auch für artifizielle Systeme zu, wie eine Analyse von 2 200 Äußerungen belegt. Insgesamt passten sich hinsichtlich der einzelnen Merkmale (Dauer der Aussage, Pausenstruktur, Antwortlatenz, Amplitude) 72–94 % der Kinder an. Die stärkste Anpassung zeigte sich für die Pausenstruktur. Als ebenso hoch veränderungssensitiv erwies sich der Grad an akustischer Energie. Ähnliche Anpassungen berichten Bell und Gustafson (1999) auch für die Interaktion mit animierten Charakteren – in diesem Fall mit dem schwedischen August-System. Oviatt und Adams (2000) dagegen belegen, dass sich die Interaktion mit virtuellen Meeresbewohnern, wie im Rahmen der „I SEE! Lernumgebung" gezeigt, dennoch hinsichtlich mancher Parameter stark von der Interaktion mit dem menschlichen Versuchsleiter unterschied. Es fanden sich zwar keine Unterschiede hinsichtlich der Äußerungslänge, aber in der Interaktion mit einem Agenten kam es zu weniger Stockungen im Sprachfluss (1–4 %) als bei der interpersonalen Interaktion (4–12 %) – die Autoren werten dies als Beleg für eine künstlichere Sprachgestaltung im Umgang mit Agenten. Die Sprache sei klarer und überartikuliert (Oviatt, MacEachern & Levow, 1998), was aber dennoch im Sinne einer anthropomorphisierenden Tendenz interpretiert werden könne: „This may indicate that children view their computer partner as a kind of ‚at-risk' listener, with whom they anticipate needing to work harder to make themselves understood" (Oviatt & Adams, 2000, S. 340). Bickmore und Cassell (2004) greifen diese Argumentation auf und untersuchen das Stocken im Sprachfluss der Nutzer während der Interaktion mit REA. Da Stockungen ähnlich häufig auftraten wie in der zwischenmenschlichen Kommunikation, schreiben die Autoren der Konversation mit REA eine hohe Natürlichkeit zu. Einschränkend muss allerdings bemerkt werden, dass diese Studie hinsichtlich der Sorgfalt und kontrollierten Durchführung weit hinter den Studien von Oviatt zurückbleibt.

Neben der Sprachstruktur sind auch die Inhalte von Anpassungen betroffen. Isbister und Hayes-Roth (1998) untersuchen Protokolle, die die Aussagen anonymer Nutzer im Chat mit der virtuellen Barfrau Erin wiedergeben. Sie zeigen, dass Erin die Interaktion immer initiiert, es zu maximal 52 Sprecherwechseln kommt und Erin hinsichtlich der Anzahl an Äußerungen grundsätzlich etwas aktiver war als der Nutzer. Die Inhalte der Interaktionen betrafen haupsächlich Baraktivitäten (Getränkebestellung etc.) sowie Small Talk. Als erfolgreich bewerten die Autorinnen vor allem die eindeutige soziale Rolle, die die Interaktion nicht zuletzt dadurch erleichtert habe, dass die Nutzer auf Basis einer natürlichen menschlichen Tendenz geneigt waren, innerhalb dieses sozialen Settings zu interagieren und bezüglich der genutzten Äußerungen kaum abzuweichen. Sophistiziertere Analysen wurden im Rahmen der zuvor beschriebenen eigenen siebten Studie vorgenommen: Hier wurden auf der Basis qualitativer Inhaltsanalysen die an den Agenten Max im Paderborner Heinrich-Nixdorf-Museum gerichteten Nutzeraussagen betrachtet (Kopp, Gesellensetter, Krämer & Wachsmuth, 2005). Die Analysen ergaben, dass auch hier der Agent einen Großteil der Interaktion bestritt (sowohl bezogen auf die Anzahl der Aussagen als auch die Anzahl der Worte pro Äußerung). Daher ist es auch kaum verwunderlich, dass er im Vergleich mit dem Nutzer mehr Personalpronomen wie „Ich" und „Du" verwendete. Der höhere Gesprächsanteil des Agenten wurde sicherlich auch verursacht durch die proaktive Struktur von Max, der beispielsweise auch Spiele wie „Tiere raten" vorschlug, bei denen der Nutzer ausschließlich ja oder nein antworten kann. Dennoch zeigte sich, dass ein Großteil der Nutzeräußerungen ebenfalls proaktiv und nicht etwa nur reaktiv war. 57 % der Nutzer begrüßten den Agenten und immerhin 30 % verabschiedeten sich – was insbesondere deswegen erstaunlich ist, da sich der Nutzer einfach nur von Bildschirm und Tastatur entfernen musste. 4,2 % der Aussagen waren aus der Humankommunikation bekannte Floskeln („Wie geht's?"). Neben dem obligatorisch vorkommenden Flaming fand sich direkt an den Agenten gerichtetes Feedback, das häufiger positiv als negativ war („Du bist cool!"). Mehr als ein Drittel aller an den Agenten gerichteten Fragen implizierten Menschenähnlichkeit („Hast Du eine Freundin?", „Kannst Du tanzen?") oder testeten eben diese Annahme. Damit wird noch einmal bestätigt, was Krummheuer (2004) beschreibt und auch Spierling (2004, S. 3) als Merkmal der Kommunikation mit Chatbots aufführt: „Deutlich wird ..., dass Nutzer den Bot als ein Wesen wahrnehmen, dessen Ausdrucksmöglichkeiten und Vertrauenswürdigkeit sie ausloten wollen". Etwa 75 % aller Nutzeraussagen waren hinsichtlich der Antworten unauffällig (d. h. der Nutzer antwortete nicht etwa „Michael Jackson", wenn er nach dem Namen gefragt wurde). Das zeigt, dass die Nutzer prinzipiell bereit waren, sich von Max in eine Interaktion involvieren zu lassen. Zu einem geringen Prozentsatz fanden sich auch Aussagen, die ungefragt Auskunft über die eigene Person gaben („ich muss jetzt gehen"), allerdings nehmen diese selbstenthüllenden Aussagen einen nicht so großen Anteil ein wie etwa in einer Studie von Gong, Nass, Simard und Takhteyev (2001; vgl. Oviatt et al., 2004) berichtet. Hier wurden solche Aussagen dann häufiger getätigt, wenn das System mit einem *Talking Head* versehen war im Vergleich zu einem lediglich durch Sprache repräsentierten System.

Das eigene Experiment zum interaktiven Programm Guide (s. Kap. 4.1, Studie 2) erwies sich als aufschlussreicher, da verschiedene Schnittstellen verglichen werden konnten. Es zeigte sich, dass Nutzer mit einer verkörperten Schnittstelle anders umgehen als mit einer lediglich text- oder sprachbasierten (vgl. Krämer,

2005). Wenn ein virtuelles Gesicht vorhanden war, verhielten sich die Nutzer höflicher (äußerten zum Beispiel häufiger „danke“ oder „bitte“) und nutzten mehr „Du“ und „Ich“. Des Weiteren werden Aufträge öfter personalisiert formuliert („Kannst Du mir James Bond aufnehmen?“) und die Aussagen häufiger exakt in derselben Art und Weise oder leicht verändert wiederholt, was darauf zurückführbar sein kann, dass das System nicht in der Lage war, direkt auf eine Äußerung zu reagieren. Die Nutzer hatten aber – eventuell anders als in den text- und sprachbasierten Varianten – eher das Gefühl, die Äußerung sei nicht verstanden worden, da auf dem Gesicht zunächst kein Hinweis auf ein Verstehen abgelesen werden konnte. Dies spricht dafür, dass die Aussage „Man kann nicht nicht kommunizieren“ (Watzlawick et al., 1969) auch für Agenten gilt. Einige weitere Besonderheiten zeigten sich in einzelnen Aussagen: So lassen korrigierende Kommentare („Halt, so wollte ich das doch gar nicht“) vermuten, dass die Kommunikationsfähigkeit des Systems vor allem in der ECA-Bedingung überschätzt wurde. Außerdem fanden sich Tröstungen, resignierende Aussagen oder Ansprechen des Systems mit einem Namen („He, Kleiner, kannst Du …“) ausschließlich, wenn ein Gesicht präsentiert wurde.

Insgesamt lässt sich festhalten, dass sich ein deutlicher Zusammenhang zwischen anthropomorphisierter Verkörperung und der Face-to-Face-Kommunikation ähnlichen Reaktionen findet – der fast schon linear anmutet. Anders als in den übrigen Bereichen (wie etwa den zuvor geschilderten Aufmerksamkeitsreaktionen) können allerdings hier einige der Verhaltensweisen der Nutzer als oberflächliche Anpassungen angesehen werden – wie zum Beispiel die Nutzung von Floskeln oder Dankesworten.

4.4.1.4 Proxemik

Erstaunlich viele Untersuchungen, die soziale Wirkungen von virtuellen Figuren fokussieren, analysieren das Phänomen der interpersonalen Nähe, der sogenannten Proxemik (vgl. Hall, 1959, 1966). Dies kann zum einen darin begründet liegen, dass sich entsprechende Untersuchungen leicht realisieren lassen, wenn virtuelle Räume zur Verfügung stehen, es kann aber auch darauf zurückzuführen sein, dass es sich um ein gut bestätigtes und dennoch sehr subtiles und unwillkürliches Verhalten im Rahmen von Face-to-Face-Kommunikationen handelt. Dabei scheint es – wenngleich kulturell unterschiedliche (vgl. Hall, 1966) – Regeln zu geben, welche räumlichen Entfernungen im Kontakt mit einem anderen Menschen einzuhalten sind. Die Entfernung richtet sich dabei vor allem nach der Situation, die im Wesentlichen auch durch den Bekanntheitsgrad der beiden Personen oder aber durch deren jeweilige Rollen definiert wird.

Die Ersten, die dieses Phänomen fokussieren, sind Bailenson, Blascovich und Kollegen (Blascovich et al., 2001; Bailenson, Blascovich, Beall & Loomis, 2001). Unter dem Vorwand, sie sollen sich die Namen einer virtuellen Person merken, der vorne auf deren T-Shirt abzulesen war, sowie eine Nummer, die hinten auf deren Kleidung vermerkt war, wurden die Versuchsteilnehmer dazu angeregt, in einem virtuellen Raum um (mehrere) virtuelle Personen herumzugehen. Zwischen den Probanden wurde der Realitätsgrad des Verhaltens der virtuellen Person variiert (statisches Stehen mit geschlossenen Augen, mit offenen Augen; mit offenen Augen und Lidschlag; mit offenen Augen, Lidschlag plus Verfolgen des Versuchsteilnehmers mit Augen und Kopf; zusätzliche Pupillendilatation ab einer gewissen Annäherung). Als within subjects-Variable wurde der Grad an Fotorealismus verändert (zwei Stufen: realistisch versus nicht realistisch). Während der Realismusgrad keine signifikanten Unterschiede in Bezug auf die Annäherung hervorbrachte, zeigten sich deutliche Unterschiede in Abhängigkeit vom Verhalten der virtuellen Figur: Der Abstand war größer, wenn die virtuelle Person den Versuchsteilnehmer anblickte. Ferner erwies sich die subjektiv empfundene soziale Präsenz stärker, wenn das Verhalten realistischer war. Auf diese Weise gelingt es Bailenson et al. (2001), den Gültigkeitsbereich der Äquilibrium-Theorie nach Argyle und Dean (1965) auf den Umgang mit virtuellen Figuren auszuweiten. Diese besagt im Wesentlichen, dass sich Nähe signalisierende Reize wie die Entfernung vom anderen und der Augenkontakt insofern wechselseitig beeinflussen, als die absolut empfundene Nähe je nach Situation einen gewissen Punkt nicht überschreiten darf. Die Nähe wird entweder durch eine größere Entfernung oder das Abbrechen des Augenkontaktes kontinuierlich reguliert. Insbesondere Frauen reagierten sensibel auf das Verhalten des Agenten und hielten vor allem dann mehr Abstand, wenn er sie mit den Augen verfolgte. Über diese Bestätigung der Äquilibrium-Theorie hinaus ist besonders eindrucksvoll, dass sich eine Kontrollbedingung mit einem ähnlich großen, aber unförmigen Objekt signifikant von allen Bedingungen mit menschlichen Figuren abhob: Die Versuchsteilnehmer hielten einen deutlich geringeren Abstand. Bei den menschlichen Figuren ist ferner als interessant zu vermerken, dass die Probanden vor der Figur mehr Abstand hielten als hinter ihr. Zusätzlich berichten Bailenson et al. (2001), dass die tatsächliche Erinnerung in der Kontrollbedingung (also ohne menschenähnlichen Reiz) höher war – was die Autoren spekulativ mit der Möglichkeit von sozialer Hemmung in Verbindung bringen. Insgesamt fassen sie zusammen: „Participants in our study clearly did not treat our agent as mere animation" (S. 595) und betonen die Zentralität des verhaltensbezogenen Realismus als Grundlage für diese Effekte – im Gegensatz zum Fotorealismus, dessen Einfluss sie für gering halten. In einem weiteren Experiment replizieren sie die Ergebnisse und ergänzen diese um einen neuen Aspekt (Bailenson, Blascovich, Beall & Loomis, 2003): Es wurde zusätzlich unterschieden, ob die Figur den Probanden als Avatar vorgestellt wurde (in diesem Fall wurden zu Beginn Personen vorgestellt, mit denen man angeblich später virtuell zusammentreffen würde) oder als Agent. Zwar ergab sich für diese Unterscheidung kein Haupteffekt, es zeigten sich aber zwei signifikante Interaktionen: Der Effekt, dass man einer virtuellen Figur mit geöffneten Augen nicht so nahe kommt wie einer mit geschlossenen Augen, fand sich in der Agenten-Bedingung, nicht aber in der Avatar-Bedingung. Dieses Ergebnis interpretieren die Autoren als Beleg für ihre These, dass Verhalten insbesondere dann wichtig wird, wenn die Figur als Artefakt wahrgenommen wird: „In line with our threshold model of social influence, when the virtual human was believed to be an avatar, driven by an actual human, less behavioral realism (e. g., mutual gaze behavior) was necessary for participants to maintain appropriate interpersonal distance“ (S. 8, vgl. Kap. 4.4.2). Außerdem zeigte sich eine größere Distanz gegenüber weiblichen Figuren im Vergleich zu männlichen. Somit werden Befunde zu Geschlechtsunterschieden in der Face-to-Face-Kommunikation nicht bestätigt, da dort die größten Unterschiede zwischen Männern auftreten und die geringsten zwischen Frauen (Brady & Walker, 1978). Bailenson et al. (2003) nehmen an, dieses Muster entstehe durch die Möglichkeit zu körperlichem Kontakt und Gewalt, die so in virtuellen Realitäten als nicht gegeben angenommen werden kann. Eine weitere Ursache könnte in der subjektiven Bewertung liegen: Versuchteilnehmer beurteilten die weibliche Figur im Vergleich zur männlichen als weniger sympathisch. In einem zweiten Experiment wurde das Proxemik-Verhalten bei der aktiven Annäherung durch den Agenten bzw. Avatar untersucht (Bailenson, Blascovich, Beall & Loomis, 2003). Hier zeigte sich, dass die Probanden entgegen den Erwartungen einem Agenten stärker auswichen als einem Avatar. Die durchschnittliche Bewegung betrug allerdings nur 5 cm. Die Autoren versuchen diesen unerwarteten Effekt mit negativeren Einstellungen gegenüber den Agenten zu erklären.

In einer weiteren Studie testen Bailenson, Beall, Blascovich, Raimundo und Weisbuch (2001) wie Personen reagieren, wenn das virtuelle Gegenüber aussieht wie sie selbst – passend überschrieben mit dem Titel „Intelligent agents who wear your face“. Tatsächlich zeigte sich, dass die Versuchsteilnehmer an das virtuelle Selbst näher herantraten als an anders aussehende Agenten. Mithilfe eines Fragebogens wurden ferner die implizite Vertrautheit und Intimität erhoben. Diese unterschieden sich in Abhängigkeit vom virtuellen Äußeren nicht signifikant, lediglich peinliche Akte (Kleidung wechseln, Geheimnisse preisgeben) würden eher vor dem virtuellen Selbst durchgeführt.

Garau (2003) berichtet eine ganz ähnliche Untersuchung: Versuchsteilnehmer sollten eine virtuelle Bibliothek explorieren, in der virtuelle Agenten saßen, die unterschiedlich responsives Verhalten zeigten. Das Verhalten variierte dabei von statisch über Bewegung zeigend (im Buch blättern, hochschauen, aber nicht auf den Probanden reagieren), responsiv (zusätzliches Verfolgen mit dem Blick) bis hin zum Ansprechen (zusätzliches Adressieren des Probanden in einer fremden Sprache). Leider wurden in dieser Untersuchung – bis auf physiologische Daten – lediglich subjektive Aspekte wie Präsenz, Kopräsenz und selbsterlebtes Verhalten erhoben. Während Präsenz und Kopräsenz nur dann in den responsiveren Bedingungen höher waren, wenn die Computernutzung als Kovariante eingesetzt wurde, berichteten die Probanden in den kommunikativ angereicherten Bedingungen ein höheres Bewusstsein, dass ein Agent vorhanden war und schrieben sich ein stärkeres normorientiertes Verhalten zu. Anekdotisch führt Garau (2003) auf, dass sozial ängstliche Personen stärker darauf bedacht waren, die Agenten nicht zu stören.

4.4.1.5 Vertrauen und Delegation

Wie bereits angeführt, wird das Vertrauen in ein System größer, wenn ein menschenähnliches Interface sichtbar ist: Zahlreiche Untersuchungen belegen, dass Personen ein höheres Maß an Vertrauen berichten oder an Glaubwürdigkeit zuschreiben, wenn der Agent menschenähnlich verkörpert ist (Sproull, Subramani, Kiesler, Walker & Waters, 1996; Walker, Sproull & Subramani, 1994; Rickenberg & Reeves, 2000). Dies bestätigt sich auf Verhaltensebene allerdings nur teilweise: Geht man davon aus, die Bereitschaft zur Delegation einer Aufgabe an ein System sei ein Zeichen für Vertrauen, so stützt eine Untersuchung von Milewski und Lewis (1997) die Annahme, dass Nutzer menschenähnlich verkörperten Systemen eher vertrauen: Eine Delegation an das System schien leichter zu fallen, wenn ein menschliches Äußeres vorhanden war. Dies konnten eigene Untersuchungen allerdings nicht bestätigen. Versuchsteilnehmer, denen im Rahmen der Programmierung eines Videorekorders für die erfolgreiche Programmierung ein höheres Incentive versprochen wurde, konnten sich entscheiden, die Programmierung mithilfe des Systems selbst vorzunehmen oder diese gänzlich an das System zu delegieren (vgl. Kap. 4.1, Studie 6). Die erwartete Abhängigkeit der Entscheidung davon, ob das System durch ein Gesicht oder ausschließlich durch Sprache repräsentiert war, zeigte sich allerdings nicht: Versuchsteilnehmer, die einen virtuellen Helfer sahen, waren nicht in höherem Maße bereit, die Aufgabe zu delegieren (Krämer, Iurgel & Bente, 2005).

4.4.1.6 Kooperation

Ein weiteres objektives Kriterium für Vertrauen und Glaubwürdigkeit kann in der Bereitschaft zur Kooperation mit dem Agenten gesehen werden. Nass, Fogg und Moon (1996) zeigen bereits für Computer ohne Repräsentation, dass das aus der *social identity theory* (Tajfel, 1982) bekannte Phänomen des *minimal group paradigm* auch im Umgang mit Maschinen zu erhöhter Kooperation führt: Schließt man willkürlich Personen und Computer zu farbig markierten Teams zusammen, wird mit dem Computer der eigenen Gruppe stärker kooperiert und man bewertet ihn positiver. Gegenüber artifiziellen Entitäten scheinen somit dieselben Gesetzmäßigkeiten zum Zustandekommen von Kooperation zu gelten wie im Umgang mit Menschen. Die Forschergruppe um Lee Sproull versuchte darüber hinaus zu klären, ob ein menschenähnlicher Agent die Kooperation begünstigt. Das große Interesse an dem Phänomen wird durch die Implikationen für die zukünftige Nutzung erklärt „because, in voluntary settings, [cooperation] is generally viewed as signaling positive regard for the other and can be the basis for developing a long-term relationship characterized by trust“ (Parise et al., 1996, S. 124). Die empirischen Ergebnisse zweier Studien, innerhalb derer Nutzer und Computer gemeinsam eine soziale Dilemma-Aufgabe lösen sollten, waren allerdings nicht konsistent. Während Kiesler, Sproull und Waters (1996) berichten, dass die Nutzer verglichen mit der Bedingung, in der ausschließlich Text präsentiert wurde, weniger häufig mit dem menschenähnlichen Interface kooperierten, zeigten Parise et al. (1996), dass Computer-Personen durchaus in ebenso großem Ausmaß kooperatives Verhalten auslösen konnten wie eine reale, durch Video übertragene Person. Dagegen wurden ebenfalls in diesem Zusammenhang eingesetzte Hunde-Charakter (computer dog und computer cartoon dog) zwar als äußerst liebenswert beurteilt, eine Kooperation erfolgte aber lediglich dann, wenn der Nutzer Hundebesitzer war. Die Autoren schließen, dass „if participants were able to form a social expectation of the agents as a cooperator, then they could safely choose cooperation." (S. 140). Dies sei bei einem menschenähnlichen Äußeren für die Mehrzahl der Nutzer der Fall gewesen, bei einem Hunde-Charakter jedoch nur für diejenigen, die gewöhnlich mit einem Hund interagieren. Die Inkonsistenz zur Studie von Kiesler et al. (1996) erklären die Autoren mit dem Hinweis, dass dort ein künstlicheres Gesicht eingesetzt wurde.

4.4.1.7 Mood Management

Der Begriff Mood Management entstammt der Medienforschung und wurde von Zillman (1985, 1988) geprägt, um das Phänomen zu beschreiben, dass Rezipienten gezielt ihre Stimmung manipulieren, indem sie spezifische Medienformate aufsuchen, und dass Medien tatsächlich auch in der Lage sind, Stimmungen zu verändern. Dieses Phänomen ist natürlich nicht auf Medien beschränkt, sondern kann auch im Alltagsleben angenommen werden. So ist davon auszugehen, dass auch der Kontakt zu anderen Menschen die Stimmung moduliert (und man in Abhängigkeit von der jeweiligen Befindlichkeit z. B. eher eine Party oder einen Abend alleine zu Hause wählen wird). Sogar künstliche Figuren sind in diesem Sinne in der Lage „echte Emotionen" auszulösen, wie zunächst anekdotische Belege von Gratch und Marsella (2001) zeigen. Sie führen an, dass während der Interaktion mit dem *mission rehearsal exercise* (s. Kap. 2.2.3) ein Soldat aufgewühlt und verstört reagierte, als er die Mutter des verletzten Jungen nicht beruhigen konnte. Ein weiterer Soldat berichtete: „This system makes people feel and we need that." In eigenen Untersuchungen konnte gezeigt werden, dass Versuchsteilnehmer sich in geringerem Maße über eine schlechte Nachricht ärgerten, wenn diese, statt per Text oder Sprache vermittelt, von einem virtuellen Helfer überbracht wurde (Krämer, Tietz & Bente, 2003). Die Teilnehmer sollten auf der Basis kurzer Erklärungen die Möglichkeiten zur Fehlerbehebung bei unterschiedlichen Störungen eines Videorekorders lernen. Unter anderem wurden die Probanden darüber unterrichtet, dass im Fall X keine Fehlerbehebung mehr möglich sei. Post hoc wurden die Probanden gefragt, wie ärgerlich sie diese Aussage gemacht hat. Die von einem virtuellen Helfer instruierten Probanden beschrieben sich als signifikant weniger ärgerlich als diejenigen, die per Text oder Sprachausgabe unterwiesen wurden. Obwohl dies auch im Sinne der von Nass et al. (1997) nachgewiesenen Zunahme von höflichen Aussagen gewertet werden kann und nicht mit dem tatsächlich gefühlten

Ärger übereinstimmen muss, gibt es einen Hinweis darauf, dass verkörperte Agenten andere Prozesse anstoßen als herkömmliche Schnittstellen.

Ebenfalls Erwähnung finden sollte in diesem Zusammenhang der verwandte Aspekt: Die Interaktion mit artifiziellen Entitäten wird als leichter empfunden, wenn diese selbst Emotionen zeigen. Breazeal (2004) beobachtet im Rahmen von Mensch-Roboter-Interaktionen, dass expressives Feedback vonseiten des Roboters wichtig ist: „This helps the person form a useful mental model for the robot, making the robot's behavior more understandable and predictable. ... It also makes the interaction more intuitive, natural and enjoyable for the person, and sustains their interest in the encounter" (S. 8). Tatsächlich konnte kürzlich gezeigt werden, dass Mood Management in stärkerem Maße beobachtbar ist, wenn die erlebte Telepräsenz (z. B. in Bezug auf das „Eintauchen" in das Internet) höher ist (Schweizer, 2004). Insbesondere durch mehr Ich-Nähe und Realitätsnähe wird der Einfluss auf die Stimmung größer.

Einen etwas anderen Zusammenhang in Bezug auf die Stimmungsübertragung berichtet Canamero (2002a). Sie beobachtet enge Kopplungen von den Gesichtsbewegungen der Menschen und denen der Roboter, die sie als Mimikry und Empathie-Phänomene bezeichnet. Beispielsweise wird die Emotion, die man im Roboter hervorrufen möchte, zunächst selbst gezeigt, und das eigene Gesicht wird auch genutzt, um Roboteremotionen zu erkennen: „We have ... observed people reproducing Feelix's facial expressions during emotion recognition, this time with the reported purpose of using proprioception of facial muscle position to assess the emotion observed" (S. 72)

4.4.1.8 Social Facilitation

Innerhalb eines der am meisten beforschten – und mit Blick auf die zahlreichen pädagogischen Agenten wohl auch relevantesten – Gebiete im Rahmen der Untersuchung sozialer Wirkungen von anthropomorphen Schnittstellen wird zu zeigen versucht, ob virtuelle Helfer *social facilitation* auslösen. Diese psychologischen Prozesse, die bei Anwesenheit anderer Menschen dazu führen, dass gut geübte oder wenig komplexe Aufgaben besser ausgeführt werden, schlecht geübte oder komplexe Aufgaben dagegen mit geringerem Erfolg (vgl. Zajonc, 1965; Cottrell, 1968), sollten plausiblerweise dann auftreten, wenn ein Agent tatsächlich als soziale Entität wahrgenommen wird oder als solche wirkt. Im Prinzip können alle Untersuchungen mit Leistungsaspekten unter dem Blickwinkel von *social facilitation* bzw. *inhibition* interpretiert werden und tatsächlich wird dies in vielen Fällen getan – wenn auch selten die nötige experimentelle Kontrolle eingehalten wird. Ein besonderes Problem stellt dabei die häufig fehlende Variation in der Geübtheit der Aufgabe bzw. deren Schwierigkeit dar. Dies führt dazu, dass Leistungsveränderungen (zum Beispiel im Vergleich mit einer Situation, in der keine virtuelle Person vorhanden ist) immer als social *facilitation/inhibition* Phänomen interpretiert werden können: Wenn eine Leistungsverschlechterung eintritt, handelt es sich eben um eine komplexe Aufgabe und *social inhibition*; wenn sich die Leistung verbessert, kann dies im Sinne von *social facilitation* interpretiert werden und beruht dann etwa auf verstärkt gezeigten dominanten Reaktionen (vgl. Cottrell, 1968). Aufgrund dieser Problematik ist darauf hinzuweisen, dass die Überschrift lediglich einen Rahmen für verschiedene Aspekte der Leistungsveränderung innerhalb der Interaktion mit Agenten geben soll, nicht aber davon auszugehen ist, dass tatsächlich in jedem Fall die Wirksamkeit des klar definierten (wenngleich hinsichtlich der Verursachung nicht eindeutig erklärten, vgl. Manstead & Semin, 1980) Phänomens der *social facilitation* auch für Agenten nachgewiesen wurde. Eine diesbezügliche Ausnahme stellt die Studie von Hoyt, Blascovich und Swinth (2003) dar, die eine menschbasierte *social facilitation*-Untersuchung von Blascovich, Mendes, Hunter und Salomon (1999) mit virtuellen Figuren replizierten (vgl. Blascovich et al., 2001). Die Teilnehmer erlernten eine von zwei Kategorisierungsaufgaben und wurden anschließend entweder mit einer neuen oder der gelernten Aufgabe konfrontiert, die sie entweder in Anwesenheit von zwei virtuellen Beobachtern (ein Mann und eine Frau) oder alleine lösen sollten. Die virtuellen Beobachter wurden entsprechend der jeweiligen Instruktion für Agenten oder Avatare gehalten. In der Agenten-Bedingung kam es zu keinen Effekten der sozialen Erleichterung oder Behinderung; nur wenn die Probanden davon ausgingen, die Beobachter seien tatsächlich Menschen, trat zumindest *social inhibition* auf. Die Autoren führen dies darauf zurück, dass Agenten – im Gegensatz zu Avataren – eben nicht in der Lage sind, sozial vermittelte Effekte zu erzielen. Allerdings mutet das Ergebnis, das so noch nicht repliziert wurde, bislang zufällig an. Tatsächlich vertreten andere Forschergruppen die Hypothese, dass zwischen Agenten und Avataren kein Unterschied bestehen dürfe, da es sich dabei lediglich um eine kognitiv vermittelte Unterscheidung handle, die jedenfalls dann nicht wirksam werden dürfte, wenn man davon ausgeht, dass *social facilitation* nicht kognitiv vermittelt wird, sondern eine unmittelbare Reaktion – auch physiologischer Art – auf soziale Reize darstellt (vgl. Zajonc, 1965). Insbesondere Tierexperimente zeigen, dass *social facilitation* bereits bei Ameisen oder Küchenschaben wirksam wird: Küchenschaben etwa laufen schneller durch einen Glasgang, wenn ihnen von außen weitere Küchenschaben zuschauen (Zajonc, Heingartner & Herman, 1969). Auf der Ebene solcher unmittelbaren Prozesse würde man eine Unterscheidung im Sinne von „sieht zwar genauso aus, repräsentiert aber keinen Menschen“ nicht erwarten.

Quintanar et al. (1982) fanden dagegen – wie beschrieben – bereits bei Computern, die sich menschenähnlich verhalten, einen Einfluss auf das Abschneiden des Probanden bei einem Quiz. Unter der menschenähnlichen Bedingung schnitten die Personen besser ab, dachten länger über die Frage nach, bevor sie antworteten, und nutzten mehr Zeit zum Reflektieren, wenn eine Antwort falsch war. Im Gegensatz dazu finden Martin und Knight (1985) bei der Untersuchung von Versuchsleitereffekten (vgl. Rosenthal, 1966), dass Computer als Versuchsleiter keine soziale Erleichterung auslösen, wohl aber menschenähnliche Versuchsleiter. Beim Einsatz artifizieller Figuren fanden sich stärkere Effekte: Rickenberg und Reeves (2000) etwa untersuchten mithilfe eines Microsoft-Charakters („Professor"), ob sich durch die Gegenwart eines animierten Charakters Auswirkungen auf das Leistungsverhalten nachweisen lassen. Die Autoren belegen, dass Probanden, die einen animierten Charakter auf dem Bildschirm sahen, größere Angst erlebten und mehr Fehler machten – insbesondere dann, wenn der Agent den Nutzer zu beobachten schien. Es zeigte sich somit *social inhibition*, die von den Autoren auf eine durch die soziale Gegenwart bedingte stärkere Erregung zurückgeführt wird, aus der sich dann eine Akzentuierung der vorhandenen Handlungs- und/oder Gefühlstendenzen ergeben soll. Auch Walker, Sproull und Subramani (1994) konnten Leistungsveränderungen bei Nutzern feststellen, die mit einem synthetischen Gesicht arbeiten, und interpretieren dies ebenfalls als *social facilitation*: Personen, die von einem synthetischen Gesicht befragt wurden, ließen sich mehr Zeit, machten weniger Fehler und antworteten ausführlicher auf offene Fragen. Dieser Effekt konnte sogar noch verstärkt werden, wenn das Gesicht statt eines ernsten Ausdrucks einen neutralen zeigte – wenngleich dieses am wenigsten positiv bewertet wurde. Auch Sproull et al. (1996) gehen davon aus, dass sie mit *social facilitation* verbundene Prozesse beobachten konnten: Ähnlich wie bei Rickenberg und Reeves (2000) berichteten Versuchspersonen, die mit einem anthropomorphen Interface konfrontiert waren, über eine stärkere Erregung sowie weniger Selbstsicherheit und Entspannung. Auch die beispielsweise von Lester, Converse, Stone, Kahler und Barlow (1997b) im Rahmen der Evaluierung ihres pädagogischen Agenten berichteten Leistungssteigerungen lassen sich als *social facilitation* interpretieren, was von den Autoren allerdings vermieden wird. Stattdessen bezeichnen sie die Wirkung als Persona-Effekt und schlagen einerseits einen direkten kognitiven Effekt (durch verbesserte Wissensakquisition und die Stimulation von Reflexion und Selbsterklärung) sowie andererseits motivationale Effekte (durch etwa die Steigerung der positiven Wahrnehmung der Lernsituation und -erfahrung) vor (vgl. Kap. 4.3.1). Ijsselsteijn et al. (2006) dagegen fanden keinen Effekt auf die Leistungssteigerung im Sinne einer sportlichen Betätigung. Hier führte zwar eine erhöhte Immersion im Rahmen einer realistischeren virtuellen Radstrecke zum schnelleren Radeln auf einem Heimtrainer, nicht aber ein virtueller Coach.

4.4.1.9 Soziale Angst

Wiederholt wurde auch untersucht, ob virtuelle Figuren soziale Ängste auslösen oder verstärken können. Pertaub, Slater und Barker (2001; Slater, Pertaub & Steed, 1999) überprüfen – vor dem Hintergrund der Fragestellung, ob virtuelle Realitäten in Zukunft genutzt werden können, um Personen mit sozialer Angst zu behandeln –, die Reaktion auf virtuelle Personen im Vergleich zu der auf reale Personen. In einer Untersuchung mit 40 Personen wurde noch einmal bestätigt, was bereits eine Pilotstudie mit zehn Personen gezeigt hatte (Slater, Pertaub & Steed, 1999): Während eines Vortrags vor einer Gruppe virtueller Personen stand der Grad an empfundener Ängstlichkeit in direktem Zusammenhang mit dem von der Gruppe signalisierten Feedback. Unabhängig davon, ob die Versuchspersonen normalerweise in der Öffentlichkeit unter Sprechangst litten, empfanden sie starke Reaktionen auf das Verhalten der Zuhörer. Bei einer negativen Zuhörerschaft beschrieben sich die Redner im Nachhinein ängstlicher als im Umgang mit einer neutralen oder gar positiven Gruppe: „For those who spoke to the neutral or positive audience, their response could be predicted from their normal level of anxiety about speaking in public. However, for those speaking to the neagtive audience, their response tended to be one of high anxiety irrespective of their normal level" (Pertaub, Slater & Barker, 2001, S. 11). Mit derselben Fragestellung beschäftigten sich auch Anderson, Rothbaum und Hodges (2003). Ihr Ausgangspunkt ist die Überlegung, inwieweit soziale Phobien in Zukunft ähnlich wie die Flug- oder Höhenangst mithilfe virtueller Realitäten behandelt werden können: „The hallmark of social phobia is fear of negative evaluation, and it is not known whether or not VR can elecit an essentially interpersonal fear in order to conduct exposure therapy" (S. 241). Sie präsentieren zwei Fallstudien, in denen sozial ängstlichen Personen per HMD eine kleine Zuhörerschaft präsentiert wurde, die, kontrolliert durch den Therapeuten, immer stärker in Richtung der befürchteten Situation gesteuert wurde (von applaudierend und interessiert über neutral bis hin zu gelangweilt). Die Patienten berichteten entsprechende physische Symptome der Angst, gaben aber eine Verbesserung der Symptome nach wiederholter Exposition an. Ein weiteres System zur Behandlung sozialer Ängste, basierend auf einer manipulierbaren virtuellen Zuhörerschaft, präsentieren Jo, Ku, Jang et al. (2001).

4.4.1.10 Impression Management

Eine der interessantesten Formen sozialer Wirkungen konnten Sproull, Subramani, Kiesler, Walker und Waters (1996) nachweisen: Füllten die Versuchspersonen Fragebögen zu sozial erwünschtem Verhalten mithilfe eines anthropomorphen „Talking face" aus, wurde eine verstärkte Tendenz zur positiven Selbstdarstellung beobachtet. Dieses auch als „Impression Management" oder Selbstpräsentation bezeichnete Phänomen (vgl. Schlenker, 1980; Goffman, 1959) tritt vorrangig in Gegenwart anderer Personen auf und führt häufig zu konformistischem oder sozial erwünschtem Verhalten (Leary, 1995). Ziel ist die Prägung eines möglichst „guten Eindrucks", der das Gegenüber zu einer positiveren Behandlung veranlassen soll. Auch in eigenen Untersuchungen konnte bestätigt werden, dass Personen sich sozial erwünscht darstellen bzw. verhalten, wenn sie mit einem menschenähnlichen Äußeren konfrontiert wurden: Im Rahmen des zuvor geschilderten Experimentes zur Inkarnation eines TV-Videosystems wurde den 106 Teilnehmern vermittelt, sie hätten eine halbe Stunde Wartezeit zu überbrücken und könnten zur Unterhaltung ein innovatives TV-Videosystem ausprobieren, das ihnen die Auswahl unterschiedlicher Medienformate ermögliche (Krämer, Bente & Piesk, 2003, vgl. Kap. 4.1, Studie 4). Die Teilnehmer wurden entweder durch ein sprachbasiertes, ein textbasiertes oder agentenbasiertes System gefragt, ob sie das laufende Fernsehprogramm der ARD, von RTL, den neusten James-Bond-Film oder eine Dokumentation über Leben und Werk Albert Einsteins sehen wollten. Die sozial erwünschte Wahl „Albert Einstein" wurde deutlich häufiger getroffen, wenn ein Agent die Auswahl begleitete (der Chi-Quadrat-Test verfehlt allerdings knapp Signifikanz; Chi = 20,82; df = 12; p = ,053). Insgesamt hat dieses Phänomen natürlich weitreichende Implikationen für den Einsatz anthropomorpher Interfaces im alltäglichen Leben und wird von Sproull et al. (1996) als durchaus kontrovers diskutierbar hervorgehoben: „Many people want computers to be responsive to people. But do we also want people to be responsive to computers?" (S. 119).

Einen ganz ähnlichen Aspekt untersuchten Swinth und Blascovich (2001, vgl. Blascovich et al., 2001), indem sie ein Experiment von Blascovich und Ginsburg (1974) zu Konformität, *risky shift* und sozialen Vergleichsprozessen replizierten. In einem virtuellen Kasino spielten die Versuchsteilnehmer gegen einen Agenten oder einen Avatar, der entweder weniger, gleich viel oder mehr setzte als sein menschliches Gegenüber. Die Neigung zur Konformität wurde repliziert, es erfolgte eine Anpassung an die Einsätze der virtuellen Figur. Lediglich in der Avatar-Bedingung war auch zu beobachten, dass die Probanden mehr einsetzten – was die Autoren zusätzlich im Sinne von *risky shift* und sozialen Vergleichsprozessen interpretieren.

Insgesamt sind somit die sozialen Effekte zwar nicht in allen Bereichen konsistent und auch der Grad an Subtilität unterscheidet sich deutlich (während es sich bei der Kommunikation zum Teil um bewusste Anpassungen handeln kann, erscheinen Reaktionen im Sinne des Impression Managements oder der Proxemik als subtil und unmittelbar), aber in der Summe sprechen die Ergebnisse dafür, dass Menschen sich durch die Anwesenheit virtueller Agenten in ähnlicher Art und Weise beeinflussen lassen wie durch reale Personen. Nachfolgend soll daher diskutiert werden, wodurch dieses Phänomen entsteht.

4.4.2 Erklärungsversuche

In diesem Abschnitt sollen unterschiedliche Ansätze zur Erklärung der zuvor beschriebenen Phänomene kritisch diskutiert werden. Bevor die – wohl auch eher vor dem Hintergrund philosophischer Reflexionen zu beantwortende – Frage nach der sozialen Natur des Menschen gestellt wird, folgt zunächst ein Erklärungsversuch dahingehend, ob die berichteten Ergebnisse tatsächlich belegen, dass artifizielle Entitäten als sozial wahrgenommen und behandelt werden.

4.4.2.1 Innovationseffekt

Aufgrund methodischer Restriktionen konnte bislang nicht ausgeschlossen werden, dass es sich bei den beschriebenen Reaktionen um lediglich kurzfristig beobachtbare Wirkungen im Sinne eines Innovationseffektes handelt. So ist denkbar, dass die beschriebenen Wirkungen nur solange beobachtbar sind, wie das Phänomen der virtuellen Helfer neu und ungewohnt ist (vgl. Krämer, 2002). Dies erscheint vor dem Hintergrund verschiedener Beobachtungen bei der Einführung neuer medialer Phänomene im Laufe des letzten Jahrhunderts durchaus nicht unwahrscheinlich. Burgoon et al. (2000) formulieren: „Perhaps this is but a transient phenomenon – much like the panic that ensued at the first public presentations of cinematography at the turn of the century, where people ran from the screen on which a speeding train was approaching“ (S. 572). Noch näher an die hier beobachteten Effekte kommt das immer wieder kolportierte Beispiel aus den frühen Fernsehzeiten heran, wonach sich damals angeblich die Hausfrau samstags abends die Haare frisierte, bevor der Nachrichtensprecher ins Haus kam. Es ist plausibel anzunehmen, dass durch die mangelnde Erfahrung im Umgang mit virtuellen Helfern ähnliche, auf falschen Annahmen beruhende Verhaltensweisen entstehen können. Funktionieren würde diese Verursachungskette gleichwohl nur, wenn man davon ausginge, dass die Reaktionen beispielsweise entstehen, weil der Laie annimmt, der Agent könne ihn tatsächlich beobachten. Im Zusammenhang mit dem Rahmenkonzept „Innovationseffekt“ kann ebenfalls argumentiert werden, dass angemessene Umgangsskripte bislang fehlen und daher auf das bekannte Skript „soziale Interaktion“ ausgewichen wird, das mit der Zeit aber durch das Skript „Interaktion mit artifiziellen Entitäten“ ersetzt wird (vgl. die Annahmen von Kiesler & Sproull, 1997, s. u.).

Falls aber andere Ursachenzusammenhänge zutreffen und etwa jegliche soziale Cues immer zu sozialen Reaktionen führen (vgl. die Argumente von Nass & Moon, 2002, s. u.), dann sollten die beobachteten Phänomene langfristig beobachtbar sein. Vor allem die Klärung, ob die Effekte lediglich kurzfristig sind, kann somit weiteres Licht in die gesamte Debatte bringen. Es ist allerdings offen, wann entsprechende Studien durchgeführt werden können, da momentan kein System stabil, robust oder transportabel genug wäre, um es beispielsweise drei Wochen lang in einem privaten Haushalt aufzustellen, damit dort die tägliche Interaktion mit einem virtuellen Helfer möglich wird.

4.4.2.2 Defizithypothese

Vertreter der Defizithypothese gehen davon aus, dass soziales Verhalten gegenüber technologischen Gegenständen einem Defizitzustand geschuldet ist und somit keine „normale“ Reaktion darstellt (bzw. keine langfristige Reaktion ist, denn mangelndes Wissen bzw. fehlende Skripts in der Gesamtbevölkerung wären, wie schon beschrieben, natürlich ebenfalls Defizitzustände). Defizitzustände, die in der Literatur genannt werden, sind etwa Jugend, mangelndes Wissen sowie psychologische oder soziale Dysfunktionen (vgl. Barley, 1988; Turkle, 1984; Winograd & Flores, 1987). Andere Autoren gehen davon aus, das auftretende soziale Verhalten sei lediglich an den menschlichen Schöpfer hinter der Maschine gerichtet (vgl. etwa Dennett, 1987; Heidegger, 1977; Searle, 1981). Nass und Kollegen weisen diese Annahmen auf der Basis empirischer Daten zurück. So belegen Sundar und Nass (2000; vgl. Nass & Moon, 2000), dass Menschen nicht lediglich deshalb soziale Reaktionen zeigen, weil sie annehmen, hinter einem „sprechenden", anthropomorphisierten Computer stehe ein Mensch, der diesen steuert (vgl. allerdings Sproull et al., 1996, die hierzu vorsichtigere Äußerungen treffen) – und auch auf den dahinter stehenden Programmierer wolle man nicht reagieren. Studien, in denen die Annahme manipuliert wird, die Interaktion erfolge mit dem Computer oder dem Programmierer, zeigen einen Unterschied in der Post-hoc-Bewertung des Interaktionspartners (vgl. Nass & Sundar, 1994). Laut Nass, Moon, Morkes, Kim und Fogg (1997) ist beiden aufgeführten Defizit-Erklärungen die grundlegende These gemein, dass die Reaktionen auf die verbalisierbaren Annahmen des Nutzers über die Technologie zurückgehen. Der Nutzer würde in einem Fall berichten, Computern gegenüber sei ein soziales Verhalten adäquat, oder er würde im anderen Fall anführen, er reagiere auf einen durch den Computer repräsentierten Menschen – wie den Programmierer. Nass et al. zeigen jedoch, dass Personen selbst dann sozial auf Computer reagieren, wenn dies mit ihren Einstellungen nicht übereinstimmt: „Individuals engage in social behavior toward technologies even when such behavior is entirely inconsistent with their beliefs about machines" (S. 18). Tatsächlich seien die Reaktionen durch einen geringen Bewusstheitsgrad gekennzeichnet und die Probanden wissen meist gar nicht, dass sie soziales Verhalten an den Tag legen: „Users in these experiments automatically and unconsciously apply social rules to their interactions with computers" (S. 138). Vor allem zeigen sich die Phänomene sogar dann, wenn die Nutzer eigentlich angaben, soziale Reaktionen seien gänzlich unangemessen (vgl. auch Nass, Steuer & Tauber, 1994). Vor dem Hintergrund dieser Analyse schlagen Nass und Mitarbeiter einen anderen Mechanismus zur Erklärung vor, der im Folgenden näher erläutert werden soll.

4.4.2.3 Ethopoeia

Die Annahmen von Nass und seinen Kollegen (vgl. Reeves & Nass, 1996; Nass & Sundar, 1994) heben sich deutlich von der Anthropomorphismus-These ab, die besagt, dass Menschen beliebigen Gegenständen/Technologien tatsächlich bewusst menschenähnliche Eigenschaften zuschreiben. Stattdessen schlagen sie den Terminus „Ethopoeia" (aus dem altgriechischen abgeleiteter Terminus der Rhetorik, der die Beschreibung des Charakters oder genauer der idiosynkratischen Gewohnheiten meint) vor, der die automatischen und unbewussten Reaktionen besser kennzeichne: „Our claim is primarily psychological: When machines are endowed with personality-like characteristics, people will respond to them as if they have personalities, despite the fact that these individuals will claim they do not believe the machines actually have personalities. The term ‚ethopoeia' refers to the subjects' behavior in the present study, as distinct from anthropomorphic responses, suggesting that individuals believed that computers have human like personalities“ (Nass, Moon, Fogg, Reeves & Dryer, 1995, S. 234). Dabei wird Ethopoeia definiert als: „Involves a direct response to an entity as human while knowing that the entity does not warrant human treatment or attribution. Models of thoughtful human attribution cannot explain the processes that elicit stereotyping, politeness, reciprocity, and the like toward a computer, but an obliviousness to the unique characteristics of a computer as an interactant certainly can“ (Nass & Moon, 2000, S. 10). Getriggert werden die automatischen sozialen Reaktionen laut Nass, Moon, Morkes, Kim und Fogg (1997; Nass & Moon, 2000) durch Situationen, die soziale Hinweisreize enthalten. Aufgrund der Tatsache, dass Menschen „social animals“ seien, würden bei der kleinsten Ähnlichkeit mit einem menschlichen Gegenüber die tief verwurzelten sozialen Verhaltensweisen (wie z. B. insbesondere Höflichkeit oder reziprokes Hilfeverhalten) unbewusst getriggert. Zu den menschenähnlichen Eigenschaften von Computern zählen etwa die Verwendung von natürlicher Sprache, Interaktivität sowie das Ausfüllen von Rollen, die traditionell vom Menschen übernommen wurden (vgl. Nass, Steuer, Henriksen & Dryer, 1994; Smith, 1989). Weiterhin formulieren Sundar und Nass (2000) als Voraussetzung für die häufig und konsistent beobachtbaren sozialen Reaktionen auf Computer einerseits die Ubiquität von sozialen Regeln und Normen (die etwa auch daran beobachtbar wird, dass Menschen im Stadium der Unsicherheit Heuristiken oder „shortcuts“ nutzen, vgl. Tversky & Kahneman, 1974; Chaiken, 1980) sowie andererseits die wahrgenommene Ähnlichkeit zwischen Mensch und Computer: „It may be posited that the ease of accessibility of social rules relating to human-human interaction (availability heuristik) and/or the perceived functional similarity between humans and computers (representativeness heuristic) drive people to respond to computers just as they would to another human being“ (Sundar & Nass, 2000, S. 688). Marakas, Johnson und Palmer (2000) nennen weitere Aspekte, die die Attribution von Menschlichkeit wahrscheinlich machen: “(1) the social character of the technology; (2) an individual's core self-evaluations (e. g., self-esteem or locus of control); (3) the nature of and the context in which interaction with a computer takes place; and (4) the availability of attributional information cues“ (Marakas, Johnson & Palmer, 2000, zitiert nach Burgoon et al., 2000, S. 555).

Als weitere Erklärung führen Nass und Moon (2000) die Theorie von Langer (1989, 1992) an. Langer (1989) zeigt, dass „mindless behavior“ in zahlreichen sozialen Situationen beobachtbar ist und als Reaktion auf kontextuelle Hinweisreize auftritt. Diese Hinweisreize triggern Skripte und Erwartungen, die zu einer Vernachlässigung der akuten Verarbeitung führen: „Rather than actively constructing categories and distinctions based on all relevant features of the situation, individuals responding mindlessly prematurely commit to overly simplistic scripts drawn in the past“ (Nass & Moon, 2000, S. 2). Die Unterscheidung in *mindless* und *mindful* sei damit zwar ähnlich, aber nicht deckungsgleich mit der in automatische und kontrollierte Prozesse. So könne ein Prozess kontrolliert sein, aber *mindless*, oder automatisch und dennoch *mindful*. Übertragen auf die Mensch-Computer-Interaktion bedeutet dies, dass dort „mindlessly“ durch die sozialen Hinweisreize der Situation soziale Skripts abgerufen werden, die eigentlich unangemessen sind. Besonders betroffen seien insbesondere gut gelernte und häufig angewandte Skripte wie Höflichkeitsregeln etc. Es wird hier zwar keine entsprechende Typologie sozialer Regeln angegeben, aber dennoch betont, dass die beobachteten Effekte eher in Bezug auf häufig angewandte Regeln zu finden sein werden. Die genannten Beispiele beschränken sich jedoch weitestgehend auf gelernte Aspekte des Sozialverhaltens wie überlernte Skripte und deren automatische Anwendung. An dieser Stelle greift der Ansatz etwas kurz und vernachlässigt sämtliche angeborene Sozialtendenzen (vgl. etwa die universalen Grammatiken nach Eibl-Eibesfeld, 1984). Obwohl Empirie und Argumentation gerade auf diese Aspekte abzielen, werden sie nicht explizit aufgeführt und diskutiert. Tatsächlich aber stellen sich insbesondere bei automatisch abrufbaren Verhaltensweisen oft genug ethologische Erklärungsansätze oder sogar evolutionstheoretische Betrachtungsweisen als besonders fruchtbar heraus. In zukünftigen Erklärungsansätzen sollten diese Aspekte somit zumindest kritisch in Bezug auf ihre Eignung diskutiert werden.

Das letztendliche Fazit von Nass und Kollegen (Nass, Moon, Morkes, Kim & Fogg, 1997) lautet: Bereits Computer sind soziale Akteure. Allerdings schränken sie vor dem Hintergrund, dass diese These auf Unverständnis und Entsetzen gestoßen ist, ein, das Wort sozial müsse vielleicht neu definiert werden – da es unmittelbar mit der Konnotation von Menschlichkeit verbunden sei. In diesem Sinne schlagen sie eine pragmatische Definition vor: „If we adopt a psychological criterion – that is, something is a social actor to the extend that people respond to it as if it were a social actor – then based on the research presented above, we could argue that computers *are* social actors“ (S. 158). Genau diese Argumentation lehnt allerdings Erickson (1997) als zu einseitig ab. Man könne nicht davon sprechen, dass die Interaktionen mit Computern fundamental sozial sind, wenn Maschinen noch nicht einmal zur Interaktion in der Lage sind. Annahmen darüber, was geschieht, wenn Computer tatsächlich eine interaktive Konversationen führen könnten, ließen sich aus den Ergebnissen von Nass gar nicht ableiten: „It is one thing for people to apply social heuristics to machines; it is quite another to assume that this amounts to social interaction, or to suggest that the ability to support social interaction between humans and machines is now within reach. Interaction is a two way street: just as people act on and respond to computers, so computers act on and respond to people“ (9. Paragraph). Zusammenfassend lässt sich feststellen, dass Nass die weitreichendste These zur Verursachung der sozialen Reaktionen vertritt und tatsächlich plausible Belege dafür ins Feld führt.

4.4.2.4 Aufforderungscharakter der Untersuchungssituation

Weniger weit wollen Kiesler und Sproull (1997) hinsichtlich der sozialen Natur der Interaktion mit Computern gehen. Sie postulieren, es handle sich lediglich um ein oberflächliches Phänomen der dem Interface angepassten Reaktion, das eher auf *demand characteristics* der spezifischen Situation als auf tiefverwurzelte Verhaltensweisen zurückgehe. Sie zeigen auf, dass auf „normale“ Computer, wie beispielsweise auf einen Chip im Auto, nicht sozial reagiert wird, es sei denn, menschliche Charakteristika (wie etwa bei der Interface-Persona) seien vorhanden: „Then people may respond to the persona ‚as though it were human“ (S. 192). Dabei gingen die Reaktionen keinesfalls über das „als-ob“ hinaus: „Our analysis implies a variation on an old adage. If it walks like a duck and talks like a duck, we are going to treat it like a duck – at least for now. After all we have to treat it some way, and ducklikeness seems a good clue to its future behavior and to how we should respond“ (S. 196). So würden auch Versuchspersonen vor dem Hintergrund der Informationen handeln, die sie in einer Situation erhalten und sich dann so verhalten, wie es sinnvoll erscheint – einschließlich der Produktion von sozialen Reaktionen konsistent zu den menschenähnlichen Stimuli, die der Computer präsentiert. Dies sei aber immer nur eine „Als-ob“-Reaktion und keine tatsächliche Attribution von Menschlichkeit. Kiesler und Sproull (1997) verdeutlichen ihren Standpunkt mit einem Szenario: Ließe man einen Computer wie eine Ente handeln, würden die Versuchspersonen vielleicht mit „quack, quack“ antworten, nicht aber in jeder nachfolgenden Interaktion mit einem Computer quaken, nicht mit Freunden über die Ente sprechen statt über den Computer und nicht wirklich glauben, dass es sich um eine Ente handelt – genauso wenig wie der Computer denke, der Nutzer sei Ente, weil dieser mit „quack, quack“ geantwortet hat. Außerdem führen sie an, man beschimpfe den Computer bisweilen auch nicht, weil dieser sozial ist, sondern weil man dies als eine mögliche Reaktion kennengelernt hat, wenn etwas nicht Erwünschtes passiert: „You might swear when your pencil breaks, too, yet no one has said pencils are social“ (S. 196). Trotz allem vertreten Kiesler und Sproull aber auch die Ansicht, dass die Erforschung der Interaktion mit menschenähnlichen Interfaces einen Beitrag zur Sozialpsychologie liefern kann: „Also, we think human responses to these personas can be used to examine theories of social behavior and interaction with interfaces“ (S. 192).

Nass und Moon (2000) versuchen selbstverständlich den Vorwurf zu entkräften, es handle sich lediglich um *demand characteristic,* Sie argumentieren, dass zumindest in ihren Experimenten der Aufforderungscharakter tatsächlich eher niedrig ist (der Computer spricht beispielsweise nie von sich als „ich“, zeigt keine Gefühle oder menschliche Züge, ist lediglich durch Text oder Sprache repräsentiert). Auch im Rahmen der Fragebögen – die zudem oft nicht die eigentliche abhängige Variable messen – werden keine menschlichen Züge oder Charakteristika nahegelegt. Schließlich wird angeführt, dass die Probanden sich ihrer Reaktionen nicht bewusst waren bzw. sie im Nachhinein noch nicht einmal angeben konnten, ob irgendetwas an ihrem Verhalten sozialen Regeln entsprach.

Zusammenfassend lässt sich hinsichtlich der Kontroverse zwischen Nass und Kiesler zunächst feststellen, dass eine letztendliche Aufklärung, wie bereits erwähnt, lediglich beispielsweise durch Langzeitstudien bzw. eine Analyse der Verhaltensweisen nach längerer Nutzung im Feld gelingen kann. Schwächen sich die sozialen Reaktionen nach längerer Nutzung ab, so ist eher der Position von Kiesler und Sproull (1997) zu folgen. Treffen dagegen die Annahmen von Nass zu, so dürften sich die Reaktionen nicht mit der Zeit verlieren, da auch keine Habituation an die soziale Präsenz anderer Menschen beobachtet werden kann. Tatsächlich deuten die zahlreichen aktuellen Ergebnisse zu sozialen Reaktionen bereits jetzt eher in Richtung der Erklärungen durch Nass, da insbesondere solche subtilen Reaktionen wie Prozesse der sozialen Erleichterung nicht durch die Interpretationen von Kiesler und Sproull als „Als-ob"-Reaktion zu erklären sind. Viele der nachgewiesenen Verhaltensweisen müssen automatisch und unbewusst getriggerte Elemente enthalten.

4.4.2.5 Parasoziale Interaktion

Weitere Möglichkeiten der theoretischen Fassung und Einbettung der Phänomene bieten sich im Bereich der traditionellen Medienpsychologie. Hier ist zu prüfen, inwieweit etwa parasoziale Interaktionsphänomene zur Modellierung herangezogen werden können. Diese werden im Zusammenhang mit der Rezeption von realen oder fiktionalen Bildschirmakteuren beschrieben (Horten & Wohl, 1956; Hippel, 1992; Bente & Vorderer, 1997). Dabei muss unterschieden werden zwischen parasozialer Interaktion, die sich auf die Reaktionen und Einstellungen des Rezipienten während der Nutzung beziehen, sowie parasozialen Beziehungen, in deren Rahmen diese Akteure mit Gefühlen besetzt werden und es sogar zu dauerhaften Bindungen kommt, die denen zu Realpersonen vergleichbar sind (Sturm, 1991). Hinsichtlich der Erfassung der letztgenannten Prozesse liegt bereits eine Reihe von Messinstrumenten vor, die für den vorliegenden Problembereich adaptiert werden können oder bereits wurden (vgl. Hartmann, Klimmt & Vorderer, 2001). Erste Ergebnisse zeigen, dass – insbesondere zu bekannten Computer-Persona wie Lara Croft – durchaus sozio-emotionale Beziehungen aufgebaut werden. Fraglich ist dagegen, ob die Prozesse der parasozialen Interaktion mit Bildschirmakteuren – die sich etwa in Vorfreude auf den immer gleichen Moderator bis hin zu gelegentlichen Kommentaren während der Rezeption äußern können – denen der sozialen Reaktionen auf Computer und Computer-Persona vergleichbar sind. Die Tatsache, dass Sundar und Nass (2000) einen deutlichen Unterschied in der Wahrnehmung klassischer Medien (wie Fernsehen) im Vergleich zu interaktiven Technologien, wie etwa Computer, ausmachen können, deutet darauf hin, dass die Prozesse als nicht deckungsgleich angenommen werden müssen. Ein zentraler Unterschied besteht beispielsweise darin, dass Computer deutlich eher als „handelnde" Entität im Sinne einer „source" wahrgenommen werden. Für das Zustandekommen von parasozialer Interaktion beschreiben Sundar und Nass (2000) genau dieses Phänomen der Verwechslung von Medium und Quelle als Ursache: „Individuals behave as if they are having an interaction with a *source* when in fact they are only relating to the *medium*. This is because they actively imagine the source to be the psychological locus of their interactions" (S. 684). Bei traditionellen Medien sei allerdings selten beobachtbar, dass Personen der Meinung sind, direkt mit dem Medium zu kommunizieren: „No one thinks that they are having an interaction with the television or radio itself" (S. 700). Während der Unterschied zwischen Medium und „source" bei herkömmlichen Medien somit tatsächlich noch gegeben ist und nur in manchen Situationen verschwimmt (wenn es eben zu parasozialer Interaktion kommt), scheint der Computer generell stärker als „Quelle" wahrgenommen zu werden: „Research on the psychology of human-computer interaction indicates that certain technological features that are unique too computers – including interactivity and performance of roles traditionally filled by humans (Nass & Moon, 2000) – encourage communication receivers to treat the computer not only as a medium but also as a source of communication" (Sundar & Nass, 2000, S. 684; vgl. Nass & Moon, 2000; Reeves & Nass, 1996). Die Art und Weise wie Personen den Computer behandeln, mache nur Sinn, wenn der Computer als „independent source of information" wahrgenommen wird. Sundar und Nass (2000) vermuten daher, die Technologie werde umso eher als Medium empfunden, je weniger Interaktivität vorhanden ist und umgekehrt: „As computer interfaces become more human-like, people are more likely to respond to them as human (Sproull, Subramani, Kiesler, & Walker, 1996), and computers therefore are more likely to be treated as a source of communication" (S. 700). Für das Gros der Nutzer können somit andere Verhaltensweisen in Bezug auf die Fernsehakteure als in Bezug auf Computer und Computer-Persona angenommen werden – wobei zunächst offen bleiben muss, ob die jeweiligen Prozesse der parasozialen Interaktion tatsächlich verschieden sind (da man im Falle des Mediums ja eigentlich jederzeit weiß, dass man handelt „als ob") oder ob man davon ausgehen muss, dass die parasoziale Interaktion mit Computern einfach nur verbreiteter ist.

Welche Schlussfolgerungen lassen sich nun daraus für die Interaktion mit anthropomorphen Interfaces ziehen? Sieht man von dem „Gewinn" der Nutzbarmachung einer anderen Rahmenterminologie ab, wird auch hier erkennbar, dass Menschen geneigt sind, an mediale Stimuli menschliche Interaktionsmuster heranzutragen. Bietet der Stimulus die Möglichkeit – etwa durch die Bereitstellung ausreichender Interaktivität – selbst als Quelle verstanden zu werden und nicht als bloßes Medium, so wird der Nutzer diese Richtung einschlagen. Sundar und Nass (2000) argumentieren mit Bezug auf Horten und Wohl (1956), dass man sich immer zur Quelle der Nachricht hin orientiert: „Individuals behave as if they are having an interaction with a *source* when in fact they are only relating to the *medium*. This is because they actively imagine the source to be the psychological locus of their interactions" (S. 684). Dieses Phänomen lässt sich sicherlich auch darauf zurückführen, dass die Art der Quelle ein wichtiger Faktor zur Beurteilung der Mitteilung ist. Vor diesem Hintergrund würde man dann die Interaktion und Beziehung zu virtuellen Figuren keineswegs als defizitär oder kurzfristig einordnen, sondern als natürliche Reaktion auf die Tatsache bewerten, dass diese als Quelle identifiziert werden.

Darüber hinaus können aktuelle Präzisierungen der Theorie nützlich sein, um weitere Voraussetzungen für das Zustandekommen von sozialen Reaktionen zu identifizieren (Hartmann, Schramm & Klimmt, 2004a, b; Schramm, Hartmann & Klimmt, 2002). So führen Hartmann et al. (2004a, b) als Eigenschaften, die das Entstehen von parasozialer Interaktion beeinflussen, beispielsweise Obtrusivität und Adressierung des Nutzers an. Dabei lässt sich belegen, dass sowohl eine hohe Obtrusivität (wie etwa durch hohe Abbildungsgröße oder sonstige Prädominanzen im Auftreten) als auch die Adressierung das Entstehen parasozialer Interaktion begünstigt. Des Weiteren spielt auch die Erscheinung eine Rolle – im Einklang mit den zuvor geschilderten Modellen kann diesbezüglich davon ausgegangen werden, dass dies auf Basis sozialpsychologischer Gesetzmäßigkeiten erfolgt. Attraktivität, Artifizialität oder Anthropomorphismus beispielsweise können die Eindrucksbildung beeinflussen.

4.4.2.6 Soziale Präsenz

Als weitere potentielle Rahmentheorie bietet sich „social presence" (Short, Williams & Christie, 1976) an, die vor allem im Bereich der computervermittelten Kommunikation als das momentan populärste Konzept bezeichnet werden kann. Dabei ist in der Diskussion über soziale Präsenz gleichzeitig auch große Vorsicht angebracht, da die Definitionen nicht nur sehr heterogen sind, sondern darüber hinaus überhaupt nicht explizit geklärt wurde, ob soziale Präsenz im Forschungskontext nun im Sinne einer abhängigen Variablen zu verstehen ist (z. B. Empfindung sozialer Präsenz in unterschiedlichen Situationen) oder ob soziale Präsenz implizit als unabhängige Variable angenommen werden kann, da sie an Technologien gekoppelt ist (soziale Präsenz bei virtuellen Figuren ist hoch, bei Text gering). Während es in Bezug auf die hier fokussierten Fragestellungen eigentlich selbstverständlich ist, soziale Präsenz im Sinne einer abhängigen oder mediierenden Variablen in den Blick zu nehmen (z. B. im Sinne der Frage, ob höhere Anthropomorphisierung zu höherer sozialer Präsenz führt und diese zu stärkeren sozialen Reaktionen), finden sich immer noch Studien, die sich an älteren Modellen orientieren, die soziale Präsenz als mit der Technologie variierbar annehmen. Um eine entsprechende Orientierung zu geben, wird zunächst eine Übersicht zur Entstehung des Konzeptes gegeben. Soziale Präsenz kann als Spezialfall der Telepräsenz (Steuer, 1992) ausgewiesen werden (Petersen, 2002). Das Phänomen der Telepräsenz tritt unter bestimmten Bedingungen im Umgang mit virtuellen Welten auf und bezeichnet dabei die psychologische Prädominanz der virtuellen Erfahrungen über die unmittelbare bzw. reale (Steuer, 1992; vgl. Bente, Krämer & Petersen, 2002; Bente & Otto, 1996; Petersen & Bente, 2001). Andere Autoren definieren Präsenz beispielsweise als „The perceptional illusion of nonmediation" (Lombard, Reich, Grabe, Bracken & Ditton, 2000, S. 77) und soziale Präsenz als „degree to which one believes that he or she is in the presence of, and interacting with, other veritable human beings" (Heeter, 1992, zitiert nach Blascovich et al., 2001, S. 21; für weitere Definitionen vgl. Slater, Sadagic, Usoh, & Schroeder, 2000; Bailenson et al., 2001). Die Kapazität eines VR-Systems, einen Benutzer gefangen zu nehmen, hängt laut Steuer von verschiedenen Faktoren ab: der *vividness*, die durch *breadth* (sensorische Breite im Sinne der simultan erfassbaren Sinnesmodalitäten) und *depth* (sensorische Tiefe im Sinne des Differenzierungsgrades innerhalb einzelner sensorischer Dimensionen) gekennzeichnet ist, sowie der *interactivity*, die abhängt von *speed* (Geschwindigkeit, mit der Informationen von der virtuellen Welt assimiliert werden können), *range/repertoire* (Anzahl verfügbarer Verhaltensalternativen zu irgendeinem Zeitpunkt) und *mapping* (Fähigkeit des Systems, die jeweiligen Handlungsspielräume in natürlicher und vorhersehbarer Weise auf das Nutzerverhalten anzupassen). Somit macht Steuer (1992) vor allem technologieseitige Variablen für die Ausgestaltung des Erlebens in virtuellen Welten verantwortlich. „Social presence“ nach Short, Williams und Christie (1976) dagegen bezieht sich auf die subjektive Wahrnehmung des Interaktionspartners in der medienvermittelten Kommunikation. Auch hier wird angenommen, dass in Abhängigkeit von den technologischen Merkmalen, wie hier etwa der Anzahl der übertragenen Kanäle, die den Interaktionspartner betreffende subjektive Wahrnehmung verändert wird – sowohl hinsichtlich der Differenziertheit als auch bezüglich der Qualität der Wahrnehmung (vgl. Petersen, 2002). Überträgt man beide Konzepte auf die Situation der anthropomorphen Interface-Agenten, würde dies bedeuten, dass eine virtuelle Person umso eher als sozial präsent empfunden wird und soziales Verhalten seitens des Benutzers triggert, über je mehr Sinne diese wahrgenommen werden kann (Hören, Sehen, Tasten etc.), je differenzierter und realitätsnäher die einzelnen sensorischen Dimensionen ausgebildet sind und je interaktiver das System reagiert (durch etwa eine genügend große Zahl an Handlungsalternativen und der natürlichen Anpassung derselben an den Nutzerinput). Die abzuleitenden Annahmen hinsichtlich der entscheidenden Faktoren für das Zustandekommen von sozialen Wirkungen sind somit weitgehend deckungsgleich mit denen sowohl von Ethopoeia als auch der parasozialen Interaktion. So leiten Nass und Kollegen aus empirischen Untersuchungen ja tatsächlich ab, dass Interaktivität beispielsweise eine große Rolle spielt (Nass & Moon, 2000). Allerdings scheinen nicht nur mediale bzw. technologische Variablen eine Rolle zu spielen, auch Nutzervariablen beeinflussen, ob es zu (sozialer) Präsenz kommt. Laut Lombard und Ditton (1997) ist etwa die *willingness to suspend disbelief* entscheidend, die wiederum von vorherigen Erfahrungen mit Medien, vom Geschlecht oder der Stimmung abhängt. Dieses auf Samuel Taylor Coleridge (1817) zurückgehende Konzept bezeichnet die bewusste Entscheidung, fiktionale Inhalte (ursprünglich von Dichtung und Theater) als real wahrzunehmen, und war ursprünglich als abhängig von der Qualität der Dichtung konzipiert.

Neuere Konzeptualisierungen differenzieren die soziale Präsenz weiter aus und betonen darüber hinaus die Verbindung zu anderen theoretischen Annahmen (vgl. Rüggenberg, 2007). Der Integrationsansatz von Biocca, Burgoon, Harms und Stoner (2001) überträgt beispielsweise die Ansätze der „Theory of mind“ (vgl. Premack & Premack, 1995) auf das Konzept der sozialen Präsenz. Es werden verschiedene Aspekte der sozialen Präsenz unterschieden, die kognitive Prozesse unterschiedlicher Ordnung involvieren. *Kopräsenz* wird als Aspekt erster Ordnung betrachtet, der auf grundlegenden Hirnprozessen basiert, die vermutlich durch bestimmte äußere (soziale) Hinweisreize ausgelöst werden. Die Reaktion auf solche Reize ist ein automatischer Analyse- und Klassifizierungsprozess, der in die subjektive Annahme münden kann, man nehme ein anderes „intelligentes Wesen" wahr und werde wiederum von diesem wahrgenommen. Darüber hinaus werde in dem Moment, in dem die Kopräsenz eines „Anderen" wahrgenommen wird, ein weiterer höherer kognitiver Prozess ausgelöst, der eine Art „mind reading" darstellt. Dieser ermöglicht es, die Intentionen und Empfindungen des anderen nachzuvollziehen, und bildet somit die Grundlage für eine Vorhersage des weiteren Verhaltens des Gegenübers und das Abstimmen der eigenen Reaktionen darauf. Diese soziale Präsenz zweiter Ordnung umfasst Faktoren wie „perceived attentional engagement", „perceived emotional contagion", „perceived comprehension" und „perceived behavioral interdependence", die wiederum als voneinander abhängig zu betrachten sind. Die intra- oder intersubjektive Ausbalanciertheit der verschiedenen Aspekte bei den jeweiligen Interaktionspartnern wird schließlich als soziale Präsenz der dritten Ordnung bezeichnet.

Die lebhafte Diskussion um das Konzept der sozialen Präsenz hat dazu geführt, dass mittlerweile Studien entstehen, die ausschließlich das Erleben sozialer Präsenz untersuchen, obwohl das Phänomen weder ausreichend definiert oder operationalisiert ist, noch bekannt ist, womit es einhergeht. Lee und Nass (2003) etwa berichten, dass die soziale Präsenz bei einer extrovertierten Stimme im Vergleich zu einer introvertierten ansteigt. Die Autoren analysieren hier beispielsweise keine anderen Wirkungen mehr, sondern setzen soziale Wirkungen und das Erleben sozialer Präsenz einfach gleich. Sinnvoller erscheint jedoch, die soziale Präsenz nicht als Selbstzweck zu untersuchen, sondern als mit weiteren Variablen verbunden nachzuweisen. Die Untersuchung des Erlebens sozialer Präsenz als singuläres Phänomen ist letztlich nicht nur wenig spektakulär, sondern auch nicht fruchtbar im Sinne der Erklärung sozialer Wirkungen. Andere Studien versuchen daher, Zusammenhänge von sozialer Präsenz und weiteren Wirkungen aufzuzeigen. So belegen etwa Moreno und Mayer (2004), dass „personalization leads to an increased sense of social and physical presence and to improved learning outcomes (as measured by retention and transfer)" (S. 171). Dabei scheint sich insbesondere soziale Präsenz – im Vergleich zu wahrgenommener physischer Präsenz in der VR-Umgebung – als wichtiger Faktor herauszustellen.

Insgesamt stellt sich die Frage, ob man soziale Präsenz als potentiell mediierendes Konzept im Zusammenhang mit anthropomorphen Interface-Agenten tatsächlich benötigt. Der zusätzliche Erklärungswert erscheint zumindest zweifelhaft, da bis heute nicht nachgewiesen werden konnte, dass das Erleben von sozialer Präsenz tatsächlich die Voraussetzung für soziale Reaktionen darstellt. Bislang wird durch den Einbezug von sozialer Präsenz letztlich nur eine weitere Ebene von Wirkungsaspekten fokussiert, die aber zugrunde liegende Prozesse nicht stärker beleuchtet als andere abhängige Variablen. Im Hinblick auf verursachende Prozesse erscheint lediglich die aktuelle Konzeption von Biocca et al. (2001) vielversprechend, da durch die Verbindung mit Konzepten wie der „Theory of mind“ auf basalere menschliche Verarbeitungsmechanismen verwiesen wird. Insgesamt scheint es somit verwunderlich, dass sich das Konzept momentan einer so großen Beliebtheit erfreut. Neben der Tatsache, dass wahrscheinlich auch hier die rasche Verbreitung von Konzepten innerhalb einer Community eine entscheidende Rolle spielt, mag dies auch darauf zurückzuführen sein, dass die Messung hauptsächlich aufgrund von Fragebögen erfolgt und die Erhebung somit wenig aufwendig ist. In diesem Zusammenhang muss allerdings noch einmal erwähnt werden: Nicht nur die Definitionen, sondern auch die Operationalisierungen sind extrem unterschiedlich, und letztendlich gibt es so viele Messansätze wie Autoren. Vergleicht man etwa den Versuch von Lee und Nass (2003), soziale Präsenz durch vier Items zu messen, mit den umfangreichen Skalen von Biocca et al. (2001), wird der konzeptionelle Unterschied schnell deutlich. Der einzige Weg, momentan mit diesem Zustand umzugehen, besteht in der möglichst breiten Erfassung der unterschiedlichen Teilbereiche (vgl. Rüggenberg, 2007).

4.4.2.7 Threshold model of social influence

Ein umfassender Ansatz, der spezifisch auf soziale Wirkungen von Agenten und Avataren bezogen ist und insbesondere auch die soziale Präsenz mit einbezieht, ist das „threshold model of social influence“ von Blascovich et al. (2001). Um sozialen Einfluss bzw. soziale Wirkungen vorherzusagen, werden zwei additive Faktoren angenommen: verhaltensbezogener Realismus und soziale Präsenz. Dabei ist der soziale Einfluss umso größer und entspricht umso eher dem, der durch menschliche Interaktionspartner erreicht wird, je höher soziale Präsenz und verhaltensbezogener Realismus sind. Letzterer bezieht sich auf das Ausmaß, in dem sich virtuelle Figuren so bewegen und verhalten wie ihre realen Entsprechungen. Soziale Präsenz wird allerdings deutlich anders verstanden als zuvor beschrieben: Es bezeichnet hier den Grad, zu dem man glaubt, mit einem realen Menschen zu interagieren: „By definition, social presence increases the more the user believes that a virtual human within a shared virtual environment is controlled by and represents a real person in the physical world in real time. ... If a participant believes that he or she is interacting with the representation of a real other, then his or her sense of the social presence of that virtual human will be high“ (S. 20). Ausgangspunkt ist die Annahme, dass nur reale Menschen eine relevante Präsenz mit entsprechenden sozialen Einflussmöglichkeiten darstellen und dass neue Technologien das Potential haben, entsprechende Täuschungen zu unterstützen: „The presence of others is perceived primarily on the basis of sensory infomation conveyed by them in the case of actual presence. The advent and development of more and more sophisticated telecommunications technologies has made the concept of actual presence a somewhat fuzzy one“ (S. 17). Für den Nutzer geht es daher um „ social verification“, d. h. die Überprüfung, ob tatsächlich eine sozial relevante Entität mit ihm interagiert oder ob er lediglich durch eine artifizielle Entität getäuscht wird. Damit es nun zu sozialer Beeinflussung kommen kann, müssen entweder sowohl die soziale Präsenz als auch der verhaltensbezogene Realismus hoch sein oder spezifische Kombinationen gegeben sein. Wenn die soziale Präsenz hoch ist, da man beispielsweise davon ausgeht, man interagiere medienvermittelt mit einem anderen Menschen, kann der verhaltensbezogene Realismus niedrig sein, es wird dennoch zu Beeinflussung kommen. Ist die soziale Präsenz dagegen niedrig; glaubt man also nicht mit einem Menschen, sondern mit einem Agenten zu kommunizieren, dann muss der verhaltensbezogene Realismus oder auch der Abbildungsrealismus sehr hoch sein, damit es zu sozialer Beeinflussung kommen kann. Als zusätzlich moderierende Faktoren werden Relevanz für die eigene Person und das sogenannte „target response system“ angeführt. Während Letzteres das Ausmaß der verhaltensbezogenen Reaktion des Systems bezeichnet, meint Ersteres die Frage, inwieweit man hinsichtlich seiner Identität betroffen ist. Während es bei nicht Selbstwert-relevanten Aktionen (z. B. Geld abheben) nicht wichtig ist, ob ein Agent oder ein Avatar präsentiert wird, ist dies bei Selbst-relevanten Aktivitäten (z. B. ein Einstellungsgespräch) zentral. Entsprechend muss in solchen Situationen der verhaltensbezogene Realismus sehr hoch sein, um bei der Interaktion mit Agenten dennoch eine Täuschung und somit soziale Einflussnahme zu erreichen. Die Autoren geben an, dass verschiedene Daten die Vorhersagen des Modells bestätigen (vgl. Blascovich et al., 2001; Bailenson et al., 2001). Zwar zeigt sich in den bereits zuvor aufgeführten Untersuchungen bisweilen, dass Avatare deutlichere soziale Reaktionen hervorrufen, aber die Befunde sind nicht konsistent und auch Agenten erweisen sich als einflussreich.

Bailenson, Swinth, Hoyt, Persky, Dimov und Blascovich (2005) untersuchen beispielsweise, inwieweit Realismus hinsichtlich Verhalten und Erscheinungsbild verschiedene Aspekte der Kopräsenz beeinflusst (dabei sollte Kopräsenz hier nicht verwechselt werden mit der schon beschriebenen sozialen Präsenz nach Blascovich et al., 2001). Die Autoren setzen, basierend auf Kritik an lediglich subjektiven Ansätzen zur Messung sozialer Präsenz, ein Vorgehen ein, das verschiedenste abhängige Variablen berücksichtigt (vgl. Slater, 2004; Bailenson, Aharoni, Beall, Guadagno, Dimov & Blascovich, 2004). In verschiedenen Fragebögen wurde neben der Sympathie erhoben, ob man das Gefühl habe, jemand sei im Raum und ob man in Anwesenheit des Agenten peinliche Dinge tun würde. Als verhaltensbezogenes Maß diente die interpersonale Distanz und als kognitives Maß wurde die Erinnerung an Zahlen, die sich auf der jeweiligen Figur befanden, gemessen. Letzteres beruht auf dem Befund, dass Menschen mehr Aspekte über Personen erinnern als über nicht-belebte Objekte (New, 2003). Die manipulierten Erscheinungsbilder umfassten ein menschliches Äußeres, einen Teddybär und einen sehr abstrakten, rechteckigen Kopf. Der verhaltensbezogene Realismus hinsichtlich der Kopfbewegungen variierte von statisch, zufälligen rechts- und links-Bewegungen über die Nachahmung der

Kopfbewegung des Versuchsteilnehmers (mit einer Verzögerung von vier Sekunden) bis hin zu den Bewegungen eines Menschen, die zuvor aufgezeichnet worden waren. Die Probanden saßen dem Agenten gegenüber und konnten, indem sie Knöpfe betätigten, zum Zweck der Exploration näher herangehen. Sowohl für den verhaltensbezogenen Realismus als auch für das Erscheinungsbild ließen sich einige Effekte nachweisen (bei menschlichem Aussehen war man beispielsweise weniger bereit, peinliche Dinge auszuführen; das Distanzverhalten wurde stärker durch das Verhalten als durch das Aussehen beeinflusst; verhaltensbezogener Realismus führte dann zu besserer Erinnerung, wenn Äußeres und Verhalten konsistent waren).

Die Autoren geben weiterhin an, dass die subjektive Bewertung von Kopräsenz zusammenhängt mit der Sympathie sowie der (fehlenden) Bereitschaft, peinliche Akte durchzuführen. Ferner ist die Erinnerung besser, wenn die Kopräsenz höher ist. Da sich allerdings insgesamt durchaus Unterschiede hinsichtlich der verschiedenen Messebenen zeigten und sich der verhaltensbezogene Realismus kaum auf subjektive Maße, deutlich aber auf verhaltensbezogene Maße auswirkte, plädieren die Autoren dafür, multimethodale Erhebungen zum Standard zu machen. Alleine auf der Basis von Selbstauskunft-Daten können zentrale Reaktionen nicht sichtbar gemacht werden. Auch in dieser Studie wurde somit zwar ansatzweise nachgewiesen, dass der verhaltensbezogene Realismus tatsächlich ein Faktor ist, der darüber entscheidet, ob ein Agent soziale Wirkungen mit sich bringt, der Zusammenhang ist allerdings nicht so deutlich und lässt sich nicht so konsistent nachweisen, wie das Modell von Blascovich et al. (2001) nahelegt.

Insgesamt muss hinterfragt werden, inwieweit die Annahmen des Modells zutreffend sind. Aus ethologischen Studien beispielsweise lässt sich eher ableiten, dass Sozialverhalten und sozialer Einfluss bereits durch sehr basale Reize getriggert werden können. Diese dürfen zwar dem realen Reiz nicht zuwiderlaufen, müssen aber auch keine realitätsgetreue Abbildung sein. So werden etwa bereits sehr reduzierte Strichfiguren als Gesicht erkannt, schon zwei Punkte mit angedeuteten Strichen darüber werden als Augenpaar empfunden und ebenso schnell wird beispielsweise das Kindchenschema aktiviert (vgl. Grammer, 2002; Hückstedt, 1965). Auch die bekannten bewegten geometrischen Figuren nach Heider und Simmel (1944) sind nicht wirklich durch eine realitätsnahe Bewegung gekennzeichnet und lösen dennoch sehr starke Attributionen im Sinne von Emotionszuschreibungen aus. Gleichermaßen fraglich ist, ob eine Figur, die man als Agent wahrnimmt, tatsächlich einen höheren Realismus aufweisen muss als eine Figur, die man als Avatar wahrnimmt. Voraussetzung dafür wäre, dass die beschriebenen Auslösemechanismen kognitiv vermittelt wirksam werden – nämlich nur, wenn man vorher geprüft hat, ob sich tatsächlich ein Mensch hinter den Signalen verbirgt (denn ansonsten würde deren Realismus zweifellos nicht ausreichen, um soziale Reaktionen auszulösen). Die zentrale Frage – die auch die vorgelegten Untersuchungen nicht befriedigend beantworten können – ist somit: Macht das Wissen, dass es sich um einen Menschen oder einen Agenten handelt, tatsächlich einen so großen Unterschied hinsichtlich der

Wahrnehmung kommunikativer Reize? Gemessen an den aus anderen Bereichen bekannten unmittelbaren Wirkungen sozialer (beispielsweise nonverbaler) Cues (vgl. Krämer, 2001), dürfte eine kognitive – respektive wichtiger, eine bewusste – Information nicht in der Lage sein, sämtliche sublimen Reaktionen zu kontrollieren. Zur Klärung dieser Fragen können nur weitere Studien beitragen, die auch auf Aspekte fokussieren, die über die bisherigen Analysen hinausgehen. So ist etwa auch folgende Frage noch nicht beantwortet: Was passiert in der Interaktion, wenn man – anders als in den Studien von Blascovich et al. (2001) – nicht weiß, ob man sich einem Agenten oder einem Avatar gegenübersieht? Ist diese Frage tatsächlich so relevant, dass man selbstständig versuchen würde, dies zu klären? Die Ergebnisse der Untersuchungen mit Chatbots geben sicherlich Hinweise, denen zufolge Nutzer den Grad der Menschlichkeit erfahren möchten, gesichert ist allerdings nicht, dass mit dem Moment der Gewissheit über die Steuerung der Figur sich das Verhalten dieser gegenüber ändert. Zur Vertiefung dieser Frage sollen nachfolgend empirische Befunde zur Rolle der „agency" vorgestellt und diskutiert werden.

4.4.2.8 Rolle der Agency

Zur Klärung der zuvor diskutierten Frage können einige Studien hilfreich sein, die die Effekte von Agenten und Avataren direkt vergleichen. Wie schon deutlich geworden ist, sind die Ergebnisse von Blascovich et al. (2001) nicht so eindeutig, wie sie sein sollten, um die These zu stützen, dass zwar Avatare, nicht aber Agenten eine soziale Wirkung haben – es sei denn, diese weisen einen hohen verhaltensbezogenen Realismus auf. Hoyt, Blascovich und Swinth (2003) zeigen, dass sowohl Agenten als auch Avatare keine *social facilitation*-Effekte auslösen, Avatare aber *social inhibition* befördern. Auch Bailenson, Blascovich, Beall und Loomis (2001) finden in einer Studie zum Distanzverhalten keine so deutlichen Unterschiede wie vorhergesagt – keinen Haupteffekt der Agency, dafür aber einen Hinweis darauf, dass ein sich realistischer verhaltender Agent stärkere Wirkungen auslöst (s. o.). Bailenson, Blascovich, Beall und Loomis (2003) dagegen beschreiben stärkere soziale Wirkungen eines Agenten im Vergleich zu einem Avatar, da man Ersterem stärker ausweicht, wenn er sich nähert. Dies wird dann aber begründet als verursacht durch eine stärkere Abneigung gegenüber Agenten. Schließlich zeigen Swinth und Blascovich (2001) gleich starke Wirkungen von Agenten und Avataren auf die Konformität – ein *risky shift* zeigt sich dagegen nur in Interaktion mit dem Avatar.

So wie schon die Ergebnisse von Blascovich und Kollegen nicht überzeugen, dass Agenten und Avatare prinzipiell divergente Wirkungen hervorrufen, so wird dies auch von Nowak und Biocca (2003) noch einmal bestätigt. Sie beschreiben das Konzept der Agency unter Bezugnahme auf Bratman (1999) und McCann (1998) im Kern als die „volitional or intentional force that drives the actions of an entity" (S. 2). Die Fragestellung lautete, ob Personen dieselbe Art von Kopräsenz (nach Goffman, 1963; gemessen durch Immediacy Fragebogen von

Burgoon & Hale, 1987) und sozialer Präsenz (nach Short, Williams & Christie, 1976) empfinden, wenn sie mit Agenten versus mit Avataren interagieren: „Does it matter if the mind controlling the virtual human body is human, or is it enough to feel a connection to another mind whether it is human or artificial?“ (S. 3). Als zweiter Faktor wurde der Grad an Anthropomorphisierung manipuliert: Unterschieden wurden hoher und niedriger Anthropomorphismus sowie, als zusätzliche Kontrollbedingung, keine Abbildung. Die Versuchsteilnehmer sollten ein kurzes Gespräch mit der virtuellen Person führen, dessen mögliche Fortführung in Aussicht gestellt wurde, und die Person im Anschluss bewerten. Es zeigte sich, dass das Erscheinungsbild einen hohen Einfluss auf die Bewertung von sowohl sozialer Präsenz als auch Kopräsenz ausübt: Die geringere anthropomorphe Verkörperung wurde als weniger präsent bewertet als die hoch anthropomorphe Version und die Bedingung ohne Bild (letzteres wird dadurch zu erklären versucht, dass man sich das Gegenüber so anthropomorph wie sich selbst vorstellt, wenn man über keine anderslautenden Informationen verfügt). Die Agent- versus Avatar-Bedingung erwies sich dagegen als nicht relevant (hier betonen die Autoren aber korrekterweise, dass diese fehlende Signifikanz nicht heißt, die Bedingungen seien als gleich anzusehen). Die zusammenfassende Bewertung lautet demnach: „When behavior and embodiment is the same, users may feel equally present with what they know to be artificial agents as they do with human avatars. Users felt they had access to another mind and that the mind was attending to them (copresence) whether it was an agent or avatar. There was no difference in their perception of the medium's ability to provide a connection to another mind (social presence)“ (S. 28). Die Autoren sehen dieses Ergebnis als Beleg für die „intentional stance“-These des Philosophen Dennett (1987, 1996), die im Wesentlichen besagt, dass Personen dazu neigen, menschliche Intentionalität allen möglichen Entitäten zuzuschreiben. Das Konzept ähnelt dem der „Theory of mind“ stark und wird ebenso wie diese als erfolgreiche evolutionäre Strategie bewertet, mit deren Hilfe Menschen die Annahmen und Bedürfnisse anderer Wesen erschließen. Während Dennett (1996) selbst der Meinung ist, die Zuschreibung von Intentionalität auf alle möglichen Entitäten sei nicht funktional und entspreche einer Übergeneralisierung, geben Nowak und Biocca (2003) zu bedenken, dass sich der Prozess in der Interaktion mit virtuellen Personen eventuell gar nicht vermeiden lässt: „However, it may be that the categories that differentiate human and non-humans are not salient, accessible, and utilized when interacting with all virtual humans“ (S. 9). Obwohl die Untersuchung interessante Aufschlüsse gibt, muss sie kritisiert werden, da sie lediglich subjektive Variablen mit einbezieht. Dies aber kann, wie Blascovich und Kollegen (s. o.) betonen, zu Verfälschungen führen – insbesondere da die im Mittelpunkt stehenden sozialen Wirkungen gar nicht direkt erfasst werden.

Weitere Hinweise auf die Rolle der Agency geben Nass und seine Kollegen. Auf der einen Seite zeigen Nass und Moon (2000), dass die Interaktion mit einem Computer nicht nur deswegen stärkere Reaktionen hervorruft, weil mitgeteilt wurde, der Interaktionspartner sei ein Mensch. Auf der anderen Seite präsentieren Sundar und Nass (2000) Ergebnisse, die auf das Gegenteil hindeuten. Die Studien, die durchgeführt werden, um zu belegen, dass die menschlichen Nutzer nicht nur lediglich auf den Programmierer, sondern tatsächlich auf den Computer selbst reagieren, zeigen: Man reagiert auf einen Computer anders als auf einen Menschen, allerdings nicht notwendigerweise weniger sozial.

Insgesamt lässt sich somit zusammenfassen: Es gibt nur wenige Belege dafür, dass auf Avatare stärker reagiert wird als auf Agenten. In Übereinstimmung mit der schon geführten Diskussion soll somit hier die These vertreten werden, dass bereits die Anwesenheit einiger weiter zu definierender basaler sozialer Hinweisreize die soziale Reaktion auf artifizielle Entitäten bedingt – ohne dass dies unmittelbar zu beeinflussen oder zu verhindern wäre. Ein möglicher Hinweisreiz, der bereits zahlreiche Erwähnung gefunden hat, ist der der Menschenähnlichkeit. Neben der Tatsache, dass die spezifischen moderierenden Effekte des Erscheinungsbildes noch in Kapitel 4.5.1 aufgeführt werden, soll im Folgenden bereits die Diskussion vorweggenommen werden, inwieweit Anthropomorphismus eine entscheidende Variable für das Zustandekommen von sozialen Wirkungen darstellt. Ohnehin geht die Frage nach dem Anthropomorphismus deutlich über die Frage nach dem optimalen Erscheinungsbild hinaus, da sich Erstere nicht auf das Äußere beschränkt, sondern Anthropomorphismus beispielsweise bereits durch die Stimme gegeben sein kann.

4.4.2.9 Rolle des Anthropomorphitätsgrades

Neben Agency wird vor allem der Grad an Anthropomorphisierung als ein wichtiger Faktor für das Zustandekommen von sozialen Wirkungen bewertet. Wie schon berichtet, stellen bereits die Forschergruppen um Kiesler oder Nass die Frage, inwieweit ein mit zahlreicheren menschlichen Attributen versehenes System tatsächlich auch stärkere soziale Effekte hervorruft und inwieweit also von einem linearen Zusammenhang zwischen einem anthropomorphen Äußeren und der Wahrnehmung als sozial ausgegangen werden kann. Kiesler und Sproull (1997) vertreten die These, dass die (allerdings oberflächlichen) Reaktionen der menschlichen Nutzer davon abhängen, wie viele menschliche Eigenschaften ein System zeigt. Nass dagegen vertritt und belegt die These, dass Technologiemerkmale würden eine lediglich untergeordnete Rolle spielen und beispielsweise ein menschenähnliches Äußeres müsse nicht vorhanden sein muss, um soziale Reaktionen zu evozieren (vgl. etwa Nass, Steuer & Tauber, 1994; Nass, Moon, Morkes, Kim & Fogg, 1997). Entsprechende Studien belegen – ein selbst mit den spärlichsten menschlichen oder sozialen Merkmalen versehener Computer kann zum „social actor“ werden. Aber auch Nass mag nicht gänzlich auf seine Interpretation vertrauen: „Indeed, it is equally possible that a lack of versimilitude increases the saliency of the computer‘s ‚nonhumanness‘“ (Nass & Moon, 2000, S. 13). Tatsächlich geben Nass und seine Kollegen selbst an, dass die basalen menschenähnlichen Attribute Stimme, Interaktivität und Einnehmen einer sozialen Rolle (vgl. Nass, Steuer, Henriksen & Dryer, 1994, s. o.)

das Entstehen sozialer Wirkungen fördern. Eine besondere Rolle scheint dabei der Stimme zuzukommen, weniger dem Inhaltsaspekt (ob etwa anthropomorphe Formulierungen genutzt werden), wie Ergebnisse von DeLaere et al. (1998) nahelegen. Nass und Gong (2000) betrachten die Sprache denn auch lediglich als globales Phänomen: Sie beleuchten Sprachinterfaces aus einer evolutionären Perspektive und stellen sich die Frage, wie ein menschliches Gehirn reagiert, wenn es mit einem sprechenden Computer konfrontiert wird. Da die Sprache den Menschen tatsächlich von jedem anderen Lebewesen unterscheidet, stellt sie eine unfehlbare Möglichkeit dar, Menschlichkeit zu identifizieren: „Having encountered a definitive marker of humanness, such as speech, a person's optimal strategy is to preserve limited cognitive capacity and leap to the conclusion that one has encountered a person. Hence, when humans hear speech or find themselves speaking, they immediately change their processing strategy from ‚Is this a person?' to ‚What should I know about this person?' and ‚How should I respond?'" (S. 3). Zusätzlich zeigen die Autoren (Nass & Gong, 1999), dass sämtliche genutzten Merkmale vor allem konsistent sein müssen: Während eine menschliche (d. h. aufgezeichnete) Stimme sowie die Kombination synthetisierte Stimme und synthetisiertes Gesicht starke soziale Wirkungen (Selbstöffnung, Impression Management) hervorriefen, erzielten eine synthetisierte Stimme alleine und die Kombination aufgezeichnete Stimme und synthetisiertes Gesicht soziale Reaktionen in einem geringeren Ausmaß.

Obwohl zahlreiche Befunde der Gruppe um Nass – und auch eigene Ergebnisse (s. o.) – darauf hinweisen, dass vor allem die Stimme soziale Wirkungen triggert, finden sich auch Ergebnisse, die einen Einfluss der Verkörperung als virtuelle Figuren nahelegen. Sowohl Nowak und Biocca (2001, 2003) als auch Blascovich et al. (2001) variierten – wie schon beschrieben – im Rahmen ihrer Studien neben Agency auch den Grad an Realismus und Menschenähnlichkeit. Wie bereits deutlich wurde, finden Nowak und Biocca (2001, 2003) überzeugende Belege dafür, dass eine höhere Menschenähnlichkeit zu einer stärkeren sozialen Präsenz führt: „As artificial entities take on more anthropomorphic properties – they look human or use language like humans – then users respond socially. As they deviate from human appearance and behavior, users may find it harder to feel social responses" (Nowak & Biocca, 2003, S. 32). Bailenson et al. (2005, 2001) zeigen dagegen, dass ein menschlicheres Äußeres – im Gegensatz zu einem menschenähnlichen Verhalten – weder zur Erhöhung der empfundenen Kopräsenz noch zu sozialen Wirkungen führt (vgl. auch Garau et al., 2003). Bailenson et al. (2005) verweisen zur Erklärung der Inkonsistenzen auf die Möglichkeit, in einem Fall sei der Photorealismus, im anderen Fall der Anthropomorphismus variiert worden. Vor diesem Hintergrund ließe sich schließen, dass ein erhöhter Photorealismus soziale Wirkungen nicht befördert, wohl aber ein Mehr an Menschenähnlichkeit über dieses Potential verfügt.

Aber auch eine andere Art der „Körperlichkeit" hat sich als nachhaltig einflussreich erwiesen. So scheint die Tatsache, ob die artifizielle Entität physisch greifbar verkörpert ist, einen Unterschied zu bedeuten: Bailenson, Blascovich, Beall und Loomis (2003) stellen fest, dass sie einige Aspekte des Distanzverhaltens (z. B. die Tatsache, dass Männer mehr Distanz einhalten als Frauen) mit virtuellen Figuren nicht replizieren können und führen dies auf die fehlende physische Verkörperung zurück – die beispielsweise aggressive Akte unmöglich macht. Auch andere Beobachtungen weisen darauf hin, dass die tatsächliche physische Anwesenheit eine wichtige Rolle spielt. So berichtet Wood (2002) Beobachtungen von Rodney Brooks, wonach Personen eher mit Robotern interagieren als mit Computer-Simulationen, obwohl letztere meist durchaus realistischer sind. Auch Kidd und Breazeal (2003) zeigen in ihrer Studie zum Vergleich von Mensch, Roboter und virtuellem Agenten (s. o.), dass der Roboter als deutlich sozial präsenter bewertet wird als die virtuelle Figur. Auch bei Robotern scheinen aber zusätzliche Aspekte wie Stimme oder menschenähnliches Aussehen die soziale Bewertung zu verstärken: Kiesler und Goetz (2002) finden in einer Reihe von Studien Hinweise darauf, dass Nutzer sich ein umso deutlicher anthropomorphes mentales Modell über einen Roboter bilden, über je mehr menschliche Aspekte er verfügt (die Belege sind allerdings nicht konsistent). Goetz, Kiesler und Powers (2003) leiten aus psychologischen Befunden (Aarts & Dijksterhuis, 2000) und ihren eigenen Ergebnissen ab, Roboter riefen automatisch soziale Reaktionen hervor: „Psychological research suggests that people's initial responses to a robot will be fast, automatic (unconscious), and heavily stimulus- or cue-driven“ (S. 1).

Insgesamt scheint Menschenähnlichkeit – sei es hinsichtlich Interaktivität, Stimme, äußerem Erscheinungsbild oder tatsächlicher Verkörperung – das Auftreten sozialer Wirkungen und Zuschreibungen zu fördern oder gar auszulösen. Letzteres wird vor dem Hintergrund der zuvor genannten ethologischen Ansätze plausibel – um soziale „Grammatiken“ und Muster auszulösen, müssen bestimmte Merkmale vorhanden sein, die auch artifizielle Entitäten besitzen können.

4.4.3 Zusammenfassendes Fazit zu sozialen Wirkungen

Insgesamt lässt sich als wichtigstes Fazit zunächst zusammenfassen: Soziale Wirkungen haben sich in den unterschiedlichsten Formen nachweisen lassen. Neben der Tatsache, dass man nun im Rahmen zukünftiger Forschung beispielsweise herauszufinden versuchen kann, in welchen Bereichen solche Wirkungen beobachtbar sind, verschiebt sich die eigentlich psychologisch interessante Fragestellung in Richtung der Ursachenanalyse. Um diese Frage besser beantworten zu können, ist zusätzliche Forschung etwa zu den Bereichen „Unter welchen Bedingungen, bei welchen Personengruppen, in welchen Zeitfenstern etc. treten die Effekte auf?“ notwendig. Obwohl noch nicht genügend empirische Daten vorliegen, soll abschließend dennoch vor dem Hintergrund des momentanen Wissensstands über die Verursachungszusammenhänge spekuliert werden. Zu diesem Zweck werden die schon aufgeführten Erklärungsmodelle noch einmal kritisch diskutiert.

Die Defizithypothese kann als durch zahlreiche Befunde widerlegt gelten. Die Tatsache, dass soziale Wirkungen gruppenübergreifend beobachtet wurden, spricht gegen die These, wonach nur Kinder, Laien oder klinisch auffällige Personen soziale Reaktionen auf artifizielle Entitäten zeigen. Auch die Annahme, die Menschen würden auf den Designer oder Programmierer und nicht etwa auf die Maschine reagieren, konnte durch die von Nass spezifisch auf diese These zugeschnittenen Untersuchungen überzeugend widerlegt werden. Beide Ansätze werden zusätzlich unplausibel durch die Tatsache, dass die Nutzer sich überhaupt nicht im Klaren darüber sind, dass sie tatsächlich soziale Reaktionen zeigen und diese sogar als inadäquat einstufen. Ebenso wenig eignen sich Ansätze der sozialen Präsenz, um die Phänomene zu erklären. Zumindest die Ansätze in der Tradition von Short, Williams und Christie (1976) oder Biocca et al. (2001) sind letztlich weniger als erklärende oder mediierende Variable geeignet, sondern scheinen eher eine Teilmenge der sozialen Wirkungen zu sein. Die zahlreichen Versuche, soziale Präsenz zu messen, lassen sich eher als eine Art subjektive Komponente der sozialen Wirkungen einordnen. Keinesfalls aber kann die soziale Präsenz als Voraussetzung für soziale Wirkungen gewertet werden, da zahlreiche Effekte ausgelöst werden, ohne dass die Empfindung der sozialen Präsenz erhöht wird. Das Konzept nach Blascovich et al. (2001) verspricht in dieser Hinsicht schon deutlichere Aufklärung, ist doch dessen explizites Ziel, die soziale Einflussnahme durch virtuelle Figuren zu erklären. Das vorgelegte Modell lässt sich allerdings ebenfalls hinterfragen, da nicht plausibel belegt wird, dass der Prozess der sozialen Verifikation – also des Versuchs herauszufinden, ob sich hinter der virtuellen Figur tatsächlich ein Mensch verbirgt – wirklich eine so zentrale Stellung einnimmt. Ist die Interaktion mit einem Agenten tatsächlich weniger salient, selbst wenn sich diese nicht von der Interaktion mit einem Avatar unterscheidet? Die Frage, ob diese kognitiven Aspekte wirklich eine solch zentrale Rolle in der Interaktion mit anderen Entitäten spielen, wird letztlich nicht überzeugend beantwortet. Bezieht man die empirischen Ergebnisse zur Wirkung virtueller Personen in die Argumentation mit ein, lässt sich feststellen, dass es viele nachgewiesene Effekte gar nicht geben dürfte, wenn das Modell der Realität entspräche. Allein die Tatsache, dass bereits basale Figuren, bei denen man nicht von einem hohen verhaltensbezogenen Realismus sprechen kann, nachhaltige Wirkungen auslösen (vgl. etwa Rickenberg & Reeves, 2000), lässt vermuten, dass es jedenfalls zunächst, das heißt für die direkte Interaktion, keine Rolle spielen kann, ob der Charakter als Mensch oder als Agent wahrgenommen wird. Letztendlich stützen auch die auf den direkten Vergleich ausgerichteten experimentellen Untersuchungen zur Agency die Thesen des „Threshold model of social influence" nicht konsistent. Stattdessen scheint der Faktor des Anthropomorphisierungsgrades eine bedeutende Rolle zu spielen. Dies betrifft allerdings weniger spezifische Aspekte des Erscheinungsbildes, sondern vielmehr die eindeutig als menschlich identifizierbaren Attribute, wie Stimme oder Interaktionsfähigkeit. Sie scheinen bereits soziale Reaktionen zu triggern. Nicht geklärt dagegen ist, auf welcher Ebene dies passiert: Während Nass und Kollegen von automatischen, unbewussten („mindless") Reaktionen ausgehen, die sich nicht steuern lassen, vertreten Kiesler und Sproull die These, es handle sich lediglich um oberflächliche, auf bewussten Anthropomorphisierungen beruhende Effekte. Ein erster Schritt zur Klärung dieser Kontroverse kann – wie bereits geschildert – in der empirischen Untersuchung der Langfristigkeit der Effekte bestehen: Stellen sich die sozialen Wirkungen nämlich als kurzfristig heraus, dann handelt es sich wohl lediglich um oberflächliche Reaktionen, die ausschließlich entstehen, da naheliegende Skripts adaptiert werden. Erweisen sich die Effekte als andauernd, kommen dagegen die Erklärungsmodelle von Nass und seinen Kollegen in Frage. Obwohl diese Art der empirischen Klärung noch nicht geleistet werden kann, soll hier vertreten werden, dass viele Befunde bereits zum jetzigen Zeitpunkt auf den hohen Erklärungswert von „Ethopoeia" verweisen. Die Annahme subliminaler Prozesse, die beim Vorhandensein bestimmter sozialer Hinweisreize (unabhängig beispielsweise von der kognitiven Überzeugung, dass man tatsächlich mit einem sozialen Wesen interagiert) automatisch soziale Reaktionen hervorrufen, erscheint nicht nur vor dem Hintergrund der empirischen Belege plausibel, sondern lässt sich auch hervorragend mit evolutionspsychologischen oder ethologischen Theorien vereinbaren.

Als mit dieser Sichtweise verwandt kann das Konzept der parasozialen Interaktion gesehen werden: Wie im Rahmen von Ethopoeia steigt auch in diesem Zusammenhang die (parasoziale) Interaktion und die sozialen Wirkungen wachsen somit, wenn bestimmte Merkmale (z. B. Interaktivität) die Entität als menschlich erscheinen lassen. Auch hinter diesem Konzept steht letztlich die Annahme, dass das soziale Verhalten gegenüber artifiziellen Entitäten durch menschenähnliche Cues gesteigert werden kann. In diesem Zusammenhang bringt das Konzept zwar keinen zusätzlichen Erklärungswert, kann aber flankierend angeführt werden.

Insgesamt soll somit angenommen werden: Menschenähnliche Cues wie Verhaltensweisen (Interaktivität, Bewegung, Handlungen) oder äußere Signale (z. B. Augen) führen zu einer sublimen Zuschreibung, sodass man sich einer relevanten Entität gegenübersieht. Ob diese tatsächlich als Mensch klassifiziert wird, spielt für das Ablaufen der weiteren Reaktionen zunächst keine Rolle. Es kann davon ausgegangen werden, dass automatisch Schemata oder Skripts aktiviert werden, die in der zwischenmenschlichen Interaktion genutzt werden. Dabei wird allerdings nicht angenommen, dass es sich lediglich um erlernte Skripts (wie Höflichkeit) handelt. Auch angeborene Reaktionen dürften eine Rolle spielen (etwa Aufmerksamkeitsreaktionen auf Gesichter oder Augen). Des Weiteren werden sich nicht nur soziale Reaktionen zeigen, sondern auch Zuschreibungen wie etwa vermittelt durch „Theory of mind" ähnliche Prozesse. Visualisiert lassen sich die Zusammenhänge wie in **Abbildung 4.5** dargestellt zeigen.

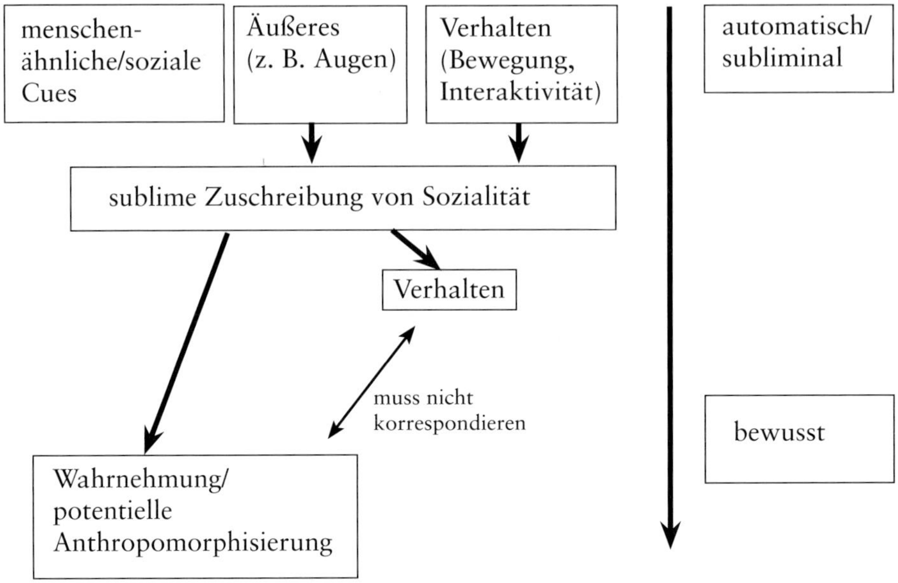

Abb. 4.5: Schematische Darstellung der angenommen Zusammenhänge für soziale Wirkungen

Letztlich wird somit angenommen, dass die soziale Natur des Menschen durch bereits einfache Hinweisreize angesprochen werden kann, die dann zu sozialen Reaktionen führen, bevor überprüft wird, ob diese vielleicht unangebracht sind. Kappas (2005) entwirft dazu das eindrückliche Bild des Menschen als „free monadic radical", das ständig auf der Suche nach einem sozialen Partner ist, auf den er seine sozialen Verhaltensweisen richten kann. Dabei kommen selbst Staubsauger oder Computer in Betracht, falls sie basale Voraussetzungen erfüllen.

Die Annahme, dass unwillkürliche Prozesse eine zentrale Rolle spielen, wird auch durch neuronale Studien gestützt. Gaggioli et al. (2003) referieren Arbeiten von Allison, Puce, McCarthy et al. (2000), die belegen, dass spezifische Gehirnareale nachweisbar zumindest erste Schritte im Personwahrnehmungsprozess bestimmen: „For example, in monkeys and humans, the superior temporal sulcus is activated both by static images and by movements of the eyes, mouth, hands and body, suggesting that this region is sensitive to stimuli that signal the actions of another individual. Subsequent analysis of socially relevant stimuli is carried out in the amygdala and orbitofrontal cortex" (Gaggioli et al., 2003, S. 118). Breazeal et al. (2004a) verweisen in diesem Zusammenhang auf Spiegelneurone (Williams et al, 2001; Gallese & Goldman, 1998), deren Funktion allerdings nicht nur im Rahmen der Reaktion auf Menschen, sondern erst recht in Bezug auf artifizielle Entitäten umstritten ist (s. o.).

Zentraler sind dagegen Ergebnisse aus eigenen Studien (Schilbach et al., 2006), die zeigen, dass virtuelle Figuren in der Lage sind, Gehirnaktivitäten hervorzurufen, die bei sozialen Interaktionen zu beobachten sind – allerdings tatsächlich nur dann, wenn die Figur soziale Reize wie Lächeln oder Augenbrauenheben zeigt. Bewegt die Figur das Gesicht auf sozial nicht relevante Weise, treten die Muster nicht auf.

Insgesamt muss noch einmal einschränkend bemerkt werden, dass neben den hier favorisierten Ethopoeia-Prozessen immer auch Anthropomorphisierungs- oder „Als-ob"-Reaktionen eine Rolle spielen werden. Etwa die dem Agenten Max gegenüber auftretenden Kommunikationen können eher als bewusst vermittelten Tendenzen entspringend angenommen werden – im Gegensatz beispielsweise zu durch Nass und Kollegen nachgewiesenen subtilen Reaktionen oder Erhöhungen des Impression Management-Verhaltens, die durch den einzelnen Nutzer auch gar nicht als soziales Verhalten wahrgenommen werden können. In vielen Fällen scheint es ferner plausibel, zwei parallel ablaufende Prozesse anzunehmen (resp. aufeinander folgend, ohne sich zu bedingen). Ebenso gibt es sicherlich Situationen, in denen tatsächlich die von Blascovich et al. (2001) postulierte soziale Verifikation in dem Sinne abläuft, dass man auszuloten versucht, ob es sich bei dem Gegenüber tatsächlich um einen Menschen handelt. Anzunehmen ist hier, dass dies umso zentraler werden könnte, je länger die Interaktion dauert (bzw. als wie andauernd sie antizipiert wird). Bei sich anbahnenden Liebesbeziehungen beispielsweise sollte die Frage höchst salient sein. Hinsichtlich mikroskopischer Aspekte der konkreten Interaktion (z. B. Responsivität in Bezug auf die Erwiderung eines Lächelns) sollte die soziale Verifikation dagegen keine Rolle spielen.

4.5 Moderierende Aspekte

Nachdem die zu betrachtenden abhängigen Variablen geschildert wurden, soll nun etwas spezifischer überprüft werden, welche Faktoren Einfluss darauf nehmen, ob es tatsächlich zu Akzeptanz, tatsächlicher oder wahrgenommener Effizienz oder sozialen Wirkungen kommt. Behandelt werden hier die – zum Teil auch bereits im Rahmen der sozialen Wirkungen thematisierten – Variablen des Agenten (Verhalten und Erscheinungsbild) sowie die im Rahmen von Usability-Studien üblichen klassischen moderierenden Variablen wie Nutzervariablen (Alter, Geschlecht, Expertise, Kultur) und Aufgabe. Burgoon et al. (2000) etwa nutzen eine alternative Einteilung der Agentenvariablen, um experimentell die Auswirkung der Merkmale auf Glaubwürdigkeit, Verständlichkeit und Einfluss zu testen. Sie unterscheiden Kontingenz, Anzahl der Modalitäten und Anthropomorphisierungsgrad. Andere Autoren führen darüber hinaus weitere Einfluss nehmende Aspekte an, die hier allerdings keine weitere Berücksichtigung finden sollen. Laaksolathi, Bergmark und Hedlund (2003) zeigen, dass die Glaubwürdigkeit eines Agenten nicht nur eine Funktion etwa seines Ausdrucksverhaltens ist, sondern auch abhängig von der konkreten Art der Aufnahme bzw. Präsentation.

4.5.1 Erscheinungsbild des Agenten

Führt man sich die umfangreiche sozialpsychologische Literatur zur Auswirkung von äußerer Erscheinung oder Attraktivität auf die Personwahrnehmung vor Augen (Berscheid & Walster, 1974; Hassebrauk & Niketta, 1993; Dion, Walster & Berscheid, 1972), ist anzunehmen, dass auch das Erscheinungsbild der Agenten entscheidend für deren anfängliche Bewertung ist. Zumindest für Roboter wird dies von Goetz, Kiesler und Powers (2003) auch postuliert. Sie argumentieren: „The book [is] judged by its cover. ... A robot's appearance and behavior provide cues that influence perceptions of the robot's propensities, and assumptions about its capabilities" (S. 1). Tatsächlich weisen auch empirische Befunde der Agenten-Community in diese Richtung. Zunächst lässt sich vor allem aus dem Vergleich verschiedener Studien und den deutlich unterschiedlichen Bewertungen der Agenten schließen, dass das Erscheinungsbild eine bedeutsame Rolle spielt (vgl. Dehn & van Mulken, 2000).

Anders als Menschen können virtuelle Agenten sich allerdings hinsichtlich verschiedenster Aspekte ihres Erscheinungsbildes unterscheiden. So lassen sich nicht nur unterschiedliche Ausprägungen des individuellen Gesichts feststellen, sondern die Erscheinung kann von anthropomorph bis zoomorph variieren (vgl. Fong, Nourbakhsh & Dautenhahn, 2002). Im erstgenannten Fall ist eine Menschenähnlichkeit gegeben, im letztgenannten Fall ähnelt der Agent einem Tier. Eine weitere Dimension ist die des (Photo)Realismus (vgl. Gaggioli et al., 2003). Hier mögen beispielsweise die in dem Buch „Digital Beauties" abgebildeten hyperrealistischen Frauen (Wiedemann, 2001, vgl. www.vetorzero.com.br/kaya) ein Endpunkt der Skala darstellen, während auf der anderen Seite etwa Lara Croft als weniger hochauflösende Figur aufgeführt werden kann. Als verwandte, allerdings nicht wirklich deckungsgleiche Dimension kann die Unterscheidung in karikatur- oder comichaft versus naturgetreu gelten (Fong et al., 2003). Leider wird innerhalb der im Folgenden beschriebenen Kontroverse zur Notwendigkeit des Realitätsgrades meist nicht unterschieden, von welchem Gegenpol (zoomorph, comichaft oder geringer Auflösungsgrad) man sich in der Argumentation jeweils abhebt.

4.5.1.1 Kontroverse zum Realitätsgrad

Ferner besteht im Bereich des Erscheinungsbildes eine noch nicht aufgeklärte Kontroverse, die die Frage fokussiert, wie realistisch das Erscheinungsbild der virtuellen Persona sein sollte. Parke (1991) etwa warnt für den Bereich der Mimikanimation davor, virtuellen Figuren ein allzu realistisches Aussehen zu geben: „The quest for realism runs headlong into the fact that a ‚realistic face which is just a little wrong, receives strong critical reaction from most viewers" (S. 229). Während Cassell et al. (1999; vgl. auch die Ergebnisse von Bruce, Nourbakhsh & Simmons, 2002 zum Erscheinungsbild von Robotern) argumentieren, dass die Nutzer sich nur bei einem realistischen, humanoiden Erscheinungsbild einem vertrauten Interaktionspartner gegenübersehen und die Hemmschwelle zur Bedienung neuer Systeme sinke (was bei einer interagierenden Murmel nicht gegeben sei), führen Ball et al. (1997) ähnlich wie Parke an, genau diese Erwartungen seien insofern von Nachteil, als ein allzu humanoider Charakter die Nutzer-Erwartungen derart ansteigen lasse, dass diese durch das Bewegungs- und Interaktionsverhalten nicht mehr erfüllt werden können.

Tatsächlich wussten bereits die Hersteller von Automaten im 18. Jahrhundert, dass die Erscheinung des Artefakts die Erwartungen an dessen Fähigkeiten moduliert. Wood (2002) nennt als Ursache für die Tatsache, dass Automaten oft Kinder waren: „Their creators wanted them to look young so that the mistakes resulting from their early efforts would be forgiven. In those cases the status of a child was given, not as a sign of perfection, but as an insurance against failure" (S. XIX). Windisch (1783 zitiert nach Wood, 2002, S. 120) schreibt über Kempelen, der die erste sprechende Puppe plante, aber nicht vollendete: „He plans to give it the appearance of a five to six year-old child, because she has a voice comparable to that age, which is in any case more in proportion to the actual age of this Machine, still far from the point of perfection. If she happens to mispronounce a few words, she will, with the looks of a child, more easily come by the indulgence she requires."

Die Tendenz, dass die Erwartungen, z. B. hinsichtlich der Intelligenz, mit dem Realitätsgrad steigen, zeigen auch aktuellere Studien. King und Ohya (1996) zufolge werden realistischere, menschlich aussehende Agenten von den Nutzern als intelligenter bewertet. Es handelt sich allerdings um einen Effekt, der an Bedeutung verliert, wenn die tatsächlichen Fähigkeiten deutlich werden (Koda & Maes, 1996). McBreen, Shade, Jack und Wyard (2000; vgl. Catrambone et al., 2004) zeigen, dass durch das Erscheinungsbild ausgelöste erhöhte Erwartungen bezüglich der kommunikativen Fähigkeiten letztlich dazu führen, dass die Figur enttäuscht.

Eine weitere interessante Diskussion betrifft das häufig zitierte „uncanny valley" (Mori, 1982). Insbesondere bei Robotern soll die Wahrnehmung von Natürlichkeit sowie die positive Bewertung mit steigendem Anthropomorphismus größer werden, kurz vor der 100-prozentigen Menschenähnlichkeit aber rapide abfallen, da die Wahrnehmung dann in Richtung des „Unheimlichen" kippt. Dieser – allerdings scheinbar empirisch nicht gut gestützte – Zusammenhang treffe aber noch deutlicher auf Bewegung als auf die äußere Erscheinung zu. Eine Übertragung der Annahmen auf computer-animierte Charaktere hat insbesondere im Bereich von Filmproduktionen stattgefunden, tatsächlich überzeugende empirische Belege ließen sich aber auch hier nicht finden.

Tatsächlich lässt sich aber in Übereinstimmung mit Moris (1982) Bericht, wonach Bewegung stärker vom *uncanny valley*-Phänomen betroffen ist, zeigen, dass Bewegung für die Wahrnehmung letztendlich ausschlaggebender ist als das Äußere. Garau et al. (2003) stellten beispielsweise keinen Unterschied zwischen stark und wenig realistischen virtuellen Figuren fest – fanden allerdings, dass das Verhalten hinsichtlich des Realismusgrades an das der Erscheinung angepasst sein sollte: „Consistency between the visual appearance of the avatar and the type of behavior that it exhibits seems to be necessary; low fidelity appearance demands low fidelity behavior, and correspondingly higher fidelity appearance demands a more realisitc behavior model (with respect to eye gaze)" (S. 6). In eigenen Untersuchungen wurde deutlich, dass das Aussehen nicht fotorealistisch sein muss, um dieselben Personwahrnehmungseffekte erzielen zu können wie bei realen Personen (Bente, Krämer, Petersen & de Ruiter, 2001; Bente, Petersen, Krämer & de Ruiter, 2001). Als ausschlaggebend erwies sich dagegen das Bewegungsverhalten.

Wie bereits berichtet, zeigen sich allerdings in verschiedenen Untersuchungen auch starke Effekte des Anthropomorphismusgrades. So lösen beispielsweise nach Nowak und Biocca (2001, 2003) anthropomorphe Figuren in stärkerem Maße die Empfindung von sozialer Präsenz aus. Für Roboter zeigen etwa DiSalvo, Gemperle, Forlizzi und Kiesler (2002; vgl. Fong et al., 2002), dass die Dimensionen des Kopfes und die Gesichtsmerkmale die Wahrnehmung der Menschlichkeit determinieren. Insgesamt kann somit ein Einfluss des Realismusgrades des Erscheinungsbildes auf Erwartungen und die Einschätzung als menschlich angenommen werden. Im Folgenden soll nun vertieft betrachtet werden, inwieweit spezifische Erscheinungsformen Auswirkungen auf die Zuschreibung von Sympathie haben.

4.5.1.2 Sympathie

Insgesamt finden sich im Bereich der Bewertung von virtuellen Agenten inkonsistente Ergebnisse zur Sympathiezuschreibung (vgl. etwa Sproull et al, 1996; Walker et al., 1994; Koda & Maes, 1996; vgl. Dehn & van Mulken, 2000), die letztlich nur den Schluss zulassen, dass diese Art der Bewertung stark vom spezifischen Erscheinungsbild abhängt und ein menschliches Erscheinungsbild somit die Bewertung nicht zwangsläufig – sondern vielmehr abhängig vom spezifischen Äußeren – verbessert. Diese Annahme ist nicht nur plausibel vor dem Hintergrund, dass für virtuelle Helfer dieselben Gesetzmäßigkeiten hinsichtlich der Bedeutsamkeit etwa von Attraktivität erwartet werden können wie für Menschen, sondern sie lässt sich auch empirisch belegen. Nach Bailenson et al. (2005) etwa hat das Aussehen im Vergleich zu anderen manipulierten Variablen den stärksten Effekt auf die Sympathiezuschreibung. Eine menschenähnliche und eine Teddybär-artige Figur wurden signifikant besser bewertet als eine abstrakt gestaltete. Buisine et al. (2004) zeigen, dass die spezifische Erscheinung nicht nur Sympathie, sondern auch die Behaltensleistung beeinflusst. Die in der Untersuchung genutzten drei Figuren waren comicartig, aber menschlich (eine Frau und zwei Männer). Da die Merkmale leider nicht systematisch variiert wurden, kann nur gesagt werden, dass die spezifische Erscheinung Einfluss nimmt, nicht aber, welche Merkmale verantwortlich sind. Cowell und Stanney (2003) zeigen mithilfe einer Sortieraufgabe, bei der die Nutzer systematisch hinsichtlich Alter, Geschlecht und Ethnie variierte Agenten in eine Reihenfolge bringen sollten, die über die Interaktionspräferenzen Auskunft gibt, dass die Nutzer insgesamt bevorzugt mit einem jugendlichen Charakter ihrer eigenen Ethnie interagierten. Das Geschlecht der Figur spielte dagegen keine Rolle. Auch Nass, Isbister und Lee (2000) belegen, dass die Ethnie eines Agenten – obwohl sie eigentlich keinen Informationswert hat, da Computer-Personae per se keiner Ethnie angehören können – zahlreiche Aspekte der Bewertung beeinflusst. Koreanische Versuchspersonen beurteilten koreanisch aussehende Agenten als sozial attraktiver, vertrauenswürdiger und kompetenter. Die Ergebnisse zeigen nicht nur, dass das Erscheinungsbild generell eine entscheidende Variable für die Bewertung virtueller Figuren ist, sondern auch, dass die Bewertung dabei sozialpsychologischen Gesetzmäßigkeiten folgt (z. B. Ähnlichkeit, Ingroup-Outgroup-Phänomene, vgl. Tajfel, 1982).

In einer eigenen Untersuchung zur Evaluation virtueller Helfer auf e-commerce-Seiten konnten wir ebenfalls Effekte des Erscheinungsbildes auf die Bewertung nachweisen. Es wurden zwei unterschiedliche Helferinnen eingesetzt, die sich unter anderem hinsichtlich ihres Realismusgrades unterschieden (vgl. Studie 4). Trotz identischer Dialogfähigkeiten und dem gleichen nonverbalen Repertoire wurden die Figuren unterschiedlich bewertet (Blens, Krämer & Bente, 2003; Blens, 2003) – ein weiterer Beleg dafür, dass das Erscheinungsbild eine Rolle spielt. Generell wurde die cartoonhafte dunkelhaarige Helferin etwas günstiger bewertet und führte zu häufigerem Bücherkauf. Welche Aspekte genau zu einer besseren Bewertung führten, muss in zusätzlichen Untersuchungen vertiefend analysiert werden. Des Weiteren ist in diesem Zusammenhang zu beachten, dass natürlich nicht davon ausgegangen werden darf, auf diese Art und Weise seien Erscheinungsbilder zu finden, die allen Nutzern gleichermaßen zusagen. Die differentiellen Einflüsse unterschiedlicher Personmerkmale der Nutzer sollten in diesem Zusammenhang gesteigerte Berücksichtigung finden (s. u., Kap. 4.5.3). Im Rahmen der hier geschilderten Untersuchung zeigte sich jedenfalls, dass insbesondere Frauen die dunkelhaarige, cartoonhafte Helferin bevorzugten, während Männer im Vergleich eher die schlanke blonde Figur präferierten.

4.5.1.3 Passung von äußerer Erscheinung und Anwendungskontext

Nicht nur Interaktionen von Nutzervariablen mit der Bewertung des Erscheinungsbildes können eine Rolle spielen, sondern die Bewertung ist auch abhängig von dem jeweiligen Kontext, in dem der Agent genutzt wird. So zeigt McBreen (2002) im Rahmen einer e-commerce-Studie, dass Nutzer in einer Bankanwendung Agenten mit formaler Kleidung bevorzugten, während die Kleidung in einem Reisebüro oder an der Kinokasse keine Rolle spielte. In eigenen Untersuchungen konnten ähnliche Tendenzen festgestellt werden (Blens, 2003). Eine Sortieraufgabe ergab unterschiedliche Präferenzreihenfolgen für die 33 vorgelegten virtuellen Figuren in Abhängigkeit davon, ob sich die Probanden vorstellen sollten, wie gerne sie mit dem Agenten ihre Bankgeschäfte erledigen versus Freizeitangebote von ihm unterbreitet bekommen würden. Während die „seriöse" Rangreihe menschliche Figuren anführten, wies die Entertainment-Rangreihe die erste menschliche (allerdings cartoonartige) Figur erst auf Rang sieben auf. Die Mehrheit der getesteten Figuren lässt sich ferner eindeutig eher der Entertainment- oder der seriösen Gruppe zuordnen, nur sehr wenige Figuren erreichen hohe Rankings auf beiden Rangreihen.

Andere Studien zeigen diese Effekte allerdings nicht. Catrambone et al. (2004) variieren hinsichtlich des Erscheinungsbildes vor allem den Anthropomorphismus (menschliche Erscheinung versus Glühbirne). Hinsichtlich des Aufgabenzusammenhangs werden variiert: eine Beratung in Bezug auf das Reisegepäck sowie Hilfe bei der Bearbeitung eines Dokuments mit ungewohnter Software. Es zeigen sich jedoch keinerlei Effekte des Erscheinungsbildes, nur das mit der Aufgabe konfundierte Verhalten des Agenten hat eine Auswirkung (s. u.). Die Autoren vermuten, das Ausbleiben eines Effektes sei darauf zurückzuführen, dass zum einen lediglich zwei Alternativen dargeboten wurden und zum anderen die Teilnehmer den Agenten selbst kaum ansehen mussten, um die Aufgabe zu erledigen.

4.5.1.4 „When your face is the interface"

Einen Sonderfall hinsichtlich des Erscheinungsbildes stellen Agenten dar, die das Gesicht des menschlichen Nutzers tragen. Dieser in der Natur gemeinhin nicht mögliche Fall – ein Interaktionspartner mit dem eigenen Gesicht –, ist anscheinend als Forschungs- und Anwendungsbereich zumindest so interessant, dass sich gleich zwei Forschergruppen damit beschäftigen. Bailenson, Beall, Blascovich und Weisbuch (2001) statteten einen Agenten mit dem Gesicht des jeweiligen Nutzers aus, um die Reaktionen auf das virtuelle Selbst zu testen. In einer Untersuchung zum Distanzverhalten wurde nachgewiesen, dass Probanden näher an den Charakter mit dem eigenen Aussehen herantreten als an anders aussehende Figuren. Zusätzlich geben die Teilnehmer an, in Gegenwart des wie sie selbst aussehenden Agenten eher bereit zu sein, peinliche Handlungen auszuführen. Es scheint somit eine Art implizite Vertrautheit oder Intimität vorzuliegen. Es kann allerdings nicht nachgewiesen werden, dass der experimentell induzierte „Tod" eines virtuellen Selbst Trauer oder Ärger hervorruft.

Nass, Kim und Lee (1998) nutzten, angelehnt an die Experimente zur privaten und öffentlichen Selbstaufmerksamkeit (vgl. Fenigstein, Scheier & Buss, 1975), das tatsächliche (aufgezeichnete) Gesicht des Nutzers als Interface-Agent, der Rückmeldung über eine Performanz des Nutzers gibt. Die Effekte im Vergleich zu einem fremden Gesicht sind durchaus positiv: Man hat mehr Vertrauen in die Fairness eines negativen Urteils (obwohl die Personen wissen, dass es sich lediglich um Videoaufzeichnungen handelt), es zeigt sich weniger Impression Management und die Kommentare werden als positiver erinnert. Die Autoren schließen daraus für zukünftige Anwendungen, dass „one may be able to reduce frustration and anger by having the user's own image present error messages" (S. 152). Wenngleich dies wahrscheinlich nicht realistisch für die Zukunft ist, so legt es aber zumindest nahe, das Erscheinungsbild dem spezifischen Nutzer möglichst ähnlich zu gestalten.

4.5.1.5 Fazit zum Erscheinungsbild

Die empirischen Belege zeigen, dass das Erscheinungsbild tatsächlich in starkem Maße die Wahrnehmung von virtuellen Figuren beeinflusst und Aspekte wie Akzeptanz, wahrgenommene Effizienz und auch soziale Wirkungen moduliert. Insbesondere die Anthropomorphismus-Dimension führt dabei je nach Ausprägung zu einer Zuschreibung von Menschlichkeit und einer gesteigerten Erwartung an Intelligenz und Verhalten. Ferner scheinen bei einer menschenähnlichen Form idiosynkratische Merkmale den Eindruck zu bestimmen – und die Beurteilung dabei sozialpsychologischen Gesetzmäßigkeiten zu folgen. Eine Rolle spielt hier etwa die Erkennbarkeit von Gruppenzugehörigkeiten (z. B. Ethnie). Die Präferenzen der Nutzer werden aber auch von Wahrnehmungsgewohnheiten aus dem menschlichen Alltag bestimmt – was sich beispielsweise darin zeigt, wenn in bestimmten Kontexten bestimmte Kleidung bevorzugt wird. Trotz der deutlichen Wirkungen kann nicht davon ausgegangen werden, dass die Effekte unabhängig von sonstigen Einfluss nehmenden Faktoren sind. Wie schon im Rahmen verschiedener Untersuchungen gezeigt, spielt insbesondere das Verhalten der virtuellen Figuren eine bedeutende Rolle: Hier ist nicht nur nachgewiesen worden, dass Konsistenz von Erscheinungsbild und Verhalten gegeben sein sollte, sondern auch, dass der Eindruck im Zweifelsfall stärker und nachhaltiger durch das Verhalten bestimmt wird (wie etwa bei der Beurteilung der Intelligenz). Vor diesem Hintergrund soll mit André und Rist (2001, S. 1) auf den folgenden Abschnitt zum Einfluss von Verhalten übergeleitet werden: „Audio-visual attractiveness, however, is not everything. Rather, the success of an interface character in terms of user acceptance and interface efficiency very much depends on the character's communication skills and its overall behavior."

4.5.2 Verhalten des virtuellen Helfers

Zahlreiche Studien zeigen es: Das Verhalten des Agenten spielt eine wichtige Rolle im Hinblick auf die durch ihn erzielten Wirkungen. Die Ersten, die explizit auf die Rolle des Verhaltens hinwiesen, sind Rickenberg und Reeves (2000). Sie formulieren eindrücklich, weniger die Anwesenheit, sondern das Verhalten des virtuellen Agenten entscheide über den spezifischen Effekt auf den Nutzer, und sie zeigen, dass es nicht ausreicht „... to focus on whether or not an animated character is present. Rather the ultimate evaluation is similar to those for real people – it depends on what the character does, what it says, and how it presents itself" (S. 55). Für das weitere methodische Vorgehen leiten sie daraus die Forderung ab: „... that decisions concerning the use of animated characters should address the details of execution and social presentation" (S. 54). Die Autoren selbst konnten empirisch nachweisen, dass es einen Einfluss auf Ängstlichkeit des Nutzers und dessen Erfolg bei der Aufgabenerledigung hatte, ob die virtuelle Figur den Nutzer beobachtete oder aber mit sich selbst beschäftigt schien. Pertaub, Slater und Barker (2002; Slater & Steed, 2001) präsentieren ähnlich plakative Ergebnisse: Wie bereits beschrieben, beeinflusst das Verhalten einer virtuellen Zuhörerschaft wesentlich, über wie viel Angst ein Redner berichtet (vgl. auch Hodges et al., 2003). Im Folgenden sollen empirische Ergebnisse zur Auswirkung von Verhalten, geordnet nach Verhaltensebenen berichtet werden. Den Anfang macht der Bereich des globalen Verhaltens (insbesondere im Hinblick auf interaktive Fähigkeiten), nachfolgend werden Dialogfähigkeiten, Persönlichkeit-indizierendes Verhalten und schließlich subtilere Aspekte des nonverbalen Verhaltens fokussiert.

4.5.2.1 Globales Verhalten (Interaktive Fähigkeiten)

Unter diesem Stichwort sollen übergeordnete Aspekte des Interaktionsverhaltens gefasst werden. Insbesondere im Zusammenhang mit Hilfesystemen kann die Frage wichtig sein, ob der Agent proaktiv oder reaktiv handelt. Catrambone et al. (2004) beispielsweise fanden zwar keinen Effekt in Abhängigkeit davon, ob der genutzte Agent sich bewegte oder nicht, stellten aber einen Unterschied fest, der mit der Proaktivität variierte: Der nicht proaktive Agent wurde als weniger aufdringlich und wertvoller bewertet. Gegenteilige Effekte finden sich dagegen bei Xiao, Catrambone und Stasko (2003). Hier wurde der proaktive Agent als hilfreicher bewertet, wenngleich er für keine Leistungsverbesserung sorgte.

Ein weiterer wichtiger Aspekt hinsichtlich des globalen Verhaltens der virtuellen Personen lässt sich unter dem Begriff *Storytelling* zusammenfassen. Dies meint nach Spierling (2004) die Möglichkeit der bewussten Inszenierung in einer aktiven, narrativen Umgebung und bedeutet für den Agenten, dass er klare Rollen in der Beziehung zum Nutzer haben muss und das Verhalten dadurch geprägt wird. Nach Isbister und Hayes-Roth (1998) bringt dies Vorteile mit sich. Die Autorinnen beziehen sich auf Fiske und Taylor (1991) und argumentieren, dass Menschen daran gewöhnt sind, an ihre Umwelt mit Rollenschemata heranzutreten: „In the service of predictability, people tend to use role schemas first, then person schemas such as traits to specify a particular version of the role. ... knowing a person's social role helps us to remember what the person is like, and also guides our behavior toward that person" (S. 3). Vor diesem Hintergrund statteten sie die Agentin Erin mit dem klaren Rollenverhalten einer Barfrau aus und beobachteten – wie bereits beschrieben

– tatsächlich, dass die Rolle und das entsprechende Verhalten der Agentin spezifische Verhaltensweisen vonseiten der Nutzer eines Online-Chat hervorrufen. Bar-Aktivitäten (Getränke bestellen etc.) und Small Talk waren die vorrangigen Gesprächsthemen. Goetz, Kiesler und Powers (2003) zeigen, dass das Verhalten eines Roboters zu der Aufgabe passen muss, die durch ihn unterstützt werden soll. So bevorzugten Personen als Assistenten bei körperlicher Ertüchtigung einen sich seriös verhaltenden Roboter und bezeichneten diesen als klüger und gewissenhafter. Bei einer spielerischen Aufgabe dagegen, wie dem Erfinden von Bonbon-Rezepten, wurde ein Roboter bevorzugt, der sich spielerisch verhält. Schließlich lassen sich noch Ergebnisse von Canamero (2002a) anführen, die zeigt, dass ein Verhalten tatsächlich nur dann für den Nutzer Sinn macht, wenn es in den Gesamtkontext eingebettet ist und sich kausal herleiten lässt. Beispielsweise reiche ein glückliches oder trauriges Aussehen alleine nicht aus, es müsse mit einem klaren kausalen Muster verbunden werden, damit der Nutzer absichtsvolles Handeln unterstellen kann und gezeigte Emotionen nachvollziehbar werden. Tatsächlich können Menschen, die beim Roboter Feelix durch bestimmte taktile Stimulation bestimmte Emotionen auslösen, dessen Gesichtsausdrücke so gut erkennen wie bei anderen Menschen.

4.5.2.2 Dialogverhalten

Dass das, was ein Agent sagt, eine spezifische Wirkung auf den Nutzer hat, erscheint selbstverständlich. Dennoch sind bislang wenige Untersuchungen durchgeführt worden, die systematisch veränderte Dialogstrukturen miteinbezogen haben – was wahrscheinlich in dem erhöhten Aufwand der Entwicklung unterschiedlicher Dialogstrukturen begründet liegt. Es verwundert daher kaum, dass lediglich Cassell und ihre Kollegen entsprechende Entwicklungen und Studien vorlegen. Cassell und Bickmore (2003; vgl. Bickmore & Cassell, 2001) etwa testeten, inwieweit die Immobilien-Agentin Rea durch den Nutzer als vertrauenswürdiger eingeschätzt wird, wenn sie einen sozialen, von Small-Talk-Sequenzen geprägten Dialog führt (im Vergleich zu einem rein sachorientierten Dialog). Rea wurde in der Small-Talk-Bedingung als informierter und kompetenter wahrgenommen. Das Vertrauen (gemessen durch eine Skala von Wheeless & Grotz, 1977) dagegen erhöhte sich lediglich bei extravertierten Probanden. Hinsichtlich der objektiven Variable, wie viel Geld die Probanden für ein Haus zu zahlen bereit waren, zeigten sich keine Unterschiede. In einer weiteren Untersuchung wurden allerdings etwas abweichende Ergebnisse deutlich (Bickmore & Cassell, 2004). Der zusätzliche Faktor der Verkörperung (Telefon versus Verkörperung) ergab, dass Rea in der ausschließlich sprachlichen Version als angenehmer empfunden wurde (s. Kap. 4.2). Zusätzlich interagierte dieser Faktor mit den Auswirkungen der Dialogform: Während in der Telefon-Bedingung der Small Talk als angenehm bewertet wurde, bevorzugten die Probanden in der „Face-to-Face"-Bedingung die sachorientierte Variante. Die Autoren führen dieses Ergebnis auf die zu diesem Zeitpunkt noch limitierten nonverbalen Fähigkeiten von Rea zurück, die vor diesem Hintergrund eher zu einem sachlichen Dialog statt einem sozio-emotionalen passend erschienen: „Our conclusion from this is that, adding social dialogue to embodied conversational agents will require a model of social nonverbal behavior consistent with verbal conversational strategies, before the social dialogue fulfils its trust-enhancing role“ (Bickmore & Cassell, 2004, S. 24).

Auch multimodale Strategien wurden hinsichtlich ihrer spezifischen Wirksamkeit überprüft. Buisine, Abrilian und Martin (2004) verglichen drei multimodale Präsentationsstrategien: Redundanz von Sprache und Gestik (deiktische Geste wird von Sprache begleitet), Komplementarität von Sprache und Gestik (einige Aspekte werden sprachlich, andere durch Gestik verdeutlicht) sowie nur Sprache. Die multimodalen Strategien erwiesen sich wirkungsvoll, um die subjektive Bewertung zu beeinflussen. Sowohl die redundante als auch die komplementäre Version hebt sich hinsichtlich der empfundenen Güte der Erklärung von der rein sprachlichen Variante ab. Für männliche Probanden zeigt sich darüber hinaus ein gleichsinniger Effekt auf das empfundene Vertrauen. Obwohl es sich um ein Design mit Messwiederholung handelte, berichten die Autoren, dass die Unterschiedlichkeit der Strategien kaum bewusst wahrgenommen wurde. Die angegebenen zehn Nutzer – von 18 –, die Unterschiede berichtet haben, erscheinen jedoch nicht gering, sondern eher hoch. Vor diesem Hintergrund erstaunt es umso mehr, dass praktisch keine Unterschiede zwischen redundanten und komplementären Sprach-Gestik-Kombinationen gefunden wurden.

4.5.2.3 Persönlichkeit-indizierendes Verhalten

Hinsichtlich des Verhaltens kann ein Teil der zuvor geführten (vgl. Kap. 3.1.1.1) Diskussion über den Sinn der Implementierung von Persönlichkeit noch einmal aufgenommen werden. Zahlreiche Entwickler vertreten die Ansicht, das Verhalten eines virtuellen Charakters müsse so gestaltet sein, dass es glaubwürdig ist. Als Königsweg dazu wird die Implementierung von Persönlichkeit gesehen, die für ein konsistentes und ergo glaubwürdiges Verhalten sorge (vgl. Rousseau & Hayes-Roth, 1998). Auch Laurel (1993) nimmt an, dass Informationen besser verarbeitet werden können, wenn der Agent eine Persönlichkeit hat. Tatsächlich weisen empirische Untersuchungen auf die positiven Auswirkungen von Konsistenz hin. Bailenson et al. (2005) zeigen zum Beispiel, dass bereits die Konsistenz von Erscheinungsbild und Verhalten zu höheren Behaltensleistungen führte und als am ehesten angemessen empfunden wurde.

Eine Persönlichkeitseigenschaft, die immer wieder als den Eindruck positiv beeinflussend herausgestellt wird, ist Extraversion. So wird beispielsweise auf McCrea und Costa (1987) verwiesen, um zu belegen, dass Extraversion eine der wichtigsten Dimensionen der Fünf-Faktoren-Theorie ist (Krahmer, van Buuren, Ruttkay & Wesselink, 2003; Nass et al., 2000). Extravertierte Merkmale, das zeigen Darves und Oviatt (2004; vgl. Oviatt, Darves & Coulston, 2004), können tatsächlich Vorteile bringen: Ein extravertiertes Dialogsystem brachte Kinder dazu, 16 % mehr Fragen zu stellen als bei einem introvertierten System. Zahlreiche Forscher implementieren daher verschiedene mit Extraversion (angeblich) einhergehende Merkmale – z. T. auf verschiedenen Ebenen, um die gewünschte Konsistenz zu erreichen. Krahmer et al. (2003) stellten in diesem Zusammenhang fest, dass ECAs tatsächlich als umso extravertierter wahrgenommen wurden, je mehr extravertierte Cues sie zeigten. Variiert wurden dabei Blick (vgl. Fukayama et al., 2002, die zeigen, dass in einem lediglich Augen-basierten Interface die Zuschreibung von Extraversion durch die Ausgestaltung des Blicks beeinflusst wurde), Sprache und Augenbrauenbewegung auf jeweils zwei Stufen und in acht verschiedenen Kombinationen. Alle Signalsysteme erbrachten einen Haupteffekt und die Interaktionen weisen auf eine wechselseitige Verstärkung von Blick und Augenbrauen hin – entgegen den Annahmen wurden allerdings inkonsistente Agenten nicht schlechter bewertet.

In einem ähnlichen Experiment variierten Nass et al. (2000; vgl. Isbister & Nass, 2000) verbalen Stil (Extraversion war gekennzeichnet durch höhere Sprechgeschwindigkeit sowie starke Wörter) und nonverbalen Stil (expansivere vs. weniger expansive Gesten) auf jeweils zwei Stufen. Im Rahmen der Untersuchung sollten jeweils zur Hälfte introvertierte und extravertierte Versuchspersonen mit einer gleich einer Gliederpuppe gestalteten virtuellen Figur das „Desert Survival Problem“ (Lafferty & Eady, 1974) lösen. Den Ergebnissen zufolge wurde extravertiertes Verhalten tatsächlich als solches wahrgenommen. Wichtiger noch ist die Tatsache, dass ein konsistenter Charakter als besser und nützlicher bewertet wurde sowie einen größeren Einfluss auf die Meinungsänderung erreichte. Sowohl Konsistenz hinsichtlich unterschiedlicher Verhaltensaspekte als auch Konsistenz über die Zeit (vgl. Isbister, 1998) werden vor diesem Hintergrund als zentrale Erfolgsfaktoren für ECAs dargestellt. Lee und Nass (2003) belegen zusätzlich, dass die Passung der Persönlichkeit eines artifiziellen Systems (in diesem Fall lediglich eine Stimme) und der Persönlichkeit des Nutzers signifikant das Gefühl der sozialen Präsenz erhöhte – insbesondere bei extravertierten Nutzern. Auch hier zeigte sich außerdem, dass extravertierte Verhaltensaspekte ein höheres Maß an sozialer Präsenz erzeugen. Als Schlussfolgerung aus diesen Ergebnissen formulieren die Autoren, es sei günstiger, das System extravertiert zu gestalten, wenn man den Nutzer nicht kenne. Die Ergebnisse zur Ähnlichkeit von Agenten-Persönlichkeit und Nutzer-Persönlichkeit sind allerdings inkonsistent: Während auch Moon und Nass (1998) belegen, dass Attributionen für den Computer günstiger ausfielen, wenn er dem Nutzer ähnlich ist, bevorzugen nach Isbister und Nass (2000) die Nutzer einen Charakter mit komplementären Merkmalen. Somit zeigt sich bezüglich der Passung von Charakteren eine ähnliche Lage wie in der Sozialpsychologie: Es finden sich sowohl Belege für die „Gleich und gleich gesellt sich gern“- als auch „Gegensätze ziehen sich an“-Hypothese (vgl. Isbister, 1998). Als Fazit bezüglich der Persönlichkeit kann aber insgesamt festgehalten werden, dass Konsistenz innerhalb des Charakters von entscheidender Bedeutung ist und sich dabei extravertiertes Verhalten als günstiger herausstellt als introvertiertes.

4.5.2.4 Nonverbales Verhalten

Bereits in der vorangegangenen Darstellung zur Persönlichkeit wird deutlich, dass nonverbales Verhalten ein zentraler Aspekt ist, wenn man das Verhalten von virtuellen Agenten modifiziert. Da nonverbalem Verhalten eine entscheidende Rolle bei der Gestaltung von Beziehungen und dem Gesprächsklima zugeschrieben wird (vgl. Frey, 1999; Krämer, 2001), bietet es sich auch im Rahmen der Gestaltung von virtuellen Entitäten als Möglichkeit zur Beziehungsregulation an. Des Weiteren legen aktuellere Untersuchungen nahe, dass insbesondere subtile Veränderungen und dynamische Aspekte den Eindruck modulieren, den man von anderen Personen hat (vgl. Grammer et al., 1999. 1997; Krämer, 2001). Dies kann somit auch für virtuelle Personen angenommen werden. Obwohl die methodischen Möglichkeiten, entsprechende Wirkungen zu untersuchen, im Bereich der virtuellen Figuren enorm sind, da jegliche Variationen (von der subtilen Kopfneigung hin zu einer Geschwindigkeitserhöhung sämtlicher Bewegungen) problemlos eingeführt werden können (vgl. Kap. 3.1.2), sind diese Möglichkeiten bislang erstaunlich wenig genutzt worden. Die meisten Autoren, die sich mit den spezifischen Wirkungen von nonverbalen Signalen beschäftigen, fokussieren zunächst auf plakativere Aspekte des Verhaltens. Baylor und Ryu (2003a) demonstrieren in ihrer bereits berichteten Untersuchung unter anderem, welchen Unterschied es macht, wenn Agenten Bewegungsverhalten zeigen. Verglichen mit statischen Figuren wurden animierte pädagogische Agenten als involvierender und menschenähnlicher empfunden – die Glaubwürdigkeit war allerdings bei beiden Formen gleich hoch. Insgesamt schließen die Autoren, die Bewegung sei einer der wichtigsten Faktoren: „Overall, in all aspects of the pedagogical agent persona, animation is listed as one of (if not the only) most effective technological Implementierung“ (Baylor & Ryu, 2003a, S. 25). Prendinger et al. (2003) zeigten, dass die Tatsache, ob ein Agent affektives Verhalten nutzt (wie Lächeln oder den Ausdruck von Mitleid) ebenfalls die Bewertung von Agent und Situation beeinflusste: Versuchsteilnehmer waren bei einem stressinduzierenden Versuch weniger frustriert, wenn der Agent sein Mitleid beispielsweise durch hängende Schultern ausdrückte. Auf die Performanz wirkte sich das Verhalten allerdings nicht aus.

Ein bei der Untersuchung von virtuellen Figuren ebenfalls populärer Bereich ist das Blickverhalten, das sich auch in zwischenmenschlichen Interaktionen als wichtiges beziehungsregulierendes Signal herausgestellt hat (Kleinke, 1986; Exline et al., 1975). Garau, Slater, Bee und Sasse (2001) stellen Ergebnisse vor, die sie allerdings in Untersuchungen mit Avataren gewonnen haben. Die Autoren zeigen: Das Blickverhalten, das im Zusammenhang mit der Konversation steht, stellt eine deutliche Verbesserung gegenüber dem Blickverhalten dar, das ausschließlich Lebendigkeit signalisiert. Insbesondere das berichtete Involvement war bei dem Avatar, dessen Augenbewegungen an die Turn-Taking-Strukturen angepasst waren, so hoch wie bei einer videovermittelten Kommunikation. Auch Bailenson et al. (2004; Beall et al., 2003) präsentieren Ergebnisse einer Studie mit Avataren. Im sogenannten „non-zero sum gaze“ werden die tatsächlichen

Blickbewegungen einer Dreiergruppe durch Algorithmen so verändert, dass man sich entweder gar nicht oder die gesamte Zeit über angeblickt fühlt. Neben der Tatsache, dass die Teilnehmer selbst länger zurückschauten (Beall et al., 2003), stimmten insbesondere weibliche Versuchspersonen einem vorgelesenen Text im Nachhinein stärker zu, wenn sie die gesamte Zeit über angesehen worden waren. Die Autoren selbst bewerten das Ergebnis als überraschend, da das lange Anblicken auch hätte übertrieben wirken können: „The fascinating result of this study is that despite reporting the clearly problematic aspects of the presenter in the 100 % augmented gaze condition on an explicit level in terms of responsiveness, female participants were still persuaded by the visual input of augmented eye gaze on a low, implicit level. In other words, even though on some level female participants were well aware that the presenter's behavior was not socially appropriate (Williams, Cheung, & Choi, 2000), they were still persuaded most after receiving the high amounts of eye gaze" (Bailenson, Beall, Blascovich, Loomis & Turk, 2004, S. 17). Cowell und Stanney (2003) weisen ebenfalls nach, dass ein längeres Anblicken (in diesem Fall durch virtuelle Agenten) neben einem vertrauenerweckenden mimischen Verhalten dazu beiträgt, einen Charakter als vertrauenswürdiger und positiver zu empfinden. Auch Studien mit Robotern verweisen auf die Wirksamkeit des Blickverhaltens. Sidner, Kidd, Lee und Lesh (2004) zeigen an Mel, dem Roboter Pinguin – besonders großen Einfluss hatte er, wenn er Blickverhalten zeigte. Sein Blickverhalten führte dazu, dass Versuchsteilnehmer nicht nur dem Roboter, sondern auch den Dingen, die er anblickte, mehr Aufmerksamkeit schenkten.

Thórisson (1996) geht bereits etwas differenzierter vor und berichtet Hinweise zur relativen Wichtigkeit einzelner nonverbaler Features anthropomorpher Figuren und deren Auswirkung auf die generelle Akzeptanz. Der Autor stellt beispielsweise fest, dass prozessorientiertes Feedback im Rahmen des Turn-Taking einen zentraleren Stellenwert einnimmt und zu besseren Bewertungen führt als z. B. der Einsatz emotionaler Displays. Er legt somit nahe, dass sozioemotionale Aspekte des nonverbalen Verhaltens eine relativ geringere Bedeutung haben als diskursbezogene nonverbale Merkmale (vgl. Cassell & Thorisson, 1999). Kritisch muss allerdings eingewandt werden, dass auf Grundlage der Untersuchung nicht geklärt werden kann, ob dieses Ergebnis möglicherweise auf eine geringe Qualität eben der emotionalen Displays im Rahmen der Implementierung zurückführbar ist.

In eigenen Studien konnten wir vor allem nachweisen, dass bereits subtilste Variationen im nonverbalen Verhalten einen deutlichen Effekt auf die Bewertung der virtuellen Person mit sich bringen (Krämer, 2001; Bente, Krämer, Trogemann, Piesk & Fischer, 2001). Im Rahmen von Grundlagenstudien zur Wirkung nonverbaler Signale führte eine fast unmerkliche Erhöhung der Kopfbewegungsaktivität zu einer positiveren Bewertung der Figur – wenn nicht gerade eine Konfliktsituation herrschte (Krämer, 2001). Auch eine Variation der seitlichen Kopfkippung zeigt Effekte: Sind zwei Figuren abgebildet, so führt eine Kippung zum Gesprächspartner hin zu einer Bewertung als submissiv und eher negativ, während ein Wegkippen vom Gesprächspartner als dominant und positiv bewertet wird (Krämer, 2001). Die zuvor schon als Studie 1 (Teilstudie zum nonverbalen Verhalten) aufgeführte Untersuchung zeigte ebenfalls, dass eine Erhöhung der Kopfbewegung zu einer positiveren Bewertung führt. Die Ergebnisse hinsichtlich der Kopfkippung fielen allerdings anders aus als erwartet: Obwohl es bei der direkten Adressierung durch einen virtuellen Helfer keinen Unterschied machen sollte, ob der Kopf nach rechts oder nach links gekippt wird, zeigten sich deutliche Unterschiede. Während die Kippung nach rechts (vom Betrachter aus gesehen) als positiver bewertet wurde als die aufrechte Position, wurde die Linkskippung als negativer empfunden. Die plausibelste Erklärung in diesem Zusammenhang scheint zu sein, dass die Bewertung der Kopfkippung abhängig von der übrigen Gestaltung der Bildschirm-Umgebung ist – da in diesem Fall auf einer Seite des Bildschirms Schaltflächen abgebildet waren (s. Krämer, 2001).

Während hinsichtlich der Kopfbewegungen und Kopfpositionen somit relativ starke Effekte beobachtbar sind, ergaben sich für die Variation der Gestik überraschenderweise nur wenige differentielle Wirkungen. Im Rahmen des bereits geschilderten fünften Experimentes wurde den Versuchspersonen die Information über mögliche Schritte bei Fehlfunktionen des Videorekorders entweder durch einen Helfer mit normaler Gestik, ohne jegliche Gestik oder mit um fast eine Sekunde verschobener Gestik präsentiert. Bis auf die Tatsache, dass der Helfer mit normaler Gestik als aktiver als der ohne Gestik bezeichnet wurde, ergaben sich hier keinerlei unterschiedliche Bewertungen (Krämer, Tietz & Bente, 2003). Lediglich hinsichtlich der generellen Akzeptanz und der empfundenen Effizienz schnitt der Helfer mit normaler Gestik etwas schlechter ab als der ohne jegliche Gestik – der im Übrigen als ungefähr so viel Gestik zeigend wie ein durchschnittlicher Mensch eingeschätzt wurde. Anwendungsrelevant ist vor allem das Ergebnis, dass kein signifikanter Unterschied zwischen dem Helfer mit normaler Gestik und dem mit verschobener Gestik festgestellt werden konnte – und die Versuchspersonen in der Bedingung mit verschobener Gestik auch auf Nachfrage hin keine Besonderheiten entdeckten. Die an vielen Stellen geforderte millisekundengenaue Synchronisation von Gestik und Mimik scheint somit nicht in dem bislang angenommenen Maße erforderlich zu sein. Im Rahmen der sechsten Studie zeigte sich ferner, dass auch die Effekte der Mimik nicht so deutlich ausfallen wie erwartet: Weder führte mimisches Verhalten zu einer höheren Bereitschaft, eine Aufgabe zu delegieren, noch wurden die subjektive Bewertung oder das Befinden während der Interaktion nennenswert verändert. Der Agent mit mimischem Verhalten wurde lediglich als zugänglicher beschrieben. Im zweiten Teil der Studie zeigen sich allerdings deutlichere Ergebnisse: Überbrachte der Agent die Nachricht einer Fehlfunktion, so wurde er deutlich positiver bewertet, wenn er konsistent über die gesamte Interaktion hinweg nonverbal sein Bedauern ausdrückte – im Vergleich zu einem Agenten, der gar keine Mimik zeigte oder einem, der bei der Verabschiedung wieder freundlich lächelte.

Insgesamt ist strittig, welchen Anteil die Mimik an der Urteilsbildung im Zusammenhang mit virtuellen Agenten hat. Während Sanders und Scholz

(2000) ebenfalls annehmen, Aspekte der Körperbewegung spielten eine zentralere Rolle als mimische Aspekte, führen Müller, Spierling, Alexa und Rieger (2001) fehlende Effekte der Mimik auf die bisherige Ungenauigkeit der Mimik-Animation zurück. Dafür spricht auch, dass sich in anderen Untersuchungen ebenfalls deutliche Effekte von Mimik nachweisen ließen: Walker et al. (1994) berichten von Personen, die weniger Fehler machten und mehr Kommentare abgaben, wenn der Agent ein ernstes bzw. strenges Gesicht aufwies – auch wenn sie dieses Gesicht weniger mochten.

Der Zusammenhang unterschiedlicher Signalsysteme sowie deren relative Wichtigkeit kann allerdings noch auf einer anderen Ebene diskutiert werden. Bereits grundlagenwissenschaftliche Erkenntnisse zeigen, dass der Kontext zentralen Einfluss auf die Wahrnehmung und Interpretation spezifischer Signale nimmt. Ein Kontext-Aspekt ist beispielsweise das zeitgleich ablaufende übrige Verhalten (vgl. Krämer, 2001). Die Wahrnehmung des Lächelns etwa wird durch die Kopfkippung beeinflusst (vgl. Frey, 1999). Massaro (2004) legt mit dem Fuzzy Logic Model of Perception ein empirisch bestätigtes Modell vor, das nachweist, dass solche Zusammenhänge auch bei virtuellen Figuren zutreffen. So sind z. B. auditorische und visuelle Effekte nicht additiv, sondern zeigen spezifische Interaktionen auf, sodass der Einfluss eines Aspektes immer dann am größten ist, wenn die andere Quelle neutral oder ambivalent ist (Massaro, 2004). Dies konnte – wie bereits berichtet – nicht nur für den Zusammenhang von abstrakten Lauten (ba, da) und den entsprechenden Visemen gezeigt werden, sondern auch für die Wahrnehmung von emotionaler Mimik und der Intonation des Wortes „please" sowie die Bewertung von Augenbrauenstellung und Mundwinkelausrichtung (Massaro, Cohen, Daniel & Cole, 1999). Auch hier integrierten die Versuchsteilnehmer die Information beider Signalsysteme – mit der Besonderheit, dass der Einfluss einer Information besonders groß war, wenn die andere neutral war.

Zum Schluss soll noch auf einen Aspekt des nonverbalen Verhaltens verwiesen werden, der aktuell noch keine Anwendung im Bereich der Agenten findet. Das Berührungsverhalten wird im Rahmen zwischenmenschlicher Interaktionen einerseits mit Dominanz und andererseits mit Immediacy in Verbindung gebracht (vgl. Krämer, 2001). Dass das Berührungsverhalten auch für Interaktionen mit Agenten eine Rolle spielen könnte, schien bis vor kurzem in weiter Ferne. Basdogan, Ho, Srinivasan und Slater (2005) stellen eine Studie vor, innerhalb derer medienvermittelt interagierenden Personen auch haptische Kommunikation und Berührung ermöglicht wurde. Die Ergebnisse zeigen: Das Erleben dieser zusätzlichen Modalität verstärkte die Empfindungen von sozialer Präsenz und verbesserte sogar die Aufgabenbearbeitung. Nakata, Sato und Mori (1998) zeigen zusätzlich, dass die Reaktion eines puscheligen Roboters auf Berührung (keine erkennbare Reaktion, Passiv-Werden, entgegenstrecken) als Beziehungssignale interpretiert wurden. Das Passiv-Werden wurde beispielsweise als Zeichen von Vertrautheit empfunden.

4.5.2.5 Fazit zum Einfluss von Verhalten

Insgesamt kann die These von Rickenberg und Reeves (2000), wonach das Verhalten eine kritische Variable bei der Bewertung von Interface-Agenten darstellt, als bestätigt gelten. Allerdings sind hier – wie auch in anderen Bereichen – zahlreiche inkonsistente Befunde auffindbar, sodass kaum beantwortet werden kann, welches Verhalten denn nun wünschenswert ist. Die Durchführung weiterer Studien erscheint somit notwendig. Welche Ergebnisse lassen sich aber bereits festhalten? Insgesamt scheint es hilfreich für die Wahrnehmung der Agenten zu sein, wenn das Verhalten an Rollen orientiert ist. Dadurch wird gleichzeitig ein konsistentes Verhalten erreicht, was sich ebenfalls in zahlreichen Studien als vorteilhaft herausgestellt hat. Generell kann auch ausgesagt werden, dass nonverbale Aspekte eine große Rolle spielen. Die Ergebnisse zur Extraversion zeigen weiterhin die Bedeutung von Bewegung und Aktivität – was insbesondere durch unsere eigenen Studien bestätigt werden konnte. Auch das Blickverhalten scheint eine zentrale Stellung einzunehmen. Blickt ein Agent den Nutzer an, ist dieser eher zu überzeugen, er bewertet den Agenten besser und blickt ihn eher an.

Insgesamt werden aber auch die spezifischen Merkmale deutlich, die das nonverbale Verhalten im täglichen zwischenmenschlichen Kontakt prägen. So zeigt sich, dass das nonverbale Verhalten kontextabhängig ist und bereits parallel ablaufendes sonstiges Verhalten die Wirkung modulieren kann (was Dautenhahn et al., 2002, in umsichtiger Art und Weise bereits in Bezug auf Roboter diskutieren). Zum anderen wird deutlich, dass subtile Dynamiken unter Umständen größere Effekte entfalten als auffälligere und kategorisierbare Signale wie Gestik oder Mimik. Dies spricht wiederum dafür, dass die sozialen Wirkungen von Interface-Agenten denen eines menschlichen Gegenübers überraschend ähnlich sind.

4.5.3 Eine Schnittstelle für alle? Nutzervariablen

Bislang wurden anthropomorphe Schnittstellen als eine mögliche Lösung für sämtliche Probleme der Schnittstellen-Gestaltung gehandelt, da zu den erklärten Zielen ja die intuitivere Bedienbarkeit für alle Nutzer gehört (vgl. Cassell et al., 2000; Thórisson, 1996). So wird angenommen, dass die strukturelle Ähnlichkeit zur menschlichen Face-to-Face-Kommunikation unter dem Einsatz auch von Mimik und Gestik eine erleichterte Bedienung für alle Menschen mit sich bringt. Kaum untersucht wurde bislang allerdings, inwieweit sich diese Form der Schnittstelle als tatsächlich für alle Nutzergruppen gleichermaßen fruchtbar erweist. Ebenfalls ungeklärt ist, ob Nutzergruppen wie Senioren oder Laien, die häufig als Adressaten genannt werden, in besonderem Maße von den natürlichsprachigen Interaktionsmöglichkeiten profitieren. Obwohl die benutzergruppenorientierte Entwicklung auch im Bereich der anthropomorphen Schnittstellen durchaus eingefordert wird, lassen sich kaum entsprechende Konsequenzen beobachten. Beklagt werden muss für den gesamten Forschungsbereich, dass bislang insbesondere vernachlässigt wurde, Moderatorvariablen der Person zu erheben, die die Spezifikation der Vorlieben und Herangehensweisen unterschiedlicher Nutzergruppen ermöglichen könnten. Vor dem Hintergrund der Tatsache, dass es sich um ein ausgesprochen junges Forschungsgebiet handelt und zahlreiche verschiedene unabhängige, abhängige und moderierende Variablen zu berücksichtigen sind (Krämer & Bente, 2001), kann ein systematischer Einbezug aller Bereiche zweifellos noch nicht erwartet werden. Erschreckend häufig jedoch werden noch nicht einmal Ergebnisse zu leicht zu erhebenden Moderatorvariablen wie etwa Alter oder Geschlecht berichtet. Im Folgenden soll – nach einer kurzen Zusammenfassung der Möglichkeiten benutzergerechter Gestaltung – ein Überblick über bislang in der Literatur auffindbare sowie über eigene Befunde gegeben werden und diese sollen so systematisiert werden, dass sich möglicherweise Hinweise auf eine gruppenspezifische Gestaltung der anthropomorphen Schnittstellen ergeben (vgl. auch Krämer, Rüggenberg, Meyer zu Kniendorf & Bente, 2002).

Dass Variablen der Person generell eine wichtige Rolle für die Gestaltung von Schnittstellen spielen, wurde in den letzten Jahren zunehmend erkannt. Bei Nennung der wichtigsten Themen für die menschgerechte Schnittstellengestaltung spielt nun immer auch das sogenannte *user profiling* eine Rolle (vgl. Chen, 2001). Der Terminus *user profiling* (oder auch *user modeling)* bezeichnet unterschiedliche Ansätze (vgl. Booth, 1989), die letztlich immer darauf ausgerichtet sind, den Menschen, die Nutzergruppe oder gar das bedienende Individuum in seinen Bedürfnissen besser zu verstehen. Dieses Wissen wird im Rahmen der Gestaltung so umgesetzt, dass die Handhabung effizienter und angenehmer wird. Um das System an den Menschen anzupassen, wird im Sinne eines ersten Schrittes gefordert, universelle psychologische Tatsachen über beispielsweise die kognitiven Fähigkeiten des Menschen oder der anzunehmenden Nutzergruppe zu sammeln. Ausgangspunkt ist dabei die Annahme, dass die menschlichen Nutzer eine große Anzahl gemeinsamer Charakteristika teilen. Im nächsten Schritt können Unterschiede zwischen Sub-Gruppen aufgefunden und umgesetzt werden (vgl. Raskin, 2000; Booth, 1989). So könne momentan noch nicht für das Individuum gestaltet werden, es sei aber sehr wohl möglich, die Nutzer anhand verschiedener Charakteristika zu klassifizieren und dann für diese breiten Gruppen angepasste Schnittstellen zu entwickeln (Faulkner, 1998). Selbst diese verhältnismäßig einfach zu realisierende Anpassung eines Systems an verschiedene Sub-Gruppen der Nutzer-Population wurde bislang allzu selten durchgeführt, was auch daran erkennbar wird, dass sich in der Literatur relativ wenige Befunde zu spezifischen Vorlieben oder Bedienungserleichterungen für spezifische Gruppen finden lassen. Auch im Hinblick auf anthropomorphe Interface-Agenten bezieht – wie bereits erwähnt – nur ein Bruchteil der Untersuchungen Nutzervariablen mit ein.

Die darüber hinausgehende und am weitesten fortgeschrittene Möglichkeit des *user profilings* ist die Erstellung eines adaptiven Systems. Hier wird die Technik im Rahmen der Benutzung schrittweise an den individuellen Nutzer angepasst. Wahlster und Kobsa (1989) zeigen zwei unterschiedliche Möglichkeiten auf, durch die eine allmähliche Anpassung an den Nutzer gelingen kann. So können Annahmen über den Nutzer zum einen auf der Basis seines Inputs, zum anderen auf Basis des bereits geführten Dialogs (was z.B. einmal vom System mitgeteilt wurde, kann als bekannt gelten) erschlossen werden. Umsetzungsmöglichkeiten werden von Chen und Norcio (2001) aufgezeigt. Als problematisch muss hier gelten, dass die Anpassung an den Nutzer nur mit der Zeit geschehen kann. Ebenfalls in diesem Zusammenhang zu nennen sind adaptierbare Systeme, die – auf einem anderen Weg – zu einem ähnlichen Ergebnis der Anpassung führen: Hier muss wiederum der Nutzer aktiv werden, der das System nach seinen Vorlieben einrichten kann.

Was vor diesem Hintergrund im Rahmen der Analyse von Interface-Agenten auch aktuell bereits Beachtung finden sollte, ist vor allem der Aspekt der Anpassung an spezifische Nutzergruppen. Zu diesem Zweck muss zunächst analysiert werden, welche Nutzergruppen welche Vorlieben haben. Dabei finden sich unterschiedliche Aufstellungen, welche Nutzervariablen eine Rolle spielen können. Shneidermann (1998) etwa gibt eine ausführliche Übersicht, welche Personvariablen auf die Bedienbarkeit einer Schnittstelle Einfluss nehmen und daher berücksichtigt werden sollten:

- *Physische Variablen:* Hierunter lassen sich physikalische Unterschiede (Körperbau) und perzeptuelle Unterschiede (unterschiedliche Reaktionszeiten auf visuelle Stimuli) subsumieren.
- *Kognitive Variablen:* Hier lassen sich Unterschiede hinsichtlich Kurzzeitgedächtnis und Problemlösen oder aber Faktoren, die kognitive Leistungen beeinflussen, wie Aufregung oder Monotonie, feststellen.
- *Persönlichkeitsvariablen:* Einfluss auf die Benutzung von Schnittstellen nehmen beispielsweise kognitiver Stil oder das Geschlecht der Nutzer.
- *Kulturelle und nationale Variablen:* In diesem Zusammenhang müssen verschiedenste Aspekte – von der Leserichtung auf dem Schirm bis hin zu unterschiedlichen Vorlieben – berücksichtigt werden (vgl. z.B. Röse, 2001).
- *Behinderungen:* Sowohl körperliche Handicaps als auch Lernbehinderungen können dazu führen, dass herkömmliche Schnittstellen nicht bedient werden können. Betroffene Personengruppen können in besonderem Maße von neuen Interface-Technologien profitieren (z. B. Sprachausgabe oder -eingabe).
- *Alter:* Bei älteren Personen können im Vergleich zu jüngeren Anpassungsrückstände und eine geringere Bereitschaft, sich mit Neuem auseinanderzusetzen, angenommen werden (vgl. Rudinger, 1994).

Für den Bereich der anthropomorphen Interface-Agenten nennen Catrambone et al. (2004) eine etwas abweichende Übersicht: Vorkenntnisse über den spezifischen Anwendungsbereich, Persönlichkeit (Moon & Nass, 1996; Nass & Lee, 2001; Rickenberg & Reeves, 2000), sozialer Kontext, Geschlecht, Alter, Ethnie, Vertrautheit mit Agententechnologie, kultureller Kontext, (körperliche) Fähigkeiten und Computerexpertise. Aus diesen Variablen werden im Folgenden die Aspekte behandelt, zu denen bereits nennenswerte Ergebnisse vorliegen, wie Geschlecht, Alter, (Technik)-Expertise, Persönlichkeit und Kultur.

4.5.3.1 Geschlecht

Hinsichtlich des Geschlechts lassen sich nicht nur die hinlänglich bekannten Unterschiede hinsichtlich des räumlichen Vorstellungsvermögens oder der mathematisch-naturwissenschaftlichen Interessen nachweisen (vgl. Alfermann, 1996; Anastasi, 1976; Asendorpf, 2003), sondern es existieren Hinweise auf einen regelrechten *technological gender gap*: Ein deutlicher Geschlechtsunterschied hinsichtlich Einstellung, Verhalten und Fähigkeiten in Bezug auf den technischen Bereich ist empirisch nachweisbar (Canada & Brusca, 1991; Sieverding, 2005). Bezüglich des Umgangs mit Computern etwa zeigt sich, dass männliche Schüler interessierter sind, ihre Fähigkeiten selbstbewusster beurteilen sowie häufiger über einen eigenen Computer verfügen (Chen, 1985), eine Tendenz, die sich auch bei Studenten fortsetzt (Sproull, Kiesler & Zubrow, 1984). Nach Levin und Gordon (1989) dagegen ist das Geschlecht als Prädiktorvariable weniger entscheidend für die Vorhersage der Einstellungen gegenüber Computern, als die bisherige Erfahrung mit Computern (die allerdings mit dem Geschlecht korrelierte). Am Beispiel von Informationsservices ließ sich ferner zeigen, dass Frauen und Männer sich durch unterschiedliche Bildschirmgestaltungen angesprochen fühlen. Mundorf, Westin und Dholakia (1993) weisen nach, dass Männer eher als Frauen eine farblich gestaltete Version bevorzugen. Die Vermutung der Autoren, dies spiegle eher das funktionale Interesse der Frauen und das spielorientierte Interesse der Männer wider, bleibt zu überprüfen. Andere Untersuchungen (Grabinger, 1993) konnten hingegen keinen Geschlechtsunterschied in der Präferenz von Displaygestaltungen aufzeigen. Hier muss im Rahmen ergänzender Forschung geprüft werden, ob sich schließlich Hinweise auf eine geschlechtsspezifische Bevorzugung ableiten lassen.

Erste Ergebnisse lassen sich auch für den Bereich der anthropomorphen Schnittstellen aufzeigen. So stellen Sproull et al. (1996) fest, dass Frauen die virtuellen Figuren negativer bewerten als die männlichen Versuchsteilnehmer. Auch nach Krämer (2001) beurteilen Frauen einen virtuellen Helfer tendenziell kritischer und stufen diesen eher als unsympathisch oder arrogant ein als Männer. Diese Ergebnisse überraschen vor dem Hintergrund bisheriger allgemeiner Befunde, die Frauen bei allen Bewertungen eine Tendenz zur Milde bescheinigen. Möglicherweise zurückführen lässt sich diese kritische Haltung entweder – im Sinne der Annahmen von Mundorf et al. (1993) – auf ein eher funktional orientiertes Interesse der Frauen, die die bisherigen Formen virtueller Helfer als „Spielerei“ empfinden könnten, oder aber auf eine größere Sensibilität gegenüber den bislang noch recht künstlichen Entwicklungen. Gegenteilige Ergebnisse finden Bickmore und Cassell (2004). Sie zeigen, dass Frauen die verkörperte Agentin Rea als effizienter und zuverlässiger bewerten als Männer, während diese eher die Konversation per Telefon bevorzugen. Catrambone et al. (2004) weisen auf einen ganz anderen Geschlechtsunterschied hin. In einem nach der Konfrontation mit einem Agenten durchgeführten Interview waren es überzufällig viele Frauen, die Pronomen wie „er", „sie" (statt der Agent oder es) benutzten, um auf den Agenten zu referenzieren. Andere Untersuchungen finden dagegen überhaupt keinen Unterschied zwischen männlichen und weiblichen Versuchsteilnehmern. McBreen (2002) berichtet, dass die von ihr getesteten e-commerce-Agenten von Männern und Frauen gleichermaßen positiv bewertet werden. Es zeigte sich auch kein Unterschied hinsichtlich der Bevorzugung von komplementärer versus redundanter Multimodalität (Buisine et al., 2004, s. o.).

Auch die eigenen Untersuchungen zeigen insgesamt nur wenige Differenzen zwischen Männern und Frauen (vgl. Krämer, Rüggenberg, Meyer zu Kniendorf & Bente, 2002). In Studie 1 (virtuelle Bedienungsanleitung) konnten nur geringe Unterschiede zwischen der Bewertung der virtuellen Helfer durch Männer und durch Frauen festgestellt werden. Hier bezeichneten Frauen die anthropomorphe Schnittstelle als kühler, z. T. sind aber auch die Männer kritischer und bewerten selbige als unglaubwürdiger. Auch auf Faktorenebene zeigen sich keine deutlicheren Tendenzen. Bei der ersten Untersuchung dagegen wird deutlich, dass insbesondere Frauen von den Erläuterungen eines virtuellen Helfers profitieren konnten: Während nur 5,7 % der Frauen mit virtuellem Helfer bei der Aufgabe „Kanäle einstellen" größere Bedienprobleme zeigten, traten bei immerhin 44,4 % der Frauen, die lediglich den Text der Bedienungsanweisung erhalten hatten, gravierendere Schwierigkeiten auf. Bei den Männern dagegen führte ein virtueller Helfer zu keiner solchen Leistungssteigerung: 5,7 % der Männer zeigten größere Schwierigkeiten, wenn ein virtueller Helfer die Erklärung gegeben hatte, während in der Bedienungsanleitung-Bedingung nicht ein einziger schwerwiegendere Probleme aufwies.

Im Rahmen der Untersuchung unter Nutzung des EMBASSI-Demonstrators (vgl. Kap. 4.1, Studie 2) erwiesen sich die Frauen entgegen den zuvor aufgeführten Ergebnissen als die insgesamt positiver bewertenden Teilnehmer: Sie bezeichneten sich als zufriedener mit dem Entertainment-Aspekt und empfanden den Agenten als weniger aufdringlich, als aufmerksamer sowie maskuliner. Diese etwas positivere Bewertung der virtuellen Charaktere bestätigt sich noch einmal im Vergleich der Bewertung der unterschiedlichen Ausgabemodalitäten (nur GUI, Sprachausgabe, anthropomorpher Agent) durch die beiden Geschlechter. Bei Items wie „Die Unterstützung war gut", „Das TV-Video-System trägt zur Arbeitserleichterung bei", „Zufriedenheit mit der Effektivität der Hilfe" beurteilten die Frauen das System zwar dann besser als die Männer, wenn es sich um die reine Textausgabe oder die Präsentation eines anthropomorphen Agenten handelte, bei der Sprachausgabe jedoch kehrten sich die Bewertungen um. Die Analyse der ebenfalls erhobenen offenen Aussagen weist darauf hin, dass sich die Frauen insbesondere an der noch relativ künstlichen Stimme störten (vgl. Krämer, Rüggenberg, Meyer zu Kniendorf & Bente, 2002).

Zusammenfassend lässt sich feststellen: Geschlechtsunterschiede lassen sich nicht konsistent nachweisen. Wie in vielen anderen Bereichen, so werden anscheinend auch hier mehr Geschlechtsunterschiede erwartet als tatsächlich nachzuweisen. Einige Tendenzen finden sich allerdings dennoch. Aus den gesammelten Befunden lässt sich schließen, dass Frauen insbesondere auf Aspekte der Künstlichkeit sensibel (negativ) reagieren, andererseits aber in überdurchschnittlichem Maße von den neuen Entwicklungen profitieren können. Die zukünftige Akzeptanz, insbesondere vonseiten der Frauen, wird somit einerseits von der Güte der Weiterentwicklungen in Bezug auf „Natürlichkeit", andererseits von der Transparenz der tatsächlichen Funktionalität abhängen.

4.5.3.2 Expertise

Auch die Expertise kann eine wichtige Möglichkeit zur Kategorisierung von Nutzergruppen darstellen und zur spezifischen Anpassung der Schnittstelle. Während zunächst im Rahmen der Forschung nur erfahrene Anwender berücksichtigt wurden (vgl. Carroll, 1997), nahm die Unterscheidung verschiedener Expertise-Gruppen ihren Anfang in den 1980er Jahren, als die Nutzer aufgrund der zunehmenden Computerverbreitung immer heterogener wurden. Insbesondere Shneidermann (1987) proklamierte *know the user* und unterschied drei auch heute noch gebräuchliche Nutzergruppen: Novizen (*novice user*), durchschnittliche Nutzer (*intermediate user*) und Experten (*expert user*). Faulkner (1998) beschreibt die Charakteristika und Bedürfnisse der unterschiedlichen Gruppen: Aufgrund der geringen Erfahrung sowie des geringen und häufig deklarativen statt prozeduralen Wissens ist das Arbeiten mit dem System für *Novizen* langsam und aufwendig. Ein System muss mit häufigem Feedback ausgestattet sein, damit der Nutzer einschätzen kann, ob er sich auf dem richtigen Weg zur Lösung befindet. Erforderlich ist ebenfalls, dass der Nutzer selbst die Schnelligkeit und das Fortschreiten der Interaktion bestimmt. *Intermediate User* wissen, was sie tun wollen und in begrenzten Anwendungsfeldern auch, wie sie dies erreichen. Hier sind insbesondere eine gute Dokumentation und Hilfesysteme von Nöten, da diese Nutzergruppe auf der einen Seite ihr Wissen vertiefen und sich auf der anderen Seite bisweilen in neue Aspekte einarbeiten muss. *Experten* dagegen zeigen aufgrund ihres syntaktischen und semantischen Wissens häufig ein großes Zutrauen in ihre eigenen Fähigkeiten und nutzen auch ihnen unbekannte Systeme. Hier müssen insbesondere Erleichterungen zur Abkürzung von Teilschritten bereitgestellt werden. Eine Studie von Trumbly, Arnett und Martin (1993) konnte tatsächlich belegen, dass sich die Leistungen der Nutzern deutlich steigern, wenn die jeweiligen Schnittstelleneigenschaften auf ihren Erfahrungsgrad abgestimmt werden. Hinsichtlich der Möglichkeiten zur Erfassung von Expertise lassen sich in den letzten Jahren deutliche Fortschritte beobachten. Während Computererfahrung zunächst als lediglich äquivalent zu Häufigkeit und Länge des Gebrauchs (*amount of use*) oder des Wissensspektrums (*diversity of experience*) konzipiert wurde, plädierten bereits Jones und Clarke (1995) dafür, verschiedenste Aspekte mit einzubeziehen, wie Häufigkeit des Gebrauchs, Gelegenheit zur Nutzung,

Wissensspektrum und Informationsquellen. Zusätzlich sollten neben diesen objektiven Aspekten der Computernutzung entsprechend dem Konzept von Smith, Caputi, Crittenden, Jayasuriya und Rawstorne (1999) auch subjektive Aspekte (*perceived control, perceived enjoyment* oder *anxiety*) berücksichtigt werden (vgl. auch Beier, 1999). In Bezug auf die Erfassung der Zugehörigkeit zu einer bestimmten Expertise-Gruppe müssen ferner zwei Problemkreise Beachtung finden: Will man den Expertise-Status vor der Nutzung eines Gerätes kennen, so stellt sich einerseits das Problem der validen Erfassung, die bislang nur durch aufwendigere Erhebungen gelingen kann. Andererseits ist speziell diese Variable einem schnellen Wandel unterzogen und müsste beständig überprüft und angeglichen werden.

Die Schwierigkeiten bei der Erfassung dieses Konstruktes mögen ein Grund dafür sein, dass kaum Ergebnisse zur differentiellen Bewertung anthropomorpher Schnittstellen durch unterschiedlich Technikversierte vorliegen. Eines der wenigen Ergebnisse berichtet Schaumburg (2001). Sie findet keinen Zusammenhang zwischen Expertise und Akzeptanz und auch andere Variablen, wie die Bereitschaft, mit einem virtuellen Assistenten zu arbeiten, zeigen sich als nicht beeinflusst durch die Expertise des Nutzers: „The subjects' general computer experience and their willingness to use the assistant were not related at all. This finding is consistent with the assumptions of Reeves and Nass (1996) who suggest that the acceptance of a social interface does not depend on the users' computer expertise" (Discussion, 6. Paragraph). In den eigenen Untersuchungen wurde darauf geachtet, dass im Rahmen der Erfassung unterschiedliche Aspekte des Konstrukts möglichst umfangreich berücksichtigt werden (vgl. Rüggenberg, 2002). So wurde die Computererfahrung nach Jones und Clarke (1995) auf verschiedenste Aspekte bezogen: *Amount of use, opportunity to use, diversity of experience, sources of information.* Zusätzlich wurden neben diesen objektiven Aspekten der Computernutzung entsprechend dem Konzept von Smith et al. (1999) auch subjektive Aspekte (*perceived control, perceived enjoyment* oder *anxiety*) mit einbezogen. Eine Clusteranalyse ergab für die erste Untersuchung zur Akzeptanz und Effizienz einer virtuellen Bedienungsanleitung eine Lösung mit drei Gruppen, die als novice, intermediate und expert benannt werden konnten (vgl. Rüggenberg, 2002; Krämer, Rüggenberg & Meyer zu Kniendorf, 2002). Im Rahmen von Studie 2 bildeten sich zwei Cluster, die einer Experten- und einer Laiengruppe entsprachen. In Bezug auf den Aspekt der differentiellen Akzeptanz durch die Gruppen sind die Ergebnisse beider Untersuchungen erstaunlich konsistent: In der ersten Untersuchung bewerteten die drei dort isolierten Expertisegruppen den virtuellen Helfer zwar gleichermaßen als positiv und nützlich, wiesen aber hinsichtlich eines als „Dominanz/Kontrolle" bezeichneten Faktors Unterschiede auf. So hatten die unerfahrenen Nutzer das Gefühl, den Helfer nicht ausreichend kontrollieren zu können, sondern vielmehr von diesem kontrolliert zu werden. Zudem empfanden sie die Geschwindigkeit, mit der die Funktionen erklärt wurden, als nicht angemessen, da sie dem Helfer eher schwer folgen konnten. Die Expertengruppe fühlte sich hingegen in keiner Weise kontrolliert und gab an, über ausreichend Kontrolle im Umgang mit dem virtuellen Helfer verfügt zu haben (vgl. Rüggenberg, 2002). Diese Tendenzen spiegelten sich im Rahmen der zweiten Untersuchung – auch hier bezeichneten sich die Experten, im Gegensatz zu den Laien, als eher entspannt und eher fröhlich im Umgang mit dem Helfer. Die eigene Kontrollüberzeugung im Umgang mit dem Helfer äußerte sich ferner auch darin, dass die Experten den Agenten selbst als schwächer, angespannter und aufgeregter empfanden als die Laien, die ihn entsprechend eher mit Dominanzattributen belegten. Ferner fanden die Experten den Umgang interessanter und berichteten über mehr Spaß. Hinsichtlich der Effizienz ließen sich keine signifikanten Unterschiede nachweisen. Keine der Gruppen schien einen spezifischen Vorteil durch eine spezifische Modalität zu genießen.

Es lässt sich somit zusammenfassen: Experten und Laien unterscheiden sich entgegen landläufig geäußerten Meinungen nicht nachweisbar hinsichtlich der Akzeptanz von virtuellen Helfern. Allerdings finden sich Differenzen in der Kontrollwahrnehmung dem anthropomorphen Agenten gegenüber. Ganz entgegen seiner intendierten Wirkung kann ein solcher Helfer den ungeübten Nutzer sogar „einschüchtern". Hier muss in Zukunft gesteigerter Wert auf die interaktive Kontrollierbarkeit durch den Nutzer gelegt werden (vgl. Krämer, Rüggenberg, Meyer zu Kniendorf & Bente, 2002).

4.5.3.3 Alter

Eine nähere Betrachtung der Variable Alter empfiehlt sich vor allem aufgrund der Hoffnung, mithilfe anthropomorpher Schnittstellen insbesondere älteren Personen den Zugang zu hochtechnisierten Geräten zu erleichtern, die als Teil der Vision von virtuellen Helfern bezeichnet werden kann. In der Literatur der Differentiellen Psychologie lassen sich für den Bereich der Altersunterschiede vor allem Untersuchungen zur Veränderung von Intelligenz und Fähigkeiten finden. Gerade hinsichtlich der Geschwindigkeit der Aufnahme und Verarbeitung von Informationen kann im Alter ein deutlicher Abbau beobachtet werden (vgl. Baltes, 1990). Empirischen Befunden zufolge können ältere Personen fast ebenso gut lernen wie jüngere, sind aber ernsthaft benachteiligt, wenn die Aufgabe alten Gewohnheiten widerspricht. Andere Studien analysieren motivationale Komponenten: Zentral für die Bereitschaft zum Umgang mit neuen Entwicklungen sind beispielsweise die Ergebnisse von Strong (1943), der nachweisen konnte, dass die Zustimmung zu Veränderungen mit dem 55. Lebensjahr abnimmt. Auch wenn man davon ausgehen muss, dass sich diese Grenze heutzutage weiter nach hinten verschoben hat, kann man für die ältesten Mitbürger durchschnittlich eine geringere Bereitschaft annehmen, sich mit Neuem auseinanderzusetzen. Letztlich führt dies dazu, dass ältere Menschen mit der Technisierung des Alltags nicht mehr Schritt halten können. Rudinger (1994) beschreibt das Ausmaß der Schwierigkeiten im Umgang mit der Technik und überprüft mögliche Verbesserungen der Geräte, Benutzeroberflächen und Bedienungsanleitungen. Analysen ergeben, dass sich insbesondere im Bereich der Oberflächengestaltung durch kleine Verbesserungen (bessere Verbindung zwischen Text und Abbildung, nicht zu viele Kontrolllampen) schnell positive Effekte für ältere und auch jüngere Versuchsteilnehmer erzielen lassen. Umso überraschender ist, dass zu anthropomorphen Schnittstellen bislang praktisch keine Studien vorliegen, die die Altersvariable berücksichtigen. Einzig McBreen (2002) berichtet, keine mit dem Alter zusammenhängenden Unterschiede bei der Beurteilung von e-commerce-Agenten aufgefunden zu haben. Inwieweit dabei allerdings tatsächlich eine ausreichende Anzahl älterer Personen in die Analysen einbezogen wurden, wird nicht klar. Andere Untersuchungen aus dem Robotik-Bereich fokussieren auf die Unterschiede zwischen Kindern und Erwachsenen. Schulte et al. (1999; vgl. Fong et al., 2002) finden bei einer Befragung von 60 Museumsbesuchern, dass Kinder unter 10 Jahren einem Roboter eher menschliche Intelligenz zuschrieben.

Um erstmalig zu testen, inwieweit die Interaktionsform der virtuellen Helfer den Bedürfnissen und Fähigkeiten von Senioren tatsächlich entgegenkommt – z. B. da sie weder gezwungen sind, Neues zu erlernen, noch sich an bislang unbekannte Interaktionsformen gewöhnen müssen – haben wir zwei Untersuchungen mit einer hohen Altersspanne innerhalb der Probanden durchgeführt, in der tatsächlich einige Senioren getestet wurden (vgl. Krämer, Rüggenberg, Meyer zu Kniendorf & Bente, 2002). Die Ergebnisse beider Studien (Studie 1 und Studie 2) verwiesen hinsichtlich des Bereiches Akzeptanz auf eine eher hohe Zufriedenheit *aller* Altersgruppen bei der Interaktion mit virtuellen Helfern. Dennoch zeigten sich einige Unterschiede: Unterteilt man etwa die Teilnehmer der zweiten Studie (EMBASSI-Demonstrator) in zwei Altersgruppen (bis 38- und ab 39-Jährige), so wurde deutlich, dass die älteren Teilnehmer sich als gereizter und abgelenkter während der Interaktion beschrieben. Allerdings befanden sich die Angaben in beiden Gruppen ohnehin eher am Pol „gar nicht" bis „ein wenig" gereizt bzw. abgelenkt, sodass dies nicht als Ablehnung gewertet werden muss. Es überrascht jedoch, dass ältere Personen, die sich gemeinhin in Befragungen durch eine „Tendenz zur Milde" auszeichnen, hier eine leicht kritischere Bewertung abgaben. Eine differentielle Bewertung der unterschiedlichen Darstellungsmodalitäten (Text, Sprachausgabe, anthropomorphe Schnittstelle) durch die unterschiedlichen Altersgruppen ließ sich nicht feststellen, d. h. es liegt keine spezifische Bevorzugung einer bestimmten Modalität bei einer bestimmten Altersgruppe vor. Es ergaben sich zwar vereinzelte statistische Interaktionen, diese ließen sich jedoch nicht konsistent interpretieren. Auch im Rahmen der ersten Studie fanden sich überraschenderweise die eher kritischen Bewertungen bei der Gruppe der ältesten Teilnehmer. Die vier Untersuchungsgruppen (bis 20, 21 bis 30, 31 bis 40, über 40 Jahre) unterschieden sich allerdings nur hinsichtlich weniger Items signifikant. So bezeichneten sich die Älteren als weniger neugierig während der Interaktion mit dem virtuellen Helfer – insbesondere im Vergleich mit den 30- bis 40-Jährigen. Dies schlägt sich auf Faktorenebene sogar darin nieder, dass die Gruppe der über 40-Jährigen insgesamt weniger „positive Gefühle im Umgang mit dem virtuellen Helfer" berichtete. Ferner gaben die Älteren an, der Aspekt des Entertainments sei ihnen nicht so wichtig.

Hinsichtlich der Effizienz zeigten sich keine eindeutigen differentiellen Effekte. Innerhalb der zweiten Studie bedeutete die Modalität des anthropomorphen Assistenten insofern keine geeignetere Unterstützung für die Gruppe der Älteren, als diese keinen besonderen Zugewinn hinsichtlich Schnelligkeit (gemessen an den Durchführungsschritten und der Zeit zur Aufgabenbearbeitung) aufwiesen. Allerdings muss einschränkend bemerkt werden, dass die Schnelligkeit hier nicht unbedingt ein geeignetes Maß für Unterstützung darstellte, da bei den in diesem Rahmen durchzuführenden Auswahlaufgaben „schneller" nicht gleichbedeutend mit „besser" war. Doch wie die Ergebnisse der ersten Untersuchung zeigten, stellt der virtuelle Helfer auch in Bezug auf das Lösen von Aufgaben keine verhältnismäßig größere Hilfe für Ältere dar. Diese profitierten zwar etwa bei der Aufgabe „Kanäle einstellen" stark von den Erklärungen des virtuellen Helfers (82,35 % der Teilnehmer lösten die Aufgabe nach den Erläuterungen des Helfers ohne Probleme und nur 37,5 % lösten sie problemlos auf Grundlage der Bedienungsanleitung), aber das gilt gleichermaßen für die jüngere Gruppe, die allerdings auch insgesamt erfolgreicher abschneidet (94,5 % lösen die Aufgabe mit dem virtuellem Helfer problemlos, nur 62,5 % zeigen keine Probleme mit der Bedienungsanleitung).

Es lässt sich somit feststellen, dass die Gruppe der Älteren den neuen technischen Möglichkeiten durchaus erst einmal kritischer gegenübersteht. Dennoch ist ein Effizienzgewinn bei der Lösung von Aufgaben nachweisbar, der allerdings für Ältere und Jüngere gleichermaßen gilt und keinen spezifischen Vorteil für die Älteren darstellt. In weiteren Untersuchungen muss insbesondere überprüft werden, wie die Akzeptanz durch Ältere verbessert werden kann (z. B. welches äußere Erscheinungsbild bevorzugen Ältere und wie viel oder wenig Bewegungsaktivität vonseiten des Helfers wird gewünscht?). Ferner muss insbesondere die Gruppe der tatsächlichen Senioren – im Sinne der über 65-Jährigen – stärker in Untersuchungen mit einbezogen werden.

4.5.3.4 Persönlichkeit

Da die Persönlichkeit aufseiten des virtuellen Helfers als relevante Variable betrachtet wird (vgl. Kap. 3.1.1.1), liegt es nahe, zu vermuten, dass auch auf Nutzerseite die Persönlichkeit relevant ist. Während bei der herkömmlichen Schnittstellengestaltung die Persönlichkeit zwar als relevante Variable genannt wird (vgl. Shneiderman, 1998), aber kaum empirisch untersucht wurde, gewinnen die unterschiedlichen Aspekte der Persönlichkeit eine neue Relevanz im Zusammenhang mit der quasi sozialen Situation im Umgang mit Agenten. Während kaum vorstellbar ist, dass Aspekte wie Extraversion oder Soziabilität die Bewertung und den Umgang mit graphischen Benutzeroberflächen beeinflussen, erscheint dies im Umgang mit interaktiven virtuellen Figuren durchaus denkbar. Eine Überlegung, die in diesem Zusammenhang eine zentrale Rolle spielt, ist, ob etwa eine Passung zwischen Agentenpersönlichkeit und Nutzerpersönlichkeit hergestellt werden muss. Isbister (1998) argumentiert, es könne diesbezüglich zu ähnlichen Prozessen wie im Rahmen der zwischenmenschlichen Kommunikation kommen. Allerdings finden sich auch hinsichtlich Letzterer unterschiedliche empirische Ergebnisse, wie eine optimale Passung gestaltet sein muss. So zeigen zum einen zahlreiche Ergebnisse aus der Sozialpsychologie, dass Ähnlichkeit eine positive Bewertung und das Entstehen beispielsweise von Freundschaften begünstigt („Gleich und gleich gesellt sich gern", vgl. Herkner, 2001; Aronson, Wilson & Akert, 2003), es konnte aber auch belegt werden, dass komplementäre Eigenschaften Kontakt begünstigen („Gegensätze ziehen sich an") (vgl. Kap. 4.5.2). Für den Bereich von audio- und textbasierten Schnittstellen konnten Moon und Nass (1996) hinsichtlich der Persönlichkeitsvariable Extraversion zunächst vor allem „similarity attraction" nachweisen (Nass et al., 1995; Nass & Lee, 2001).

Bickmore und Cassell (2004; Bickmore & Cassell, 2001) thematisieren ebenfalls den Bereich der Extraversion. Sie stellen fest, dass insbesondere Extravertierte Rea mehr vertrauten, wenn diese Small Talk nutzte (Bickmore & Cassell, 2001). Dieses Ergebnis wurde in einer späteren Untersuchung noch einmal bestätigt – allerdings nicht für eine telefonbasierte Bedingung ohne die Verkörperung von Rea (Bickmore & Cassell, 2004). Sozio-emotionale Aspekte des Dialogs scheinen somit nicht generell zu einer erhöhten Zuschreibung von Vertrauenswürdigkeit zu führen, sondern nur für Extravertierte, die das offene Verhalten von Rea als extravertierten Zug und somit als Ähnlichkeit wahrnehmen. Das Gleiche gilt für introvertierten Nutzer, die das sachliche, aufgabenbezogene Verhalten als Introversion interpretiert haben. Die Autoren kommen vor dem Hintergrund zu folgender Schlussfolgerung: „Similarity attraction effects appear to have overwhelmed the social-dialogue-trust effects, and we observed introverts liking and trusting Rea more when she behaved consistently introverted and extraverts liking and trusting her more when she behaved consistently extraverted. Our conclusion from this is that, adding social dialogue to embodied conversational agents will require a model of social nonverbal behavior consistent with verbal conversational strategies, before the social dialogue fulfils its trust-enhancing role" (Bickmore & Cassell, 2004, S. 25).

Auch Isbister, Nass und Kollegen überprüften in einer Reihe von Studien, welche Art der Passung sich für die Interaktion von Nutzer und Agent empfiehlt. Isbister und Nass (2000) zeigten in einer Untersuchung an 40 intro- und extravertierten Personen, dass es – wie bereits berichtet – in erster Linie zunächst ein in sich konsistenter Charakter wichtig ist, der beispielsweise Extravertiertheit sowohl hinsichtlich verbaler als auch nonverbaler Kommunikation zeigt. Im Hinblick auf die Passung zeigen sich Ergebnisse, die sich von vorhergegangenen Untersuchungen unterscheiden: Während bisherige Studien für rein dialog- oder textbasierte Schnittstellen „similarity attraction" nachwiesen (Moon & Nass, 1996; Nass et al., 1995; Nass & Lee, 2001), bevorzugten die Teilnehmer hier einen unähnlichen Charakter. Dies sei aber parallel in der zwischenmenschlichen Forschung auch zu beobachten – während bei textbasierten Charakterbeschreibungen eher ähnliche Charaktere bevorzugt würden, steigen die Komplementaritätseffekte, wenn die andere Person anwesend ist. Das Fazit der Autoren lautet daher insgesamt, dass es wichtiger sein wird, den Charakter in sich konsistent zu gestalten, als ihn an die Persönlichkeit des Nutzers anzupassen. Dennoch sollte die Variable Persönlichkeit weitere Berücksichtigung finden. So fassen Catrambone et al. (2004) die Ergebnisse der Studien von Nass und Kollegen folgendermaßen zusammen: „A potential implication of their findings is that a 'one size fits all' approach in designing ECAs simply may not provide enough flexibility for conversational style interactions in which manner, personality, and appearance seem to be so important“ (S. 9).

Rickenberg und Reeves (2000) beziehen dagegen eine andere, nicht weniger prominente Persönlichkeitsvariable mit ein. Sie stellen fest, dass die Kontrollüberzeugung (vgl. Rotter, 1966) entscheidend beeinflusst, ob die Nutzer erhöht ängstlich sind, wenn sie mit einem Agenten interagieren. Ist der Nutzer extern kontrolliert, empfindet er bei der Interaktion mit einem virtuellen Agenten, der ihn beobachtet, erhöhte Ängstlichkeit – was zu einer entsprechend erhöhten Fehlerrate führt.

Insgesamt scheint somit auch die Persönlichkeit des Nutzers eine relevante moderierende Variable darzustellen. Implikationen für das Design lassen sich bislang allerdings kaum ableiten, da sich hinsichtlich der Dimension Extraversion-Introversion noch nicht hat klären lassen, unter welchen Bedingungen Ähnlichkeit oder Unähnlichkeit des Agenten vorteilhaft ist. Die Tatsache, dass sich sowohl für Extraversion als auch für Kontrollüberzeugung Effekte finden lassen, zeigt jedoch, dass der Bereich weitere Beachtung finden sollte.

4.5.3.5 Kultur

Die Variable Kultur hat bislang zumindest so viel Aufmerksamkeit erregt, dass bereits ein Herausgeberwerk zum Themenkomplex entstanden ist (Agent culture. Human-Agent interaction in a multicultural world, Payr & Trappl, 2004). Untersuchungen, die auf differentialpsychologische Aspekte beispielsweise der Akzeptanz im Hinblick auf die Kultur eingehen, werden allerdings kaum vorgestellt. Die meisten Beiträge zum Thema Kultur thematisieren – relativ losgelöst von empirischen Ergebnissen – Gestaltungs- und Designmöglichkeiten. Den differenziertesten Überblick über zu berücksichtigende Aspekte geben Payr und Trappl (2003). Die Autoren weisen darauf hin, dass der weltweite Erfolg von synthetischen Charakteren wie Micky Mouse, Lara Croft oder Bob, der Baumeister, dennoch nicht dafür spricht, Agenten ohne Rücksicht auf die Kultur zu gestalten. Denn während diese in synthetischen Welten leben, werden Agenten eingesetzt, um innerhalb eines kulturellen Kontextes Alltagsaufgaben zu lösen. In Bezug auf pädagogische Agenten wird beispielsweise angeführt, dass sich Lehrer in Japan und den USA grundsätzlich unterschiedlich verhalten: Während japanische Lehrer eher die ganze Klasse ansprechen und wenig loben, adressieren amerikanische Lehrer eher Individuen und korrigieren weniger. Werden nun etwa für alle Kulturen die gleichen pädagogischen Agenten eingesetzt, sind die Folgen vorstellbar. Die Adaptation kann laut Payr und Trappl (2003) auf unterschiedlichen Ebenen erfolgen: auf der Oberflächenebene (Erscheinungsbild, nonverbales Verhalten), der Auswahl der Handlungen (Rollenverhalten) sowie der emotionalen Ebene. Auch hinsichtlich der Persönlichkeit, bezüglich ökologischer Variablen (kontextuelles Wissen, sozialer Status und Rolle) oder bezüglich des generellen Einsatzes können Anpassungen vorgenommen werden. Dabei sollte darauf geachtet werden, dass nicht ausschließlich oberflächliche Anpassungen vorgenommen werden. Einen kulturell neutralen Agenten kann es laut den Autoren nicht geben: Kultur wird automatisch durch die spezifische Kulturangehörigkeit des Designers in die Agenten implementiert. Dem Designer obliege es daher, bewusst mit diesem Aspekt umzugehen: „Culture is dynamic – it is permanently reproduced and changed by interaction. As IVAs become and are seen by users as social actors, they participate in this process. It is the designers' responsibility to be aware of the cultural context of their virtual characters' interaction and to respect users' cultural sensitivity and diversity" (Payr & Trappl, 2003, S. 323). Isbister (2004) gibt eine Übersicht über kulturell variierendes nonverbales Verhalten und schlägt vor diesem Hintergrund vor, Agenten zur Einübung von kulturell divergierenden Verhaltensweisen einzusetzen.

Nur wenige Untersuchungen thematisieren diesen Aspekt bislang. Krenn, Neumayr, Gstrein und Grice (2004) präsentieren Daten, basierend auf der Anwendung Flirtboat, die Nutzern in Österreich, Kroatien und Großbritannien ermöglicht, auf einer virtuellen Kreuzfahrt interessante Partner für einen Flirt zu finden. Hinsichtlich der Wahl der Persönlichkeit der Flirt-Partner zeigte sich eine höhere Übereinstimmung von Österreich und Kroatien im Vergleich zu Großbritannien. Hinsichtlich der Präferenzen bezogen auf das Erscheinungsbild konnten dagegen keine kulturellen Unterschiede gefunden werden. Isbister, Nakanishi, Ishida und Nass (2000) thematisieren kulturelle Kommunikation auf andere Art und Weise. Sie untersuchen, wie ein Agent die interkulturelle Kommunikation beeinflusst, indem er interkulturelle Kommunikation durch Themenvorschläge unterstützt (vgl. Nakanishi, Ishida, Isbister & Nass, 2004): In einer experimentellen Untersuchung interagierten Amerikaner videobasiert mit Japanern. Variiert wurde, ob ein Agent die Konversation unterstützte und ob er sichere oder heikle Themen vorschlug. Insbesondere die Amerikaner profitierten von einem Agenten, der sichere Themen vorschlug – sie bewerteten ihr eigenes Verhalten positiver, bezeichneten sich als selbstsicherer, aber weniger dominierend. Auch die Meinung über den Gesprächspartner war höher und das Stereotyp des typischen Japaners positiver. Aufseiten der Japaner verbesserte der Agent das Erleben nicht, der Partner wurde allerdings einem selbst als ähnlicher bezeichnet. Ansonsten wurden eher negativere Bewertungen (über sich selbst, über die Situation, hinsichtlich des typischen Amerikaners) festgestellt. Eine mögliche Ursache für die unterschiedliche Bewertung könnte die Tatsache sein, dass der Agent englischsprachig war. Wenn der Agent heikle Themen vorschlug, bewerteten sowohl Japaner als auch Amerikaner die Situation als interessanter. Aus

Sicht der Autoren bestätigen die Ergebnisse, dass ein Agent an die jeweiligen Kulturen angepasst werden sollte.

Insgesamt zeichnet sich somit auch hier ab: Kultur sollte als eine moderierende Variable berücksichtigt werden. Allerdings ist das Wissen über spezifische Merkmale und deren differentielle Akzeptanz zu gering ausgeprägt, als dass bereits Vorschläge für eine kulturspezifische Gestaltung abgeleitet werden könnten. Interessanterweise werden ersten Untersuchungen zufolge Agenten nicht nur je nach Kultur unterschiedlich bewertet, sondern es zeigen sich auch Möglichkeiten, die die Agenten zur Optimierung der interkulturellen zwischenmenschlichen Kommunikation bieten – als Trainingspartner (Isbister, 2004) und Konversationsbegleiter (Isbister et al., 2000; Nakanishi et al., 2004).

4.5.3.6 Fazit zu Nutzervariablen

Es bleibt zu diskutieren, inwieweit dieses Wissen genutzt werden kann, um wirklich gruppenspezifisch optimierte Schnittstellen zu gestalten. Denn tatsächlich lassen sich auch für auf bestimmte Nutzergruppen zugeschnittene Interfaces immer nur begrenzte Vorhersagen über die zu erwartende Akzeptanz und Effizienz machen. So zeigen Erfahrungen aus den Untersuchungen (vgl. Studie 2), dass eine ältere Frau mit wenig Expertise „den freundlichen Mann" noch einmal sehen will, während eine andere Frau der gleichen Kategorie „den furchtbaren Helfer" sofort wegschalten möchte. Wie bei jeder Kategorisierung ermöglicht diese keine zuverlässige Vorhersage für das Individuum. Bis adaptive, sich mit der Zeit an den Nutzer anpassende Systeme aber glücken, stellen diese Erkenntnisse zumindest eine Möglichkeit zur nutzerspezifischen Voreinstellung bei Anfangsnutzung des Gerätes dar. Aufgrund der beschriebenen Kategorien-Problematik sollte aber in jedem Fall die Adaptierbarkeit durch den Nutzer vorgesehen werden, der die gewünschten Features selbst zusammenstellen können muss.

Zusammenfassend lässt sich feststellen, dass die bisherigen Befunde einerseits deutlich machen, dass anthropomorphe Interface-Agenten prinzipiell für alle Nutzergruppen geeignet scheinen (vgl. Krämer, Rüggenberg, Meyer zu Kniendorf & Bente, 2002). Andererseits werden vor allem Möglichkeiten zur auf die einzelnen Gruppen zugeschnittenen Optimierung aufgezeigt. Die Daten sind zwar noch zu unsystematisch, um ein zuverlässiges *user profiling* zu ermöglichen, es ergeben sich zum Teil aber bereits Hinweise auf gruppenspezifische Gestaltungsmöglichkeiten. So sollte die Schnittstelle für Frauen möglichst natürlich wirken, ältere Personen sollten zunächst möglichst gewohnte Züge und Verhaltensweisen sehen und langsam an die neue Technik herangeführt werden (evtl. durch ein Tutorium) und die wenig Technik-Versierten sollten in besonderem Maße die Möglichkeit zu reziproker Interaktion erhalten und beständig mit Rückmeldungen versorgt werden, um das Gefühl der Kontrolle über den virtuellen Helfer zu erlangen. Beliebig generalisieren lassen sich die Ergebnisse allerdings nicht: In Zukunft müssen die jeweilige Aufgabe sowie der situative Kontext stärker berücksichtigt und in Untersuchungen variiert werden.

4.5.4 Aufgabe und Anwendungsbereich

Es erscheint selbstverständlich, dass die Art der Aufgabe Einfluss darauf nimmt, inwieweit anthropomorphe Interface-Agenten akzeptiert werden und vor allem nützlich sind. Bereits Arbeiten aus dem Bereich der Forschung zur computervermittelten Kommunikation (Straus & McGrath, 1994) zeigen, dass je nach Aufgabe und Situation die zusätzliche Verfügbarkeit von nonverbalem Verhalten vorteilhaft sein kann oder im Gegenteil störend, da zusätzliche sozio-emotionale Aspekte vermittelt werden. Obwohl auch für Interface-Agenten angenommen werden kann, dass ihr Einsatz (und damit der von nonverbalem Verhalten) je nach Situation vorteilhaft oder nachteilig sein kann, werden Aufgabe und Situation dennoch selten im Rahmen von empirischen Studien berücksichtigt. Dies erklärt sich vor allem durch den erhöhten Aufwand: So können die Eigenschaften von Aufgabe und Situation nicht lediglich durch Fragebögen oder andere unter forschungspragmatischen Gesichtspunkten günstige Methoden Eingang in die Untersuchung finden. Sie müssen immer als zusätzliche (unabhängige) Variable variiert werden und erhöhen damit zwangsläufig die Versuchsteilnehmerzahl. Insgesamt lassen sich daher nur wenige Untersuchungen finden, die diese Aspekte tatsächlich mit einbeziehen.

Um zu klären, auf welche Art und Weise der Aufgabenkontext überhaupt in Analysen mit einbezogen werden kann, soll zunächst ein Überblick über die generelle Vorgehensweise im Bereich der Schnittstellengestaltung gegeben werden (vgl. Krämer, 2004). Je nach zu bewältigender Aufgabe werden andere Anforderungen an die Schnittstelle gestellt. Es lassen sich zahlreiche unterschiedliche Konzeptionen auffinden, wie die Aufgabe im Rahmen des Gestaltungsprozesses berücksichtigt werden kann: Shepherd (1995) propagiert den Einbezug der klassischen Aufgabenanalyse, die untersucht, was von den Personen verlangt wird, und die Sachzwänge prüft, die ihnen auferlegt werden (für einen Überblick über verschiedene Techniken der *task analysis*, vgl. Preece, 1994). Dabei wird im Wesentlichen die Frage gestellt (und beantwortet), was der Nutzer tun möchte (vgl. Faulkner, 1998). Dies ergibt eine Liste von Funktionen, deren Unterstützung im Design-Prozess zu berücksichtigen ist. Eine genaue Analyse muss insbesondere auch Wissen darüber bereitstellen, welche Funktionen wie häufig genutzt werden (*relative task frequencies*, Shneiderman, 1998), sodass diese gut erreichbar sind. Letzteres kann im Rahmen der *hierarchical task analysis* realisiert werden, innerhalb derer globale Aufgaben in konstituierende Subaufgaben und Operationen aufgeteilt werden. Entsprechende Daten werden im Gespräch mit den Nutzern, durch deren Beobachtung sowie durch Job-Beschreibungen und Manuale gewonnen (für einen ausführlichen Überblick zur hierarchischen Aufgabenanalyse, vgl. Preece, 1994; Shepherd, 1989). Ebenfalls geeignete Verfahren zur Erhebung von Aufgabenmodellen sind die

Struktur-Lege-Technik (Scheele & Groeben, 1984), der Fragebogen oder das strukturierte Interview (vgl. Mangold-Allwin et al., 1995).

Shneiderman (1998) kritisiert, dass zwar jeder Designer und Entwickler vor Beginn des Gestaltungsprozesses einer Aufgabenanalyse zustimme, diese aber oft genug zu informell, implizit und zu wenig wissenschaftlich betrieben werde. Die geringe Verfügbarkeit von explizitem und nachlesbarem Wissen über die Zuordnung von spezifischer Aufgabe und Gestaltung mag ein Resultat dieser Tatsache sein. Tatsächliche systematische Übersichten darüber, unter welchen Bedingungen welchen Gestaltungsprinzipien gefolgt werden sollte, lassen sich kaum auffinden.

Letztlich bleibt festzuhalten, dass insbesondere Psychologen auf die Notwendigkeit der umfangreichen Berücksichtigung der Aufgabe hinweisen und Konzeptionen sowie Erhebungsmöglichkeiten bereitstellen (vgl. Dzida & Konradt, 1995; zum *Primat der Aufgabe* vgl. auch Körndle, 1993). In den klassischen Lehrbüchern zur Mensch-Computer-Interaktion wird diese Thematik allerdings meist nur am Rande berücksichtigt und hat sich aufgrund einer wenig systematischen Forschung bislang nicht in verallgemeinerbaren Erkenntnissen niedergeschlagen. Es bleibt zu hoffen, dass besonders im spezifischen Bereich der Interface-Agenten in den nächsten Jahren eine systematischere Berücksichtigung der Aufgabe stattfinden wird.

Die Notwendigkeit dazu wurde schon erkannt und lässt sich anhand einiger Aussagen dokumentieren. Die Annahmen und Erkenntnisse sind allerdings meist äußerst oberflächlich. So erkennt beipielsweise Thórisson (1996) zwar bereits, dass die Frage, welche Art von Interface sinnvoll ist, im Zusammenhang mit der Art der Aufgabe steht, diese Einsicht beschränkt sich allerdings auf die Feststellung, ein Toaster benötige kein multimodales Interface. Nach Laurel (1992) sollten multimodale Schnittstellen generell Aufgaben vorbehalten sein, die ausreichend komplex sind sowie Ziele, Absichten und Pläne umfassen. Etwas weitergehend formuliert Massaro (2004), es liege aber auch eine wechselseitige Beeinflussung von Aufgabe und Agent vor und daher sei bei der Analyse Vorsicht geboten: „Research has shown that the agent has to materially contribute to the application to have a positive influence (Andre, 2004) and therefore, it is necessary to distinguish between evaluation of the application versus evaluation of the ECA" (S. 7).

Wesentlich sophistizierter nähern sich Catrambone et al. (2004) der Thematik, da sie verschiedene Merkmale der Aufgabe differenzieren. Dabei ist die typischerweise mit dem Begriff Aufgabe („task") gemeinte Domäne (Konstruktion vs. Heimelektronik etc.) nur ein Merkmal von elf prinzipiell zu berücksichtigenden Merkmalen. Ebenfalls berücksichtigt werden sollte, ob die Aufgabe objektiv versus meinungsbasiert ist, wie das Ziel respektive die Intention beschaffen ist (Lernen, Technik bedienen, Spielen), als wie schwierig die Aufgabe sich erweist (hier zeigen die Autoren in einer eigenen empirischen Studie, dass ein Agent als nützlicher bewertet wird, wenn die Aufgabe als schwer empfunden wird), wie wichtig die Aufgabe ist, ob es sich um eine wiederkehrende oder einmalige Interaktion handelt und wie hoch das Ausmaß der Interaktion ist. Ebenso entscheidend soll sein, ob es sich um eine Haupt- oder Nebenaufgabe handelt, wie lange die Aufgabe dauert und wie hoch der Zeitdruck ist. Schließlich wird die Art der Konsequenzen, wenn es nicht zu einer erfolgreichen Ausführung kommt, als beachtenswert aufgeführt. Laut Catrambone et al. (2004) können die Ausprägungen der einzelnen Effekte darüber bestimmen, ob ein Agent als positiv wahrgenommen wird. Hinzufügen lässt sich noch der von Bickmore und Cassell (2004) angeführte Aspekt der Affektivität der Aufgabe: Auf der Basis empirischer Untersuchungen (Whittaker & O'Conaill, 1997) argumentieren sie, die durch die Agenten bereitgestellte nonverbale Kommunikation sollte im Rahmen von affektiven Aufgaben (wie Verhandlungen oder beziehungsbezogene Gespräche) besonders hilfreich sein. Insgesamt lässt die Aufstellung nach Catrambone et al. (2004) erkennen, dass die Natur der Aufgabe und Aspekte wie Situation bzw. Kontext ineinander übergehen. Allerdings finden sich auch zu diesen Bereichen praktisch keine empirischen Befunde.

Die wenigen Befunde, die sich überhaupt berichten lassen, beziehen sich alle auf den Bereich der Domäne im Sinne des Anwendungsbereiches. So zeigen van Mulken et al. (1998), dass virtuelle Helfer in Bezug auf ein technisches Thema als hilfreicher empfunden wurden als im Zusammenhang mit einer nicht-technischen Aufgabe. Auch McBreen (2002) fand eine differentielle Bevorzugung von virtuellen Helfern: Diese erfahren als virtuelle Kinokartenverkäufer eine bessere Bewertung als im Rahmen von e-Banking- oder e-Reisebüro-Anwendungen. Hinzu kommt der bereits berichtete Befund, wonach für die Figuren je nach Anwendungszusammenhang unterschiedliche Kleidung bevorzugt wird – eine Interaktion, die wiederum darauf verweist, dass diverse Faktoren und Aspekte Berücksichtigung finden müssen.

In eigenen Untersuchungen wurde der Aspekt der Domäne bislang in keinem Fall innerhalb eines Designs variiert. Die in unterschiedlichen Experimenten gefundenen inkonsistenten Ergebnisse – dass beispielsweise in einem e-commerce-Setting virtuelle Agenten zu einer besseren Behaltensleistung führen, ein solcher Effekt sich allerdings nicht für Erklärungen zur Bedienung eines Videorekorders zeigt – auf die unterschiedlichen Domänen zurückzuführen, wäre pure Spekulation. Generell lässt sich allerdings aussagen, dass die Agenten im Rahmen der TV-/Videoanwendung recht gut bewertet werden (vgl. Kap. 4.2), was ebenso wie die Ergebnisse von Kohar und Ginn (1997, s. o.) dafür spricht, dass Nutzer sich diesen Anwendungsbereich gut durch virtuelle Agenten unterstützt vorstellen können. Ähnliches scheint auch für Unterhaltungsanwendungen zu gelten (vgl. Takeuchi & Naito, 1995).

5 Offene Fragen und Ausblick – ein kritischer Blick auf den Forschungsbereich aus psychologischer Sicht

Nachdem nun die aus dem Stand der Forschung abzuleitenden Erkenntnisse zur Wirkung zusammengetragen wurden, soll zum Abschluss ein kritischer Blick in die Zukunft gerichtet werden. Im Folgenden werden vor allem Aspekte diskutiert, die die Verknüpfung von psychologischer Forschung und verkörperten Agenten betreffen. Zunächst werden die Forschungsdesiderata für den Bereich beschrieben. Da die meisten Mitglieder der Community in den Ingenieurwissenschaften beheimatet sind und daher überwiegend wenig Erfahrung mit empirischer Forschung und Methodologie haben, kommt der Psychologie als einer der wenigen empirisch orientierten Disziplinen in diesem Bereich diesbezüglich eine tragende Rolle zu. Im Anschluss soll diskutiert werden, welchen Beitrag die Forschung zur Wirkung von virtuellen Helfern zur Frage nach der Natur des Menschen leisten kann. Im Vordergrund steht hier somit die Erkenntnisgewinnung für die Grundlagenforschung. Darüber hinaus soll thematisiert werden, wie die Beziehung von Menschen und Agenten in Zukunft aussehen wird – falls diese tatsächlich jemals flächendeckend eingesetzt werden. Damit verbunden stellen sich des Weiteren ethische Fragen. Zum Schluss wird kritisch diskutiert, wie sich die Psychologie vor diesem Hintergrund zu dem gesamten Forschungsbereich stellen sollte.

5.1 Empfehlungen für die weitere Forschung

Einige der Desiderata für die weitere Forschung sind im Rahmen der jeweiligen Zusammenfassungen der Ergebnisse bereits angeklungen, da einige methodische Aspekte die Aussagekraft der Studien einschränken. Vorrangig ist hier zu nennen, dass fast alle Ergebnisse auf nur kurzfristigen Interaktionen beruhen – eine Tatsache, die die externe Validität stark einschränkt, da letztlich ein längerfristiger und wiederholter Umgang mit den Agenten angestrebt wird. Hinzu kommt, dass die Laboruntersuchungen nicht nur durch freundliche Versuchsleiter einen spezifischen Aufforderungscharakter erhalten, der insbesondere die Bewertung verzerren kann. Auch Schaumburg (2001) will die ersten positiven Ergebnisse in diesem Sinne mit Vorsicht behandelt wissen: „However, testing over extended periods of time is needed to find out if agents are still acceptable after the novelty effect has worn off“ (Discussion, 9. Paragraph). Somit werden dringend Feldstudien benötigt, die die Effekte längerfristig und unter naturalistischen Bedingungen testen.

Weiterhin ist ebenfalls problematisch – und auch dies trifft insbesondere auf die subjektiven Bewertungen zu: Es gibt keine Standards, die eine Einteilung im Sinne einer gut bewerteten oder eher abgelehnten Schnittstelle erlauben, und daher lassen sich immer nur relative Äußerungen innerhalb einer Untersuchung treffen. Dies führt beispielsweise dazu, dass Agenten, die gar nicht mit Alternativen verglichen werden, letztendlich als besser bewertet dargestellt werden als Agenten, die mit andersartigen Schnittstellen (Text, Sprache) oder anderen Agenten verglichen wurden. Dieses Problem – wie auch weitere – könnte etwa durch den Einsatz standardisierter Instrumente gelöst werden, die eine tatsächliche Vergleichbarkeit der Studien begründen könnten. Wenn es gelänge, einen Test zu entwickeln, der flächendeckend zur Evaluation eingesetzt werden kann, dann wären beispielsweise auch Metaanalysen durchführbar, die momentan aufgrund der Heterogenität in Bezug auf sämtliche Aspekte nicht realisierbar sind. Darüber hinaus muss darauf geachtet werden, dass unterschiedliche Messebenen verwandt und nicht ausschließlich subjektive Maße erhoben werden. Insbesondere die Tatsache, dass nicht zwangsläufig Kongruenz zwischen subjektiven und objektiven Maßen sowie zwischen den Aspekten Akzeptanz und Effizienz herrschen muss, macht eine breite Erfassung sowohl von subjektiven als auch verhaltensbezogenen Daten unterschiedlicher Ausrichtung notwendig.

Darüber hinaus sollten unterschiedliche unabhängige oder moderierende Variablen systematischer in den Forschungsprozess einbezogen werden. Die Durchführung von Studien steigt zwar exponentiell an und zu einigen moderierenden Variablen liegen bereits zahlreiche Ergebnisse vor (s. o.), diese lassen sich allerdings nur schwer zu einem Gesamtbild integrieren. Insbesondere die Tatsache, dass in jeder Studie andere Aspekte variiert werden, verhindert systematische Betrachtungen etwa durch Metaanalysen. Wünschenswert wäre vor diesem Hintergrund, dass die Autoren selbst systematischer variieren und moderierende Variablen mit einbeziehen – etwa nach der zuvor aufgeführten Taxonomie (vgl. Kap. 3.2.3).

Letztlich wurden die angesprochenen Punkte allerdings auch in den vorgestellten eigenen Studien zumindest teilweise nicht befriedigend gelöst. Während der Notwendigkeit von Langzeitstudien momentan tatsächlich nicht Genüge getan werden kann, hätten an anderen Stellen sicherlich größere Anstrengungen unternommen werden können, den Forschungsdesiderata zu genügen. So wurde beispielsweise in allen Studien ein nahezu deckungsgleicher Fragebogen eingesetzt, der allerdings nicht konsequent zu einem standardisierten Messinstrument weiterentwickelt wurde. Eine breite Erfassung von subjektiven und objektiven Variablen wurde dagegen bereits realisiert. Ebenso wurde versucht, möglichst viele Aspekte im Sinne von unabhängigen und moderierenden Variablen systematisch mit einzubeziehen, um die auf Akzeptanz, Effizienz und soziale Wirkungen Einfluss nehmenden Faktoren zu isolieren. Während dies für die einzelnen Studien als durchaus gelungen bezeichnet werden kann, hätte das Forschungsprogramm als Ganzes durchaus kohärenter aufgebaut sein können. Diesem Anliegen waren durch den anwendungsnahen Charakter des gesamten, durch industrielle Forschung geprägten Projektverbundes jedoch praktische Grenzen gesetzt.

5.2 Was lernen wir über den Menschen?

Im Rahmen der Arbeit wurde mehrfach festgestellt, dass der vorgestellte Forschungszweig anders als andere Bereiche der HCI- und Usability-Forschung auch auf unterschiedlichen Ebenen Aussagen über den Menschen selbst ermöglicht. Fruchtbar in diesem Sinne könnte einerseits der Bereich der Faszination an künstlich erstellten Menschen sowie andererseits der der beobachtbaren sozialen Wirkungen sein.

Die Historie hat gezeigt, dass seit Langem Versuche beobachtbar sind, künstliche Menschen zu fertigen. Setzt man diese in Beziehung zu den heutigen Entwicklungen, so scheint vonseiten der Designer vor allem der Wunsch nach einem besseren Verständnis des Menschen im Vordergrund zu stehen. Obwohl die grundlagenwissenschaftliche Perspektive explizit als Motiv ausgeschlossen wird, legt die Tatsache, dass Emotionen und Persönlichkeit implementiert werden, nahe, dass eine besondere Faszination darin besteht, letztendlich den Menschen zu verstehen. Auch das Interesse der Öffentlichkeit und der spezifischen Nutzer richtet sich vor allem darauf, herauszufinden, wie menschlich die künstlichen Entitäten bereits sind. Dies mag neben einer generellen Neugier in Bezug auf den technologischen Fortschritt vor allem dem Umstand geschuldet sein, dass es – auch evolutionspsychologisch begründbar – zentral ist, sich ein genaues Bild über die Fähigkeiten und Zustände einer anderen Entität zu machen, um deren zukünftige Handlungen vorherzusagen.

Ein anderer Bereich, der potentiell Auskunft über die menschliche Natur geben kann, ist der der sozialen Wirkungen. Zahlreiche Studien haben übereinstimmend gezeigt, dass bereits basale soziale Hinweisreize (Sprache, Interaktivität, anthropomorphe Erscheinung) unwillkürliche soziale Reaktionen vonseiten der menschlichen Nutzer auslösen. Wie das vorgestellte Modell zeigt, kann angenommen werden, dass die Tatsache, dass der Mensch ein soziales Wesen ist, dafür verantwortlich zeichnet, dass tief verwurzelte soziale Verhaltensweisen automatisch und scheinbar kaum kontrollierbar auftreten, sobald soziale Cues präsentiert werden. Aus grundlagenwissenschaftlicher Sicht können somit unter anderem Erkenntnisse über die minimalen Bedingungen für soziale Reaktionen gewonnen werden. Diese Wirkungen zeigen sich tatsächlich auch schon, ohne dass ein konsistentes Modell zu Persönlichkeit oder Emotionen implementiert wurde. Wird die Entität zunächst basal als sozial wahrgenommen, werden menschenähnliche Tendenzen zugesprochen. Fraglich ist allerdings, wie lange der letztere bewusst vermittelte Prozess anhält, wenn in längerfristigen Interaktionen die beschränkten Fähigkeiten der Maschine deutlich werden. In Bezug auf längerfristige Interaktionen ist denn auch zu fragen, inwieweit der Aufbau von Beziehungen denkbar ist. Dieser Aspekt soll im Folgenden diskutiert werden.

5.3 Beziehungen zu artifiziellen Entitäten

Aus den bislang durchgeführten Untersuchungen – die sich fast ausnahmslos auf die Analyse kurzfristiger Interaktionen unter Labor-Bedingungen beziehen – lässt sich keine verlässliche Aussage darüber ableiten, ob sich nicht nur soziale Wirkungen, sondern auch soziale Beziehungen mit artifiziellen Entitäten erwarten lassen. Teil der Vision (vgl. etwa Jefferey, 2001) ist dabei durchaus, dass uns in (ferner) Zukunft artifizielle Entitäten etwa als persönliche Lehrer durch das gesamte Leben begleiten. Burgoon et al. (2000) beschreiben ebenfalls die Möglichkeit, durch zunehmende Anthropomorphisierung ein Gegenüber zu entwickeln, an das Beziehungen herangetragen werden, warnen aber vor den Gefahren: „Anthropomorphic interfaces would seem appropriate for relational building because respondents tend to rate their partners and interactions higher when more human features are provided. To date, this type of computer interface is still an unachieved goal ... Undoubtedly, advancements in computer technology will increase the capabilities of computers to use more anthropomorphic features. The challenge for interface designers is to resist the temptation of burdening the user with an overloaded interface not matched to the desired task or outcome“ (S. 571). Tatsächlich lässt sich vermuten, dass entsprechende Entwicklungen von mahnenden Stimmen begleitet würden – so wie etwa jeder neuen medialen Entwicklung mit großer Skepsis begegnet und schon häufig der Untergang des Abendlandes prophezeit wurde (vgl. Winterhoff-Spurk, 2001). Dennoch lebt ein Großteil der Menschheit auch nach beispielsweise gut 50 Jahren Fernsehgeschichte recht zufrieden damit, dass der Einzelne hin und wieder nicht nur parasoziale Interaktionen, sondern vor allem parasoziale Beziehungen (vgl. Vorderer & Bente, 1996) mit Medien-Personae eingeht. Ähnlich wie in diesem Bereich kann auch die zukünftig wahrscheinliche Verfügbarkeit von artifiziellen Personen als Fluch oder Segen verstanden werden, etwa in Abhängigkeit davon, ob man diese – analog zur fernsehbezogenen Kontroverse – als Ursache für eine fortschreitende Vereinsamung einiger Menschen oder als deren Rettung vor allzu großer Vereinsamung verstehen möchte.

In diesem Zusammenhang stellt sich letztlich nicht so sehr die Frage, ob man soziale Beziehungen mit virtuellen Personen fördern möchte oder nicht – vor dem Hintergrund der Erfahrungen mit TV-Personae kann man annehmen, dass die Verfügbarkeit entsprechender Entitäten alleine bereits ausreicht, um soziale Beziehungen hervorzurufen. Allerdings sollten sich Psychologen auch diesbezüglich in besonderem Maße verantwortlich für die Gestaltung der Art der sozialen Beziehungen fühlen.

Ein Aspekt, der im Zusammenhang mit der Gestaltung von Beziehungen eine Rolle spielt, ist die Frage, ob man Beziehungsangebote machen sollte, die etwa gängigen Stereotypen entsprechen. Vor dem Hintergrund der Erkenntnis, dass bereits an lediglich mit Sprachausgabe versehene Computer Geschlechtsstereotype herangetragen werden, überlegen Nass, Moon und Green (1997), ob es sinnvoll sein könnte, Agenten so zu gestalten, dass sie den gängigen Klischees widersprechen. Auf diese Weise mögen zwar keine umwälzenden gesellschaftlichen Veränderungen eingeleitet werden, aber immerhin besteht die Möglichkeit, auf diesem Wege eine gewisse Sensibilisierung zu erreichen.

Im Sinne einer ähnlichen Argumentation wird vorgebracht, Agenten könnten auch als Rollenvorbild dienen, indem etwa die virtuellen Personen als stets höfliche Interaktionspartner erscheinen, die auch in schwierigen Situationen freundlich bleiben. Hinter dieser im Rahmen des Workshops „Sociality with machines" diskutierten Meinung steht die Hoffnung, über solche Rollenvorbilder ebenfalls einen positiven Einfluss auf breite Bevölkerungsschichten ausüben zu können. Betrachtet man diesen Aspekt allerdings vor dem Hintergrund von Banduras Lerntheorie (1977), so müsste gleichzeitig sichergestellt werden, dass das Modell attraktiv genug ist und ausreichende affektive Valenz aufweist. Ob dies auch durch virtuelle Personen erreicht werden kann, bleibt zunächst abzuwarten.

Ebenfalls zu beachten ist in diesem Zusammenhang, welches Beziehungsangebot von der Figur an den menschlichen Nutzer gerichtet wird. Je nach Gestaltung kann erwartet werden, dass sich der Nutzer aufgefordert fühlt, entweder die Rolle eines Versorgers, des Experten, des Unterlegenen, des Herren oder Freundes zu übernehmen. Isbister (2004b) plädiert vor diesem Hintergrund dafür, umsichtig hinsichtlich der entsprechenden Gestaltung zu sein, damit die Beziehungsangebote den Menschen zu möglichst sozial erwünschtem Verhalten anregen. So könne man auf der einen Seite dafür sorgen, dass Mitleid mit dem Agenten empfunden werde, auf der anderen Seite kann unhöfliches Verhalten ausgelöst werden – wie etwa an zahlreichen Chatbot-Interaktionen und der hohen Menge an Flaming ablesbar. Isbister (2004b) gibt zu bedenken, dass virtuelle Personen häufig unsoziales Verhalten nahe legen: So lerne der Nutzer, dass man Hunde nicht zu versorgen braucht und dass Dienstleister beschimpft werden dürfen. Insbesondere dadurch, dass Interface-Agenten auch dann empathisch sind, freundlich bleiben und gar Hingabe zeigen, wenn der Nutzer es durch sein Verhalten nicht verdient, bestünde die Gefahr, dass der menschliche Nutzer zum Psychopathen trainiert wird. Als positives Gegenbeispiel nennt die Autorin beispielsweise das Mission Rehearsal Exercise, innerhalb dessen – nicht zuletzt durch die Rollengestaltung der entsprechenden Agenten – empathisches und umsichtiges Verhalten trainiert werde.

Insgesamt lässt sich somit schlussfolgern, dass bedingungslose Freundlichkeit und Höflichkeit nicht – wie im Sinne der Rollenmodell-These behauptet – ausschließlich positiv wirken könnte. Das bedingungslos zugewandte Verhalten könnte im Gegenteil zur Verfestigung von unerwünschten sozialen Interaktionsmustern aufseiten des Nutzers führen.

Einen anderen bedenkenswerten Aspekt hinsichtlich der Gestaltung von Beziehungen zwischen Menschen und artifiziellen Entitäten bringt Duffy (2004) auf. Vor dem Hintergrund der Darstellung der Geschichte der Robotik argumentiert er, es könne nicht sinnvoll sein, artifizielle Entitäten durch menschenähnliche Gestaltung einzuschränken. Während die menschliche Form und die entsprechenden Möglichkeiten für den Menschen natürlich hoch adaptiv und funktional sind, sollten Roboter genau das übernehmen, was uns als Menschen verwehrt bleibt. Nach dem Motto „to fly we had to build a plane and stop trying to build artificial birds" plädiert er dafür, Menschenähnlichkeit nur so weit vorzusehen, wie sie notwendig ist, um eine Integration in unseren Alltag zu ermöglichen, ansonsten aber Freiraum zu schaffen, um einer neuen Art von Intelligenz und Leben Entwicklungspotential zu geben.

5.4 Ethische Fragen

Vor dem Hintergrund der diskutierten Gefahren, die sich gesamtgesellschaftlich auswirken könnten, stellen sich verschiedene ethische Fragen. Zunächst muss diskutiert werden, ob sich Psychologen überhaupt an der Gestaltung solcher Schnittstellen, die deutlich in den sozialen Bereich eingreifen, beteiligen sollten. Hier lässt sich basierend auf der bereits eingangs zitierten Stellungnahme von Elliott und Brzezinski (1998) ein klares „Ja" formulieren. Auch ohne die Beteiligung sozialwissenschaftlicher Disziplinen werden Entwicklungen in diese Richtung – die ja auch keineswegs ausschließlich negativ zu bewerten sind – fortschreiten: „Designing software as a social interface is not something we can avoid because it happens wether we plan for it or not; we have no choice in doing it but only in doing it right" (S. 12). Vor diesem Hintergrund lässt sich argumentieren, dass insbesondere eine Beteiligung von Psychologen sogar erforderlich ist, um auf beispielsweise eben solche Gefahren hinzuweisen, wie dies Isbister (2004b, s. o.) tut.

Im Weiteren stellt sich somit die Frage, wie ein Beitrag der Psychologie ausgestaltet sein sollte, damit Verhalten und Wirkungen der virtuellen Figuren ethisch vertretbar ausfallen. Diese Frage kann nur unter Rückgriff auch auf die Empirie beantwortet werden, da es zwar zahllose Vermutungen über vermeintlich schädliche Wirkungen gibt, diese aber häufig kaum empirisch belegt sind. So diskutieren beispielsweise Cassell und Bickmore (2000) lobenswerterweise, ob man Rea tatsächlich mit Small-Talk-Fähigkeiten versehen sollte, da diese das Vertrauen des Nutzers erhöhen und ihn dazu bringen könnten, unbeabsichtigte Entscheidungen zu treffen („trick the user into something"). Die Autoren konnten allerdings bislang noch nicht konsistent nachweisen, dass Rea's Small-Talk-Verhalten tatsächlich solche Auswirkungen hat – zumal es auch verwundern würde, wenn auf diesem Gebiet plötzlich Effekte nachweisbar wären, die jahrhundertelange Entwicklungen im Bereich der Rhetorik oder der kommunikationspsychologischen Forschung noch nicht einmal beim menschlichen Redner bzw. Verkäufer erreicht haben. Zusammenfassend lässt sich somit feststellen: Psychologen könnten sich vor allem als wichtig erweisen, um eben diese Wirkungen zu überwachen und im Notfall gestalterische Gegenmaßnahmen ergreifen bzw. vorschlagen zu können.

5.5 Wie kann die Psychologie von dem Forschungsbereich profitieren?

„Die Psychologie ist tot". Dieser, jeden Psychologen ins Mark treffende Satz ist nicht nur bereits geschrieben worden, sondern könnte in ferner oder naher Zukunft tatsächlich Wirklichkeit werden. Vermutungen, dass es dazu kommen könnte, stützen sich vor allem auf die Tatsache, dass Psychologen nur in geringem Ausmaß bereit sind, mit beispielsweise Ingenieurwissenschaftlern und Vertreter der Künstlichen Intelligenzforschung in Austausch zu treten. Ruebenstrunk (1998) beklagt, Emotionspsychologen würden nur wenig Anteil an der Umsetzung von Emotionen im Rahmen von Maschinen nehmen: „Die emotionspsychologische Forschung hat sich bislang in diesem Bereich bedeckt gehalten. Über die Gründe dafür kann nur spekuliert werden. Vielleicht ist es die Unkenntnis der Entwicklungen in diesem Bereich ...; vielleicht ist es aber auch die (unbewußte) Überzeugung, daß Emotionen ein zutiefst menschliches Phänomen (und vielleicht das einiger Tierarten) sind, über das eine Maschine nicht verfügen kann. So wurde und wird das Feld den Informatikern und Robotikern überlassen, deren Grundlage natürlich nicht in erster Linie die psychologische Theorie ist. Da ist es dann ein Leichtes, deren Ansätze zu kritisieren und auf ihre mangelnde psychologische Fundierung hinzuweisen. Das ist ein einfacher, aber auch ein falscher Weg" (Kapitel 12, 2. Absatz). In diesem Zusammenhang zitiert er Gazzaniga (1998, S. 11 f.): „Today, the mind sciences are the province of evolutionary biologists, cognitive scientists, neuroscientists, psychophysicists, linguists, computer scientists – you name it. (...) Psychology itself is dead. (...) The odd thing is that everyone but its practitioners knows about the death of psychology." Laut Ruebenstrunk ist ein solches Urteil dadurch begründet, dass sich viele Psychologen zu lange dagegen gesperrt haben, konstruktiv mit anderen Disziplinen zusammenzuarbeiten und zu lange zentrale Fragen der Psychologie anderen überlassen haben. Mittlerweile würden viele essentielle Fragen außerhalb der Psychologie gestellt, ohne Kenntnisnahme der Psychologie.

Vor diesem Hintergrund soll hier im positiven Sinne diskutiert werden, inwieweit die Psychologie von einer Beteiligung an den aktuellen Entwicklungen im Bereich der Gestaltung virtueller Personen profitieren kann. Der vorangegangene Abschnitt sollte deutlich gemacht haben, dass natürlich nicht nur erwartet werden kann, dass der Forschungsbereich von einer Beteiligung der Psychologie profitieren wird, sondern dass umgekehrt auch die Psychologie wichtige und überlebensnotwendige Weiterentwicklungen und Impulse erhalten kann, wenn sie sich in diesen mächtigen interdisziplinären Austausch begibt.

1. **Beteiligung an einem lebhaften und zunehmend fruchtbaren Forschungsfeld**
   Vor dem Hintergrund der zuvor geschilderten Tatsache, dass sich mittlerweile ein beachtliches Paralleluniversum an psychologischer (noch) Laienforschung ergeben hat, kann die Psychologie nur profitieren, indem sie sich beteiligt. Sollte sie erst in ein paar Jahren den Bereich zur Kenntnis nehmen, werden sowohl Theorien als auch Methoden bereits so durch andere Disziplinen absorbiert sein, dass eine Beteiligung überflüssig wird.
2. **Erkenntnisfortschritt durch Simulation und Theorieüberprüfung**
   Für die Psychologie selbst kann neben dieser lebenserhaltenden Funktion erwartet werden, dass die im Bereich der Agenten durchgeführten Untersuchungen einen Erkenntnisfortschritt für die Disziplin mit sich bringen. So führen nicht nur Cassell et al. (1994, 1999) die Möglichkeit von Optimierungen der kommunikationspsychologischen Theorien und Annahmen auf (s. Kap. 3.1.2) und Ruebenstrunk (1998) verweist auf die Vorteile, die die Emotionspsychologie aus der Simulation von Emotionen ziehen kann: „Computermodelle von Emotionen sind für die emotionspsychologische Forschung ... unter mehreren Gesichtspunkten interessant, von denen die Überprüfung einer Emotionstheorie anhand eines funktionierenden Modells nur der offensichtlichste ist“ (Kapitel 12, 8. Absatz). Somit könnte der – von den Ingenieuren und Informatikern selbst ja weniger fokussierte – Aspekt (vgl. Kap. 3.1.1) genutzt werden, um die psychologische Forschung voranzutreiben.
3. **Einnehmen neuer Perspektiven in der psychologischen Forschung**
   Wie mehrfach deutlich wurde (vgl. Kap. 3.1.2, Kap. 4), ist das gesamte Feld stark geprägt durch eine Betrachtung aus der Wirkungsperspektive – in dem Sinne, dass die hauptsächliche Fragestellung die nach den Effekten des Agenten auf den Nutzer ist. Dabei handelt es sich gleichzeitig um typisch medien- und kommunikationspsychologische Fragestellungen, die traditionell häufig hinter den Teildisziplinen zurückstehen, die sich mit internen Prozessen und Funktionen beschäftigen. Eine Beteiligung am Forschungsbereich der virtuellen Figuren könnte somit langfristig auch zu einer Stärkung eben solcher Betrachtungsweisen führen.
4. **Wissenschaftsverständnis**
   Bezüglich der Methoden im Allgemeinen wurde bereits festgestellt, dass hier ein wechselseitiges Profitieren erwartet werden kann. Während die Psychologie die dringend benötigten Methoden zur Evaluation bereitstellen kann und insbesondere experimentalpsychologische Expertise mitbringt, können auf der anderen Seite die Technologien genutzt werden, um die psychologische Theorienbildung voranzutreiben. Was das Wissenschaftsverständnis

des empirischen Forschens angeht, müssen Disziplinen, die über keine entsprechende Ausbildung verfügen, als zwangsläufig im Nachteil gesehen werden. Dennoch lässt sich – wie bereits angesprochen – im Bereich der Agenten momentan ein positiver Aspekt beobachten, der darin besteht, dass Ergebnisse auch dann eine Chance auf Veröffentlichung haben, wenn sie nicht Signifikanz erreichen. Anders als in der Psychologie, die auf diese Weise den Popperschen Falsifikationismus bisweilen ad absurdum führt, lässt sich hier somit momentan noch ein realistisches Bild von vorhandenen Zusammenhängen nachzeichnen.

Bilanzierend kann somit ausgesagt werden: Für die Psychologie kann es verschiedene Vorteile haben, wenn sie sich stärker in diesem Bereich engagiert. Ein Ziel dieser Arbeit ist vor diesem Hintergrund, die verschiedenen Teildisziplinen der Psychologie – nicht nur Medienpsychologie, Kommunikationspsychologie oder Ingenieurpsychologie, sondern auch Sozialpsychologie, Emotionspsychologie oder Methodenlehre – zu ermutigen, einen Beitrag zu leisten und dadurch auch selbst zu profitieren.

5.6 Abschluss

„So far it looks like the agent metaphor is more trouble than its worth. Designers who use the agent metaphor have to worry about new issues like emotion and point of view and politeness and other social rules and – if they put a realistic face on the screen – whether people like the face's expression! Perhaps the agent metaphor should be avoided" (Erickson, 1997, 10. Paragraph, bezugnehmend auf die Ergebnisse von Walker, Sproull & Subramani, 1994). Dieses Zitat zeigt die auch innerhalb des Forschungsfeldes immer wieder aufkommende Skepsis, ob virtuelle Agenten tatsächlich den richtigen Weg darstellen. Tatsächlich thematisiert es einige der zentralen Schwierigkeiten, die sich bei der Gestaltung von anthropomorphen Agenten stellen. Dennoch soll es hier nicht den Abschluss bilden, um ebenso wie die genannten Autoren die Agenten-Metapher nochmals zu hinterfragen. Vielmehr soll auch hier noch einmal herausgestellt werden, dass zwar zweifellos zahlreiche Herausforderungen bewältigt werden müssen, um Agenten zu einer Schnittstelle zu entwickeln, die mehr nutzt als schadet, dass auf diesem Wege aber auch verschiedene wichtige Erkenntnisse gewonnen werden können, die weit über das spezifische Forschungsfeld hinausgehen.

Literatur

(sind Internetadressen angegeben, beziehen sich die Seitenangaben im Text auf die elektronisch verfügbaren Dokumente)

Aarts, H. & Dijksterhuis, A. (2000). Attitudes and social cognition – habits as knowledge structures: Automaticity in goaldirected behavior. Journal of Personality and Social Psychology, 78, 53–63.

Alfermann, D. (1996). Geschlechterrollen und geschlechtstypisches Verhalten. Stuttgart: Kohlhammer.

Allbeck, J. & Badler, N. (2002). Toward representing agent behaviors modified by personality and emotion. Workshop on Embodied Conversational Agents – Let's specify and evaluate them! AAMAS 2002, Bologna, Italy. Verfügbar unter: http://www.cis.upenn.edu/~badler/paperlist.html [3.9.2006].

Allison, T., Puce, Q., McCarthy, G. et al. (2000). Social perception from visual cues: Role of the STS region. Trends in Cognitive Sciences, 4, 267–278.

Anastasi, A. (1976). Differentielle Psychologie. Band II. Weinheim: Beltz.

Anderson, P., Rothbaum, B. O. & Hodges, L. F. (2003). Virtual reality exposure in the treatment of social anxiety. Cognitive and Behavioral Practice, 10, 240–247.

André, E., Binsted, K., Tanaka-Ishii, K., Luke, S., Herzog, G. & Rist, T. (2000). Three RoboCup Simulation League Commentator Systems. AI Magazine, 21 (1), 57–65.

André, E., Klesen, M., Gebhard, P., Allen, S. & Rist, T. (2000b). Exploiting models of personality and emotions to control the behavior of animated interface agents. In J. Rickel (Ed.), Proceedings of the workshop on „Achieving Human-Like Behavior in Interactive Animated Agents" in conjunction with the Fourth International Conference on Autonomous Agents (pp. 3–7). Barcelona, June 2000.

André, E., Klesen, M., Gebhard, P., Allen, S. & Rist, T. (1999). Integrating models of personality and emotions into lifelike characters. In A. Paiva & C. Martinho (Eds.), Proceedings of the workshop on Affect in Interactions – Towards a new Generation of Interfaces in conjunction with the 3rd i3 Annual Conference (pp. 136–149). Siena, Italy. Verfügbar unter: http://mm-werkstatt.informatik.uni-augsburg.de/publications.php [3.9.2006].

André, E. & Rist, T. (2001). Controlling the Behavior of Animated Presentation Agents in the Interface: Scripting versus Instructing. AI Magazine (Special Issue on Intelligent User Interfaces), 22 (4), 53–66. Verfügbar unter: http://mm-werkstatt.informatik.uni-augsburg.de/publications.php [3.9.2006].

André, E. & Rist, T. (2000). Presenting through Performing: On the Use of Multiple Life-Like Characters in Knowledge-Based Presentation Systems. International Conference on Intelligent User Interfaces (pp. 1–8). New York: ACM Press.

André, E. & Rist, T. (1996). Coping with temporal constraints in multimedia presentation planning. Proceedings of the AAAI `96 (pp. 142–147). Menlo Park: AAAI Press/MIT Press.

André, E., Rist, T. & Müller, J. (1999). Employing AI methods to control the behavior of animated interface agents. Applied Artificial Intelligence, 13, 415–448.

André, E., Rist, T., Mulken, S. van, Klesen, M. & Baldes, S. (2000a). The automated design of believable dialogues for animated presentation teams. In J. Cassell, J. Sullivan, S. Prevost & E. Churchill (Eds.), Embodied conversational agents (pp. 220–255). Cambridge: MIT Press.

Apenburg, E. (1986). Befindlichkeitsbeschreibung als Methode der Beanspruchungsmessung – Untersuchungen zur Entwicklung und Validierung einer modifizierten Fassung der Eigenzustandsskala von Nitsch. Psychologie und Praxis. Zeitschrift für Arbeits- und Organisationspsychologie, 30, 3–14.

Argyle, M. & Cook, M. (1976). Gaze and mutual gaze. Cambridge: Cambridge University Press.

Argyle, M. & Dean, J. (1965). Eye-contact, distance and affiliation. Sociometry, 28, 289–304.

Aronson, E., Wilson, T. D. & Akert, R. M. (2005). Sozialpsychologie. München: Pearson Studium.

Asendorpf, J. (2001). Psychologie der Persönlichkeit. Berlin: Springer.

Atkinson, R. K. (2002). Optimizing learning from examples using animated pedagogical agents. Journal of Educational Psychology, 94, 416–427.

Aurich, R., Jacobsen, W. & Jatho, G. (2000) (Hrsg.). Künstliche Menschen. Manische Maschinen. Kontrollierte Körper. Berlin: Filmmuseum Berlin – Deutsche Kinemathek.

Avradinis, N. & Aylett, R. (2003). Agents with no aims: Motivation-driven continuous planning. In T. Rist, R. Aylett, D. Ballin & J. Rickel (Eds.), Proceedings of the Fourth International Working Conference on Intelligent Virtual Agents (IVA '2003) (pp. 269–273). Berlin: Springer.

Badler, N. & Allbeck, J. (2001). Towards behavioral consistency in animated agents. In N. Magnenat-Thalmann & D. Thalmann (Eds.), Deformable Avatars (pp. 191–205). Norwell, MA: Kluwer.

Badler, N. I., Bindiganavale, R., Allbeck, J., Schuler, W., Zhao, L. & Palmer, M. (2000). Parameterized action representation for virtual human agents. In In J. Cassell, J. Sullivan, S. Prevost & E. Churchill (Eds.), Embodied conversational agents (pp. 256–286). Cambridge: MIT Press.

Badler, N., Phillips, C. & Webber, B. (1993). Simulating humans: Computer graphics animation and control. New York: Oxford University Press.

Badler, N. & Smoliar, S. (1979). Digital represeantations of human movement. ACM Computing Surveys, 11 (1), 19–38.

Badler, N., Webber, B., Palmer, M., Noma, T., Stone, M., Rosenzweig, J., Chopra, S., Stanley, K., Bourne, J. & Di Euginio, B. (1997). Final report to Airforce HRGA regarding feasibility of natural language text generation from task networks for use in automatic generation of Technical Orders from DEPTH simulations. Technical Report, CIS, University of Pennsylvania.

Baecker, R. M., Grudin, J. Buxton, W. A. S. & Greenberg, S. (1995). From customizable systems to intelligent agents. In. R. M. Baecker, J. Grudin, W. A. S. Buxton & S. Greenberg (Hrsg.), Readings in Human-Computer-Interaction: Toward the year 2000 (2nd edition). San Francisco, CA: Morgan Kaufmann Publishers.

Bailenson, J. N., Aharoni, E., Beall, A. C., Guadagno, R. E., Dimov, A. & Blascovich, J. (2004). Comparing Behavioral and Self-Report Measures of Embodied Agents' Social Presence in Immersive Virtual Environments. Proceedings of the 7th Annual International Workshop on PRESENCE (Valencia, Spain). Available at: http://www.stanford.edu/~bailenso/jb-vita3.html [27.7.2005].

Bailenson, J.N., Beall, A.C., Blascovich, J., Loomis, J. & Turk, M. (2004). Non-Zero-Sum Gaze and Persuasion. Paper presented in the Top Papers in Communication and Technology session at the 54th Annual Conference of the International Communication Association, New Orleans, LA. Verfügbar unter: http://www.stanford.edu/group/vhil/pubs.html [3.9.2006].

Bailenson, J.N., Beall, A.C., Blascovich, J., Raimundo, M. & Weisbuch, M. (2001). Intelligent agents who wear your face: Users' reactions to the virtual self. In A. De Antonio, R. Aylett, & D. Ballin (Eds.), Intelligent Virtual Agents, Third International Workshop, IVA 2001 (pp. 86–99). Berlin: Springer. Verfügbar unter: http://www.stanford.edu/group/vhil/pubs.html [3.9.2006].

Bailenson, J.N. & Blascovich, J. (2004). Avatars. In W.S. Bainbridge (Ed.), Encyclopedia of Human-Computer Interaction (pp. 64–68). Great Barrington, MA: Berkshire Publishing Group.

Bailenson, J.N., Blascovich, J., Beall, A.C. & Loomis, J. M. (2003). Interpersonal distance in immersive virtual environments. Personality and Social Psychology Bulletin, 29, 1–15.

Bailenson, J.N., Blascovich, J., Beall, A.C. & Loomis, J.M. (2001). Equilibrium theory revisited: Mutual gaze and personal space in virtual environments. Presence: Teleoperators and Virtual Environments, 10, 583–598.

Bailenson, J.N., Swinth, K.R., Hoyt, C.L., Persky, S., Dimov, A. & Blascovich, J. (2005). The independent and interactive effects of embodied agent appearance and behavior on self-report, cognitive, and behavioral markers of copresence in Immersive Virtual Environments. PRESENCE: Teleoperators and Virtual Environments 14 (4). Available at: http://www.stanford.edu/~bailenso/jb-vita3.html [27.7.2005].

Balakrishnan, K. & Honavar, V. (2001). Evolutionary Synthesis of Intelligent Agents. In M. Patel, V. Honavar & K. Balakrishnan (Eds.), Advances In the Evolutionary Synthesis of Intelligent Agents. Cambridge, MA: MIT Press.

Ball, G. & Breese, J. (2000). Emotion and personality in a conversational agent. In J. Cassell, J. Sullivan, S. Prevost & E. Churchill (Eds.), Embodied conversational agents (pp. 189–219). Cambridge: MIT Press.

Ball, G., Ling, D., Kurlander, D., Miller, J., Pugh, D., Skelly, T., Stankosky, A., Thiel, D., Van Dantzich, M. & Wax, T. (1997). Lifelike Computer Characters: The Persona Project at Microsoft. In J. M. Bradshaw (Ed.), Software Agents (pp. 191–222). Menlo Park: AAAI Press/MIT Press.

Baltes, P.B. (1990). Entwicklungspsychologie der Lebensspanne: Theoretische Leitsätze. Psychologische Rundschau, 41, 1–24.

Bandura, A. (1977). Social learning theory. Englewood Cliffs: Prentice Hall.

Bargh, J.A., Chen, M. & Burrows, L. (1996). Automaticity of social behavior: Direct effects of trait construct and stereotype activation on action. Journal of Personality and Social Psychology, 71, 230–244.

Barley, S.R. (1988). The social construction of a machine: Ritual, superstition, magical thinking, and other pragmatic responses to running a CT scanner. In M. Lock & D. Gordon (Eds.), Knowledge and practice in medicine: Social, cultural, and historical approaches (pp. 497–539). Hinghan, MA: Reidel.

Barsalou, L.W., Niedenthal, P.M., Barbey, A.K. & Ruppert, J.A. (2003). Social embodiment. In B.H. Ross (Ed.), The Psychology of Learning and Motivation (pp. 43–92). Amsterdam: Elsevier.

Basdogan, C., Ho, C., Srinivasan, M.A. & Slater, M. (2000). An Experimental Study on the Role of Touch in Shared Virtual Environments, ACM Transactions on Computer Human Interaction, 7 (4), 443–460.

Bath, C. (2001). Wie „Menschlichkeit" gemacht wird. Geschlechterdarstellungen in Agenten und Avataren. In Gleichstellungsbeauftragte der Universität zu Köln (Hrsg.), Dokumentation der Ringvorlesung „Frauen in den Neuen Technologien".

Bavelas, J.B., Black, A., Lemery, C.R. & Mullett, J. (1986). „I show how you feel": Motor mimikry as a communicative act. Journal of Personality and Social Psychology, 50, 322–329.

Baylor, A.L. (2002). Pedagogical agents as scaffolds: The role of feedback timing, number of agents, and adaptive feedback. International Conference of the Learning Sciences. Seattle, WA.

Baylor, A.L. (2001). Permutations of control: Cognitive considerations for agent-based learning environments. Journal of Interactive Learning Research, 12 (4), 403–425. Verfügbar unter: http://garnet.acns.fsu.edu/~abaylor/papers.htm#pedagent [3.9.2006].

Baylor, A.L. & Ebbers, S. (2003a). Evidence that Multiple Agents Facilitate Greater Learning. International Artificial Intelligence in Education (AI-ED), Sydney, Australia. Verfügbar unter: http://garnet.acns.fsu.edu/~abaylor/papers.htm#pedagent [3.9.2006].

Baylor, A.L. & Ebbers, S. (2003b). The Pedagogical Agent Split-Persona Effect: When Two Agents are Better than One. Honolulu, Hawaii: ED-MEDIA.

Baylor, A.L. & Ryu, J. (2003a). Does the presence of image and animation enhance pedagogical agent persona? Journal of Educational Computing Research, 28 (4), 373–395. Verfügbar unter: http://garnet.acns.fsu.edu/~abaylor/papers.htm#pedagent [3.9.2006].

Baylor, A.L. & Ryu, J. (2003b). The API (Agent Persona Instrument) for Assessing Pedagogical Agent Persona. Honolulu, Hawaii: ED-MEDIA.

Beall, A.C., Bailenson, J.N., Loomis, J., Blascovich, J. & Rex, C. (2003). Non-Zero-Sum Mutual Gaze in Collaborative Virtual Environments. Proceedings of HCI International, 2003, Crete, Greece.

Becker, C., Kopp, S. & Wachsmuth, I. (2004). Simulating the Emotion Dynamics of a Multimodal Conversational Agent. Proceedings Affective Dialogue Systems (ADS 2004) (pp. 154–165). Berlin: Springer. Verfügbar unter: http://www.techfak.uni-bielefeld.de/~skopp/publications.html [3.9.2006].

Beier, G. (1999). Kontrollüberzeugungen im Umgang mit Technik. Report Psychologie 9, 684–693.

Bell, L. & Gustafson, J. (1999). Repetition and its phonetic realizations: Investigating a Swedish database of spontaneous computer-directed speech. Proceedings of the International Conference on Phonetic Sciences, 2, 1221–1224.

Bendel, O. (2003a). Pädagogische Agenten im Corporate E-learning. Dissertation, Universität St. Gallen. Bamberg: Difo-Druck GmbH.

Bendel, O. (2003b). Virtuelle Tutoren. bulletin (Organ der asut und von SwissICT), 4/2003, 34–36.

Bente, G. (1989). Facilities for the graphical computer simulation of head and body movements. Behavior Research Methods, Instruments, & Computers, 21 (4), 455–462.

Bente, G., Feist, A. & Elder, S. (1996). Person perception effects of computer-simulated male and female head movement. Journal of Nonverbal Behavior, 20 (4), 213–228.

Bente, G. & Krämer, N.C. (in press). Virtual gestures. Embodiment and nonverbal behaviour in computer-mediated communication. In A. Kappas (Ed.), Emotion in the Internet. Cambridge: Cambridge University Press.

Bente, G. & Krämer, N. C. (2003). Integrierte Registrierung und Analyse verbaler und nonverbaler Kommunikation. In T. Herrmann & J. Grabowski (Hrsg.), Sprachproduktion (Enzyklopädie der Psychologie, Themenbereich C, Serie 3, Band 1, S. 219–246). Göttingen: Hogrefe.

Bente, G. & Krämer, N.C. (2002). Virtuelle Gesten: VR-Einsatz in der nonverbalen Kommunikationsforschung. In G. Bente, N.C. Krämer & A. Petersen (Hrsg.), Virtuelle Realitäten (S. 81–107). Göttingen: Hogrefe.

Bente, G. & Krämer, N. C. (2001). Psychologische Aspekte bei der Implementierung und Evaluierung nonverbal agierender Interface-Agenten. In H. Oberquelle, R. Oppermann & J. Krause (Hrsg.), Mensch und Computer 2001 (S. 275–285). Stuttgart: Teubner.

Bente, G. & Krämer, N. C. (2000). Virtuelle Gesprächspartner: Psychologische Beiträge zur Entwicklung und Evaluation anthropomorpher Schnittstellen. In K. P. Gärtner (Hrsg.), Multimodale Interaktion im Bereich der Prozessführung. 42. Fachausschußsitzung Anthropotechnik, DGLR-Bericht 2000-02 (S. 29–50). Bonn: Deutsche Gesellschaft für Luft- und Raumfahrt.

Bente, G., Krämer, N. C. & Blens, H. (2003). Embodied Conversational Agents. Research Questions and Applications. Paper presented at HCI International, 10th International Conference on Human-Computer-Interaction, June 2003, Crete, Greece.

Bente, G., Krämer, N.C. & Petersen, A. (Hrsg.) (2002). Virtuelle Realitäten. (Reihe: Internet und Psychologie: Neue Medien in der Psychologie – Band 6). Göttingen: Hogrefe.

Bente, G., Krämer, N.C., Petersen, A. & de Ruiter, J.P. (2001). Computer Animated Movement and Person Perception. Methodological Advances in Nonverbal Behavior Research. Journal of Nonverbal Behavior, 25 (3), 151–166.

Bente, G., Krämer, N.C., Trogemann, G., Piesk, J. & Fischer, O. (2001). Conversing with electronic devices. An integrated approach towards the generation and evaluation of nonverbal behavior in face-to-face like interface agents. In A. Heuer & T. Kirste (Eds.), Intelligent Interactive Assistance and Mobile Multimedia Computing (pp. 67–76). Rostock: Neuer Hochschulschriftenverlag.

Bente, G. & Otto, I. (1996). Virtuelle Realtität und parasoziale Interaktion. Medienpsychologie: Zeitschrift für Individual und Massenkommunikation, 8, 217–242.

Bente, G., Petersen, A., Krämer, N. C. & Buschmann, J.-U. (1999). Virtuelle Realität im Forschungseinsatz. Ein Wirkungsvergleich videovermittelter und computersimulierter nonverbaler Kommunikation. Medienpsychologie: Zeitschrift für Individual- und Massenkommunikation, 2, 95–120.

Bente, G., Petersen, A., Krämer, N. C. & de Ruiter, J. P. (2001). Transcript-based Computer Animation of Movement: Evaluating a new Tool for Nonverbal Behavior Research. Behavior Research Methods, Instruments, and Computers, 33, 3, 303–310.

Bente, G. & Vorderer, P. (1997). The socio-emotional dimension of using screen media. Current perspectives in German Media Psychology. In P. Winterhoff-Spurk & T. van der Voort (Eds.), New horizons in media psychology. Research cooperation and projects in Europe (pp. 125–144). Opladen: Westdeutscher Verlag.

Bernieri, F. J. & Rosenthal, R. (1991). Interpersonal coordination: Behavioral matching and interactional synchrony. In R. S. Feldman & B. Rimé (Eds.), Fundamentals of nonverbal behavior (pp. 401–432). Cambridge: Cambridge University Press.

Bernsen, N. O. (2003). When H. C. Andersen is not talking back. In T. Rist, R. Aylett, D. Ballin & J. Rickel (Eds.), Proceedings of the Fourth International Working Conference on Intelligent Virtual Agents (IVA '03) (pp. 27–30). Berlin: Springer.

Bernsen, N. O. & Dybkjær, L. (2004). Evaluation of Spoken Multimodal Conversation.

Proceedings of The Sixth International Conference on Multimodal Interaction, ICMI 2004 (pp. 38–45). New York: ACM.
Berscheid, E. & Walster, E.H. (1978) (Hrsg.). Interpersonal attraction. Reading. MA: Addison-Wesley.
Berscheid, E. & Walster, E. (1974). Physical attractiveness. In L. Berkowitz (Hrsg.): Advances in experimental social psychology (S. 157–215). New York: Academic Press.
Beskow, J. (1995). Rule-based audiovisual speech. Unpublished doctoral dissertation. Royal Institute of Technology, Stockholm.
Beun, R.-J., de Vos, E. & Witteman, C. (2003). Embodied conversational agents: Effects on memory performance and anthropomorphisation. In T. Rist, R. Aylett, D. Ballin & J. Rickel (Eds.), Proceedings of the Fourth International Working Conference on Intelligent Virtual Agents (IVA '03) (pp. 315–319). Berlin: Springer.
Bickmore, T. (2003). Relational Agents: Effecting Change through Human-Computer Relationships. PhD Thesis, Media Arts & Sciences, Massachusetts Institute of Technology. Verfügbar unter: http://www.misu.bmc.org/~bickmore/publications.html [2.4.2005].
Bickmore, T. & Cassell, J. (2004). Social Dialogue with Embodied Conversational Agents. In J. van Kuppevelt, L. Dybkjaer & N. Bernsen (Eds.), Natural, Intelligent and Effective Interaction with Multimodal Dialogue Systems. Norwell, Ma: Kluwer. Verfügbar unter: http://www.soc.northwestern.edu/justine/jc_papers.htm [3.9.2006].
Bierhoff, H.W. (2000). Sozialpsychologie. Ein Lehrbuch. Stuttgart: Kohlhammer.
Biocca, F., Burgoon, J., Harms, C. & Stoner, M. (2001). Criteria and scope conditions for a theory and measure of social presence. Paper presented at „Presence 2001“, 4th annual international workshop, May 2001, Philadelphia. Verfügbar unter: http://nimbus.ocis.temple.edu/~mlombard/P2001/Biocca1.pdf [26.3.2002].
Blascovich, J. & Ginsburg, G.P. (1974). Emergent norms and choice shifts involving risk. Sociometry, 37 (2), 205–218.
Blascovich, J., Loomis, J., Beall, A.C., Swinth, K.R., Hoyt, C.L. & Bailenson, J.N. (2001). Immersive virtual environment technology as a methodological tool for social psychology. Psychological Inquiry, 13, 103–124. Verfügbar unter: http://www.stanford.edu/group/vhil/pubs.html [3.9.2006].
Blascovich, J., Mendes, W.B., Hunter, S. & Salomon, K. (1999). Social facilitation as challenge and threat. Journal of Personality and Social Psychology, 77, 68–77.
Blens, H. (2003). Virtuelle Versuchung. Virtuelle Versuchung. Effekte von virtuellen Charakteren auf Akzeptanz und Kaufentscheidung bei e-commerce-websites. Unveröffentlichte Diplomarbeit, Universität zu Köln.
Blens, H., Krämer, N.C. & Bente, G. (2003). Virtuelle Verkäufer. Die Wirkung von anthropomorphen Interface Agenten in WWW und e-commerce. In J. Ziegler et al. (Hrsg.), Mensch und Computer (S. 297–306). Stuttgart: Teubner.
Bolinger, D. (1983). Intonation and gesture. American Speech, 58 (2), 156–174.
Bolt, R.A. (1987). The integrated multi-modal interface. The Transactions of the Institute of Electronic Information and Communication Engineers, (Japan), November 1987, 2017–2025.
Booth, P. (1989). An introduction to human-computer interaction. Hove: Erlbaum.
Bowers, D., Bauer, R.M. & Heilmann, K.M. (1993). The nonverbal affect lexicon: Theoretical perspectives from neuropsychological studies of affect perception. Neuropsychology, 7 (4), 433–444.
Brady, A. &Walker, M. (1978). Interpersonal distance as a function of situationally induced anxiety. British Journal of Social Psychology, 17, 127–133.

Bratman, M. (1999). Faces of intention: Selected essays on intention and agency. Cambridge, U.K.: Cambridge University Press.

Breazeal, C. (2004). Function Meets Style: Insights from Emotion Theory Applied to HRI. In R. Murphy & E. Rogers (Eds.), IEEE SMC Transactions, Part C. Available at: http://web.media.mit.edu/~cynthiab/NewFiles/pubs.html [24.7.2005].

Breazeal, C. (2002a). Designing Sociable Robots. Cambridge, MA: MIT Press.

Breazeal, C. (2002b). Designing sociable robots: Issues and lessons. In K. Dautenhahn, A.H. Bond, L. Canamero & B. Edmonds (Eds.), Socially intelligent agents. Creating relationships with computers and robots (pp. 149–156). Norwell, Ma: Kluwer.

Breazeal, C. (2000). Sociable Machines: Expressive Social Exchange Between Humans and Robots. Doctoral Dissertation. Department of Electrical Engineering and Computer Science. MIT.

Breazeal, C., Brooks, A., Gray, J., Hoffman, G., Kidd, C., Lee, H., Lieberman, J., Lockerd, A. & Mulanda, D. (2004b). Humanoid Robots as Cooperative Partners for People. IJHR. Available at: http://web.media.mit.edu/~cynthiab/NewFiles/pubs.html [24.7.2005].

Breazeal, C., Buchsbaum, D., Gray, J., Gatenby, D. & Blumberg, B. (2004a). Learning from and about Others: Towards Using Imitation to Bootstrap the Social Understanding of Others by Robots. In L. Rocha & F. Almedia e Costa (Eds.), Artificial Life. Available at: http://web.media.mit.edu/~cynthiab/NewFiles/pubs.html [24.7.2005].

Brennan, S. (1990). Conversation as direct manipulation: An iconoclastic view. In B. Laurel (Ed.), The Art of Human-Computer Interface Design (pp. 393–404). Reading: Addison-Wesley.

Brooks, R.A. (1991). Intelligence without representation. Artificial Intelligence, 47, 139–159.

Brooks, R.A. (1986). A robust layered control system for a mobile robot. IEEE Journal of Robotics Animation, 2 (1), 14–23.

Bruce, A., Nourbakhsh, I. & Simmons, R. (2002). The role of expressiveness and attention in humanrobot interaction. Proceedings of International Conference on Robotics and Automation, ICRA 2002, 4138–4142.

Buisine, S., Abrilian, S. & Martin, J.-C. (2004). Evaluation of multimodal behaviour of agents. Cooperation between speech and gestures in ECAs. In Z. Ruttkay & C. Pelachaud (Hrsg.), From Brows to trust. Evaluating Embodied Conversational Agents. Norwell, Ma: Kluwer.

Burgoon, J.K., Bonito, J.A., Bengtsson, B., Cederberg, C., Lundeberg, M. & Allspach, L. (2000). Interactivity in human-computer interaction: a study of credibility, understanding, and influence. Computers in Human Behaviour, 16, 553–574.

Burgoon, J. & Hale, J. (1987). Validation and measurement of the fundamental themes of relational communication. Communication Monographs, 54, 19–41.

Burgoon, J., Stern, L. & Dillman, L. (1995). Interpersonal Adaptation: Dyadic Interaction Patterns. Cambridge, UK: Cambridge University Press.

Burnstein, E., Stotland, E. & Zander, A. (1961). Similarity to a model and selfevaluation. Journal of Abnormal Social Psychology, 62, 257–264.

Cacioppo, J.T., Priester, J.R. & Bernston, G.G. (1993). Rudimentary determination of attitudes: Arm flexion and extention have differential effects on attitudes. Journal of Personality and Social Psychology, 65, 5–17.

Canada, K. & Brusca, F. (1991). The technological gender gap: Evidence and recommendations for educators and computer-based instruction designers. Educational Technology Research and Development, 39 (2), 43–51.

Cañamero, L. (2002a). Playing the emotion game with Feelix: What can a LEGO robot tell us about emotion? In K. Dautenhahn, A. Bond, L. Canamero & B. Edmonds (Eds.), Socially intelligent agents: Creating relationships with computers and robots (pp. 69–76). Norwell, Ma: Kluwer. Verfügbar unter: http://homepages.feis.herts.ac.uk/~comqlc/papers/ [3.9.2006].

Cañamero, L. (2002b). Designing emotions for activity selection in autonomous agents. In R. Trappl, P. Petta & S. Payr (Eds.), Emotions in humans and artifacts (pp. 115–148). Cambridge, MA: MIT Press.

Cañamero, L.D. & Fredslund, J. (2001). I show you how I like you – Can you read it in my face? IEEE Transactions on Systems, Man, and Cybernetics: Part A, 31 (5), 454–459.

Cappella, J.N. & Pelachaud, C. (2001). Rules for responsive robots: using human interaction to build virtual interaction. In A.L. Vangelisti, H.T. Reis & M.A. Fitzpatric (Eds.), Stability and change in relationships. New York: Cambridge University Press.

Carroll, J.M. (1997). Human-computer interaction: Psychology as a science of design. International Journal of Human Computer Studies, 46 (4), 501–522.

Casella, P. & Paiva, A. (2003). Mediating action and music with augmented grammars. In T. Rist, R. Aylett, D. Ballin & J. Rickel (Eds.), Proceedings of the Fourth International Working Conference on Intelligent Virtual Agents (IVA '03) (pp. 207–211). Berlin: Springer.

Cassell, J. (2001). Embodied Conversational Agents: Representation and Intelligence in User Interface. AI Magazine, 22 (3), 67–83.

Cassell, J. (1999). Embodied Conversation: Integrating Face and Gesture into Automatic Spoken Dialogue Systems. In Luperfoy (Ed.), Spoken Dialogue Systems. Cambridge, MA: MIT Press.

Cassell, J. (1998). A framework for gesture generation and interpretation. In R. Cipolla & A. Pentland (Eds.), Computer visions in human-machine interaction. Cambridge: Cambridge University Press. Verfügbar unter: http://www.soc.northwestern.edu/justine/jc_papers.htm [3.9.2006].

Cassell, J. & Bickmore, T. (2003). Negotiated Collusion: Modeling Social Language and its Relationship Effects in Intelligent Agents. User Modeling and User-Adapted Interaction 13 (1–2), 89–132.

Cassell, J. & Bickmore, T. (2001). A Relational Agent: A Model and Implementierung of Building User Trust. Proceedings of the CHI '01 Conference (pp. 396–403). Seattle, Washington.

Cassell, J. & Bickmore, T. (2000). External manifestations of trustworthiness in the interface. Communications of the ACM, 43 (12), 50–56.

Cassell, J., Bickmore, T., Billinghurst, M., Campbell, L., Chang, K., Vilhjálmsson, H. & Yan, H. (1999). Embodiment in conversational interfaces: Rea. CHI '99 Conference Proceedings (pp. 520-527). Association for Computing Machinery.

Cassell, J., Bickmore, T., Campbell, L., Vilhjálmsson, H. & Yan, H. (2000b). Human conversation as a system framework: Designing embodied conversational agents. In J. Cassell, J. Sullivan, S. Prevost & E. Churchill (Eds.), Embodied conversational agents (pp. 29–63). Cambridge: MIT Press.

Cassell, J., Nakano, Y., Bickmore, T., Sidner, C., Rich, C. (2001). Non-Verbal Cues for Discourse Structure. Proceedings of the 41st Annual Meeting of the Association of Computational Linguistics, 106–115.

Cassell, J., Steedman, M., Badler, N., Pelachaud, C., Stone, M., Douville, B., Prevost, S. & Achorn, B. (1994). Modeling the interaction between speech and gesture. In

A. Ram & K. Eiselt (Eds.), Proceedings on the sixteenth anuual conference of the cognitive science (pp. 153–158). LEA. Verfügbar unter: http://www.soc.northwestern.edu/justine/jc_papers.htm [3.9.2006].

Cassell, J., Stocky, T., Bickmore, T., Gao, Y., Nakano, Y., Ryokai, K., Tversky, D., Vaucelle, C. & Vilhjálmsson, H. (2002). MACK: Media lab Autonomous Conversational Kiosk. Proceedings of Imagina '02, February 12–15, Monte Carlo.

Cassell, J., Sullivan, J., Prevost, S. & Churchill, E. (Eds.) (2000a). Embodied conversational agents. Cambridge: MIT Press.

Cassell, J. & Thorisson, K. R. (1999). The Power of a Nod and a Glance: Envelope vs. Emotional Feedback in Animated Conversational Agents. Applied Artificial Intelligence, 13, 519–538.

Cassell, J., Vilhjálmsson, H. & Bickmore, T. (2001). BEAT: the Behavior Expression Animation Toolkit. Proceedings of SIGGRAPH '01, 477–486.

Catrambone, R., Stasko, J. & Xiao, J. (2004). Eca as user interface paradigm. Experimental findings within a framework for research. In Z. Ruttkay & C. Pelachaud (Hrsg.), From Brows to trust. Evaluating Embodied Conversational Agents (S. 239–270). Norwell, Ma: Kluwer. Verfügbar unter: http://www.gvu.gatech.edu/ii/publications.html [3.9.2006].

Chaiken, S. (1980). Heuristic versus systematic information processing and the use of source versus message cues in persuasion. Journal of Personality and Social Psychology, 39, 752–766.

Chen, M. (1985). Gender differences in adolescents' uses of attitudes toward computers. In M. L. McLaughlin (Ed.), Communication Yearbook 10 (pp. 200–216). Beverly Hills, CA: Sage.

Chen, Q. (2001). Preface. In Q. Chen (Ed.), Human Computer Interaction: Issues and Challenges (pp. I–IV). Hershey: Idea Group Publishing.

Chen, Q. & Norcio, A. F. (2001). Knowledge engineering in adaptive interface and user modeling. In Q. Chen (Ed.), Human Computer Interaction: Issues and Challenges (pp. 113–133). Hershey: Idea Group Publishing.

Chen, S. & Bargh, J. A. (1999). Consequences of automatic evaluation: Immediate behavior predispositions to avoid or approach the stimulus. Personality and Social Psychology Bulletin, 25, 215–224.

Chovil, N. (1991a). Social determinants of facial displays. Journal of Nonverbal Behavior, 15 (3), 141–154.

Chovil, N. (1991b). Discourse oriented facial displays in conversation. Research on Language and Social Interaction, 25, 163–194.

Cialdini, R. B. (1993). Influence. The psychology of persuasion. New York: Quill.

Clarebout, G. (2002). The enhancement of the optimal use of tools in open learning environments. Phd-Thesis-Proposal: Katholieke Universiteit Leuven.

Clarebout, G., Elen, J., Johnson, W. L. & Shaw, E. (2002). Animated pedagogical agents. An opportunity to be grasped? Journal of Educational Multimedia and Hypermedia, 11 (3), 267–286.

Cohen, P. & Levesque, H. (1991). Teamwork. Nous, 25, 487–512.

Cohen, P. & Levesque, H. (1990). Persistence, Intention, and Commitment. In P. R. Cohen, J. Morgan, & M. E. Pollack (Eds.), Intentions in Communication (pp.33–69). Cambridge, MA: MIT Press.

Coleridge, S. T. (1817). Biographia Literaria. London: Rest Fenner.

Condon, W. S. & Ogston, W. D. (1971). Speech and body motion synchrony of the speaker-hearer. In D. Horton & J. Jenkins (Eds.), The perception of language (pp. 150–184). NY: Academic Press.

Corritore, C. L., Kracher, B., & Wiedenbeck, S. (2003). Online trust: concepts, evolving themes, a model. International Journal of Human Computer Studies, 58 (6), 737–758.

Cottrell, N. B. (1968). Performance in the presence of other human beings: Mere presence, audience, and affiliation effects. In E. C. Simmel, R. A. Hoppe & G. A. Milton (Eds.), Social facilitation and imitative behavior (pp. 91–110). Boston: Allyn & Bacon.

Cowell, A. J. & Stanney, K. M. (2003). Embodiment and interaction guidelines for designing credible, trustworthy embodied conversational agents. In T. Rist, R. Aylett, D. Ballin & J. Rickel (Eds.), Proceedings of the Fourth International Working Conference on Intelligent Virtual Agents (IVA '03) (pp. 301–309). Berlin: Springer.

Craig, S. D., Gholson, B. & Driscoll, D. (2002) Animated Pedagogical Agents in Multimedia Educational Environments: Effects of Agent Properties, Picture Features, and Redundancy. Journal of Educational Psychology, 94, 428–434.

Craig, S. D., Graesser, A. C., Sullins, J. & Gholson, B. (2004). Affect and learning: An exploratory look into the role of affect in learning with AutoTutor. Journal of Educational Media, 29, 241–250.

Damasio, A. (1994). Descartes Error: Emotion, Reason, and the Human Brain. New York: G. P. Putnam and Sons.

Darves, C. & Oviatt, S. L. (2004). Talking to digital fish: Designing effective conversational interfaces for educational software. In Z. Ruttkay & C. Pelachaud (Hrsg.), From Brows to trust. Evaluating Embodied Conversational Agents. Norwell, Ma: Kluwer.

Darwin, C. (1872). The expression of the emotions in man and animals. London: J. Murray.

Dautenhahn, K. (1998). Elektronische Sisyphusse. Interview in der Online-Zeitschrift Pointer, 2. Verfügbar unter: http://www.gmd.de/pointer/ [27.7.2005].

Dautenhahn, K. & Christaller, T. (1997). Remembering, rehearsal and empathy – towards a social and embodied cognitive psychology for artefacts. In S. O'Nuallain, P. McKevitt & E. MacAogain (Eds.), Two Sciences of Mind. Amsterdam: John Benjamins.

Dautenhahn, K., Ogden, B. & Quick, T. (2002). From embodied to socially embedded agents. Implications for interaction-aware robots. Cognitive Systems Research, 3, 397–428.

De Carolis, B., Pelachaud, C. & Poggi, I. (2000). Verbal and nonverbal discourse planning. Proceedings of the Workshop on „Achieving Human-Like Behavior in Interactive Animated Agents", in conjunction with The Fourth International Conference on Autonomous Agents, Barcelone, Spain.

De Carolis, B., Pelachaud, C., Poggi, I. & de Rosis, F. (2001). Behavior Planning for a Reflexive Agent, IJCAI – 2001, Seattle. Verfügbar unter: http://www.iut.univ-paris8.fr/~pelachaud/AllPapers/ijcai01.pdf#search=%22 Behavior%20Planning%20for%20a%20Reflexive%20Agent%22 [3.9.2006].

De Rosis F., De Carolis B., Carofiglio V. & Pizzutilo S. (2004). Shallow and inner forms of emotional intelligence in advisory dialog simulation. In H. Prendinger & M. Ishizuka (Eds.), Life-like Characters. Tools, Affective Functions and Applications (pp. 271–294). Berlin: Springer.

De Rosis, F., Pelachaud, C., Poggi, I., Carofiglio, V. & De Carolis, B. (2003). From Greta's mind to her face: Modeling the dynamics of affective states in a conversational embodied agent. International Journal of Human-Computer Studies, 59, 81–118.

Dehn, D.M. & van Mulken, S. (2000). The impact of animated interface agents: a review of empirical research. International Journal of Human-Computer Studies, 52, 1–22.

DeLaere, K.H., Lundgren, D.C. & Howe, S.R. (1998). The electronic mirror: Human-Computer interaction and change in self-appraisals. Computers in Human Behavior, 14 (1), 43–59.

Dennett, D.C. (1996). Kinds of minds: Toward an understanding of consciousness. New York: Basic Books.

Dennett, D.C. (1987). The intentional stance. Cambridge: MIT Press.

DePaulo, B.M. (1992). Nonverbal Behavior and Self-Presentation. Psychological Bulletin, 111 (2), 203–243.

DePaulo, B.M. & Friedman, H.S. (1998). Nonverbal communication. In D.T. Gilbert, S.T. Fiske & G. Lindzey (Eds.), The handbook of social psychology, Vol 2 (4th ed.) (pp. 3–40). Boston, MA: McGraw-Hill.

Deutsch, F.M., LeBaron, D. & Fryer, M.M. (1991). Was bedeutet ein Lächeln? Report Psychologie, 16 (8), 21–28.

Dimberg, U. (1997). Psychophysiological reactions to facial expressions. In U. Segerstrale & P. Molnár (Eds.), Nonverbal Communication. Where nature meets culture (pp. 47–60). Mahwah, NJ: LEA.

Dion, K., Berscheid, E. & Walster, E. (1972). What is beautiful is good. Journal of Personality and Social Psychology, 24, 285–290.

DiSalvo, C.F., Gemperle, F., Forlizzi, J. & Kiesler, S. (2002). All robots are not equal: The design and perception of humanoid robot heads. Proceedings of the conference on Designing interactive systems: Processes, practices, methods, and techniques, 321–326.

Döring, N. (1999). Sozialpsychologie des Internet. Göttingen: Hogrefe.

Dotzler, B., Gendolla, P. & Schäfer, J. (1992). MaschinenMenschen. Eine Bibliografie. Frankfurt/M.: Lang.

Douglas, S.A. (1995). Conversation analysis and human-computer interaction design. In P.J. Thomas (Ed.), The social and interactional dimensions of human-computer interfaces (pp. 184–203). Cambridge: Cambridge University Press.

Draper, S.W. & Norman, D.A. (1986). Introduction. In D.A. Norman & S.W. Draper (Eds.), User centerd system design: new perspectives on human-computer interaction. (pp. 1–6). Hillsdale, NJ: Erlbaum.

Driscoll, D., Craig, S.D., Gholson, B., Ventura, M., Hu, X. & Graesser, A. (2003). Vicarious Learning: Effects of Overhearing Dialogue and Monologue-like discourse in a Virtual Tutoring session. Journal of Educational Computing Research, 29, 431–450.

Drux, R. (1994). E.T.A. Hoffmann. Der Sandmann (Erläuterungen und Dokumente. Reclams Universal-Bibliothek Nr. 8199). Stuttgart: Reclam.

Duffy, B.R. (2004). The social robot paradox. Paper presented at the Vienna Symposium „Sociality with machines", November 2004.

Duncan, S., Jr. (1972). Some signals and rules for taking speaking turns in conversations. Journal of Personality and Social Psychology, 23 (2), 283–292.

Dzeyk, W. (2001). Über die Bedeutung von Glaubwürdigkeit und Vertrauen im Internet. Vortrag auf dem Regionaltreffen der German Internet Research List – GIR-L in Köln. Verfügbar unter: http://www.allg-psych.uni-koeln.de/dzeyk/index.html [25.7.2005].

Dzida, W. & Konradt, U. (1995) (Hrsg.). Psychologie des Software Entwurfs. Göttingen: Verlag für Angewandte Psychologie.

Eberts, R.E. (1994). User interface design. Englewood Cliffs, N.J.: Prentice Hall.

Eibl-Eibesfeldt, I. (1984). Die Biologie menschlichen Verhaltens. Grundriß der Humanethologie. München: Piper.

Ekman, P. (1997). Expression or communication about emotion. In N.L. Segal & G.E. Weisfeld (Eds.), Uniting psychology and biology: Integrative perspectives on human development (pp. 315–338). Washington: American Psych. Association.

Ekman, P. (1992). Are there basic emotions? Psychological Review, 99 (3), 550–553.

Ekman, P. (1979). About brows: Emotional and conversational signals. In M. von Cranach, K. Foppa,W. Lepenies & D. Ploog (Eds.), Human ethology: Claims and limits of a new discipline: Contributions to the Colloquium (pp. 169–248). Cambridge: Cambridge University Press.

Ekman, P. & Friesen, W. V. (1979). Handbewegungen. In K.R. Scherer & H.G. Wallbott (Hrsg.), Nonverbale Kommunikation: Forschungsberichte zum Interaktionsverhalten (S. 108–123). Weinheim: Beltz.

Ekman, P., Friesen, W. bV. & Ancoli, S. (1980). Facial Signs of emotional experience. Journal of Personality and Social Psychology, 29, 1125–1134.

Ekman, P. & Oster, H. (1982). Review of research, 1970 to 1980. In P. Ekman (Ed.), Emotion in the Human Face (pp. 147–174), Cambridge, UK: Cambridge University Press.

Elliott, C. (2002). The role of elegance in emotion and personality: Reasoning for believable agents. In R. Trappl, P. Petta & S. Payr (Eds.), Emotions in humans and artifacts (pp. 237–250). Cambridge, MA: MIT Press.

Elliott, C. (1997). I picked up catapia and other stories: A multimodal approach to expressivity for „emotionally intelligent" agents. Proceedings of the First International Conference on Autonomous Agents, 1997, 451–457.

Elliott, C. (1992). The Affective Reasoner: A process model of emotions in a multi-agent system. Ph.D. Dissertation. Northwestern University. The Institute for the Learning Sciences. Technical report No. 32.

Elliott, C. & Brzezinski, J. (1998). Autonomous Agents as Synthetic Characters. AI Magazine, 19 (2), 13–30. Verfügbar unter: http://condor.depaul.edu/~elliott/ar.html [3.9.2006].

Elliott, C. & Ortony, A. (1992). Point of view: Reasoning about the concerns of others. In Proceedings of the Fourteenth Annual Conference of the Cognitive Science Society, 809–814.

Elliott, C., Rickel, J. & Lester, J. (1999). Lifelike Pedagogical Agents and Affective Computing: An Exploratory Synthesis. In M. Wooldridge & M. Veloso (Eds.), Artificial Intelligence Today, Lecture Notes in Computer Science 1600 (pp. 195–212). Berlin: Springer. Verfügbar unter: http://research.csc.ncsu.edu/intellimedia/papers.htm [3.9.2006].

Elliott, C., Rickel, J. & Lester, J. C. (1997). Integrating affective computing into animated tutoring agents. In Proceedings of the IJCAI Workshop on Animated Interface Agents: Making Them Intelligent, Nagoya, Japan, 1997, 113–121. Verfügbar unter: http://research.csc.ncsu.edu/intellimedia/papers.htm [3.9.2006].

Erickson, T. (1997). Designing agents as if people mattered. In J. Bradshaw (Ed.), Software Agents (pp. 79–96). Menlo Park: AAAI Press. Available at: http://www.pliant.org/personal/Tom_Erickson/agents.html [24.7.2005].

Exline, R.V., Ellyson, S.L. & Long, B. (1975). Visual behavior as an aspect of power role relationships.In P. Pliner, L. Krames & T. Alloway (Eds.), Nonverbal communication of aggression (pp. 21–52). New York: Plenum.

Faulkner, C. (1998). The Essence of Human-Computer Interaction. Harlow: Prentice Hall.

Felderer, B. (1996) (Hrsg.). Wunschmaschine Welterfindung. Eine Geschichte der Technikvisionen seit dem 18. Jahrhundert (Katalog zur gleichnamigen Ausstellung in der Kunsthalle Wien). Wien.

Fenigstein, A., Scheier, M. F. & Buss, A. H. (1975). Public and private self-consciousness: assessment and theory. Journal of consulting and clinical psychology, 43, 522–527.

Festinger, L. (1954). A theory of social comparison processes. Human Relations, 7, 117–140.

Fiske, S.T. & Taylor, S.E. (1991). Social cognition. New York: McGraw-Hill.

Fogg, B.J. & Nass, C. (1997). Silicon sycophants: the effects of computers that flatter. International Journal of Human-Computer Studies, 46, 551–561.

Fong, T., Nourbakhsh, I. & Dautenhahn, K. (2002). A Survey of Socially Interactive Robots: Concepts, Design, and Applications. Technical Report CMU-RI-TR-02-29, Carnegie Mellon University, Pittsburgh, PA, USA.

Förster, J., Higgins, E.T. & Werth, L. (2004). Threat of stereotype disconfirmation: Motivational antecedents and cognitive consequences. Social Cognition, 22, 54–74.

Fox, B. (1993). The human tutorial dialog project. Hillsdale, NJ: LEA.

Freedman, N. (1972). The analysis of movement behavior during the clinical interview. In A. W. Siegman & B. Pope (eds.), Studies in Dyadic Communication (pp. 177–210). New York: Pergamon Press.

Frey, S. (1999). Die Macht des Bildes. Bern: Huber.

Frey, S., Hirsbrunner, H.-P., Pool, J. & Daw, W. (1981). Das Berner System zur Untersuchung nonverbaler Interaktion: I. Die Erhebung des Rohdatenprotokolls. In P. Winkler (Hrsg.), Methoden der Analyse von Face-to-Face-Situationen (S. 203–236). Stuttgart: Metzler.

Fridlund, A.J. (1991). Evolution and facial action in reflex, social motive, and paralanguage. Biological Psychology, 32 (1), 3–100.

Frijda, N.H. (1995). Emotions in robots. In H.L. Roitblat & J.A. Meyer (Eds.), Comparative approaches to cognitive science (pp. 501–516). Cambridge: MIT Press.

Frijda, N.H. (1986). The emotions. Cambridge: Cambridge University Press.

Fukayama, A., Hagita, N., Mukawa, N., Ohno, T. & Sawaki, M. (2002). Messages embedded in gaze of interface agents: impression management with agents' gaze. Proceedings of the SIGCHI conference on Human factors in computing systems: Changing our world, changing ourselves, 41–48.

Funge, J., Tu, X. & Terzopoulos, D. (1999). Conitive modelling: Knowledge, reasoning, and planning for intelligent characters. In SIGGRAPH '99, 29–38.

Gaggioli, A., Mantovani, F., Castelnuovo, G., Wiederhold, B. & Riva, G. (2003). Avatars in clinical psychology: A framework for the clinical use of virtual humans. CyberPsychology & Behavior, 6, 117–125.

Gaines, B. (1985). From ergonomics to the fifth generation: 30 years of human-computer interaction studies. In B. Shackel (Ed.), Human-Computer Interaction: Interact '84 (pp. 3–7). Amsterdam: North-Holland.

Gallese, V. & Goldman, A. (1998). Mirror neurons and the simulation theory of mind-reading. Trends in Cognitive Sciences, 2:12, pp. 493–501.

Garau, M. (2003). The Impact of Avatar Fidelity on Social Interaction in Virtual Environments. PhD thesis, University College London.

Garau, M., Slater, M., Bee, S. & Sasse, M.A. (2001). The impact of eye gaze on communication using humanoid avatars. Proceedings of the SIG-CHI conference on Human factors in computing systems, 309–316.

Garau, M., Slater, M., Vinayagamoorhty, V., Brogni, A., Steed, A. & Sasse, M. A. (2003). The Impact of Avatar Realism and Eye Gaze Control on Perceived Quality of Communication in a Shared Immersive Virtual Environment. Proceedings of the SIGCHI conference on Human factors in computing systems, 529–536.

Gazzaniga, M. S. (1998). The mind's past. Berkeley: University of California Press.

Gebhard, P. (2001). Enhancing embodied intelligent agents with affective user modelling. In J. Vassileva & P. Gmytrasiewicz (Eds.), UM2001, Proceedings of the Eighth International Conference – Doctoral Consortium summary (pp. 271–273). Berlin: Springer.

Gillies, M. & Ballin, D. (2003). A model of interpersonal attitude and posture generation. In T. Rist, R. Aylett, D. Ballin & J. Rickel (Eds.), Proceedings of the Fourth International Working Conference on Intelligent Virtual Agents (IVA '03) (pp. 88–92). Berlin: Springer.

Goetz, J., Kiesler, S. & Powers, A. (2003). Matching robot appearance and behavior to tasks to improve human-robot cooperation. Proceedings of the 12th IEEE Workshop on Robot and Human interactive Communication. RO-MAN 2003, Oct. 31–Nov. 2, Millbrae, CA. Verfügbar unter: http://www.cs.cmu.edu/~kiesler/publications/PDFs/RO-MANpaper.pdf [28.8.2006].

Goffman, E. (1963). Behavior in public places: Notes on the social organization of gatherings. New York: The Free Press.

Goffman, E. (1959). The presentation of self in everyday life. New York: Doubleday & Company.

Goleman, D. (1996). Emotional intelligence. New York: Bantam Dell Pub. Group.

Gong, L., Nass, C., Simard, C. & Takhteyev, Y. (2001). When non-human is better than semihuman: Consistency in speech interfaces. In M. Smith, G. Salvendy, D. Harris & R. Koubek (Eds.), Usability Evaluation and Interface Design: Cognitive Engineering, Intelligent Agents and Virtual Reality, Vol. 1. (pp. 390–394). Mahwah N.J.: LEA.

Goodwin, C. (1981). Conversational Organization: Interaction between hearers and speakers. New York, NY: Academic Press.

Görz, G. & Nebel, B. (2003). Künstliche Intelligenz. Frankfurt: Fischer.

Gottman, J. (1980). Consistency of nonverbal affect and affect reciprocity in marital interaction. Journal of Consulting and Clinical Psychology, 48, 711–717.

Grabinger, R.S. (1993). Computer screen designs: Viewer judgments. Educational Technology Research and Development, 41 (2), 35–73.

Graesser, A.C. & Person, N.K. (1994). Question asking during tutoring. American Educational Research Journal, 31, 104–137.

Graesser, A.C., Person, N., Harter, D. & TRG (2000). Teaching tactics in AutoTutor. Paper presented at the workshop on tutorial dialogue at the Intelligent Tutoring Systems 2000 Conference, Montreal, Canada. Verfügbar unter: http://www.iismemphis.org/projects/autotutor/at2.htm [3.9.2006].

Graesser, A. C., Person, N. K. & Magliano, J. P. (1995). Collaborative dialog patterns in naturalistic one-on-one tutoring. Applied Cognitive Psychology, 9, 359–387.

Graesser, A. C., VanLehn, K., Rose, C., Jordan, P., Harter, D., Person, N. & Bautista, L. (2001). Intelligent tutoring systems with conversational dialogue. AI Magazine, 22, 39–51.

Graesser, A.C., Wiemer-Hastings, K., Wiemer-Hastings, P., Kreuz, R., & the Tutoring Research Group (1999). AutoTutor: A simulation of a human tutor. Journal of Cognitive Systems Research, 1, 35–51.

Grammer, K. (2002). Signale der Liebe. Die biologischen Gesetze der Partnerschaft. München: dtv.

Grammer, K., Filova, V. & Fieder, M. (1997). The communication paradox and a possible solution: Toward a radical empiricism. In A. Schmitt, K. Atzwanger, K. Grammer & K. Schäfer (Eds.), New aspects of human ethology (pp. 91–120). New York: Plenum.

Grammer, K., Honda, M., Jütte, A. & Schmitt, A. (1999). Fuzziness of nonverbal courtship communication unblurred by motion energy detection. Journal of Personality and Social Psychology, 77 (3), 487–508.

Granieri, J.P., Becket, W., Reich, B.D., Crabtree, J. & Badler, N.I. (1995). Behavioral control for real-time simulated human agents. Proceedings of the 1995 Symposium on Interactive 3D Graphics, 173–180.

Gratch, J. (2000). Emile: Marshalling passions in training and education. Proceedings of the Fourth International Conference on Autonomous Agents (pp. 325–332). New York: ACM Press.

Gratch, J. & Marsella, S. (2004). Evaluating the modeling and use of emotion in virtual humans. Proceedings of the Third International Joint Conference on Autonomous Agents and Multiagent Systems, New York. Verfügbar unter: http://people.ict.usc.edu/~gratch/pubs.html [3.9.2006].

Gratch, J. & Marsella, S. (2001). Tears and fears: Modeling emotions and emotional behaviors in synthetic agents. Conference on Autonomous Agents, Montreal, Canada. Verfügbar unter: http://people.ict.usc.edu/~gratch/pubs.html [3.9.2006].

Gratch, J., Rickel, J., Andre, E., Badler, N., Cassell, J. & Petajan, E. (2002). Creating Interactive Virtual Humans: Some Assembly Required. IEEE Intelligent Systems, 17 (4), 54–63. Verfügbar unter: http://people.ict.usc.edu/~gratch/pubs.html [3.9.2006].

Graumann, C.F. (1972). Interaktion und Kommunikation. In C.F. Graumann (Hrsg.), Handbuch der Psychologie, Bd. 7, Sozialpsychologie, 2. Halbband: Forschungsbereiche (S. 1109–1262). Göttingen: Hogrefe.

Greenberg, J., Solomon, S. & Pyszczynski, T. (1997). Terror management theory of self-esteem and social behavior: Empirical assessments and conceptual refinements. In M.P. Zanna (Ed.), Advances in Experimental Social Psychology, 29, (pp. 61–139). New York: Academic Press.

Greenberg, J., Solomon, S., Pyszczynski, T., Rosenblatt, A., Burling, J., Lyon, D., Pinel, E. & Simon, L. (1992). Assessing the terror management analysis of self-esteem: Converging evidence of an anxiety-buffering function. Journal of Personality and Social Psychology, 63, 913–922.

Grice, H.P. (1975). Logic and conversation. In P. Cole & J.L. Morgan (Eds.), Syntax and Semantics, 3. New York: Academic Press.

Gustafson, J., Lindberg, N. & Lundeberg, M. (1999). The August spoken dialogue system. Proceedings of Eurospeech, 1151–1154.

Hall, E.T. (1959). The silent language. Garden City, NY: Doubleday.

Hall, E.T. (1966). The hidden dimension. Garden City, NY: Doubleday.

Halliday, M. (1967). Intonation and Grammar in British English. The Hague: Mouton.

Hartmann, T., Klimmt, C. & Vorderer, P. (2001). Avatare: Parasoziale Beziehungen zu virtuellen Akteuren. Medien- und Kommunikationswissenschaft, 49, 350–368.

Hartmann, T., Schramm, H. & Klimmt, C. (2004a). Vorbereitende Überlegungen zur theoretischen Modellierung parasozialer Interaktionen im Prozess der Medienrezeption. Online verfügbar unter: http://www.ijk.hmt-hannover.de/psi/ (10.01.2004).

Hartmann, T., Schramm, H. & Klimmt, C. (2004b). Personenorientierte Medienrezeption: Ein Zwei-Ebenen-Modell parasozialer Interaktionen. Publizistik, 49 (1), 25–47.

Hassebrauck, M. & Niketta, R. (1993) (Hrsg). Physische Attraktivität. Göttingen: Hogrefe.
Hayes-Roth, B. (2004). What Makes Characters Seem Life-Like? In H. Prendinger & M. Ishizuka (Eds.), Life-like Characters. Tools, Affective Functions, and Applications. Berlin: Springer.
Heeter, C. (1992). Being there: the subjcctive experience of presence. Presence: Teleoperators and Virtual Environments, 1 (2), 262–271.
Heidegger, M. (1977). The question concerning technology, and other essays. New York: Harper and Row.
Heider, F. & Simmel, M. (1944). An experimental study of apparent behavior. American Journal of Psychology, 57, 243–259.
Herkner, W. (2001). Lehrbuch Sozialpsychologie. Bern: Huber.
Hippel, K. (1992). Parasoziale Interaktion. Bericht und Bibliographie. Montage/av, 1 (19), 135–145.
Horten, D. & Wohl, R. R. (1956). Mass cammunication and para-social interaction: Observations on intimacy at a distance. Psychiatry, 19, 215–229.
Hovland, C. I. & Weiss, W. (1951). The influence of source credibility on communication effectiveness Public Opinion Quaterly, 15, 635–650.
Hoyt, C. L., Blascovich, J. & Swinth, K. L. (2003). Social inhibition in immersive virtual environments. Presence: Teleoperators and Virtual Environments, 12 (2), 183–195.
Huard, R. & Hayes-Roth, B. (1997). Character mastery with improvisational puppets. Proceedings of the IJCAI Workshop on Animated Interface Agents, Nagoya, Japan.
Hückstedt, B. (1965). Experimentelle Untersuchungen zum Kindchenschema. Zeitschrift für Experimentelle und Angewandte Psychologie, 12, 421-450.
Ibanez, J., Aylett, R. & Ruiz-Rodarte, R. (2003). That's my point! Telling stories from a virtual guide perspective. In T. Rist, R. Aylett, D. Ballin & J. Rickel (Eds.), Proceedings of the Fourth International Working Conference on Intelligent Virtual Agents (IVA '03) (pp. 249–253). Berlin: Springer.
Ijsselsteijn, W. A. (2004). Presence in Depth. Dissertation, Eindhoven University of Technology.
Ijsselsteijn, W. A., de Kort, Y. A. W., Westerink, J., de Jager, M. & Bonants, R. (2006). Virtual Fitness: Stimulating Exercise Behaviour through Media Technology. Presence, Teleoperators and Virtual Environments, 15, 688–698.
Isbister, K. (2004a). Building bridges through the unspoken. In R. Trappl & S. Payr (Eds.) Agent culture: Designing virtual characters for a multi-cultural world (pp. 233–344). Mahwah, NJ: Erlbaum.
Isbister, K. (2004b). Instrumental Sociality – How machines reflect to us our own inhumanity. Paper presented at the Vienna Symposium „Sociality with machines“, November 2004.
Isbister, K. (2002). Party hosts and tour guides. Using nonverbal social cues in the design of interface agents to support human-human social interaction. In K. Dautenhahn, A. H. Bond, L. Canamero & B. Edmonds (Eds.), Socially intelligent agents. Creating relationships with computers and robots (pp. 45–52). Norwell, Ma: Kluwer.
Isbister, K. (2000). A warm cyber-welcome: Using an agent-led group tour to introduce visitors to Kyoto. In T. Ishida & K. Isbister (Eds.), Digital cities: Technologies, experiences, and future perspectives. Berlin: Springer.

Isbister, K. (1998). Reading personality in onscreen characters: an examination of social principles of consistency, personality match, and situational attribution applied to interaction with characters. Doctoral dissertation, Standford University.

Isbister, K. & Doyle, P. (2003). Web guide agents: Narrative context with character. In M. Mateas & P. Sengers (Eds.), Narrative Intelligence. Amsterdam: John Benjamins.

Isbister, K. & Hayes-Roth, B. (1998). Social Implications of Using Synthetic Characters: An Examination of a Role-Specific Intelligent Agent. Technical Report KSL-98-01. Knowledge Systems Laboratory. Verfügbar unter: http://www.ksl.stanford.edu/abstracts_by_author/Hayes-Roth,B..papers.html [27.7.2005].

Isbister, K. & Nass, C. (2000). Consistency of personality in interactive characters: Verbal cues, non-verbal cues, and user characteristics. International Journal of Human-Computer Studies, 53 (2), 251–267.

Isbister, K., Nakanishi, H., Ishida, T. & Nass, C. (2000). Helper Agent: Designing an assistant for Human-Human Interaction in a virtual meeting space. CHI Letters, 2 (1), 57–64.

Iurgel, I., Hoffmann, A. & Spierling, U. (2004). Wissensvermittlung durch interaktives Erzählen – die Plattform art-E-fact. In R. Keil-Slawik, H. Selke & G. Szwillus (Hrsg.), Mensch und Computer 2004: Allgegenwärtige Interaktion. München: Oldenbourg.

Izard, C. (1977). Human Emotions. New York: Plenum Press.

Jeffery, M. (2001). The human computer. London: Time Warner Paperbacks.

Jo, H.J., Ku, J.H., Jang, D.P. et al., (2001). The development of the virtual reality system for the treatment of the fears of public speaking. Studies in Health Technology and Informatics, 81, 209–211.

Johnson, W.L., Rickel, J.W. & Lester, J.C. (2000). Animated pedagogical agents: Face-to-face interaction in interactive learning environments. The International Journal of Artificial Intelligence in Education (2000) 11, 47–78. Verfügbar unter: http://research.csc.ncsu.edu/intellimedia/papers.htm [3.9.2006].

Jones, E.E. (1964). Ingratiation. New York: Appleton-Century-Crofts.

Jones, T. & Clarke, V. A. (1995). Diversity as a determination of attitudes: A possible explanation of the apparent advantage of single-sex settings. Journal of Educational Computing Research, 12(1), 51–64.

Jönsson, A. & Dahlbäck, N. (1988). Talking to a computer is not like talking to your best friend. Proceedings of the First Scandinavian Conference on Artificial Intelligence. Tromsø, Norway, March 9–11.

Jung, B. & Kopp, S. (2003). FlurMax: An Interactive Virtual Agent for Entertaining Visitors in a Hallway. In T. Rist et al. (Eds.), Intelligent Virtual Agents (pp. 23–26). Berlin: Springer.

Kaiser, S. & Wehrle, T. (in press). Facial expressions in social interactions:Beyond basic emotions. In D. Canamero & R. Aylett (Eds.), Advances in Consciousness Research (Vol. XX): Animating Expressive Characters for Social Interactions. Amsterdam: John Benjamins Publishing Company.

Kaiser, S. & Wehrle, T. (2005). Animating and analyzing facial expressions in human-computer interactions: An appraisal based approach. Paper presented at the ISRE General Meeting, July 2005, Bari.

Kaiser, S., Wehrle, T. & Schmidt, S. (1998). Emotional episodes, facial expression, and reported feelings in human-computer interactions. In A.H. Fischer (Ed.), Proceedings of the Xth Conference of the International Society for Research on Emotions (pp. 82–86). Würzburg: ISRE Publications.

Kappas, A. (2005). My happy vacuum cleaner. Paper presented at the ISRE General Meeting, Symposium on Artificial Emotions, July 2005, Bari.

Keltner, D. & Gross, J. J. (1999). Functional accounts of emotions. Cognition and Emotion, 13 (5), 467–480.

Keltner, D. & Haidt, J. (1999). Social functions of emotions at four levels of analysis. Cognition and Emotion, 13 (5), 505–521.

Kempter, G. (1999). Das Bild vom Anderen. Skriptanimation als Methode zur Untersuchung spontaner Attributionsprozesse. Lengerich: Pabst.

Kendon, A. (1986). Current issues in the study of gestures. In J.L. Nespoulous, P. Perron & A.R. Lecours (Eds.), The biological foundations of gestures: Motor and semiotic aspects (pp. 23–47). Hillsdale: Erlbaum.

Kidd, C.D. & Breazeal, C. (2003). Comparison of social presence in robots and animated characters. Submitted for CHI2003.

Kiesler, S. & Goetz, J. (2002). Mental models and cooperation with robotic assistants. Proceedings of CHI 2002, 576–577.

Kiesler, S. & Sproull, L. (1997). „Social" Human-Computer Interaction. In B. Friedman (Ed.), Human Values And The Design of Computer Technology (pp. 191–199). Cambridge: Cambridge University Press.

Kiesler, S., Sproull, L. & Waters, K. (1996). A prisoner's dilemma experiment on cooperation with people and human-like computers. Journal of Personality and Social Psychology, 70, 47–65.

King, W.J. & Ohya, J. (1996). The representation of agents: Anthropomorphism, agency, and intelligence. In R. Bilger, S. Guest & M. J. Tauber (Eds.), Human Factors in Computing Systems: CHI '96 Electronic Conference Proceedings. ACM.

Kipp, M. (2001). From human gesture to synthetic action. Proceedings of the Workshop on Multimodal Communication and Context in Embodied Agents, in conjunction with the Fifth International Conference on Autonomous Agents, 9–14.

Kleinke, C.L. (1986). Gaze and eye contact: A research review. Psychological Bulletin, 100, 78–100.

Klimenko, S., Nielson, G., Nikitina, N., Nikitin, I. & Strassner, J. (2004). Virtual Planetarium: Learning Astronomy in Virtual Reality. Proceedings of E-Learn 2004. Washington, DC.

Koda, T. & Maes, P. (1996). Agents with faces: The effect of personification. IEEE International Workshop on Robot and Human Communication (RO-MAN '96), 189–194.

Kohar, H. & Ginn, G. (1997). Mediators: Guides through online TV services. Proceedings of the CHI Conference, 2, 38–39.

Kopp, S. (2003). Synthese und Koordination von Sprache und Gestik für virtuelle multimodale Agenten. Berlin: Akademische Verlagsgesellschaft.

Kopp, S., Gesellensetter, L., Krämer, N. C. & Wachsmuth, I. (2005). A conversational agent as museum guide – design and evaluation of a real-world application. In R. Aylett et al. (Eds.), IVA 2005, International Working Conference on Intelligent Virtual Agents. Berlin: Springer.

Kopp, S., Jung, B., Lessmann, N. & Wachsmuth, I. (2003). Max – A Multimodal Assistant in Virtual Reality Construction. KI-Künstliche Intelligenz, 4 (03), 11–17.

Kopp, S., Sowa, T. & Wachsmuth, I. (2004). Imitation games with an artificial agents: From mimicking to understanding shape-related iconic gestures. In A. Camurri & G. Volpe (Eds.), Gesture-Based Communication in Human-Computer Interaction (LNAI 2915) (pp. 436–447). Berlin: Springer.

Kopp, S., Tepper, P. & Cassell, J. (2004). Towards Integrated Microplanning of Language and Iconic Gesture for Multimodal Output. Proceedings of the International Conference on Multimodal Interfaces (ICMI '04), Penn States, PA. Verfügbar unter: http://www.techfak.uni-bielefeld.de/~skopp/publications.html [3.9.2006].

Kopp, S. & Wachsmuth, I. (2004). Synthesizing Multimodal Utterances for Conversational Agents. The Journal Computer Animation and Virtual Worlds, 15(1), 39–52.

Kopp, S. & Wachsmuth, I. (2002). Model-based Animation of Coverbal Gesture. Proceedings of Computer Animation (pp. 252–257). Los Alamitos, CA: IEEE Press. Verfügbar unter: http://www.techfak.uni-bielefeld.de/~skopp/publications.html [3.9.2006].

Körndle, H. (1993). Mensch-Computer-Interaktion. Psychologische Aspekte des Umgangs mit komplexen technischen Systemen. Wiesbaden: Deutscher Universitäts Verlag.

Krahmer, E., van Buuren, S., Ruttkay, Zs. & Wesselink, W. (2003). Audio-visual Personality Cues for Embodied Agents: An experimental evaluation. Proceedings of the AAMAS03 Workshop on „Embodied Conversational Characters as Individuals", 15th July, 2003, Melbourne, Australia.

Krämer, N.C. (2005). Social communicative effects of a virtual program guide. In T. Panayiotopoulos et al. (Eds.), Intelligent Virtual Agents 2005 (pp. 442–543). Hamburg: Springer.

Krämer, N.C. (2004). Mensch-Computer-Interaktion. In R. Mangold, P. Vorderer & G. Bente (Hrsg.), Lehrbuch Medienpsychologie (S. 643–672). Göttingen: Hogrefe.

Krämer, N. C. (2002). Können virtuelle Helfer uns wirklich helfen? – Methoden zur Evaluation von anthropomorphen Mensch-Maschine-Schnittstellen. Zeitschrift für Medienpsychologie, 14 (1), 34–37.

Krämer, N.C. (2001). Bewegende Bewegung. Sozio-emotionale Wirkungen nonverbalen Verhaltens und deren experimentelle Untersuchung mittels Computeranimation. Lengerich: Pabst.

Krämer, N.C. & Bente, G. (im Druck). Assistenz durch Virtuelle Helfer. In H. Wandke & E. Wetzenstein (Hrsg.), Der Umgang mit Technik im Alltag: Assistenz für Benutzer. Berlin: Springer-VDI.

Krämer, N.C. & Bente, G. (2003). Brauchen Interface Agenten Emotionen? In J. Ziegler et al. (Hrsg.), Mensch und Computer 2003 (S. 287–296). Stuttgart: Teubner.

Krämer, N.C. & Bente, G. (2002). Virtuelle Helfer: Embodied Conversational Agents in der Mensch-Computer-Interaktion. In G. Bente, N.C. Krämer & A. Petersen (Hrsg.), Virtuelle Realitäten (S. 203–225). Göttingen: Hogrefe.

Krämer, N.C. & Bente, G. (2001). Mehr als Usability: (Sozial-)psychologische Aspekte bei der Evaluation von anthropomorphen Interface-Agenten. i-com, Zeitschrift für interaktive und kooperative Medien, 0, 26–31.

Krämer, N.C., Bente, G. & Piesk, J. (2003). The ghost in the machine. The influence of Embodied Conversational Agents on user expectations and user behaviour in a TV/VCR application. In G. Bieber & T. Kirste (Eds.), IMC Workshop 2003, Assistance, Mobility, Applications (pp. 121–128). Stuttgart: Fraunhofer IRB Verlag.

Krämer, N.C., Iurgel, I. & Bente, G. (2005). Emotion and motivation in embodied conversational agents. Canamero, L. (Ed.), Proceedings of the Symposium „Agents that Want and Like", AISB 2005 (pp. 55–61). Hatfield: SSAISB.

Krämer, N.C. & Nitschke, J. (2002). Ausgabemodalitäten im Vergleich: Verändern sie das Eingabeverhalten der Benutzer? In R. Marzi, V. Karavezyris, H.-H. Erbe & K.-P.

Timpe (Hrsg.), Bedienen und Verstehen. 4. Berliner Werkstatt Mensch-Maschine-Systeme (S. 231–248). Düsseldorf: VDI-Verlag.

Krämer, N.C., Rüggenberg, S., Meyer zu Kniendorf, C. & Bente, G. (2002). Schnittstelle für alle? Möglichkeiten zur Anpassung anthropomorpher Interface Agenten an verschiedene Nutzergruppen. In M. Herzceg, W. Prinz & H. Oberquelle (Hrsg.), Mensch und Computer 2002 (S. 125–134). Stuttgart: Teubner.

Krämer, N.C., Tietz, B. & Bente, G. (2003). Effects of embodied interface agents and their gestural activity. In R. Aylett, D. Ballin, T. Rist & J. Rickel (Eds.), 4th International Working Conference on Intelligent Virtual Agents (pp. 292–300). Hamburg: Springer.

Kranstedt, A., Kopp, S. & Wachsmuth, I. (2002). MURML: A Multimodal Utterance Representation Markup Language for Conversational Agents. AAMAS '02 Workshop Embodied conversational agents – let's specify and evaluate them! Bologna, Italy.

Kraut, R.E. & Johnston, R.E. (1979). Social and emotional messages of smiling: An ethological approach. Journal of Personality and Social Psychology, 37 (9), 1539–1553.

Krenn, B. & Neumayr, B. (2003). Socialite in derSpittelberg: Incorporating animated conversation into a web-based community-building tool. In T. Rist, R. Aylett, D. Ballin & J. Rickel (Eds.), Proceedings of the Fourth International Working Conference on Intelligent Virtual Agents (IVA '03) (pp. 18–22). Berlin: Springer.

Krenn, B., Neumayr, B., Gstrein, E. & Grice, M. (2004). Lifelike agents fort he internet: A cross-cultural case study. In S. Payr & R. Trappl (Eds.), Agent culture. Human-agent interaction in a multicultural world (pp. 197–230). Mahwah, NJ: Erlbaum.

Krummheuer, A.L. (2004). Mit Lara Croft über das Wetter sprechen? In: Forschung an der Universität Bielefeld: Zwischen Elfenbeinturm und Öffentlichkeit: „Public Understanding of Science and Humanities", 27, 37–40.

Laaksolathi, J., Bergmark, N. & Hedlund, E. (2003). Enhancing believability using affective cinematography. In T. Rist, R. Aylett, D. Ballin & J. Rickel (Eds.), Proceedings of the Fourth International Working Conference on Intelligent Virtual Agents (IVA '03) (pp. 264–268). Berlin: Springer.

Lafferty, J.C. & Eady, P.M. (1974). The desert survival problem. Plymouth, Mich.: Experimental learning methods.

LaLomia. M.J. & Sidowski, J.B. (1990). Measurements of computer satisfaction, literacy, and attitudes: A review. International Journal of Human-Computer Interaction, 2, 231–253.

Lang, P. (1995). The emotion probe: Studies of motivation and attention. American Psychologist, 50 (5), 372–385.

Langer, E.J. (1992). Matters of mind: mindfulness/mindlessness in perspective. Consciousness and Cognition: An International Journal, 1 (4), 289–305.

Langer, E.J. (1989). Mindfulness. Reading, MA: Addison-Wesley.

Lanier, J. (1995) Agents of alienation, Interactions 2 (3), 66–72.

Laurel, B. (1993), Computers as theater. Reading, MA: Addison-Wesley.

Laurel, B. (1992). Anthropomorphism: From Eliza to Terminator 2. Panelist discussion, A. Don (moderator). Proceedings of SIGCHI '92, 67–70.

Laurel, B. (1990). Interface agents: Metaphors with character. In B. Laurel (Ed.), The Art of Human-Computer Interface Design (pp. 355–365). Reading, MA: Addison-Wesley.

Lazarus, R. (1991). Emotion and Adaptation. New York: Oxford University Press.

Leary, M.R. (1995). Self presentation. Impression management and interpersonal behavior. Madison, Wis.: Brown & Benchmark Publishers.

Leary, T. (1957). Interpersonal diagnosis of personality: A functional theory and methodology for personality evaluation. New York: Ronald Press.

Lee, K.M. & Nass, C. (2003). Designing social presence of social actors in human computer interaction. Proceedings of the CHI 2003 Conference on Human Factors in Computing Systems, 289–296.

Lester, J.C., Converse, S.A., Kahler, S.E., Barlow, S.T., Stone, B.A. & Bogal, R. S. (1997a). The Persona Effect: Affective Impact of Animated Pedagogical Agents. In S. Pemberton (Ed.), Human Factors in Computing Systems: CHI '97 Conference Proceedings (pp. 59–366). New York: ACM Press.

Lester, J.C., Converse, S.A., Stone, B.A., Kahler, S.E. & Barlow, S.T. (1997b). Animated Pedagogical Agents and Problem-Solving Effectivness: A Large-Scale Empirical Evaluation. In B. Du Boulay & R. Mizoguchi (Eds.), Proceedings of the 8th World Conference on Artifical Intelligenz in Education (pp. 23–30). Kobe, Japan: IOS Press.

Lester, J.C. & Stone, B.A. (1997). Increasing Believability in Animated Pedagogical Agents. Proceedings of the 1st International Conference on Autonomous Agents, 16–21.

Lester, J.C., Stone, B.A. & Stelling, G.D. (1999). Lifelike pedagogical agents for mixed-initiative problem solving in constructivist learning environments. User Modeling and User-Adapted Interaction, 9, 1–44.

Lester, J.C., Towns, S.G., Callaway, C.B., Voerman, J.L. & FitzGerald, P. J. (2000). Deictic and emotive communication in animated pedagogical agents. In J. Cassell, J. Sullivan, S. Prevost & E. Churchill (Eds.), Embodied Conversational agents (pp. 123–154). Boston: MIT Press.

Lester, J.C., Towns, S.T. & FitzGerald, P.J. (1999). Achieving affective impact: Visual emotive communication in lifelike pedagogical agents. The International Journal of Artificial Intelligence in Education, 10 (3–4), 278–291. Verfügbar unter: http://research.csc.ncsu.edu/intellimedia/papers.htm [3.9.2006].

Lester, J.C., Voerman, J.L., Towns, S.G. & Callaway, C.B. (1999). Deictic believability: Coordinating gesture, locomotion, and speech in lifelike pedagogical agents. Applied Artificial Intelligence, 13, 383–414.

Lester, J.C., Zettlemoyer, L.S., Gregoire, J. & Bares, W.H. (1999). Explanatory lifelike avatars: Performing user-designed tasks in 3d learning environments. Proceedings of the Third International Conference on Autonomous Agents.

Levenson, R.W. (1999). The Intrapersonal functions of emotions. Cognition and Emotion, 13 (5), 481–504.

Levin, T. & Gordon, C. (1989). Effect of gender and computer experience on attitudes toward computers. Journal of Educational Computing Research, 5 (1), 69–88.

Levy, S. (1992). Artificial Life: A report from the frontier where computers meet biology. New York: Random House.

Lewis Johnson, W., Rickel, J., Stiles, R. & Munro, A. (1998). Integrating Pedagogical Agents into Virtual Environments. Presence: Teleoperators and Virtual Environments, 7 (6), 523–546.

Lewis, H. (1998). Body Language, a guide for professionals. New Delhi, India: Response Books.

Lindsay, R.O. (1996). Heuristic Ergonomics and the socio-cognitive interface. In B. Gorayska & J.L. Mey (Eds.), Cognitive Technology: In Search of a humane Interface (pp. 147–158). Amsterdam: Elsevier Science.

Link, K.E., Kreuz, R.J., Graesser, A.C. & the Tutoring Research Group (2001). Factors that influence the perception of feedback delivered by a pedagogical agent. International Journal of Speech Technology, 4, 145–153. Verfügbar unter: http://www.iismemphis.org/projects/autotutor/at2.htm [3.9.2006].

Lok, B. & Hodges, L. F. (2004). Human-Computer Interaction in Virtual Reality. In W. S. Bainbridge (Ed.), Berkshire Encyclopedia of Human-Computer Interaction (pp. 782–788). Great Barrington: Berkshire.

Lombard, M. & Ditton, T. B. (1997). At the heart of it all: The concept of presence. Journal of Computer-Mediated Communication, 3(2). Available at: http://jcmc.indiana.edu/vol3/issue2/lombard.html [4.6.2007].

Lombard, M., Reich, R. D., Grabe, M. E., Bracken, C. & Ditton, T. B. (2000) Presence and Television: The role of screen size. Human Communication Research, 26 (1), 75–98.

Loomis, J. M., Blascovich, J. & Beall, A. C. (1999). Virtual environment technology as a basic research tool in psychology. Behavior Research Methods, Instruments, and Computers, 31, 577–564.

Louchart, S. & Aylett, R. (2003). Solving the narrative paradox in VEs – Lessons from RPGs. In T. Rist, R. Aylett, D. Ballin & J. Rickel (Eds.), Proceedings of the Fourth International Working Conference on Intelligent Virtual Agents (IVA '03) (pp. 244–248). Berlin: Springer.

Lundeberg, M. (1997). Multi-modal speech communication development of a test-environment. Unpublished doctoral dissertation. Royal Institute of Technology, Stockholm.

Maes, P. (1994). Agents that reduce work and information overload. Communications of the ACM, 37 (7), 31–40.

Magnenat-Thalmann, N. & Thalmann, D. (2001) (Eds.). Deformable Avatars. Norwell, MA: Kluwer.

Mangold, R. (1997). The contribution of media psychology to user-friendly computers: A proposal for cooperative work. In P. Winterhoff-Spurk & T. H. A. van der Voort (Eds.), New horizons in media psychology (pp. 7–86). Opladen: Westdeutscher Verlag.

Mangold-Allwin, R., Antoni, C. & Eisenecker, U. (1995). Erhebung von Aufgabenmodellen als Beitrag zur Softwaregestaltung. In W. Dzida & U. Konradt (Hrsg.), Psychologie des Software Entwurfs (S. 129–148). Göttingen: Verlag für Angewandte Psychologie.

Manhart, K. (2001). Menschliche Maschinen. Die lange Geschichte der KI. c't – magazin für computertechnik 8 (3), 32–40. Verfügbar unter: http://www.heise.de/kiosk/archiv/ct/1991/3/32/@00000@/art.htm [24.7.2005].

Manstead, A. S. R. & Semin, G. R. (1980). Social facilitation effects: mere enhancement of dominant responses? British Journal of Social and Clinical Psychology, 19, 119–136.

Marakas, G. M., Johnson, R. D. & Palmer, J. W. (2000). A theoretical model of differential social contributions toward computing technology: when the metaphor becomes the model. International Journal of Human-Computer Studies, 52, 719–750.

Marsella, S. (2003). Interactive pedagogical drama: Carmen's bright IDEAS assessed. In T. Rist, R. Aylett, D. Ballin & J. Rickel (Eds.), Intelligent virtual agents (pp. 1–4). Berlin: Springer. Verfügbar unter: http://www.isi.edu/~marsella/webpapers3.html [3.9.2006].

Marsella, S. C. (2000). Sympathy for the agent: Controlling an agent's nonverbal repertoire: An extended abstract. In J. Rickel (Eds.), Proceedings of the Workshop on „Achieving Human-like behavior in Interactive Animated Agents". Barcelona. Verfügbar unter: http://www.isi.edu/~marsella/webpapers3.html [3.9.2006].

Marsella, S. & Gratch, J. (2003). Modeling coping behavior in virtual humans: Don't worry, be happy. Proceedings of the Second International Joint Conference on Autonomous Agents and Multi-Agent Systems. New York: ACM Press. Verfügbar unter: http://www.isi.edu/~marsella/webpapers3.html [3.9.2006].

Marsella, S., Gratch, J. & Rickel, J. (2003). Expressive Behaviors for Virtual Worlds. In H. Prendinger & M. Ishizuka (Eds.), Life-like Characters Tools, Affective Functions and Applications. Berlin: Springer.

Marsella, S., Johnson, W. L. & LaBore, C. (2000). Interactive pedagogical drama. Proceedings of the Fourth International Conference on Autonomous Agents, 301–308. Verfügbar unter: http://www.isi.edu/~marsella/webpapers3.html [3.9.2006].

Marsella, S., Pynadath, D. V. & Read, S. J. (2004). PsychSim: Agent-based modeling of social interactions and influence. Proceedings of the International Conference on Cognitive Modeling, Pittsburg.

Martin, S. A. & Knight, J. M. (1985). Social facilitation effects resulting from locus of control using human and computer experimenters. Computers in Human Behaviour, 1, 123–130.

Martinho, C., Gomes, M. & Paiva, A. (2003). Synthetic emotension. In T. Rist, R. Aylett, D. Ballin & J. Rickel (Eds.), Proceedings of the Fourth International Working Conference on Intelligent Virtual Agents (IVA '03) (pp. 57–61). Berlin: Springer.

Massaro, D. W. (2004). Symbiotic Value of an Embodied Agent in Language Learning. In R. H. Sprague (Ed.), IEEE Proceedings of 37th Annual Hawaii International Conference on System Sciences, Computer Society Press. Available at: http://mambo.ucsc.edu/papers.html [20.6.2006].

Massaro, D. W. (1998). Perceiving talking faces: From speech perception to a behavioral principle. Cambridge, MA: MIT Press.

Massaro, D. W., Bosseler, A. & Light, J. (2003). Development and Evaluation of a Computer-Animated Tutor for Language and Vocabulary Learning. Proceedings of the 15th International Congress of Phonetic Sciences (ICPhS '03). Barcelona, Spain.

Massaro, D. W., Cohen, M. M., Daniel, S. & Cole, R. A. (1999). Developing and Evaluating Conversational Agents. In P. A. Hancock (Ed.), Human Performance and Ergonomics (pp. 174-194). San Diego: Academic Press.

Massaro, D. W., Cohen, M. M., Tabain, M., Beskow, J. & Clark, R. (in press). Animated speech: Research progress and applications. In E. Vatiokis-Bateson, G. Bailly & P. Perrier (Eds.), Audiovisual Speech Processing. Cambridge, MA: MIT Press.

Maturana, H. R. & Varela, F. J. (1980). Autopoiesis and cognition. Dordrecht: Reidel.

Mayhew, D. J. (1992). Principles and guidelines in software user interface design. Englewood Cliffs, NJ: Prentice Hall.

Mayring, P. (2000). Qualitative Inhaltsanalyse. Grundlagen und Techniken. Weinheim: Deutscher Studien Verlag.

Mazzolini, R. G. (1994). Mechanische Körpermodelle im 16. Und 17. Jahrhundert. In W. Maier & T. Zoglauer (Hrsg.), Technomorphe Organismuskonzepte – Modellübertragungen zwischen Biologie und Technik (S. 113–133). Stuttgart, Bad Cannstatt: Frommann-Holzboog.

McBreen, H. (2002). Embodied conversational agents in e-commerce applications. In K. Dautenhahn, A. H. Bond, L. Canamero & B. Edmonds (Eds.), Socially intelligent agents. Creating relationships with computers and robots (pp. 267–274). Norwell, MA: Kluwer.

McBreen, H. & Jack, M. (2000). Empirical evaluation of animated agents in a multi-modal e-retail application. Proceedings of the AAAI Fall Symposium on socially intelligent agents.

McBreen, H. M., Shade, P., Jack, M. A. & Wyard, P. J. (2000). Experimental Assessment of the Effectiveness of Synthetic Personae for Multi-Modal E-Retail Applications. Proceedings of Fourth International Conference on Autonomous Agents, Barcelona, Spain, 39–45.

McCann, H. (1998). The works of agency: On human action, will, and freedom. Ithaca, NY: Cornell University Press.

McCauley, L., Gholson, B., Hu, X., Graesser, A. C. & The Tutoring research group (1998). Delivering smooth tutorial dialog using a talking head. Proceeding of the Workshop on Embodied Conversation Characters (pp. 31–38). Tahoe City, CA: AAAI and ACM.

McCorduck, P. (1987). Denkmaschinen. Die Geschichte der künstlichen Intelligenz. München: Pearson Education.

McCrae, R. R. & Costa, P. T. (1987). Validation of a five-factor model of personality across instruments and observers. Journal of Personality and Social Psychology, 52, 81–90.

McCrae, R. R. & John, O. P. (1992). An introduction to the five-factor model and its applications. Special Issue: The five-factor model: Issues and applications. Journal of Personality, 60, 175–215.

McNeill, D. (1992). Hand and mind: what gestures reveal about thought. Chicago: University of Chicago.

Mehrabian, A. (1995). Framework for a Comprehensive Description and Measurement of Emotional States. Genetic, Social, and General Psychology Monographs, 121, 339–361.

Meltzoff, A. & Moore, M. K. (1997). Explaining facial imitation: A theoretical model. Early Development and Parenting, 6, 179–192.

Milewski, A. E. & Lewis, S. H. (1997). Delegating to software agents. International Journal of Human-Computer Studies, 46, 485–500.

Mischel, W. & Shoda, Y. (1995). A cognitive-affective system theory of personality: Reconceptualizing situations, dispositions, dynamics, and invariance in personality structure. Psychological Review, 102, 246–268.

Moffat, D. & Frijda, N. H. (1995). Where there's a Will there's an agent. Presented at the Workshop on Agent Theories, Architectures and Languages.

Moon, Y. & Nass, C. (1998). Are computers scapegoats? Attributions of responsibility in human-computer interaction. International Journal of Human-Computer Studies, 49, 79–94.

Moon, Y. & Nass, C. (1996). How „real" are computer personalities? Psychological responses to personality types in human-computer interaction. Communication Research, 23, 651–674.

Moreno, R. (2003). The Role of Software Agents in Multimedia Learning Environments: When Do They Help Students Reduce Cognitive Load? Paper presented at the European Association for Research on Learning and Instruction Annual Conference, Padova, Italy.

Moreno, R. (2002). Pedagogical agents in virtual reality environments: Do multimedia principles still apply? ED-MEDIA 2002 Proceedings (pp. 1374–1379) Charlottesville, VA: AACE Press.

Moreno, R. (2001). Software agents in multimedia: An experimental study of their contributions to students' learning. Human-Computer Interaction Proceedings (pp. 275–277). Mahwah, NJ: Erlbaum.

Moreno, R. & Mayer, R. E. (2004). Personalized messages that promote science learning in virtual environments. Journal of Educational Psychology, 96, 165–173.

Moreno, R. & Mayer, R. E. (2002). Learning science in virtual reality multimedia environments: Role of methods and media. Journal of Educational Psychology, 92, 724–733.

Moreno, R., Mayer, R.E. & Lester, J.C. (2000). Life-like pedagogical agents in constructivist multimedia environments: cognitive consequences of their interaction. Proceedings of the World Conference on Educational Multimedia, Hypermedia, and Telecommunications (ED-MEDIA), (pp. 741–746) Montreal. Available at: http://www4.ncsu.edu/~lester/imedia/papers.html#agents [11.8.2004].

Moreno, R., Mayer, R.E., Spires, H. & Lester, J. (2001). The case for social agency in computer-based teaching: Do students learn more deeply when they interact with animated pedagogical agents? Cognition and Instruction, 19, 177–213.

Mori, M. (1982). The Buddha in the Robot. Tokyo: Charles E. Tuttle Co.

Mracek, E. W. (2001). Simulatum Corpus. Vom künstlichen zum virtuellen Menschen. Diplomarbeit am Institut für Kunstgeschichte, Graz. Auszüge verfügbar unter: http://www.chess.at/geschichte/kempelen.htm [24.7.2005].

Müller, W., Spierling, U., Alexa, M. & Rieger, T. (2001). Face-To-Face with your assistant – realization issues of animated user interface agents for home appliances. In A. Heuer & T. Kirste (Eds.), Intelligent interactive assistance and mobile multimedia computing. Proceedings of the IMC2000 (pp. 77–86). Rostock: Neuer Hochschulschriftenverlag.

Mundorf, N., Westin, S. & Dholakia, N. (1993). Effects of hedonic components and user's gender on the acceptance of screen-based information services. Behaviour and Information Technology, 12 (5), 293–303.

Nakanishi, H., Ishida, T., Isbister, K. & Nass, C. (2004). Designing a social agent for a virtual meeting space. In S. Payr & R. Trappl (Eds.), Agent culture. Human-agent interaction in a multicultural world (pp. 245–266). Mahwah, NJ: Erlbaum.

Nakano, Y., Reinstein, G., Stocky, T. & Cassell, J. (2003). Towards a Model of Face-to-Face Grounding. Proceedings of the Annual Meeting of the Association for Computational Linguistics. July 7–12, Sapporo, Japan.

Nakata, T., Sato, T. & Mori, T. (1998). Expression of emotion and intention by robot body movement. Intelligent Autonomous Systems 5 (IAS-5) (pp. 352–359). Amsterdam: IOS Press.

Nass, C., Fogg, B.J. & Moon, Y. (1996). Can Computers be Teammates? International Journal of Human Computer Studies, 45, 669–678.

Nass, C. & Gong, L. (2000). Speech interfaces from an evolutionary perspective. Communications of the ACM, 43 (9), 36–43.

Nass, C. & Gong, L. (1999). Maximized modality or constrained consistency? Proceedings of AVSP '99 (Santa Cruz, Calif., Aug. 7–9), 1–5. Available at: http://www.stanford.edu/~nass/vita.htm [20.6.2006].

Nass, C., Isbister, K. & Lee, E.-J. (2000). Truth is beauty: Researching Embodied conversational agents. In J. Cassell, J. Sullivan, S. Prevost & E. Churchill (Eds.), Embodied conversational agents (pp. 374–401). Cambridge: MIT Press.

Nass, C., Kim, E.-Y. & Lee, E.-J. (1998). When my face is the interface: An experimental comparison of interacting with one's own face or someone else's face. In C.-M.

Karat, A. Lund, J. Coutaz & J. Karat (Eds.), CHI 98 Conference Proceedings (pp. 148–154). New York: ACM SIGCHI.

Nass, C. & Lee, K. (2001). Does computer-synthesized speech manifest personality? Experimental tests of recognition, similarity-attraction, and consistency-attraction. Journal of Experimental Psychology: Applied, 7 (3), 171–181.

Nass, C. & Moon, Y. (2000). Machines and mindlessness: Social responses to computers. Journal of Social Issues, 56 (1), 81–103. Available at: http://www.stanford.edu/~nass/vita.htm [20.6.2006].

Nass, C., Moon, Y. & Carney, P. (1999). Are respondents polite to computers? Social desirability and direct responses to computers. Journal of Applied Social Psychology, 29(5), 1093–1110.

Nass, C., Moon, Y. & Green, N. (1997). Are computers gender-neutral? Gender stereotypic responses to computers. Journal of Applied Social Psychology, 27(10), 864–876.

Nass, C., Moon, Y., Fogg, B.J., Reeves, B. & Dryer, D. C. (1995). Can computer personalities be human personalities? International Journal of Human Computer Studies, 43, 223–239.

Nass, C., Moon, Y., Morkes, J., Kim, E-Y. & Fogg, B. J. (1997). Computers are social actors: A review of current research. In B. Friedman (Ed.), Moral and ethical issues in human-computer interaction (pp. 137–162). Stanford, CA: CSLI Press. Available at: http://www.stanford.edu/~nass/vita.htm [20.6.2006].

Nass, C., Steuer, J. & Tauber, E.R. (1994). Computers are Social Actors. In B. Adelson, S. Dumais & J. Olson (Eds.), Human Factors in Computing Systems: CHI '94 Conference Proceedings (pp. 72–78). New York: ACM Press.

Nass, C., Steuer, J.S., Henriksen, L., & Dryer, D. C. (1994). Machines and social attributions: Performance assessments of computers subsequent to „self“ or „other-“evaluations. International Journal of Human-Computer Studies, 40, 543–559.

Nass, C. & Sundar, S. (1994). Are programmers psychologically relevant to human-computer interaction? Paper presented at the annual meeting of the International Communication Association, San Francisco, CA.

Negroponte, N. (1989). From bezel to proscenium. Proceedings of SIGGRAPH '89.

New, J.J. (2003). A content-specific attenuation of change blindness: Preferential attention to animate beings in natural scenes. Journal of Vision, 3(9), 643.

Newell, A. (1990). Unified Theories of Cognition. Cambridge, MA: Harvard University Press.

Nitta, K., Hasegawa, O., Akiba, T., Kamishima, T., Kurita, T., Hayamizu, S., Itoh, K., Ishizuka, M., Dohi, H. & Okamura, M. (1997). An experimental multimodal disputation system. Proceedings of the IJCAI '97 Workshop on Intelligent Multimodal Systems.

Noot, H. & Ruttkay, Zs. (2000). CharToon 2.0 Manual. CWI Reports INS-R0004, Amsterdam.

Nowak, K.L. & Biocca, F. (2003). The effect of the agency and anthropomorphism on users' sense of telepresence, copresence, and social presence in virtual environments. Presence: Teleoperators and Virtual Environments, 12 (5), 481–494. Available at: http://communication.uconn.edu/ HCILab/publications/Nowak.Biocca-2003-Presence.pdf [20.6.2006].

Nowak, K. & Biocca, F. (2001). The Influence of Agency and the Virtual Body on Presence, Social Presence, and Copresence in Computer Mediated Interaction. Paper presented at the 4th International Workshop on Presence. Philadelphia, PA.

Nyce, J.M. & Löwgren, J. (1995). Towards foundational analysis in human-computer interaction. In P.J. Thomas (Ed.), The social and interactional dimensions of human-computer interfaces (pp. 37–47). Cambridge: Cambridge University Press.

Oatley, K. & Johnson-Laird, P. N. (1987). Towards a cognitive theory of emotions. Cognition and Emotion, 1, 29–50.

Oren, T., Salomon, G., Kreitman, K. & Don, A. (1990). Guides: characterizing the interface. In B. Laurel (Ed.), The art of human computer interface design (pp. 367–381). Reading, MA: Addison-Wesley.

Ortony, A. (2002). On making believable emotional agents believable. In R. Trappl, P. Petta & S. Payr (2002), Emotions in humans and artifacts (pp. 189–212). Cambridge, MA: MIT Press.

Ortony, A., Clore, G. & Collins, A. (1988). The Cognitive Structure of Emotions. Cambridge: Cambridge University Press.

Osgood, C.E. & Tannenbaum, P. H. (1955). The principle of congruity in the prediction of attitude change. Psychological Review, 62, 42–55.

Oviatt, S.L. & Adams, B. (2000). Designing and evaluating conversational interfaces with animated characters. In J. Cassell, J. Sullivan, S. Prevost & E. Churchill (Eds.), Embodied conversational agents (pp. 319–345). Cambridge: MIT Press.

Oviatt, S. L., Darves, C. & Coulston, R. (2004). Toward adaptive Conversational interfaces: Modeling speech convergence with animated personas. ACM Transactions on Computer-Human Interaction, 3, 300–328.

Oviatt, S.L., MacEachern, M. & Levow, G. (1998). Predicting hyperarticulate speech during human.computer error resolution. Speech Communication, 24, 87–110.

Paivio, A. (1986). Mental representations. A dual coding approach. New York: Oxford University Press.

Parise, S., Kiesler, S., Sproull, L. & Waters, K. (1999). Cooperating with life-like interface agents. Computers in Human Behavior, 15, 123–142.

Parise, S., Kiesler, S.B., Sproull, S. & Waters, K. (1996). My Partner is a Real Dog: Cooperation with Social Agents. Proceedings of Computer Supported Cooperative Work, 399–408.

Parke, F.I. (1991). Techniques of facial animation. In N. Magnenat-Thalmann & D. Thalmann (Eds.), New trends in animation and visualization (pp. 229–241). Chichester: John Wiley & Sons.

Payr, S. & Trappl, R. (2004) (Hrsg.). Agent culture. Human-agent interaction in a multicultural world. Mahwah, NJ: Erlbaum.

Payr, S. & Trappl, R. (2003). Agents across cultures. In T. Rist, R. Aylett, D. Ballin & J. Rickel (Eds.), Proceedings of the Fourth International Working Conference on Intelligent Virtual Agents (IVA '03) (pp. 320–324). Berlin: Springer.

Pelachaud, C. (2000). Some considerations about embodied agents. In J. Rickel (Eds.), Proceedings of the Workshop on Achieving Humam-like behavior in Interactive Animated Agents. Barcelona. Available at: http://www.iut.univ-paris8.fr/~pelachaud/ [20.6.2006].

Pelachaud, C. & Bilvi, M. (2003). Computational Model of Believable Conversational Agents. Communication in Multiagent Systems, 2003, 300–317.

Pelachaud, C., Badler, N.I. & Steedman, M. (1996). Generating facial expressions for speech. Cognitive Science, 20 (1), 1–46.

Pelachaud, C., Carofiglio, V., De Carolis, B. de Rosis, F. & Poggi, I. (2002). Embodied Contextual Agent in Information Delivering Application. Proceedings of AAMAS '02: The First International Joint Conference on Autonomous Agents & Multi-Agent

Systems, Bologna (pp. 758–765). ACM Pub. Available at: http://www.iut.univ-paris8.fr/~pelachaud/ [20.6.2006].

Pelachaud, C. & Poggi, I. (2002). Subtleties of facial expressions in embodied agents. Journal of Visualization and Computer Animation, 13 (5), 301–312. Available at: http://www.iut.univ-paris8.fr/~pelachaud/ [20.6.2006].

Perkowitz, S. (2004). Digital people: From Bionic Humans to Androids. Washington: Joseph Henry Press. Available at: http://www.nap.edu/books/0309089875/html/R1.html [24.7.2005].

Person, N. K., Craig, S., Price, P., Hu, X., Gholson, B., Graesser, A. C. & the tutoring research group (2000). Incorporating Human-like conversational behaviors into AutoTutor. In J. Rickel (Ed.), Proceedings of the Workshop on „Achieving Humam-like behavior in Interactive Animated Agents". Barcelona.

Person, N. K., Graesser, A. C., Bautista, L., Mathews, E. & TRG (2001). Evaluating student learning gains in two versions of AutoTutor. In J. D. Moore, C. L. Redfield & W. L. Johnson (Eds.) Artificial Intelligence in Education: AI-ED in the Wired and Wireless Future (pp. 286–293). Amsterdam: OIS Press. Available at: http://home.autotutor.org/graesser/index2.htm [20.6.2006].

Person, N. K., Klettke, B., Link, K., Kreuz, R. J. & the Tutoring Research Group (1999). The integration of affective responses into AutoTutor. Proceeding of the International Workshop on Affect in Interactions (pp.167–178). Siena, Italy.

Person, N. K., Kreuz, R. J., Zwaan, R. & Graesser, A. C. (1995). Pragmatics and pedagogy: Conversational rules and politeness strategies may inhibit effective tutoring. Cognition and Instruction, 13, 161–188.

Pertaub, D.-P., Slater, M. & Barker, C. (2001). An experiment on fear of public speaking in virtual reality. In D. Stredney , J. D. Westwood, G. T. Mogel & H. M. Hoffman (Eds.), Medicine meets virtual reality (pp. 372–378). Amsterdam: IOS Press. Available at: http://www.cs.ucl.ac.uk/staff/m.slater/publications.htm [5.8.2002].

Petersen, A. (2002). Interpersonale Kommunikation im Medienvergleich. Münster: Waxmann.

Petersen, A. & Bente, G. (2001). Situative und technologische Determinanten des Erlebens virtueller Realität. Zeitschrift für Medienpsychologie, 13 (N.F. 1) 3, 138–145.

Petta, P. (2002). The role of emotions in a tractable architecture for situated cognizers. In R. Trappl, P. Petta & S. Payr (eds), Emotions in humans and artifacts (pp. 251–288). Cambridge, MA: MIT Press.

Petta, P. (1999). Principled generation of expressive behavior in an interactive exhibit. In J. D. Velasquez (Ed.), Workshop: Emotion-based agent architectures (EBAA '99), Third Iinternational Conference on Autonomous Agents (Agents '99), Seattle, 94–98. New York: ACM Press.

Petty, R. E. & Cacioppo, J. T. (1986). Communication and Persuasion. Central and Peripheral Routes to Attitude Change. New York: Springer.

Pfeifer, R. (1996). Building „fungus eaters": Design principles of autonomous agents. In P. Maes, M. J. Mataric, J.-A. Meyer, J. Pollack & S. W. Wilson (Eds.), From Animals to Animats 4: Proceedings of the Fourth International Conference on Simulation of Adaptive Behanior (pp. 3–12). Cambridge, MA: MIT Press.

Pfeifer, R. & Scheier, C. (1999). Understanding intelligence. Cambridge, MA: MIT Press.

Pfleger, N. & Alexandersson, J. (2004). Modeling Non-Verbal Behavior in Multimodal Conversational Systems. In W. Wahlster (Ed.), Special Journal Issue „Conversational User Interfaces", it – Information Technology 46 (6). München: Oldenbourg.

Picard, R.W. (2002). What does it mean for a computer to „have" emotions? In R. Trappl, P. Petta & S. Payr (Eds.), Emotions in humans and artifacts (pp. 213–236). Cambridge, MA: MIT Press.

Picard, R. (1997). Affective Computing. Cambridge, MA: MIT Press.

Pizzutilo, S., De Carolis, B. & de Rosis, F. (2002). Cooperative Interface Agents. In K. Dautenhahn, A.H. Bond, L. Canamero & B. Edmonds (Eds.), Socially intelligent agents. Creating relationships with computers and robots (pp. 61–68). Norwell, Ma: Kluwer.

Poggi, I. & Pelachaud, C. (2000). Emotional Meaning and Expression in Performative Faces, In A. Paiva (Ed.), Affective Interactions: Towards a New Generation of Computer Interfaces. Berlin: Springer. Available at: http://host.uniroma3.it/docenti/poggi/Multimodal_communication%20.htm [20.6.2006].

Poggi I., Pelachaud C. & de Rosis F. (2000). Eye communication in a conversational 3D synthetic agent. AI Communications, Special Issue on Behavior Planning for Life-Like Characters and Avatars, 13 (3), 169–181. Available at: http://host.uniroma3.it/docenti/poggi/Multimodal_communication%20.htm [20.6.2006].

Prada, R., Vala, M., Paiva, A., Hook, K. & Bullock, A. (2003). FantasyA – The duel of emotions. In T. Rist, R. Aylett, D. Ballin & J. Rickel (Eds.), Proceedings of the Fourth International Working Conference on Intelligent Virtual Agents (IVA '03) (pp. 62–67). Berlin: Springer.

Preece, J. (1994). Human-Computer Interaction. Wokingham: Addison-Wesley.

Premack, D. & Premack, A. J. (1995). Origins of human social competence. In M.S. Gazzaniga (Ed.), The cognitive neurosciences (pp. 205–218). Cambridge, MA: MIT Press.

Premack, D. & Woodruff, G. (1978). Does the chimpanzee have a theory of mind? The Behavioral and Brain Sciences, 4, 512–526.

Prendinger, H., & Ishizuka, M. (2001). Social role awareness in animated agents. Proceedings of the fifth international conference on Autonomous agents (pp. 270–277). New York: ACM.

Prendinger, H., Mayer, S., Mori, J. & Ishizuka, M. (2003). Persona effect revisited. In T. Rist, R. Aylett, D. Ballin & J. Rickel (Eds.), Proceedings of the Fourth International Working Conference on Intelligent Virtual Agents (IVA '03) (pp. 283–292). Berlin: Springer.

Pyszczynski, T., Greenberg, J., & Solomon, S. (1999). A dual-process model of defense against conscious and unconscious death-related thoughts: An extension of terror management theory. Psychological Review, 106(4), 835–845.

Quintanar, L.R., Crowell, C.R., Pryor, J.B. & Adampoulos, J. (1982). Human computer interaction: A preliminary social psychological analysis. Behavior Research Methods & Instrumentation, 14 (2), 210–220.

Qvarfordt, P., Jönsson, A. & Dahlbäck, N. (2003). The role of spoken feedback in experiencing multimodal interfaces as Human-like. Proceedings of the 5th International Conference on Multimodal interfaces – ICMI 2003 (pp. 250 – 257). New York: ACM. Available at: http://www.ida.liu.se/~perqv/publications.html [20.6.2006].

Rajan, S., Craig, S.D., Gholson, B., Person, N.K., Graesser, A.C. & TRG (2001). AutoTutor: Incorporating backchannel feedback and other human-like conversational behaviors into an intelligent tutoring system. International Journal of Speech Technology, 4, 117–126.

Raskin, J. (2000). The humane interface. New directions for designing interactive systems. Boston: Addison-Wesley.

Reeves, B. & Nass, C. I. (1996). The media equation: How people treat computers, television, and new media like real people and places. New York: Cambridge University Press.

Rheingold, H. (1991). Virtual reality. New York: Summit Books.

Rickel, J. & Johnson, W. L. (2002). Extending Virtual Humans to Support Team Training in Virtual Reality. In G. Lakemeyer & B. Nebel (Eds.), Exploring Artificial Intelligence in the New Millennium (pp. 217–238). San Francisco: Morgan Kaufmann Publishers. Available at: http://ai.isi.edu/index.php?module=pubs/html/index.html&submodule=pubs/html/Lewis%20Johnson.html [20.6.2006].

Rickel, J. & Johnson, W. L. (2000). Task oriented collaboration with embodied agents in virtual worlds. In J. Cassell, J. Sullivan, S. Prevost & E. Churchill (Eds.), Embodied Conversational Agents (pp. 95–122). Cambridge: MIT-Press.

Rickel, J. & Johnson, W. L. (1999). Animated agents for procedural training in virtual reality: Perception, cognition, and motor control. Applied Artificial Intelligence, 13, 343–382.

Rickel, J. & Johnson, W. L. (1997). Integrating pedagogical capabilities in a virtual environment agent. Autonomous Agents 1997, ACM, Marina Del Rey, California, USA.

Rickel, J., Marsella, S., Gratch, J., Hill, R., Traum, D. & Swartout, W. (2002). Toward a New Generation of Virtual Humans for Interactive Experiences. IEEE Intelligent Systems (Special Issue on AI in Interactive Entertainment), 17(4), 32–38.

Rickenberg, R. & Reeves, B. (2000). The effects of animated characters on anxiety, task performance, and evaluations of user interfaces. Letters of CHI 2000, April 2000, 49–56.

Riegelsberger, J. & Sasse, M. A. (2002). Face it – Photos don't make a Web Site Trustworthy. Extended Abstracts CHI2002, 742–743.

Riegelsberger, J. & Sasse, M. A. (2001). Trustbuilders and trustbusters: The role of trust cues in interfaces to e-commerce applications. 1st IFIP Conference on e-commerce, e-business, e-government (i3e). Zurich, Switzerland, 17–30.

Riegelsberger, J., Sasse, M. A. & McCarthy, J. D. (2005a). Do People Trust Their Eyes More Than Ears? Media Bias in Detecting Cues of Expertise. Extended Abstracts of CHI 2005, Portland, OR, US, 2.–7. April 2005. Available at: http://www.cs.ucl.ac.uk/staff/J.Riegelsberger/lbr_188_do_people_trust_2_final.pdf [25.7.2005].

Riegelsberger, J., Sasse, M. A. & McCarthy, J. D. (2005b). The Mechanics of Trust: A Framework for Research and Design. International Journal of Human-Computer Studies, 62(3), 381–422.

Rist, T., André, E., Baldes, S., Gebhard, P., Klesen, M., Kipp, M., Rist, P. & Schmitt, M. (2004). A Review of the Development of Embodied Presentation Agents and Their Application Fields. In H. Prendinger & M. Ishizuka (Eds.), Life-Like Characters: Tools, Affective Functions, and Applications (pp. 377–404). Berlin: Springer.

Rist, T., André, E. & Müller, J. (1997). Adding animated presentation agents to the interface. In ACM (Ed.), IUI conference reports (pp. 79–86). Orlando, Florida: ACM.

Rist, T., Baldes, S., Gebhard, P., Kipp, M., Klesen, M., Rist, P. & Schmitt, M. (2002). CrossTalk: An interactive installation with animated presentation agents. Proceedings of the Second Conference on Computational Semiotics for Games and New Media (COSIGN 2002), Augsburg.

Rizolatti, G., Fadiga, L., Fogassi, L. & Gallese, V. (2002). From mirror neurons to imitation: Facts and speculation. In A. N. Meltzoff & W. Prinz (Eds.), The imitative mind (pp. 247–266). New York: Cambridge University Press.

Rizzolatti, G., Fadiga, L., Matelli, M., Bettinardi, V., Paulesu, E., Perani, D. & Fazio, F. (1996). Localization of grasp representations in humans by PET: 1.Observation vs. execution. Experimental Brain Research 111, 246–252.

Rodriguez, R.G., Trapote, A.H., Pozo, R.F., de la Morena Sanz, A. & Gómez, L. H. (2004). Distributed environment for multimodal biometrics evaluation in internet applications. COST-Workshop: Biometrics on the Internet, Vigo, March 2004.

Rolls, E.T. (1999). The brain and emotions. Oxford: Oxford University Press.

Röse, K. (2001). Kultur als Variable des UI Design. In H. Oberquelle, R. Oppermann & J. Krause (Hrsg.), Mensch und Computer (S. 153–162). Stuttgart: Teubner.

Rosenthal, R. (1966). Experimenter effects in behavioral research. New York: Appleton.

Rotter, J.B. (1966). Generalized expectancies for internal versus external control of reinforcement. Psychological Monographs, 80, 1.

Rousseau, D. & Hayes-Roth, B. (1998). A social-psychological model for synthetic actors. Proceedings of the second international conference on Autonomous agents (Agents '98), Minneapolis, Minnesota, 165–172. Available at: ftp://ftp.ksl.stanford.edu/pub/KSL_Reports/KSL-97-07.ps.gz [20.6.2006].

Rudinger, G. (1994). Ältere Menschen und Technik. In M. Kastner (Hrsg.), Der gesunde Mitarbeiter in einer gesunden Organisation (S. 187–194). München: Quintessenz.

Ruebenstrunk, G. (1998). Emotionale Computer. Computermodelle von Emotionen und ihre Bedeutung für die Emotionspychologische Forschung. Diplomarbeit, Universität Bielefeld. Online Dokument. Verfügbar unter: http://www.schooldays.de/ruebentemp/emeocomp/INHALT.HTM [25.3.2005].

Rüggenberg, S. (2007). Soziale Präsenz in virtuellen Teams. Dissertation, Universität zu Köln.

Rüggenberg, S. (2002). Virtueller Helfer sucht Nutzer. Die Bedeutung der Technikexpertise der Benutzer für die Akzeptanz von anthropomorphen Schnittstellen. Unveröffentlichte Diplomarbeit, Universität zu Köln.

Russell, S.J. & Norvig, P. (2004). Künstliche Intelligenz. München: Pearson Studium.

Rutter, D.R. (1984). Looking and seeing: The role of visual communication in social interaction. Chichester: John Wiley & Sons.

Ruttkay, Zs., Dormann, S. & Noot, H. (2002). Evaluating ECAs – What and how? Proceedings of the AAMAS0 Workshop on „Embodied conversational agents – let's specify and evaluate them!" Bologna, Italy, July 2002. Available at: http://wwwhome.cs.utwente.nl/~zsofi/publist.html [20.6.2006].

Ruttkay, Zs., Huang, Z. & Eliëns, A. (2003). Reusable Gestures for Interactive Web Agents. In T. Rist, R. Aylett, D. Ballin & J. Rickel (Eds.), Proceedings of the Fourth International Working Conference on Intelligent Virtual Agents (IVA '03) (pp. 80–87). Berlin: Springer.

Ruttkay, Zs. & Pelachaud, C. (2004) (Eds.). From Brows to Trust: Evaluating Embodied Conversational Agents. Norwell, Ma: Kluwer.

Ruttkay, Zs. & Pelachaud, C. (2002). Exercises of style for virtual humans, Animating Expressive Characters for Social Interactions, Symposium of the AISB '02 Convention, London, April 2002. Available at: http://wwwhome.cs.utwente.nl/~zsofi/publist.html [20.6.2006].

Ruttkay, Zs., van Moppes, V. & Noot, H. (2003). The jovial, the reserved and the robot. Proceedings of the AAMAS03 Workshop on „Embodied Conversational Characters as Individuals", 15th July, 2003, Melbourne, Australia. Available at: http://wwwhome.cs.utwente.nl/~zsofi/publist.html [20.6.2006].

Ryokai, K. & Cassell, J. (1999). StoryMat: A Playspace for Collaborative Storytelling. Proceedings of the ACM SIGCHI Conference on Human Factors in Computing Systems (CHI '99), 272–273.

Ryokai, K., Vaucelle, C. & Cassell, J. (2003). Virtual Peers as Partners in Storytelling and Literacy Learning. Journal of Computer Assisted Learning, 19 (2), 195–208. Available at: http://www.soc.northwestern.edu/justine/jc_papers.htm [20.6.2006].

Sanders, G. A. & Scholtz, J. (2000). Meeasurement and evaluation of embodied conversational agents. In J. Cassell, J. Sullivan, S. Prevost & E. Churchill (Eds.), Embodied conversational agents (pp. 346–372). Cambridge: MIT Press.

Sanders, G. A. & Scholtz, J. (1998). Measurement and evaluation in embodied conversational characters. In Proceedings of the Workshop on embodied conversational characters (WECC 98) (Tahoe City, Calif.), 114–118, 85–86.

Schaumburg, H. (2001). Computers as tools or as social actors? – The users' perspective on anthropomorphic agents. International Journal on Cooperative Information Systems. Double Special Issue on „Intelligent Information Agents: Theory and Applications", 10 (1, 2), 217–234. Available at: http://www.worldscinetarchives.com/cgi-bin/wsnetarchives/article.cgi?jn=ijcis&vol=10&yr=2001&issue=1001n02&art=S0218843001000321.html

Scheele, B. & Groeben, N. (1984). Die Heidelberger Struktur-Lege-Technik (SLT). Weinheim: Beltz.

Schefen, A. E. (1964). The significance of posture in communication systems. Psychiatry, 26, 316–331.

Schilbach, L., Wohlschlaeger, A., Krämer, N. C., Newen, A., Zilles, K., Shah, J. N., Fink, G. R. & Vogeley, K. (2006). Being With Virtual Others: Neural Correlates of Social Interaction. Neuropsychologia, 44, 718–730.

Schlenker, B. R. (1980). Impression management. The self-concept, social identity, and interpersonal relations. Monterey, Ca: Brooks/Cole.

Schneider, D. J., Hastorff, A. H. & Ellsworth, P. C. (1979). Person perception. Reading, MA: Addison-Wesley.

Schramm, H., Hartmann, T. & Klimmt, C. (2002). Desiderata und Perspektiven der Forschung über parasoziale Interaktionen und Beziehungen zu Medienfiguren. Publizistik, 47(4), 436–459.

Schulte, J., Rosenberg, C. & Thrun, S. (1999). Spontaneous, short-term interaction with mobile robots in public places. Proceedings of the IEEE International Conference on Robotics and Automation. Available at: http://www.ri.cmu.edu/pubs/pub_2832.html [25.7.2005].

Schweizer, K. (2004). Telepräsenz und Stimmungsmanagement: Emotionale Medienwirkungen beim Fernsehen und im Internet. In T. Rammsayer, S. Grabianowsky & T. Troche (Hrsg.), 44. Kongress der Deutschen Gesellschaft für Psychologie (S. 70). Lengerich: Pabst Science Publishers.

Sculley, J. (1989). The Relationship Between Business and Higher Education: A Perspective on the 21st Century, Communications of the ACM, 32 (9), 1056–1061.

Searle, J. R. (1981). Minds, brains, and programs. In D. R. Hofstadter & D. C. Dennett (Eds.), The minds I (pp. 353–372). Toronto: Bantam.

Searle, J. R. (1969). Speech acts. Cambridge: Cambridge University Press.

Seeßlen, G. (2000). Traumreplikanten des Kinos. Passage durch alte und neue Bewegungsbilder. In R. Aurich, W. Jacobsen & G. Jatho (2000) (Hrsg.), Künstliche Menschen. Manische Maschinen. Kontrollierte Körper (S. 13–47). Berlin: Filmmuseum Berlin – Deutsche Kinemathek.

Sesink, W. (1993). Menschliche und künstliche Intelligenz. Der kleine Unterschied. Stuttgart: Klett-Cotta.

Shechtman, N. & Horowitz, L. M. (2003). Media inequality in conversation: How people behave differently when interacting with computers and people. Proceedings of the Conference on Human Factors in Computing Systems, (CHI '03), 281–288.

Shepherd, A. (1995) Task analysis as a framework for examining HCI tasks. In A.F. Monk & G. N. Gilbert (Eds.), Perspectives on HCI (pp. 145–174). London: Academic Press.

Shepherd, A. (1989). Analysis and training in information tasks. In D. Diaper (Ed.), Task analysis for human-computer interaction. Chichester: Ellis Horwood.

Sherman, J.W. (2001). The dynamic relationship between stereotype efficiency and mental representation. In G. Moskowitz (Ed.), Cognitive social psychology: On the tenure and future of social cognition (pp. 177–190). Mahwah, NJ: Erlbaum.

Shneiderman, B. (1998). Designing the User Interface (3rd Edition). New York: Addison Wesley.

Shneiderman, B. (1997). Direct manipulation versus agents: Paths to predictable, controllable, and comprehensible interfaces, In J. M. Bradshaw (Ed.), Software Agents (pp. 97–106). Cambridge, MA: AAAI Press/MIT Press.

Shneiderman, B. (1987). Designing the user interface: Strategies for effective human-computer interaction (1st Edition). Reading, MA: Addison-Wesley.

Shneiderman, B. & Maes, P. (1997). Direct manipulation vs. interface agents. Interactions, 4 (6), 42–61.

Short, J., Williams, E. & Christie, B. (1976). The social psychology of telecommunications. London: John Wiley.

Sidner, C. (1994). An artificial discourse language for collaborative negatiation. Proceedings of the fourteenth national Conference of the American Association of Artificial Intelligence (AAAI '94), 814–819.

Sidner, C. L., Kidd, C. D., Lee, C. & Lesh, N. (2004). Where to Look: A Study of Human-Robot Engagement. Proceedings of the ACM International Conference on Intelligent User Interfaces (pp. 78–84). New York: ACM. Verfügbar unter: http://www.merl.com/reports/docs/TR2003-123.pdf [28.8.2006].

Sieverding, M. (2005). Der ‚Gender Gap' in der Internetnutzung. In K.-H. Renner, A. Schütz & F. Machilek (Hrsg.), Internet und Persönlichkeit (S. 159–174). Göttingen: Hogrefe.

Slater, M. (2004) How Colourful Was Your Day? Why Questionnaires Cannot Assess Presence in Virtual Environments. Presence: Teleoperators and Virtual Environments, 3(4), 484–493.

Slater, M., Pertaub, D.-P. & Steed, A. (1999). Public Speaking in Virtual Reality: Facing and Audience of Avatars, IEEE Computer Graphics and Applications, 19 (2), 6–9.

Slater, M., Sadagic, A., Usoh, M. & Schroeder, R. (2000). Small Group Behaviour in a Virtual and Real Environment: A Comparative Study Presence. Teleoperators and Virtual Environments, 9 (1), 37–51.

Slater, M. & Steed, A. (2002). Meeting People Virtually: Experiments in Shared Virtual Environments. In R. Schroeder (Ed.), The Social Life of Avatars: Presence and Interaction in Shared Virtual Environments (pp. 145-171). Berlin: Springer.

Sloman, A. (2002). How many separately evolved emotional beasties live within us? In R. Trappl, P. Petta & S. Payr (Eds.), Emotions in humans and artifacts (pp. 35–114). Cambridge, MA: MIT Press.

Smith, E.E. (1989). Concepts and induction. In M.I. Posner (Ed.), Foundations of Cognitive Science (pp. 501–526). Cambridge, MA: MIT Press.

Smith, J. (2000). GrandChair: Conversational Collection of Family Stories. Media Lab. Cambridge, MA: MIT Press.

Smith, B., Caputi, P., Crittenden, N., Jayasuriya, R. & Rawstorne, P. (1999). A Review of the Construct of Computer Experience. Computers in Human Behaviour 15, 227–242.

Smith, C. & Lazarus, R. (1990). Emotion and Adaptation. In L. A. Pervin (Ed.), Handbook of Personality: Theory & Research (pp. 609–637). New York: Guilford Press.

Smith, C. A. & Scott, H. S. (1997). A componential approach to the meaning of facial expressions. In J. A. Russell & J. M. Fernández-Dols (Eds.), The psychology of facial expression. Studies in emotion and social interaction (pp. 229–254). Cambridge, NY: Cambridge University Press.

Spierling, U. (2004). Der Avatar: Ein Wesen, eine Spielfigur, ein Medium, oder ein UI-Element. Erfurt: Unveröffentlichtes Manuskript.

Sproull, L. S., Kiesler, S. & Zubrow, D. (1984). Encountering an alien culture. Journal of Social Issues, 40 (3), 31–48.

Sproull, L., Subramani, M., Kiesler, S., Walker, J.H. & Waters, K. (1996). When the interface is a face. Human Computer Interaction, 11 (2), 97–124.

Standage, T. (2002). Monster in a box. Wired, 10.03. Verfügbar unter: http://www.wired.com/wired/archive/ 10.03/turk_pr.html [24.7.2005].

Steuer, J. (1992). Defining virtual reality: Dimensions determining telepresence. Journal of Communication, 42 (4), 73–93.

Strack, F., Stepper, S. & Martin, L.L. (1988). Inhibiting and facilitating conditions of the human smile: A nonobtrusive test of the facial feedback hypothesis. Journal of Personality and Social Psychology, 54, 768–777.

Straus, S. & McGrath, J. (1994). Does the medium matter? The interaction of task type and technology on group performance and member reactions. Journal of Applied Psychology, 79, 87–97.

Strong, E.K. Jr. (1943). Vocational interests of men and women. Stanford: Stanford University Press.

Strzebkowski, R. & Schaumburg, H. (1999). Pädagogische Agenten als didaktische Hilfen beim selbständigen Lernen mit multimedialen Lernprogrammen. GMW Forum, 1/99, 9–13.

Sturm, H. (1991). Fernsehdiktate: Die Veränderung von Gedanken und Gefühlen. Gütersloh: Bertelsmann.

Sundar, S. S. & Nass, C. (2000). Source orientation in human-computer interaction: programmer, networker, or independent social actor? Communication Research, 27 (6), 683–703.

Swartout, W., Hill, R., Gratch, J., Johnson, W. L., Kyriakakis, C., LaBore, C., Lindheim, R., Marsella, S., Miraglia, D., Moore, B., Morie, M., Rickel, J. Thifiebaux, M., Tuch, L., Whitney, R. & Douglas, J. (2001). Toward the holodeck: Integrating graphics, sound, character and story. Proceedings of the Fifth International Conference on Autonomous Agents (pp. 409–416). New York: ACM Press.

Swinth, K. R. & Blascovich, J. (2001). Conformity to group norms in an immersive virtual environment. Hot Topic Paper presented at the annual meeting of the American Psychological Society (APS), Toronto, Ontario.

Sykora, K. (2000). Der Index ist die Nabelschnur. Über Foto-Doubles und digitale Chimären. In R. Aurich, W. Jacobsen & G. Jatho (2000) (Hrsg.). Künstliche Menschen. Manische Maschinen. Kontrollierte Körper (S. 117–123). Berlin: Filmmuseum Berlin – Deutsche Kinemathek.

Tajfel, H. (1982). Social identity and intergroup behavior. Cambridge: Cambridge University Press.
Takeuchi, A. & Nagao, K. (1993). Communicative Facial Displays as a New Conversational Modality. Proceedings of InterCHI 93, Amsterdam, Netherlands.
Takeuchi, A. & Naito, T. (1995). Situated facial displays: towards social interaction. In I. Katz, R. Mack, L. Marks, M. B. Rosson & J. Nielsen (Eds.), Human factors in computing Systems: CHI '95 Conference Proceedings (pp. 450–455). New York: ACM Press.
Taylor, S.E. & Brown, J.D. (1988). Illusion and Well-Being – a Social Psychological Perspective On Mental-Health. Psychological Bulletin, 103 (2), 193–210.
Tepper, P., Kopp, S. & Cassell, J. (2004). Content in Context: Generating Language and Iconic Gesture without a Gestionary. AAMAS '04 Workshop on Balanced Perception and Action for Embodied Conversational Agents, New York, NY.
Tergan, S.-O. (2002). Hypertext und Hypermedia: Konzeption, Lernmöglichkeiten, Lernprobleme und Perspektiven. In L. J. Issing & P. Klimsa (Hrsg.), Information und Lernen mit Multimedia. 3. vollst. überarbeitete Auflage. Weinheim: Beltz.
Thomas, F. & Johnston, O. (1981). Disney animation: The illusion of life. New York: Abbeville Press.
Thomas, P.J. (1995) (Ed.). Social and Interactional Dimensions of Human-Computer Interfaces. Cambridge: Cambridge University Press.
Thórisson, K. R. (1996). Communicative humanoids. A computational model of psychosocial dialogue skills. PHD-Thesis, MIT.
Timpe, K. P. (2002). Bedienen und Verstehen. In R. Marzi, V. Karavezyris, H.-H. Erbe & K.-P. Timpe (Hrsg.), Bedienen und Verstehen. 4. Berliner Werkstatt Mensch-Maschine-Systeme (S. 11–26). Düsseldorf: VDI-Verlag.
Tomkins, S.S. (1962). Affect, imagery, consciousness (Vol. 1), The positive affects. New York: Springer.
Trappl, R., Petta, P. & Payr, S. (2002). Emotions in humans and artifacts. Cambridge, MA: MIT Press.
Traum, D. & Rickel, J. (2002). Embodied Agents for Multi-party Dialogue in Immersive Virtual Worlds. Proceedings of the First International Joint Conference on Autonomous Agents and Multi-Agent Systems (pp. 766–773). New York: ACM Press.
Trumbly, J.E., Arnett, K.P. & Martin, M.P. (1993). Performance effect of matching computer interface.characteristic and user skill level. International Journal of Man Machine Studies, 38 (4), 713–724.
Turing, A.M. (1950). Computing Machinery and Intelligence. Mind, 49, 433–460.
Turk, M. (2001). Perceptual user interface. In R. Earnshaw, A. Guedj, A. van Dam & J. Vince (Hrsg.), Frontiers of human-centered computing, online communities and virtual environments. London: Springer.
Turkle, S. (1984). The second self: Computers and the human spirit. New York: Simon and Schuster.
Tversky, A. & Kahneman, D. (1974). Judgment under uncertainty: Heuristics and biases. Science, 185, 1124–1131.
Ulich, D. & Mayring, P. (2003). Psychologie der Emotionen. Stuttgart: Kohlhammer.
Vala, M. Paiva, A. & Gomes, M. R. (2003). Happy characters don't feel well in sad bodies! In T. Rist, R. Aylett, D. Ballin & J. Rickel (Eds.), Proceedings of the Fourth International Working Conference on Intelligent Virtual Agents (IVA '03) (pp. 72–79). Berlin: Springer.
van Eck, R. & Adcock, A. (2003). Reliability and factor structure of the Attitude Toward Agent Scale (ATAS). Paper presented at the AERA, Chicago, IL.

van Mulken, S., André, E. & Müller, J. (1998). The persona effect: how substantial is it? In H. Johnson, L. Nigay & C. Roast (Eds.), People and Computers XIII: Proceedings of HCI '98 (pp. 53–66). Berlin: Springer.

Vygotsky, L. S. (1978). Mind in society: The development of higher psychological processes. Cambridge, MA: Harvard University Press.

Wachsmuth, I. (1998). Experten- und Agentensystemtechniken für intuitivere Benutzungsschnittstellen. In J. Mester & J. Perl (Hrsg.), Informatik im Sport (S. 181–191). Köln: Sport und Buch Strauss.

Wachsmuth, I., Voss, I., Sowa, T., Latoschik, M. E., Kopp, S. & Jung, B. (2001). Multimodale Interaktion in der Virtuellen Realität. In H. Oberquelle, R. Oppermann & J. Krause (Hrsg.), Mensch & Computer 2001 (pp. 265–274). Stuttgart: Teubner.

Wahlster, W. & Kobsa, A. (1989). User models in dialogue systems. In A. Kobsa & W. Wahlster (Eds.), User Models in Dialogue Systems (pp. 4–34). Berlin: Springer.

Walker, J. H., Sproull, L. & Subramani, R. (1994). Using a Human Face in an Interface. In B. Adelson, S. Dumais & J. Olson (Eds.), Human Factors in Computing Systems: CHI '94 Conference Proceedings (pp. 85–91). Boston: ACM Press.

Walker, M. A., Cahn, J. E. & Whittacker, S. J. (1997). Improvising linguistic style: Social and affective bases for agent personality. Proceedings First International Conference on Autonomous Agents (Agents '97) (pp. 10–17). New York: ACM Press.

Wallbott, H. G. (1995). Congruenz, contagion, and motor mimicry: Mutualities in nonverbal exchange. In J. Markova, C. F. Graumann & K. Foppa (Eds.), Mutalities in dialogue (pp. 82–98). Cambridge: Cambridge University Press.

Watzlawick, P., Beavin, J. H. & Jackson, D. D. (1969/1990). Menschliche Kommunikation. Formen, Störungen, Paradoxien. Bern: Huber.

Wehrle, T. (1998). Motivations behind modeling emotional agents: Whose emotion does your robot have? In C. Numaoka, L. Cañamero & P. Petta (Eds.), Grounding Emotions in Adaptive Systems, SAB '98 (5th International Conference of the Society for Adaptive Behavior) Workshop Notes, Zurich, Switzerland. Available at: http://tecfa.unige.ch/perso/wehrle/OnlineDocs/wehrle_ps.pdf [20.6.2006].

Wehrle, T., Kaiser, S., Schmidt, S. & Scherer, K. R. (2000). Studying the dynamics of emotional expression using synthesized facial muscle movements. Journal of Personality and Social Psychology, 78 (19), 105–119.

Weidenmann, B. (1997). Multicodierung und Multimodalität im Lernprozeß. In L. J. Issing & P. Klimsa (Hrsg.), Information und Lernen mit Multimedia (S. 65–84). Weinheim: PVU.

Weizenbaum, J. (1976). Computer power and human reason. San Francisco: Freeman.

Werry, I., Dautenhahn, K., Ogden, B. & Harwin, W. (2001). Can Social Interaction Skills Be Taught by a Social Agent? The Role of a Robotic Mediator in Autism Therapy. Proceedings of the Fourth International Conference on Cognitive Technology. Berlin: Springer.

Wheeless, L. & Grotz, J. (1977). The measurement of trust and its relationship to self-disclosure. Human Communication Research, 3 (3), 250–257.

Whiten, A. (1991). The emergence of mindreading: Steps toward an interdisciplinary enterprise. In A. Whiten (Ed.), Natural theories of mind: Evolution development and simulation of everyday mindreading (pp. 319–331). Oxford: Blackwell.

Whittaker, S. & O'Conaill, B. (1997). The Role of Vision in Face-to-Face and Mediated Communication. In K. Finn, A. Sellen & S. Wilbur (Eds.), Video-Mediated Communication (pp. 23–49). Hillsdale, NJ: Erlbaum.

Whittaker, S. & O'Conaill, B. (1993). An Evaluation of Video Mediated Communication. Paper presented at the Conference on Human Factors and Computing Systems – INTERACT/CHI '93, April 24–29, Amsterdam, The Netherlands.

Wiedemann, J. (2001). Digital beauties. Köln: Taschen.

Wiggins, J.S. (1996). The Five-Factor Model of Personality: Theoretical Perspectives. New York: Guilford Press.

Wiggens, J.S. (1982). Circumplex models of interpersonal behavior in clinical psychology. In P. C. Kendall & J. N. Butcher (Eds.), Handbook of Research Methods in Clinical Psychology (pp. 183–221). New York: Wiley.

Williams, J.H., Whiten, A., Suddendorf, T. & Perrett, D. (2001). Imitation, mirror neurons and autism. Neuroscience and Biobehavioral Reviews, 25, 287–295.

Willim, B. (1992). Designer im Bereich Animation und Cyberspace. Berlin: 3R-Verlag.

Winograd, T. & Flores, C. (1987). Understanding computers and cognition: A new foundation for design. Reading, MA: Addison-Wesley.

Winterhoff-Spurk, P. (2001). Fernsehen. Bern: Huber.

Witmer, B.G. & Singer, M. J. (1998). Measuring Presence in Virtual Environments: A Presence Questionnaire. Presence: Teleoperators and Virtual Environments, 7 (3), 225–240.

Wood, G. (2002). Living dolls. A magical history of the quest for mechanical life. London: Faber and Faber.

Wundt, W. (1922). Grundriß der Psychologie. Leipzig: Engelmann.

Xiao, J., Catrambone, R. & Stasko, J. (2003). Be Quiet? Evaluating Proactive and Reactive User Interface Assistants, Proceedings of INTERACT '03, 383–390.

Zachar, T. & Schaumburg, H. (2002). Einfluss von anthropomorphen Agenten auf das Vertrauen von Ecommerce Usern. Poster auf dem 43. Kongress der deutschen Gesellschaft für Psychologie. 22.–26. September, Berlin. Available at: http://www.cmr.fu-berlin.de/~heike/papers/2002DGPs_Poster_Zachar.pdf [25.7.2005].

Zajonc, R.B. (1965). Social facilitation. Science, 149, 269–274.

Zajonc, R.B., Heingartner, A. & Herman, E. M. (1969). Social enhancement and impairment of performance in the cockroach. Journal of Personality and Social Psychology, 13, 83-92.

Zillmann, D. (1988). Mood management: Using television to full advantage. In L. Donohew, J. Bryant & Dolf Zillmann (Eds.). Communication, social cognition, and affect (pp. 147–171). Hillsdale, NJ: Erlbaum.

Zillmann, D. (1985). Affect, mood, and emotion as determinants of selective exposure. In D. Zillmann & J. Bryant (Eds.), Selective exposure to communication (pp. 157–190). Hillsdale, NJ: Erlbaum.

Zimmer, A.C. (1989). The conceptualization of explanatory intervention in a dynamic human-computer interaction. In C. Ellis (Ed.), Expert knowledge and Explanation (pp. 157–178). Chichester: Ellis Horwood.

Zühlke, D. (2002). Bedienung komplexer Maschinen – heute, morgen und übermorgen. In R. Marzi, V. Karavezyris, H.-H. Erbe & K.-P. Timpe (Hrsg.), Bedienen und Verstehen. 4. Berliner Werkstatt Mensch-Maschine-Systeme (S. 42–54). Düsseldorf: VDI-Verlag.

Stichwortverzeichnis